suhrkamp taschenbuch
wissenschaft 614

Georg Wilhelm Friedrich Hegel

Werke 14

Georg Wilhelm Friedrich Hegel
Vorlesungen über die Ästhetik II

Suhrkamp

Auf der Grundlage der *Werke* von 1832-1845 neu edierte Ausgabe
Redaktion Eva Moldenhauer und Karl Markus Michel

13. Auflage 2024

Erste Auflage 1986
suhrkamp taschenbuch wissenschaft 614

Umschlag nach Entwürfen von
Willy Fleckhaus und Rolf Staudt
Druck und Bindung: C. H. Beck, Nördlingen
Printed in Germany
ISBN 978-3-518-28214-4

www.suhrkamp.de

INHALT

Zweiter Teil
Entwicklung des Ideals zu den besonderen Formen des Kunstschönen
[Fortsetzung]

Dritter Teil
Das System der einzelnen Künste

Zweiter Teil

ENTWICKLUNG DES IDEALS ZU DEN BESONDEREN FORMEN DES KUNSTSCHÖNEN

[Fortsetzung]

Zweiter Abschnitt
Die klassische Kunstform

Einleitung
Vom Klassischen überhaupt

Den Mittelpunkt der Kunst macht die zu freier Totalität in sich abgeschlossene Einigung des Inhalts und der ihm schlechthin angemessenen Gestalt aus. Diese mit dem Begriff des Schönen zusammenfallende Realität, zu welcher die symbolische Kunstform vergebens anstrebte, bringt erst die *klassische Kunst* zur Erscheinung. Wir haben daher in der früheren Betrachtung der Idee des Schönen und der Kunst bereits die allgemeine Natur des Klassischen im voraus festgestellt; das *Ideal* gibt den Inhalt und die Form für die klassische Kunst ab, welche in dieser adäquaten Gestaltungsweise das zur Ausführung bringt, was die wahrhafte Kunst ihrem Begriff nach ist.

Zu dieser Vollendung aber gehörten alle die besonderen Momente, deren Entwicklung wir zum Inhalt des vorigen Abschnittes nahmen. Denn die klassische Schönheit hat zu ihrem Inneren die freie, *selbständige* Bedeutung, d. i. nicht eine Bedeutung von irgend etwas, sondern das *sich selbst Bedeutende* und damit auch *sich selber Deutende*. Dies ist das *Geistige*, welches überhaupt sich selbst zum Gegenstande seiner macht. An dieser Gegenständlichkeit *seiner selbst* hat es dann die Form der Äußerlichkeit, welche, als mit ihrem Inneren identisch, dadurch auch ihrerseits unmittelbar die Bedeutung ihrer selbst ist und, indem sie sich weiß, sich weist. Wir gingen zwar auch beim Symbolischen von der Einheit der Bedeutung und deren durch die Kunst hervorgebrachter sinnlicher Erscheinungsweise aus, aber diese Einheit war *nur unmittelbar* und dadurch unangemessen. Denn der eigentliche Inhalt blieb entweder das Natürliche selber, seiner *Substanz* und abstrakten *Allgemeinheit* nach, weshalb die *vereinzelte* Naturexistenz, obschon sie als das wirkliche Dasein jener Allgemeinheit angesehen wurde, dieselbe entsprechend darzustellen nicht imstande war; oder das nur Innere und vom Geist allein Ergreifbare, wenn es zum Inhalt gemacht wurde, erhielt an dem ihm selber Fremdartigen, dem unmittelbar Einzelnen und Sinnlichen, seine damit ebenso unangemessene Erscheinung. Überhaupt standen Bedeutung und Gestalt nur im Verhältnis bloßer Verwandtschaft und Andeutung, und wie sehr sie nach einigen Rücksichten hin auch in Zusammenhang gebracht werden konnten, fielen sie doch nach anderen ebensosehr auseinander. Diese nächste Einheit zerriß daher, das abstrakt einfache Innere und Ideelle stellte sich für die indische Weltanschauung auf die eine, die vielfache Wirklichkeit der Natur und des endlichen menschlichen Daseins auf die andere Seite, und die Phantasie in der Unruhe ihres Dranges führte nun von der einen zur anderen hin und her, ohne das Ideelle für sich zur reinen absoluten Selbständigkeit bringen, noch es mit dem vorhandenen und umgestalteten Stoffe der Erscheinung wahrhaft erfüllen und in demselben in beruhigter Vereinigung darstellen zu können. Das Wüste und Groteske in der Vermischung einander widerstrebender Elemente verschwand zwar gleichfalls wieder, doch nur, um einer ebenso unbefriedigenden Rätselhaftigkeit Raum zu geben, welche statt der Lösung nur die Aufgabe der Lösung hinzustellen befähigt war. Denn auch hier noch fehlte die Freiheit und Selbständigkeit des Inhalts, die nur dadurch hervortritt, daß das Innere als in sich selbst total und deshalb als über die zunächst ihm andere und fremde Äußerlichkeit übergreifend zum Bewußtsein kommt. Diese Selbständigkeit an und für sich als die freie absolute Bedeutung ist das Selbstbewußtsein, das zu seinem Inhalt das Absolute, zu seiner Form die geistige Subjektivität hat. Gegen diese sich selbst bestimmende, denkende, wollende Macht ist alles andere nur relativ und momentan selbständig. Die sinnlichen Erscheinungen der Natur – Sonne, Himmel, Gestirne, Pflanzen,

Tiere, Gestein, Ströme, Meere – haben nur eine abstrakte Beziehung auf sich selbst und sind in den steten Prozeß mit anderen Existenzen hineingezogen, so daß sie nur der endlichen Vorstellung als selbständig gelten können. In ihnen tritt die wahre Bedeutung des Absoluten noch nicht heraus. Die Natur ist freilich heraus, aber nur im Außersichsein; ihr Inneres ist nicht als Inneres für sich selbst, sondern ergossen in die bunte Mannigfaltigkeit der Erscheinung und dadurch unselbständig. Erst im Geist, als der konkreten, freien, unendlichen Beziehung auf sich selbst, ist die wahre absolute Bedeutung wahrhaft heraus und selbständig in ihrem Dasein.

Auf dem Wege zu dieser ihrer Befreiung vom unmittelbar Sinnlichen und zu ihrer Verselbständigung in sich begegnen wir der *Erhabenheit* und Heiligung der Phantasie. Das absolut Bedeutende nämlich ist zunächst das denkende, absolute, sinnlichkeitslose Eine, das sich auf sich als das Absolute bezieht und in dieser Beziehung das von ihm erschaffene Andere, die Natur und Endlichkeit überhaupt, als das Negative, in sich selbst Haltlose setzt. Es ist das Allgemeine an und für sich, vorgestellt als die objektive Macht über das gesamte Dasein, sei es nun, daß dieses Eine in seiner ausdrücklich negativen Richtung gegen das Erschaffene oder in seiner positiven pantheistischen Immanenz in demselben zum Bewußtsein und zur Darstellung gebracht werde. Der zwiefache Mangel dieser Anschauung besteht nun aber für die Kunst *erstens* darin, daß dieses Eine und Allgemeine, das die Grundbedeutung ausmacht, noch nicht an sich selbst zur näheren Bestimmung und Unterscheidung und damit ebensowenig zur eigentlichen Individualität und Persönlichkeit gekommen ist, in welcher es als Geist aufgefaßt und in einer Gestalt vor die Anschauung gestellt werden könnte, die dem geistigen Gehalt seinem eigenen Begriffe nach zugehörig und ihm angemessen wäre. Die konkrete Idee des Geistes dagegen erfordert, daß er sich in sich selbst bestimmt und unterscheidet und, indem er sich gegenständlich macht, in dieser

Verdopplung eine äußere Erscheinung gewinnt, welche, obschon leiblich und gegenwärtig, doch schlechthin von ihm durchdrungen bleibt und deshalb, für sich genommen, nichts ausdrückt, sondern als ihr Inneres nur den Geist hervortreten läßt, dessen Äußerung und Realität sie ist. Nach seiten der gegenständlichen Welt hin ist mit jener Abstraktion des in sich unterschiedslosen Absoluten *zweitens* der Mangel verbunden, daß nun auch die wirkliche Erscheinung, als das in sich Substanzlose, unfähig wird, auf wahrhafte Weise das Absolute in konkreter Gestalt herauszustellen.

Als Gegenteil jener Lobgesänge, Preisreden, Triumphe der abstrakten allgemeinen Herrlichkeit Gottes haben wir bei diesem Übergange in eine höhere Kunstform an das Moment der Negativität, der Veränderung, des Schmerzes, des Durchgangs durch Leben und Tod zu erinnern, das wir gleichfalls im Orient fanden. Hier war es die *Unterscheidung* an sich selbst, welche hervortrat, ohne sich zur *Einheit* und Selbständigkeit der Subjektivität zusammenzufassen. Beide Seiten aber, die in sich selbständige Einheit und die Unterscheidung und bestimmte Erfüllung in sich, geben erst in ihrer konkreten vermittelten Totalität eine wahrhaft freie Selbständigkeit ab.

In dieser Rücksicht können wir beiläufig neben der Erhabenheit noch einer anderen Anschauung erwähnen, welche sich gleichfalls im Orient zu entwickeln begonnen hat. Es ist, der Substantialität des *einen* Gottes gegenüber, das Erfassen der inneren Freiheit, Selbständigkeit, Unabhängigkeit der einzelnen Person in sich, soweit der Orient die Ausbildung dieser Richtung erlaubt. Als Hauptanschauung haben wir sie bei den *Arabern* zu suchen, welche in ihren Wüsten, auf dem unendlichen Meer ihrer Flächen, den reinen Himmel über sich, in solcher Natur an ihren eigenen Mut und die Tapferkeit ihrer Faust sowie an die Mittel ihrer Selbsterhaltung, an Kamel, Pferd, Lanze, Schwert, gewiesen sind. Hier tut sich, im Unterschiede der indischen Weichheit und Selbstlosigkeit sowie des späteren mohammedanischen Pantheismus der

Poesie, die sprödere Selbständigkeit des persönlichen Charakters auf und läßt nun auch den Gegenständen ihre umgrenzte und festbestimmte unmittelbare Wirklichkeit. Mit dieser beginnenden Selbständigkeit der Individualität ist dann zugleich treue Freundschaft, Gastfreundschaft, erhabener Edelmut, doch ebenso auch eine unendliche Lust der Rache und das unauslöschliche Gedächtnis eines Hasses verbunden, der sich mit schonungsloser Leidenschaft und völlig gefühlloser Grausamkeit Raum und Befriedigung verschafft. Was aber auf diesem Boden vor sich geht, erscheint als menschlich im menschlichen Kreise gehalten; es sind Taten der Rache, Verhältnisse der Liebe, Züge aufopferungsvollen Edelmuts, aus denen das Phantastische und Wunderbare verschwunden ist, so daß alles fest und bestimmt nach dem notwendigen Zusammenhange der Dinge vorübergeführt wird. – Eine ähnliche Auffassung der wirklichen Gegenstände, welche auf ihr festes Maß zurückgeführt sind und in ihrer freien, nicht bloß nützlichen Kräftigkeit zur Anschauung kommen, fanden wir früher bereits bei den Hebräern; auch die festere Selbständigkeit des Charakters, die Wildheit der Rache und des Hasses liegt in der ursprünglich jüdischen Nationalität; jedoch zeigt sich sogleich der Unterschied, daß hier auch die kräftigsten Gebilde der Natur weniger ihrer selbst als der Macht Gottes wegen, in Beziehung auf welche sie ihre Selbständigkeit sogleich wieder verlieren, geschildert sind und auch Haß und Verfolgung sich nicht als persönlich nur gegen Personen, sondern in dem Dienste Gottes als Nationalrachsucht gegen ganze Völker kehrt. Wie z. B. die späteren Psalmen und vornehmlich die Propheten häufig nur das Unglück und den Untergang anderer Völker zu wünschen und zu erflehen wissen und ihre Hauptstärke nicht selten im Fluchen und Verfluchen finden.

Auf diesen soeben erwähnten Standpunkten sind die Elemente der wahren Schönheit und Kunst allerdings vorhanden, aber zunächst auseinandergeworfen, zerstreut und, statt in wahrhafte Identität, nur in falsche Beziehung gesetzt.

Deshalb kann es denn die nur ideelle und abstrakte Einheit des Göttlichen zu keiner in der Form wirklicher Individualität schlechthin gemäßen Kunsterscheinung bringen, während die Natur und die menschliche Individualität sich ihrem Inneren und Äußeren nach vom Absoluten entweder gar nicht erfüllt oder doch nicht positiv davon durchdrungen zeigt. Diese *Äußerlichkeit* der Bedeutung, welche zum wesentlichen Inhalt gemacht wird, und der bestimmten Erscheinung, an der sie zur Darstellung kommen soll, tat sich endlich *drittens* in der *vergleichenden Kunsttätigkeit* hervor. In ihr sind beide Seiten vollkommen selbständig geworden, und die zusammenhaltende Einheit ist nur die unsichtbare vergleichende Subjektivität. Dadurch kehrte sich aber gerade das Mangelhafte solcher Äußerlichkeit in stets verstärktem Maße heraus und erwies sich als das für die echte Kunstdarstellung Negative und somit Aufzuhebende. Wird diese Aufhebung wirklich vollbracht, so kann nun die Bedeutung nicht mehr das in sich *abstrakt* Ideelle sein, sondern das in sich und durch sich selbst bestimmte Innere, welches in dieser seiner konkreten Totalität ebensosehr an sich selbst die andere Seite, die Form nämlich in sich abgeschlossener und bestimmter Erscheinung hat und deshalb in dem äußeren Dasein, als dem Seinigen, nur sich selber ausdrückt und bedeutet.

1. Selbständigkeit des Klassischen als Durchdringung des Geistigen und seiner Naturgestalt

Diese in sich freie Totalität, welche in dem ihr Anderen, zu dem sie sich fortbestimmt, sich selber gleich bleibt, das Innere, das in seiner Objektivität sich auf sich selbst bezieht, ist das an und für sich Wahre, Freie und Selbständige, das in seinem Dasein nichts anderes darstellt als sich selbst. Im Reiche der Kunst nun ist dieser Gehalt nicht in seiner unendlichen Form, nicht das *Denken* seiner selbst als das Wesentliche, Absolute, das sich in Form der ideellen Allgemeinheit objektiv wird und für sich selbst macht, sondern noch in unmittelbarer natürlicher und sinnlicher Existenz. Insofern aber die Bedeutung selbständig ist, muß sie in der Kunst ihre Gestalt aus sich selber nehmen und das Prinzip ihrer Äußerlichkeit an sich selber haben. Sie muß deshalb zum Natürlichen zwar zurückkehren, doch als Herrschaft über das Äußere, welches, insofern es eine Seite der Totalität des Inneren selber ist, als bloß natürliche Objektivität nicht mehr existiert, sondern ohne eigene Selbständigkeit nur den Ausdruck des Geistes zeigt. In dieser Durchdringung erhält dadurch ihrerseits auch die durch den Geist umgebildete Naturgestalt und Äußerlichkeit überhaupt unmittelbar ihre Bedeutung an sich selber und deutet nicht mehr auf dieselbe als auf etwas von der leiblichen Erscheinung Getrenntes und Verschiedenes hin. Dies ist die dem Geist angemessene Identifikation des Geistigen und Natürlichen, welche nicht nur bei der Neutralisation der beiden entgegengesetzten Seiten stehenbleibt, sondern das Geistige zu der höheren Totalität heraufhebt, in seinem Anderen sich selber zu erhalten, das Natürliche ideell zu setzen und sich im Natürlichen und am Natürlichen auszudrücken. In dieser Art der Einheit ist der Begriff der klassischen Kunstform begründet.

a) Diese Identität von Bedeutung und Körperlichkeit ist hier nun näher so zu fassen, daß keine Trennung der Seiten innerhalb ihrer vollbrachten Einigung statthat und sich das Innere deshalb nicht als *nur innere Geistigkeit* aus dem Leiblichen und der konkreten Wirklichkeit in sich zurücknimmt, wodurch sich ein Unterschied beider gegeneinander hervorkehren könnte. Indem nun das Objektive und Äußere, in welchem der Geist zur Anschauung kommt, seinem Begriff nach durchweg zugleich *bestimmt* und *besondert* ist, so kann der freie Geist, den die Kunst zu seiner *gemäßen* Realität herausarbeitet, nur die ebensosehr *bestimmte* als in sich *selbständige* geistige Individualität in ihrer natürlichen Gestalt sein. Deshalb macht das *Menschliche* den Mittelpunkt und Inhalt der wahren Schönheit und Kunst aus; aber als

Inhalt der Kunst, wie im Begriff des Ideals bereits entwickelt worden ist, unter der wesentlichen Bestimmung konkreter Individualität und der ihr adäquaten äußeren Erscheinung, welche in ihrer Objektivität von den Gebrechen der Endlichkeit gereinigt ist.

b) In dieser Rücksicht ergibt sich sogleich, daß die klassische Darstellungsweise ihrem *Wesen* nach nicht mehr *symbolischer* Art, im genaueren Sinne des Worts, sein kann, wenn auch hin und wieder noch einige symbolische Ingredienzien beiherspielen. Die griechische Mythologie z. B., welche, insoweit die Kunst sich derselben bemächtigt, dem klassischen Ideal angehört, ist, in ihrem Mittelpunkte aufgefaßt, nicht von symbolischer Schönheit, sondern gestaltet im echten Charakter des Kunstideals, obschon einige Reste des Symbolischen, wie wir noch sehen werden, daran haftenbleiben. – Fragen wir nun aber nach der bestimmten Gestalt, welche in diese Einheit mit dem Geist eingehen kann, ohne eine bloße Andeutung ihres Inhalts zu werden, so ergibt sich aus der Bestimmung, daß im Klassischen Inhalt und Form adäquat sein sollen, auch für die Seite der *Gestalt* die Forderung der Totalität und Selbständigkeit in sich. Denn zur freien Selbständigkeit des Ganzen, in welcher die Grundbestimmung des Klassischen liegt, gehört, daß jede der Seiten, sowohl der geistige Gehalt als dessen äußere Erscheinung, in sich die Totalität sei, welche den Begriff des Ganzen ausmacht. Nur in dieser Weise nämlich ist jede Seite *an sich* mit der anderen identisch und deshalb ihr Unterschied zum bloßen Formunterschied eines und desselben herabgesetzt, wodurch nun auch das Ganze als frei erscheint, indem seine Seiten sich als adäquat erweisen, da es in jeder derselben sich darstellt und in beiden eines ist. Der Mangel dieser freien Verdoppelung seiner innerhalb derselben Einheit führte im Symbolischen gerade die Unfreiheit des Inhalts und damit auch der Form nach sich. Der Geist war nicht sich selber klar, und deshalb zeigte seine äußere Realität sich nicht als seine eigene, durch ihn und in ihm an und für sich gesetzte. Umgekehrt sollte die Gestalt wohl bedeutsam sein, aber die Bedeutung lag nur zum Teil, nur nach irgendeiner Seite in ihr. Als ihrem Inneren daher ebensosehr noch äußerlich, gab die äußere Existenz zunächst statt der darzustellenden Bedeutung nur *sich selbst*, und sollte sie zeigen, daß sie auf etwas Weiteres hinzudeuten habe, mußte ihr Gewalt angetan werden. In dieser Verzerrung blieb sie nun weder sie selber, noch ward sie das andere, die Bedeutung, sondern tat nichts als eine rätselhafte Verknüpfung und Vermischung von Fremdartigem kund oder fiel als bloß dienender Schmuck und äußerer Zierat der bloßen Verherrlichung der einen absoluten Bedeutung aller Dinge anheim, bis sie sich endlich der bloß subjektiven Willkür des Vergleichs mit einer ihr entfernt liegenden und gleichgültigen Bedeutung preisgeben mußte. Soll dies unfreie Verhältnis sich lösen, so muß die Gestalt an sich selber schon ihre Bedeutung, und näher zwar die Bedeutung des Geistes haben. Diese Gestalt ist wesentlich die *menschliche*, weil die Äußerlichkeit des Menschen allein befähigt ist, das Geistige in sinnlicher Weise zu offenbaren. Der menschliche Ausdruck in Gesicht, Auge, Stellung, Gebärde ist zwar materiell und darin nicht das, was der Geist ist; aber innerhalb dieser Körperlichkeit selbst ist das menschliche Äußere nicht nur lebendig und natürlich wie das Tier, sondern die Leiblichkeit, welche in sich den Geist widerspiegelt. Durch das Auge sieht man dem Menschen in die Seele, wie durch seine ganze Bildung überhaupt sein geistiger Charakter ausgedrückt wird. Wenn deshalb die Leiblichkeit dem Geist als *sein* Dasein zugehört, so ist auch der Geist das dem Leibe angehörige Innere und keine der äußeren Gestalt fremdartige Innerlichkeit, so daß die Materialität nicht noch eine andere Bedeutung in sich hat oder darauf hindeutet. Zwar trägt die menschliche Gestalt viel von dem allgemeinen animalischen Typus an sich, aber der ganze Unterschied des menschlichen Körpers vom tierischen besteht nur darin, daß der menschliche sich seiner ganzen Bildung nach als der Wohnsitz, und zwar als das einzig mögliche Naturdasein des Geistes erweist. Deshalb ist auch der Geist nur im Leibe für andere unmittelbar vorhanden. – Die Notwendigkeit dieses Zusammenhangs und das spezielle Entsprechen von Seele und Leib anzugeben ist hier jedoch nicht der Ort; wir müssen diese Notwendigkeit hier voraussetzen. Nun gibt es allerdings Totes, Häßliches, d. h. von anderen Einflüssen und Abhängigkeiten Bestimmtes an der menschlichen Gestalt; ist dies der Fall, so ist es eben die Sache der Kunst, den Unterschied des bloß Natürlichen und des Geistigen auszulöschen und die äußere Leiblichkeit zur schönen, durch und durch gebildeten, beseelten und geistig-lebendigen Gestalt zu machen.

Bei dieser Darstellungsweise ist dann in betreff auf das Äußere nichts Symbolisches mehr vorhanden und alles bloße Suchen, Drängen, Verzerren und Verkehren abgeschnitten. Denn der Geist ist, wenn er sich als Geist gefaßt hat, das für sich Fertige und Klare, und ebenso ist auch sein Zusammenhang mit der ihm adäquaten Gestalt von der einen Seite her etwas an und für sich Fertiges und Gegebenes, das nicht erst durch eine von der Phantasie im Gegensatz gegen das Vorhandene hervorgebrachte Verknüpfung braucht zustande zu kommen. Ebensowenig ist die klassische Kunstform eine bloß leiblich hingestellte oberflächliche Personifikation, indem der gesamte Geist, soweit er den Inhalt des Kunstwerks ausmachen soll, in die Leiblichkeit heraustritt und mit ihr sich vollendet zu identifizieren vermag. Aus diesem Gesichtspunkte kann auch die Vorstellung betrachtet werden, daß die Kunst die menschliche Gestalt nachgeahmt habe. Der gewöhnlichen Ansicht nach erscheint jedoch dies Aufnehmen und Nachbilden als eine Zufälligkeit, wogegen zu behaupten ist, daß die zu ihrer Reife gediehene Kunst der Notwendigkeit nach habe in der Form der äußeren menschlichen Erscheinung darstellen müssen, weil der Geist nur in ihr das ihm gemäße Dasein im Sinnlichen und Natürlichen erhält.

Wie mit dem menschlichen Körper und dessen Ausdruck verhält es sich nun auch mit den menschlichen Empfindungen,

Trieben, Taten, Begebenheiten und Handlungen; auch ihre Äußerlichkeit ist im Klassischen nicht nur als naturlebendig, sondern als geistig charakterisiert und die Seite des Inneren mit dem Äußeren in adäquate Identität gebracht.

c) Indem nun die klassische Kunst die freie Geistigkeit als bestimmte Individualität faßt und dieselbe in ihrer leiblichen Erscheinung unmittelbar anschaut, so ist ihr häufig der Vorwurf des Anthropomorphismus gemacht worden. Bei den Griechen z. B. hat schon Xenophanes gegen die Vorstellungsweise der Götter gesprochen, indem er sagte, wären die Löwen die Bildner gewesen, so würden sie ihren Göttern Löwengestalt gegeben haben. Von ähnlicher Art ist das witzige französische Wort: Gott habe den Menschen nach seinem Bilde geschaffen, aber der Mensch habe es ihm heimgegeben und Gott nach des Menschen Bilde geschaffen. In Beziehung auf die folgende Kunstform, die romantische, ist in dieser Rücksicht zu bemerken, daß der Gehalt der klassischen Kunstschönheit allerdings noch mangelhaft ist wie die Religion der Kunst selbst; aber der Mangel liegt so wenig im Anthropomorphistischen als solchem, daß im Gegenteil zu behaupten steht, die klassische Kunst sei zwar für die Kunst anthropomorphistisch genug, für die höhere Religion aber zuwenig. Das Christentum hat den Anthropomorphismus viel weiter getrieben; denn der christlichen Lehre nach ist Gott nicht ein nur menschlich gestaltetes Individuum, sondern ein wirkliches einzelnes Individuum, ganz Gott und ganz ein wirklicher Mensch, hineingetreten in alle Bedingungen des Daseins und kein bloßes menschlich gebildetes Ideal der Schönheit und Kunst. Hat man vom Absoluten nur die Vorstellung eines abstrakten, in sich unterschiedslosen Wesens, dann freilich fällt jede Art der Gestaltung fort; aber damit Gott als Geist sei, dazu gehört sein Erscheinen als Mensch, als einzelnes Subjekt, – nicht als ideales Menschsein, sondern als wirkliches Fortgehen bis zur zeitlichen, gänzlichen Äußerlichkeit der auch unmittelbaren und natürlichen Existenz. In der christlichen Anschauung nämlich liegt die unendliche Bewegung, sich bis zum Extrem des Gegensatzes hinzutreiben und erst als Aufhebung dieser Trennung in sich zur absoluten Einheit zurückzukehren. In dies Moment der Trennung fällt das Menschwerden Gottes, indem er als wirkliche einzelne Subjektivität in den Unterschied gegen die Einheit und Substanz als solche tritt, in dieser gemeinen Zeitlichkeit und Räumlichkeit die Empfindung, das Bewußtsein, den Schmerz der Entzweiung durchmacht, um durch diesen ebensosehr wieder aufgelösten Gegensatz zur unendlichen Versöhnung zu kommen. Dieser Durchgangspunkt liegt der christlichen Vorstellung nach in der Natur Gottes selber. In der Tat ist Gott hierdurch als absolute freie Geistigkeit zu fassen, in welcher das Moment des Natürlichen und der unmittelbaren Einzelheit zwar vorhanden sein, aber gleichmäßig aufgehoben werden muß. In der klassischen Kunst dagegen ist die Sinnlichkeit nicht getötet und gestorben, aber dafür auch nicht zur absoluten Geistigkeit auferstanden. Die klassische Kunst und ihre schöne Religion befriedigt daher auch nicht die Tiefen des Geistes; wie konkret sie auch in sich selber ist, bleibt sie doch für ihn noch abstrakt, weil sie, statt der Bewegung und aus der Entgegensetzung erworbenen Versöhnung jener unendlichen Subjektivität, nur die ungetrübte Harmonie der bestimmten freien Individualität in ihrem adäquaten Dasein, diese Ruhe in ihrer Realität, dieses Glück, diese Befriedigung und Größe in sich selbst, diese ewige Heiterkeit und Seligkeit zu ihrem Elemente hat, die selbst im Unglück und Schmerz das sichere Beruhen auf sich nicht verliert. Die klassische Kunst hat in den Gegensatz, der im Absoluten begründet ist, nicht bis zur Tiefe hineingearbeitet und ihn ausgesöhnt. Dadurch kennt sie nun aber auch nicht die Seite, welche mit diesem Gegensatze in Beziehung steht, die Verhärtung des Subjekts in sich als abstrakte Persönlichkeit gegen das Sittliche und Absolute, die Sünde und das Böse sowie das Verhausen der subjektiven Innerlichkeit in sich, die Zerrissenheit, Haltlosigkeit, überhaupt den ganzen Kreis der

Entzweiungen, welche innerhalb ihrer das Unschöne, Häßliche, Widrige nach der sinnlichen und geistigen Seite hin hereinbringen. Die klassische Kunst überschreitet den reinen Boden des echten Ideals nicht.

2. *Die griechische Kunst als wirkliches Dasein des klassischen Ideals*

Was die *historische* Verwirklichung des Klassischen angeht, so ist kaum zu bemerken nötig, daß wir sie bei den Griechen aufzusuchen haben. Die klassische Schönheit mit ihrem unendlichen Umfange des Gehalts, Stoffes und der Form ist das dem griechischen Volke zugeteilte Geschenk gewesen, und wir müssen dies Volk dafür ehren, daß es die Kunst in ihrer höchsten Lebendigkeit hervorgebracht hat. Die Griechen, ihrer unmittelbaren Wirklichkeit nach, lebten in der glücklichen Mitte der selbstbewußten subjektiven Freiheit und der sittlichen Substanz. Sie beharrten weder in der unfreien morgenländischen Einheit, die einen religiösen und politischen Despotismus zur Folge hat, indem das Subjekt selbstlos in der einen allgemeinen Substanz oder in irgendeiner besonderen Seite derselben untergeht, weil es in sich als Person kein Recht und dadurch keinen Halt hat; noch gingen sie zu jener subjektiven Vertiefung fort, in welcher das einzelne Subjekt sich abtrennt von dem Ganzen und Allgemeinen, um seiner eigenen Innerlichkeit nach für sich zu sein, und nur durch eine höhere Rückkehr in die innere Totalität einer rein geistigen Welt zur Wiedervereinigung mit dem Substantiellen und Wesentlichen gelangt, – sondern im griechischen sittlichen Leben war das Individuum zwar selbständig und frei in sich, ohne sich jedoch von den vorhandenen allgemeinen Interessen des wirklichen Staates und der affirmativen Immanenz der geistigen Freiheit in der zeitlichen Gegenwart loszulösen. Das Allgemeine der Sittlichkeit und die abstrakte Freiheit der Person im Inneren und Äußeren bleibt dem Prinzip des griechischen Lebens gemäß in ungetrübter Harmonie, und zu der Zeit, in welcher sich auch im wirklichen Dasein dies Prinzip in noch unversehrter Reinigkeit geltend machte, trat die Selbständigkeit des Politischen gegen eine davon unterschiedene subjektive Moralität nicht hervor; die Substanz des Staatslebens war ebenso in die Individuen versenkt, als diese ihre eigene Freiheit nur in den allgemeinen Zwecken des Ganzen suchten. – Die schöne Empfindung, der Sinn und Geist dieser glücklichen Harmonie durchzieht alle Produktionen, in welchen die griechische Freiheit sich bewußt geworden ist und ihr Wesen sich vorgestellt hat. Daher ist ihre Weltanschauung eben die Mitte, in welcher die Schönheit ihr wahres Leben beginnt und ihr heiteres Reich aufschlägt; die Mitte freier Lebendigkeit, die nicht nur unmittelbar und natürlich da ist, sondern aus der geistigen Anschauung erzeugt, durch die Kunst verklärt wird; die Mitte einer Bildung der Reflexion und zugleich einer Reflexionslosigkeit, welche das Individuum weder isoliert, noch aber auch dessen Negativität, Schmerz, Unglück zur positiven Einheit und Versöhnung zurückzubringen vermag; eine Mitte, die jedoch, wie das Leben überhaupt, zugleich nur ein Durchgangspunkt ist, wenn sie auch auf diesem Durchgangspunkte den Gipfel der Schönheit ersteigt und in der Form ihrer plastischen Individualität so geistig-konkret und reich ist, daß alle Töne in sie hineinspielen und auch das für ihren Standpunkt Vergangene, wenn auch nicht mehr als Absolutes und Unbedingtes, doch noch als eine Nebenseite und als Hintergrund vorkommt. – In diesem Sinne hat sich das griechische Volk auch in den Göttern seinen Geist zum sinnlichen, anschauenden, vorstellenden Bewußtsein gebracht und ihnen durch die Kunst ein Dasein gegeben, welches dem wahren Inhalte vollkommen gemäß ist. Dieses Entsprechens wegen, das sowohl im Begriff der griechischen Kunst als der griechischen Mythologie liegt, ist in Griechenland die Kunst der höchste Ausdruck für das Absolute gewesen, und die griechische Religion ist die Religion der Kunst selber, während die spätere romantische

Kunst, obwohl sie Kunst ist, dennoch schon auf eine höhere Form des Bewußtseins, als die Kunst zu geben imstande ist, hindeutet.

3. Stellung des produzierenden Künstlers in der klassischen Kunstform

Wenn wir nun bisher auf der einen Seite als den Gehalt des Klassischen die in sich freie Individualität festsetzten und auf der anderen Seite auch für die Gestalt die gleiche Freiheit forderten, so liegt hierin schon, daß die gänzliche Verschmelzung beider, wie sehr sie sich auch als Unmittelbarkeit darstellen mag, dennoch keine erste und somit natürliche Einheit sein kann, sondern sich als eine *gemachte*, vom subjektiven Geist zustande gebrachte Verknüpfung erweisen muß. Die klassische Kunst, insofern ihr Inhalt und ihre Form das Freie ist, entspringt nur aus der Freiheit des sich selbst klaren Geistes. Dadurch erhält nun auch *drittens* der Künstler eine von der früheren verschiedene Stellung. Seine Produktion nämlich zeigt sich als das freie Tun des besonnenen Menschen, der ebensosehr *weiß*, was er will, als er *kann*, was er will, und der sich also weder in Ansehung der Bedeutung und des substantiellen Gehalts, den er zur Anschauung herauszugestalten gedenkt, unklar ist, noch sich durch irgendein technisches Unvermögen in der Ausführung gehindert findet.

Werfen wir einen näheren Blick auf diese veränderte Stellung des Künstlers, so bekundet sich seine Freiheit

a) in betreff auf den *Inhalt* dadurch, daß er denselben nicht mit der unruhigen symbolischen Gärung zu suchen nötig hat. Die symbolische Kunst bleibt in der Arbeit befangen, sich ihren Gehalt erst zu produzieren und klarzumachen, und dieser Gehalt ist selber nur der erste, d. h. auf der einen Seite das Wesen in unmittelbarer Form der Natürlichkeit, auf der anderen die innere Abstraktion des Allgemeinen, Einen, der Veränderung, des Wechsels, Werdens, Entstehens und Wiedervergehens. Auf das erste Mal aber findet man nicht das Rechte. Deshalb bleiben die Darstellungen der symbolischen Kunst, welche Expositionen des Inhalts sein sollten, selber noch Rätsel und Aufgaben und zeugen nur von dem Ringen nach Klarheit und von dem Streben des Geistes, der fort und fort, ohne Rast und Ruhe zu finden, erfindet. Diesem trüben Suchen gegenüber muß für den klassischen Künstler der Inhalt schon *fertig* vorhanden, gegeben sein, so daß er in sich schon als gewiß, als Glaube, Volksglaube oder als geschehenes, von Sage und Überlieferung fortgepflanztes Begebnis dem wesentlichen Gehalt nach für die Phantasie bestimmt ist. Zu diesem objektiv festgestellten Stoffe hat nun der Künstler das freiere Verhältnis, daß er nicht selber in den Prozeß des Zeugens und Gebärens eingeht und im Drange nach den echten Bedeutungen für die Kunst stehenbleibt, sondern daß für ihn ein anundfürsichseiender Inhalt daliegt, den er aufnimmt und frei aus sich reproduziert. Die griechischen Künstler erhielten ihren Stoff aus der Volksreligion, in welcher sich bereits, was vom Orient her den Griechen herübergekommen war, umzugestalten begonnen hatte; Phidias nahm seinen Zeus aus Homer, und auch die Tragiker erfanden sich nicht den Grundinhalt, den sie darstellten. Ebenso haben auch die christlichen Künstler, Dante, Raffael, nur das gestaltet, was schon in den Glaubenslehren und religiösen Vorstellungen vorhanden war. Dies ist zwar bei der Kunst der Erhabenheit nach der einen Seite hin in ähnlicher Weise der Fall, doch mit dem Unterschiede, daß hier das Verhältnis zum Inhalt als der *einen* Substanz die Subjektivität nicht zu ihrem Rechte kommen läßt und ihr keine selbständige Beschlossenheit vergönnt. Die vergleichende Kunstform umgekehrt geht zwar aus der Wahl der Bedeutungen wie der gebrauchten Bilder hervor, diese Wahl jedoch bleibt der nur *subjektiven* Willkür überlassen und entbehrt ihrerseits wiederum der substantiellen Individualität, welche den Begriff der klassischen Kunst ausmacht und daher auch in dem hervorbringenden Subjekt liegen muß.

b) Je mehr aber für den Künstler ein anundfürsichseiender freier Inhalt in Volksglaube, Sage und sonstiger Wirklichkeit als vorhanden vorliegt, um desto mehr konzentriert er sich auf die Tätigkeit, die solchem Inhalt kongruente äußere *Kunsterscheinung* zu gestalten. Während sich nun in dieser Beziehung die symbolische Kunst in tausend Formen umherwirft, ohne die schlechthin gemäße treffen zu können, und mit ausschweifender Einbildungskraft ohne Maß und Bestimmung umhergreift, um der gesuchten Bedeutung die immer fremdbleibenden Gestalten anzupassen, ist der klassische Künstler auch hierin in sich beschlossen und begrenzt. Mit dem Inhalt nämlich ist hier auch die freie Gestalt durch den Inhalt selbst bestimmt und demselben an und für sich angehörig, so daß der Künstler nur zu exekutieren scheint, was schon für sich dem Begriff nach fertig ist. Wenn der symbolische Künstler daher der Bedeutung die Gestalt oder diese jener einzubilden strebt, so *bildet* der klassische die Bedeutung zur Gestalt um, indem er die schon vorhandenen äußeren Erscheinungen nur gleichsam von ihrem ungehörigen Beiwesen befreit. In dieser Tätigkeit aber, obschon seine bloße Willkür ausgeschlossen ist, bildet er nicht nur *nach* oder bleibt in einem starren Typus stehen, sondern ist zugleich für das Ganze *fort*bildend. Die Kunst, die ihren wahren Gehalt erst suchen und erfinden muß, vernachlässigt noch die Seite der Form; wo aber die Bildung der Form zum wesentlichen Interesse und zur eigentlichen Aufgabe gemacht wird, da bildet sich mit den Fortschritten der Darstellung auch der Inhalt unmerklich und unscheinbar fort, wie wir überhaupt Form und Inhalt bisher in ihrer Vervollkommnung stets haben Hand in Hand gehen sehen. In dieser Rücksicht arbeitet der klassische Künstler auch für eine vorhandene Welt der Religion, deren gegebene Stoffe und mythologische Vorstellungen er im freien Spiele der Kunst heiter fortentwickelt.

c) Dasselbe gilt von der technischen Seite. Auch sie muß für den klassischen Künstler bereits fertig sein, das sinnliche

Material, in welchem der Künstler arbeitet, muß sich schon aller Sprödigkeit und Härte entäußert haben und den künstlerischen Intentionen unmittelbar gehorchen, damit der Inhalt, dem Begriffe des Klassischen gemäß, frei und ungehindert auch durch diese äußere Leiblichkeit hindurchscheinen könne. Zur klassischen Kunst gehört deshalb schon eine hohe Stufe technischer Geschicklichkeit, welche sich den sinnlichen Stoff zu willigem Gehorsam untertan gemacht hat. Eine solche technische Vollendung, wenn sie alles, was vom Geiste und seinen Konzeptionen verlangt wird, unmittelbar ausführen soll, setzt sich die vollständige Ausbildung alles Handwerksmäßigen in der Kunst voraus, das hauptsächlich innerhalb einer statarischen Religion zustande kommt. Die religiöse Anschauung, wie die ägyptische z. B., erfindet sich dann nämlich bestimmte äußere Gestalten, Idole, kolossale Konstruktionen, deren Typus fest bleibt und nun bei der herkömmlichen Gleichheit der Formen und Figuren für die stets wachsende Fertigkeit einen breiten Spielraum der Fortbildung gibt. Dies Handwerksmäßige am Schlechteren und Fratzenhaften muß schon vorhanden sein, ehe der Genius der klassischen Schönheit sich die mechanische Geschicklichkeit zur technischen Vollendung umgestaltet. Denn erst wenn das Mechanische für sich keine Schwierigkeit mehr in den Weg stellt, kann die Kunst frei auf die Bildung der Form gehen, wobei sodann die wirkliche Ausübung zugleich eine Fortbildung ist, welche mit dem Vorschreiten des Inhalts und der Form in engem Verhältnis steht.

Einteilung

Was nun die *Einteilung* der klassischen Kunst angeht, so pflegt man gewöhnlich in allgemeinerem Sinne jedes vollendete Kunstwerk klassisch zu nennen, welchen Charakter es sonst auch an sich trage, symbolischen oder romantischen. Im Sinne der Kunstvollendung haben allerdings auch wir das Wort gebraucht, jedoch mit dem Unterschiede, daß diese

Vollendung in der vollständigen Durchdringung der inneren freien Individualität und des äußeren Daseins, in welchem und als welches dieselbe erscheint, begründet sein sollte, so daß wir also die klassische Kunstform und deren Vollendung ausdrücklich von der symbolischen und romantischen, deren Schönheit in Inhalt und Form durchweg anderer Art ist, unterscheiden. Ebensowenig wie mit dem Klassischen, seiner gewöhnlichen unbestimmteren Bedeutung nach, haben wir es hier schon mit den besonderen Kunstarten zu tun, in welchen das klassische Ideal sich darstellt, als z. B. die Skulptur, das Epos, bestimmte Arten der lyrischen Poesie und spezifische Formen der Tragödie und Komödie. Diese besonderen Kunstarten, obschon sich die klassische Kunst in ihnen ausprägt, können erst in dem dritten Teile bei Entwicklung der einzelnen Künste und deren Gattungen zur Sprache kommen. Was wir daher zur näheren Betrachtung hier vor uns haben, ist das Klassische in dem von uns festgestellten Sinne des Worts, und als Gründe der Einteilung können wir daher nur die Entwicklungsstufen aufsuchen, welche aus diesem Begriffe des klassischen Ideals selber hervorgehen. Die wesentlichen Momente für diese Entwicklung sind folgende.

Der *erste* Punkt, auf welchen wir unsere Aufmerksamkeit richten müssen, ist der, daß die klassische Kunstform nicht wie die symbolische als unmittelbar Erstes, als *Anfang* der Kunst, sondern im Gegenteil als *Resultat* zu fassen ist. Wir haben sie deshalb zunächst aus dem Verlauf der symbolischen Darstellungsweisen, welche ihre Voraussetzung ausmachen, entwickelt. Der Hauptpunkt, um den der Fortgang sich drehte, war die Konkretion des Inhalts zur Klarheit der in sich selbstbewußten Individualität, welche zu ihrem Ausdruck weder die bloße Naturgestalt, sei sie elementarisch oder animalisch, noch die damit nur schlecht vermischte Personifikation und menschliche Gestalt gebrauchen kann, sondern sich in der Lebendigkeit des vom Geist vollständig durchatmeten menschlichen Leibes zur Äußerung bringt. Da nun das Wesen der Freiheit darin besteht, was sie ist, durch sich selber zu sein, so wird das, was zunächst als bloße Voraussetzungen und Bedingungen des Entstehens außerhalb des klassischen Gebiets erschien, in den eigenen Kreis desselben hineinfallen müssen, um den wahren Inhalt und die echte Gestalt durch Überwindung des für das Ideal Ungehörigen und Negativen wirklich hervorgehen zu lassen. Dieser Gestaltungsprozeß, durch welchen sich der Form wie dem Inhalt nach die eigentlich klassische Schönheit aus sich selber erzeugt, ist daher der Punkt, von welchem wir auszugehen und den wir in einem *ersten* Kapitel abzuhandeln haben.

Im *zweiten* Kapitel dagegen sind wir durch diesen Verlauf bei dem wahren Ideal der klassischen Kunstform angelangt. Hier bildet den Mittelpunkt die schöne neue Kunstgötterwelt der Griechen, welche wir sowohl nach seiten der geistigen Individualität als nach seiten der unmittelbar damit verbundenen leiblichen Form entwickeln und in sich abschließen müssen.

Drittens aber liegt im Begriffe der klassischen Kunst außer dem Werden ihrer Schönheit durch sich selber umgekehrt auch deren Auflösung, welche uns in ein weiteres Gebiet, in die romantische Kunstform, hinüberleiten wird. Die Götter und menschlichen Individuen der klassischen Schönheit, wie sie entstehen, vergehen auch wieder für das Kunstbewußtsein, das sich teils gegen die zurückgebliebene Naturseite, innerhalb welcher sich die griechische Kunst gerade zur vollendeten Schönheit heraufgebildet hatte, kehrt, teils auf eine entgötterte, schlechte, gemeine Wirklichkeit hinauswendet, um das Falsche und Negative derselben ins Licht zu stellen. In dieser Auflösung, deren Kunsttätigkeit wir zum Gegenstand des *dritten* Kapitels nehmen müssen, trennen sich die Momente, welche in ihrer zur Unmittelbarkeit des Schönen verschmolzenen Harmonie das wahrhaft Klassische ausmachten. Das Innere steht für sich auf der einen, das davon abgeschiedene äußere Dasein auf der anderen Seite, und die in sich zurückgezogene Subjektivität, da sie in den bisherigen Gestalten ihre angemessene Wirklichkeit nicht mehr zu finden weiß, hat sich mit dem Inhalt einer neuen geistigen Welt absoluter Freiheit und Unendlichkeit zu erfüllen und nach neuen Ausdrucksformen für diesen vertiefteren Gehalt umzusehen.

Erstes Kapitel

Der Gestaltungsprozeß der klassischen Kunstform

In dem Begriff des freien Geistes liegt unmittelbar das Moment, in sich zu gehen, zu sich zu kommen, für sich selber zu sein und dazusein, wenn auch diese Vertiefung in das Reich der Innerlichkeit, wie schon früher ist angedeutet worden, weder zu der negativen Verselbständigung des Subjekts in sich gegen alles im Geist Substantielle und in der Natur Bestandhabende noch zu jener absoluten Versöhnung fortzuschreiten braucht, welche die Freiheit der wahrhaft unendlichen Subjektivität ausmacht. Mit der Freiheit des Geistes aber, in welcher Form sie auch auftreten möge, ist überhaupt das Aufheben der bloßen Natürlichkeit als des dem Geiste Anderen verbunden. Der Geist muß sich zunächst in sich aus der Natur zurückziehen, sich über sie erheben und sie überwinden, ehe er imstande ist, ungehindert in ihr als in einem widerstandslosen Elemente zu walten und sie zu einem positiven Dasein seiner eigenen Freiheit umzuformen. Fragen wir nun aber nach dem bestimmteren Objekt, durch dessen Aufhebung in der klassischen Kunst der Geist sich seine Selbständigkeit erwirbt, so ist dies Objekt nicht die Natur als solche, sondern eine selbst schon von Bedeutungen des Geistes durchzogene Natur, die symbolische Kunstform nämlich, welche sich der unmittelbaren Naturgestaltungen zum Ausdruck des Absoluten bediente, indem das Kunstbewußtsein entweder in Tieren usf. gegenwärtige Götter sah oder vergeblich in falscher Weise nach der wahren Einheit des Geistigen und Natürlichen rang. Dieses falsche Verknüpfen ist es, durch dessen Aufhebung und Umgestaltung das

Ideal sich erst als Ideal hervorbringt und das zu Überwindende deshalb innerhalb seiner, als ein ihm selber zugehöriges Moment, zu entwickeln hat. – Hieraus läßt sich sogleich beiläufig die Frage erledigen, ob die Griechen ihre Religion von fremden Völkern hergenommen haben oder nicht. Daß untergeordnete Standpunkte als Voraussetzung des Klassischen dem Begriff nach notwendig sind, haben wir bereits gesehen. Diese, insofern sie wirklich erscheinen und in der Zeit sich auseinanderlegen, sind der höheren Form gegenüber, welche sich herauszuarbeiten strebt, ein Vorhandenes, von dem die neu sich entwickelnde Kunst ausgeht; wenn dies auch in betreff auf die griechische Mythologie nicht durchweg durch historische Zeugnisse erwiesen ist. Das Verhältnis nun aber des griechischen Geistes zu diesen Voraussetzungen ist wesentlich ein Verhältnis des Bildens und zunächst des negativen Umbildens. Wäre dies nicht der Fall, so müßten die Vorstellungen und Gestalten dieselben geblieben sein. Herodot sagt zwar in der schon früher angeführten Stelle [II, 53] von Homer und Hesiod, sie hätten den Griechen ihre Götter gemacht, aber er spricht auch ausdrücklich von den einzelnen Göttern, wie dieser oder jener ägyptisch usf. sei; das dichterische Machen schließt daher nicht ein Empfangen von anderen aus, sondern deutet nur auf ein wesentliches Umgestalten hin. Denn mythologische Vorstellungen hatten die Griechen schon vor der Zeit, in welche Herodot jene ersten beiden Dichter setzt.

Fragen wir nun weiter nach den näheren Seiten dieser notwendigen Umgestaltung des dem Ideal allerdings Zugehörigen, zunächst aber noch Ungehörigen, so finden wir sie als Inhalt der Mythologie selber auf naive Weise vorgestellt. Die Haupttat der griechischen Götter ist, sich zu erzeugen und sich aus dem Vorhergegangenen, das in die Entstehungsgeschichte und den Fortgang ihres eigenen Geschlechtes fällt, zu konstituieren. Dazu gehört, insofern die Götter als geistige Individuen in leiblicher Gestalt dasein sollen, auf der einen Seite, daß der Geist, statt sich in dem bloß Lebendigen und Tierischen die Anschauung seines Wesens zu geben, das Lebendige vielmehr als eine Unwürdigkeit, als sein Unglück und seinen Tod ansehe, und andererseits, daß er über das Elementarische der Natur und seine verworrene Darstellung in demselben siege. Umgekehrt aber ist es für das Ideal der klassischen Götter ebenso notwendig, nicht nur wie der individuelle Geist in seiner abstrakten endlichen Abgeschlossenheit der Natur und deren elementarischen Mächten gegenüberzustehen, sondern die Elemente des allgemeinen Naturlebens seinem Begriffe nach in sich selber als ein Moment zu haben, welches das Leben des Geistes ausmacht. Wie die Götter in sich wesentlich *allgemein* und in dieser Allgemeinheit schlechthin bestimmte Individuen sind, so muß auch die Seite ihrer Leiblichkeit das Natürliche zugleich als wesentliche weitreichende Naturgewalt und mit dem Geistigen verschlungene Tätigkeit an sich haben.

In dieser Rücksicht können wir den Gestaltungsprozeß der klassischen Kunstform folgendermaßen gliedern.

Der *erste Hauptpunkt* betrifft die Herabsetzung des Tierischen und Entfernung desselben von der freien, reinen Schönheit.

Die *zweite*, wichtigere Seite bezieht sich auf die elementarischen, zunächst selbst noch als Götter hingestellten Naturmächte, durch deren Besiegung erst das echte Göttergeschlecht zur unbestrittenen Herrschaft gelangen kann; auf den Kampf und Krieg der alten und der neuen Götter.

Diese negative Richtung wird dann aber *drittens*, nachdem der Geist sein freies Recht gewonnen hat, ebensosehr wieder affirmativ, und die elementarische Natur macht eine positive, von der individuellen Geistigkeit durchdrungene Seite der Götter aus, die nun auch das Tierische, wenn auch nur als Attribut und äußeres Zeichen, um sich herumstellen.

Nach diesen Gesichtspunkten wollen wir jetzt noch kurz die bestimmteren Züge, welche hier in Betracht kommen, herauszuheben suchen.

1. Die Degradation des Tierischen

Bei den Indern und Ägyptern, bei den Asiaten überhaupt, sehen wir das Tierische oder wenigstens bestimmte Tierarten heiliggehalten und verehrt, weil in ihnen das Göttliche selber zu gegenwärtiger Anschauung kommen sollte. Die animalische Gestalt macht deshalb auch ein Hauptingrediens ihrer Kunstdarstellungen aus, wenn sie weiterhin auch nur als Symbol und in Verbindung mit menschlichen Formen gebraucht wird, ehe das Menschliche und nur das Menschliche als das allein Wahrhaftige ins Bewußtsein tritt. Erst durch das Selbstbewußtsein des Geistigen verschwindet der Respekt vor der dunklen, dumpfen Innerlichkeit des tierischen Lebens. Dies ist schon bei den alten Hebräern der Fall, indem sie, wie bereits oben bemerkt ward, die gesamte Natur weder als Symbol noch als Gegenwart Gottes ansehen und den äußeren Gegenständen nur diejenige Kraft und Lebendigkeit beilegen, welche ihnen in der Tat innewohnt. Dennoch findet sich auch bei ihnen gleichsam zufälligerweise noch ein Rest wenigstens von Ehrfurcht vor der Lebendigkeit als solcher; wie Moses z. B. das Blut der Tiere zu genießen verbietet, weil im Blute das Leben sei. Der Mensch aber muß eigentlich essen dürfen, was ihm bekommt. Der nächste Schritt nun, dessen wir beim Übergange zur klassischen Kunst zu erwähnen haben, besteht darin, die hohe Würde und Stellung des Tierischen herabzusetzen und diese Erniedrigung selber zum Inhalt religiöser Vorstellungen und künstlerischer Produktionen zu machen. Hierherein fällt eine Mannigfaltigkeit von Gegenständen, aus denen ich als Beispiel nur folgende auswählen will.

a. Die Tieropfer

Wenn bei den Griechen einige Tiere vor anderen als bevorzugt erscheinen, wie die Schlange z. B. noch als ein besonders beliebter Genius bei den Opfern Homers vorkommt (*Ilias*, II, v. 308; XII, v. 208) und dem einen Gott vorzugsweise diese Tierart geopfert wird, dem anderen eine andere; wenn ferner der Hase, der über den Weg läuft, die Vögel in ihrem Fluge, zur Rechten oder Linken beachtet, die Eingeweide zu prophetischen Deutungen untersucht werden, so liegt zwar auch hierin noch eine gewisse Verehrung des Tierischen, da die Götter sich dadurch kundtun und durch *Omina* zum Menschen reden; im wesentlichen aber sind dies nur ganz einzelne Offenbarungen, etwas Abergläubisches allerdings, doch nur ganz augenblickliche Andeutungen des Göttlichen. Wichtig dagegen ist das Opfern der Tiere und das Essen der Opfer. Bei den Indern werden die heiligen Tiere ganz im Gegenteil erhalten, gepflegt und bei den Ägyptern selbst noch nach ihrem Tode der Zerstörung entrissen. Den Griechen galt das Opfern als heilig. Im Opfer zeigt der Mensch, er wolle auf den seinen Göttern geweihten Gegenstand Verzicht leisten und sich selbst den Gebrauch desselben vernichten. Hier tut sich nun bei den Griechen ein eigentümlicher Zug darin hervor, daß bei ihnen »opfern« zugleich ein Gastmahl anrichten hieß (*Odyssee,* XIV, v. 414; XXIV, v. 215), da sie nur einen Teil der Tiere, und zwar den ungenießbaren, für die Götter bestimmten, das Fleisch aber für sich selber behielten und verschmausten. Hieraus ist in Griechenland selbst ein Mythus entstanden. Die alten Griechen opferten mit größter Feierlichkeit den Göttern und ließen die ganzen Tiere von den Opferflammen verzehren. Diesen großen Aufwand jedoch vermochten die Ärmeren nicht zu bestreiten. Da versucht es Prometheus, vom Zeus durch Bitte zu erlangen, daß sie nur einen Teil zu opfern nötig hätten, den anderen aber zu ihrem Gebrauch verwenden dürften. Er schlachtet zwei Ochsen, verbrennt die Leber von beiden, die gesamten Knochen aber wickelt er in eine, das Fleisch in die andere Haut der Tiere und überläßt dem Jupiter die Wahl. Zeus, getäuscht, wählt, weil sie größer waren, die Knochen, und so blieb das Fleisch den Menschen. Daher wurden, wenn das Fleisch der Opfertiere verzehrt war, die Reste, welche der Teil der Götter sind, in demselben Feuer verbrannt. –

Zeus aber nahm den Menschen das Feuer, weil ihnen ohne Feuer ihr Fleischteil nichts nütze. Doch dies hilft ihm wenig. Prometheus entwandte das Feuer, und aus Freude flog er mehr, als er lief: daher, wie die Sage geht, die Menschen, welche eine frohe Botschaft bringen, noch jetzt schnell laufen. – In dieser Weise haben die Griechen auf jeden Fortschritt menschlicher Bildung ihre Aufmerksamkeit gerichtet und ihn in Mythen für das Bewußtsein aufbewahrt und ausgestaltet.

b. Die Jagden

Hieran schließen sich als ein ähnliches Beispiel einer schon weiteren Herabsetzung des Tierischen die Erinnerungen an berühmte *Jagden*, wie sie den Heroen zugeschrieben wurden und in dankbar gefeiertem Andenken blieben. Hier gilt das Töten der Tiere, die als schädliche Feinde erscheinen, die Erwürgung z. B. des Nemeischen Löwen durch Herakles, die Tötung der Lernäischen Schlange, die Jagd des Kaledonischen Ebers usf. als etwas Hohes, wodurch die Helden sich Götterrang erkämpften, während die Inder das Töten gewisser Tiere als ein Verbrechen mit dem Tode bestraften. Allerdings spielen in dergleichen Taten weitere Symbole herein oder liegen ihnen zugrunde, wie beim Herkules die Sonne und deren Lauf, so daß solche heroischen Handlungen auch eine wesentliche Seite für symbolische Auslegungen darbieten; dennoch aber sind diese Mythen zugleich in der ausdrücklichen Bedeutung von wohltätigen Jagden genommen und so den Griechen vor dem Bewußtsein gewesen. – In einer ähnlichen Beziehung ist hier auch wieder an einige Äsopische Fabeln zu erinnern, besonders an die schon früher berührte vom Roßkäfer. Der Roßkäfer, dies altägyptische Symbol, in dessen Mistkugel die Ägypter oder die Interpreten der religiösen Vorstellungen die Weltkugel sahen, kommt im Äsop noch bei Jupiter vor, und mit der Wichtigkeit, daß der Adler seinen Schutz des Hasens nicht respektiert; Aristophanes dagegen hat ihn ganz zum Possenhaften heruntergesetzt.

c. Die Verwandlungen

Direkt ausgesprochen zeigt sich *drittens* die Degradation des Tierischen in den Geschichten der vielen Verwandlungen, wie sie Ovid uns anmutig, geistreich, mit feinen Zügen der Empfindung und des Sinnes ins einzelne ausgemalt, aber auch mit Geschwätzigkeit, ohne inneren großen beherrschenden Geist als bloße mythologische Spielereien und äußerliche Begebenheiten zusammengestellt hat, ohne einen tieferen Sinn darin zu erkennen. Solche tiefere Bedeutung fehlt ihnen aber nicht, und wir wollen deshalb ihrer an dieser Stelle noch einmal Erwähnung tun. Zu großem Teil sind die einzelnen Erzählungen dem Stoff nach barock und barbarisch, nicht durch die Verdorbenheit der Kultur, sondern, wie im Nibelungenliede, durch die Verdorbenheit einer noch rohen Natur; bis zum dreizehnten Buch dem Inhalt nach älter als die Homerischen Geschichten, ohnehin von Kosmogonie und fremden Elementen phönizischer, phrygischer, ägyptischer Symbolik untermischt, menschlich freilich behandelt, doch so, daß der ungeschlachte Fonds geblieben ist, während die Verwandlungen, welche Geschichten späterer Zeit nach dem Trojanischen Krieg erzählen, obschon auch ihr Stoff aus der Fabelzeit hergenommen ist, mit Ajax und Äneas ungeschickt hintennachklappen.

α) Im allgemeinen kann man die Metamorphosen als Gegenteil der ägyptischen Tieranschauung und Tierverehrung betrachten, indem sie, von der sittlichen Seite des Geistes angesehen, wesentlich die negative Richtung gegen die Natur enthalten, das Tierische und andere unorganische Formen zu einer Gestalt der Erniedrigung des Menschlichen zu machen, so daß also, wenn bei den Ägyptern die Götter der elementarischen Natur zu Tieren erhoben und belebt werden, hier umgekehrt, wie schon früher ist bemerkt worden, die Naturgebilde als Strafe für irgendein leichteres oder schweres Vergehen und ungeheures Verbrechen auftreten, als Existenz eines Ungöttlichen, Unglückseligen und als Schmerzgestaltung, in welcher das Menschliche sich nicht mehr zu halten vermag. Deshalb sind sie auch nicht als Seelenwanderung im ägyptischen Sinne zu deuten, denn diese ist eine Wanderung ohne Schuld und wird, wenn der Mensch zum Vieh wird, im Gegenteil als eine Erhöhung angesehen.

Im ganzen aber ist dies kein abgeschlossener Kreis von Mythen, wie verschieden auch die Naturgegenstände sein mögen, in welche hinein Geistiges gebannt wird. Einige Beispiele mögen das Gesagte erläutern.

Bei den Ägyptern spielt der Wolf eine große Rolle, wie z. B. Osiris seinem Sohn Horus bei dessen Streit gegen Typhon als hilfreicher Beschützer erscheint und in einer Reihe ägyptischer Münzen dem Horus zur Seite steht. Überhaupt ist die Verbindung des Wolfs und Sonnengottes uralt. In den *Metamorphosen* des Ovid dagegen wird die Verwandlung des Lykaon in Wolfsgestalt als eine Strafe für die Impietät gegen die Götter dargestellt. Nach Überwindung der Giganten, heißt es (*Metamorphosen,* I, v. 150–243), und nach Niederschmetterung ihrer Körper habe die Erde, erwärmt durch das rings vergossene Blut ihrer Söhne, das warme Blut beseelt und, damit keine Spur des wilden Stammes übrigbliebe, ein Geschlecht von Menschen hervorgebracht. Doch auch diese Abkommenschaft war eine Verächterin der Götter, begierig nach wildem Mord und gewalttätig. Da ruft Jupiter die Götter zusammen, dies sterbliche Geschlecht zu verderben. Er berichtet, wie ihm, der den Blitzstrahl und die Götter habe und regiere, Lykaon hinterlistig nachgestellt habe. Als nämlich die Nichtswürdigkeit der Zeit sein Ohr erreicht, sei er vom Olymp herniedergestiegen und nach Arkadien gekommen. »Ich gab Zeichen«, erzählt er, »daß ein Gott genaht sei, und das Volk begann anzubeten. Lykaon aber verlacht erst die frommen Gebete, dann ruft er aus: ›Ich will versuchen, ob dies ein Gott ist oder ein Sterblicher, und nicht zweifelhaft wird das Wahre sein.‹ Mich im schweren Nachtschlaf umzubringen«, fährt Jupiter fort, »bereitet er sich; diese Erforschungsart der Wahrheit beliebt ihm. Und damit noch nicht zufrieden, durchschneidet er die Kehle einer Geisel aus molossischem Geschlecht mit dem Schwert, und die nur halbtoten Glieder kocht er teils, teils brät er sie in Feuer und setzt mir beides als Speise vor. Ich, mit rächender Flamme, habe sein Haus in Asche gelegt. Erschreckt flieht jener von dannen, und als er das schweigende Feld erreicht, heult er umher und versucht vergeblich zu reden. Mit Wut im Maul wird er in der Gier des gewohnten Mordes gegen das Vieh gekehrt und freut sich auch jetzt noch des Bluts; zu Haaren werden die Kleider, zu Schenkeln die Arme; er wird Wolf und bewahrt die Merkmale der alten Gestalt.«

Von ähnlicher Schwere der verübten Greuel ist die Geschichte der Prokne, die in eine Schwalbe verwandelt wurde. Als nämlich Prokne den Tereus, ihren Gemahl, bittet (*Metamorphosen,* VI, v. 440–676), wenn sie irgend bei ihm in Gunst stehe, möge er sie fortsenden, ihre Schwester zu sehen, oder die Schwester möge zu ihr kommen, beeilt sich Tereus, die Schiffe ins Meer ziehen zu lassen, und schnell mit Segel und Ruder erreicht er die Gestade des Piräus. Kaum aber erblickt er die Philomela, als er schon in sträflicher Liebe zu ihr entbrennt. Bei der Abfahrt beschwört ihn Pandion, der Vater, er möge sie mit väterlicher Liebe beschützen und ihm die süße Linderung seines Alters, sobald es geschehen könne, wieder zurücksenden; kaum jedoch ist die Reise vollendet, als der Barbar die Erbleichende, Zitternde, die alles fürchtet und schon mit Tränen, wo die Schwester sei, fragt, einsperrt und sie, ein Zwillingsgatte, gewaltsam der Schwester zum Kebsweibe macht. Zornerfüllt droht Philomela, die Tat, jede Scham abwerfend, selber zu verraten. Da zieht Tereus das Schwert, ergreift, bindet sie und schneidet ihr die Zunge aus, der Gattin aber berichtet er heuchlerisch den Tod der Schwester. Die jammernde Prokne reißt die Prunkgewänder von den Schultern und legt Trauerkleider an, ein leeres Grabmal errichtet sie und beweint das nicht in dieser Weise zu beweinende Geschick der Schwester. Was tut Philomela? Eingesperrt, der Sprache, der Stimme beraubt, sinnt sie auf List.

Mit Purpurfäden wirkt sie in ein weißes Gewebe die Nachricht des Verbrechens und sendet das Gewand heimlich an Prokne. Die Gattin liest den erbarmungswürdigen Bericht der Schwester, sie spricht, sie weint nicht, aber lebt ganz im Bilde der Strafe. Es war die Zeit des Bacchusfestes; getrieben von den Furien des Schmerzes, dringt sie zur Schwester, reißt sie aus ihrem Gemach und führt sie mit sich fort. Da, im eigenen Hause, als sie noch zweifelt, welch entsetzliche Rache sie an Tereus nehmen soll, kommt Itys zur Mutter. Sie blickt ihn mit wilden Augen an: »Wie ist er ähnlich dem Vater!«, mehr sagt sie nicht und vollbringt die traurige Tat. Sie töten den Knaben und tischen ihn dem Tereus auf, der in sich hinein sein eigen Blut schlingt. Nun verlangt ihn nach dem Sohne, und Prokne sagt ihm, in dir trägst du, was du forderst, und Philomela bringt ihm, als er umherblickt und sucht, wo er sei, und wiederum fragt und ruft, das blutende Haupt vors Angesicht. Da stößt er mit unendlichem Angstgeschrei die Tische fort und weint und nennt sich das Grab des Sohnes, dann mit nacktem Stahl verfolgt er die Töchter des Pandion. Aber gefiedert schweben sie von dannen, die eine zum Walde hinaus, die andere aufs Dach, und auch Tereus, durch Schmerz und Begier nach Strafe behend, wird zum Vogel, dem auf dem Scheitel der Federkamm aufwärts steht und unmäßig der Schnabel vorragt; der Name des Vogels ist Wiedehopf.

Andere Verwandlungen dagegen gehen aus einer geringeren Schuld hervor. So wird Cygnus in einen Schwan verwandelt, und Daphne, die erste Liebe des Apollo (*Metamorphosen*, I, v. 451–567), wird zum Lorbeer, Clytië zum Heliotrop, Narziß, selbstgefällig die Mädchen verachtend, sieht sich selber im Spiegel, und Byblis (*Metamorphosen*, IX, v. 454–664), welche ihren Bruder Caunus liebte, wird, als er sie verschmäht, zur Quelle verwandelt, welche auch jetzt noch ihren Namen trägt und unter dunkler Eiche hinfließt.

Doch wir dürfen uns nicht näher ins einzelne verlieren, und

ich will deshalb des Übergangs wegen nur noch der Verwandlung der Pieriden erwähnen, welche nach Ovid (*Metamorphosen,* V, v. 302) die Töchter des Pieros waren und die Musen zu einem Wettkampf aufforderten. Für uns ist nur der Unterschied dessen wichtig, was die Pieriden und was die Musen sangen. Jene (v. 319–331) feiern die Schlachten der Götter und bringen zu falschen Ehren die Giganten und schmälern die Taten der großen Götter; emporgesandt aus der Tiefe der Erde, habe Typhoeus den Himmlischen Furcht eingejagt, sämtlich seien sie von dannen geflohen, bis die Ermüdeten die ägyptische Erde aufgenommen. Aber auch hier, erzählen die Pieriden, sei Typhoeus hingelangt, und durch erlogene Gestalten hätten die hohen Götter sich versteckt. Anführer der Herde, sagt ihr Gesang, war Jupiter, woher mit krummen Hörnern auch jetzt noch der libysche Ammon gebildet ist; der Delier wird zum Raben, der semeleische Sprößling zum Bock, zur Katze die Schwester des Phöbus, zur schneeweißen Kuh Juno, in einem Fisch verbarg sich Venus, Merkur in den Federn des Ibis.

Hier also wird den Göttern eine Schmach aus der Tiergestalt gemacht, und wenn sie auch nicht zur Strafe für eine Schuld oder ein Verbrechen verwandelt werden, so ist doch die Feigheit als Grund ihrer selbstgewollten Verwandlung angegeben. Kalliope dagegen besingt die Wohltaten und Geschichten der Ceres. »Ceres zuerst«, sagt sie, »hat die Fluren mit gekrümmter Pflugschar durchwühlt, sie zuerst gab Früchte und fruchtbare Nahrungsmittel den Äckern, sie zuerst gab Gesetze, insgesamt sind wir ein Geschenk der Ceres. Sie habe ich zu preisen: wie nur könnt ich Gesänge anstimmen, würdig der Göttin! Die Göttin gewiß ist der Gesänge würdig.« – Als sie geendigt, schreiben die Pieriden sich den Sieg des Wettstreits zu; doch indem sie zu reden versuchen, sagt Ovid (v. 670), und mit großem Geschrei die frechen Hände zu gebrauchen, erblicken sie zu Federn ihre Nägel ausgehen, die Arme mit Flaum sich bedecken, und sehen jede der anderen Mund zum steifen Schnabel zusammenwachsen, und während sie sich beklagen wollen, auf bewegten Flügeln emporgetragen schweben sie, die Schreierinnen der Wälder, als Elstern in der Luft. Und auch jetzt noch, fügt Ovid hinzu, blieb ihnen die frühere Zungenfertigkeit und heiseres Geplauder und die unendliche Lust zu schwätzen.

So ist denn auch hier wiederum die Verwandlung als Strafe, und zwar, wie es bei vielen dieser Geschichten der Fall ist, als Strafe für die Impietät gegen die Götter dargestellt.

β) Was ferner andere, sonst noch bekannte Verwandlungen der Menschen und Götter in Tiere angeht, so liegt ihnen zwar kein direktes Vergehen von seiten der Verwandelten zugrunde, wie z. B. Circe die Macht besaß, Menschen in Tiere zu bannen, aber der tierische Zustand erscheint dann wenigstens als ein Unglück und eine Erniedrigung, welche auch dem, der die Umgestaltung zu seinen Zwecken bewerkstelligt, nicht eben Ehre bringt. Circe war nur eine untergeordnete, dunkle Göttin, ihre Macht erscheint als bloße Zauberei, und Merkur steht dem Ulysses bei, als dieser die bezauberten Gefährten zu befreien Anstalt macht. – Von der ähnlichen Art sind die vielfachen Gestalten, die Zeus annimmt, indem er sich der Europa wegen in einen Stier verwandelt, als Schwan der Leda naht und die Danaë als Goldregen befruchtet; immer mit dem Zweck der Täuschung und zu unfeinen, nicht geistigen, sondern natürlichen Absichten, welche ihm die stets begründete Eifersucht der Juno zuziehen. Die Vorstellung des allgemeinen zeugenden Naturlebens, welche in vielen älteren Mythologien die Hauptbestimmung ausmachte, ist hier von der Phantasie zu einzelnen Geschichten der Liederlichkeit des Vaters der Götter und Menschen umgedichtet, die er aber nicht in seiner eigenen und zum größten Teil nicht in menschlicher, sondern ausdrücklich in tierischer oder sonstiger Naturgestalt vollbringt.

γ) Hieran endlich schließen sich noch jene Zwittergestalten des Menschlichen und Tierischen, die gleichfalls aus der griechischen Kunst nicht ausgeschlossen sind, doch das Tierische nur als etwas Herabsetzendes, Ungeistiges aufnehmen. Bei den Ägyptern z. B. wurde der Bock, Mendes, als Gott verehrt (Herodot, II, 46), nach Jablonskis[1] Meinung (Creuzer, *Symbolik*, Bd. I, S. 477[2]) im Sinne der zeugenden Naturkraft, hauptsächlich der Sonne, und in solcher Schmählichkeit, daß sich Weiber selbst, wie es Pindar andeutet, den Böcken hingaben. Bei den Griechen ist Pan dagegen das Schauererregende göttlicher Gegenwart, und späterhin in den Faunen, Satyrn, Panen tritt die Bocksgestalt nur in untergeordneter Weise in den Füßen und bei den schönsten nur etwa in den zugespitzten Ohren und kleinen Hörnchen hervor. Das Übrige der Gestalt ist menschlich gebildet, das Tierische auf geringfügige Reste zurückgedrängt. Und dennoch galten die Faune bei den Griechen nicht als hohe Götter und geistige Mächte, sondern ihr Charakter blieb der einer sinnlichen, ausgelassenen Lustigkeit. Zwar werden sie auch mit tieferem Ausdruck dargestellt, wie z. B. der schöne Faun zu München, der den jungen Bacchus in seinen Armen hält und ihn mit einem Lächeln anblickt, das voll höchster Liebe und Lieblichkeit ist. Er soll nicht der Vater des Bacchus sein, sondern nur der Pfleger, und nun wird ihm die schöne Empfindung der Freude an der Unschuld des Kindes beigelegt, die als Muttergefühl der Maria zu Christus in der romantischen Kunst zu einem so hohen geistigen Gegenstand erhoben ist. Bei den Griechen aber gehört diese anmutigste Liebe noch dem untergeordneten Kreise der Faune an, um zu bezeichnen, daß sie ihren Ursprung aus dem Tierischen, Natürlichen herleite und deshalb auch dieser Sphäre könne zugeteilt werden.

Ähnliche Mittelgebilde sind auch die Kentauren, in welchen gleichfalls die Naturseite der Sinnlichkeit und Begier sich überwiegend herauskehrt und die geistige zurücktreten läßt.

1 Daniel Ernst Jablonski, 1660–1741, reformierter Theologe

2 Friedrich Creuzer, *Symbolik und Mythologie der alten Völker, besonders der Griechen*, 4 Bde., 1810–12

Chiron allerdings ist edlerer Art, ein geschickter Arzt und Erzieher des Achill, aber diese Unterweisung als Pädagogus eines Kindes gehört nicht dem Kreise des Göttlichen als solchen an, sondern bezieht sich auf menschliche Geschicklichkeit und Klugheit.

In dieser Weise ist das Verhältnis der Tiergestalt in der klassischen Kunst von allen Seiten her verändert, indem sie zur Bezeichnung des Üblen, Schlechten, Geringgeschätzten, Natürlichen und Ungeistigen gebraucht wird, während sie sonst der Ausdruck des Positiven und Absoluten war.

2. Der Kampf der alten und neuen Götter

Die zweite höhere Stufe dieser Herabsetzung des Tierischen gegenüber besteht nun darin, daß die echten Götter der klassischen Kunst, da sie das freie Selbstbewußtsein als die auf sich beruhende Macht geistiger Individualität zu ihrem Inhalt haben, auch nur als Wissende und Wollende, d. h. als geistige Mächte, zur Anschauung kommen können. Hiermit ist das *Menschliche*, in dessen Gestalt sie dargestellt werden, nicht etwa eine bloße Form, welche von der Einbildungskraft nur äußerlich diesem Inhalt umgetan wird, sondern liegt in der Bedeutung, dem Inhalt, dem Innern selbst. Das Göttliche aber überhaupt ist wesentlich als Einheit des Natürlichen und Geistigen zu fassen; beide Seiten gehören zum Absoluten, und nur die verschiedene Weise, in welcher diese Harmonie vorgestellt wird, macht nach dieser Seite hin den Stufengang der unterschiedenen Kunstformen und Religionen aus. Unserer christlichen Vorstellung nach ist Gott der Schöpfer und Herr der Natur und geistigen Welt und somit allerdings dem unmittelbaren Dasein in der Natur enthoben, da er erst als Zurücknahme seiner in sich, als geistiges absolutes Fürsichsein, wahrhaft Gott ist; aber nur der endliche menschliche Geist steht der Natur als einer Grenze und Schranke gegenüber, welche er in seinem Dasein nur dadurch überwindet und sich zur Unendlichkeit in sich erhöht, daß er theoretisch im Gedanken die Natur begreift und praktisch die Harmonie zwischen geistiger Idee, Vernunft, dem Guten und der Natur zustande bringt. Diese unendliche Tätigkeit nun ist Gott, insofern ihm die Herrschaft über die Natur zukommt und er als diese unendliche Tätigkeit und deren Wissen und Wollen für sich selbst ist. – In den Religionen der eigentlich symbolischen Kunst umgekehrt war, wie wir sahen, die Einheit des Inneren und Ideellen mit der Natur eine unmittelbare Verknüpfung, welche deshalb das Natürliche dem Gehalt und der Form nach zu ihrer Hauptbestimmung hatte. So wurde die Sonne, der Nil, das Meer, die Erde, der Naturprozeß des Entstehens, Vergehens, des Zeugens und Wiedererzeugens, der Wechsellauf der allgemeinen Naturlebendigkeit als ein göttliches Dasein und Leben verehrt. Diese Naturmächte wurden jedoch bereits in der symbolischen Kunst personifiziert und dadurch dem Geistigen entgegengehoben. Sollen nun, wie die klassische Kunstform es fordert, die Götter in Harmonie mit der Natur geistige Individuen sein, so reicht hierzu die bloße Personifikation nicht aus. Denn die Personifikation, wenn ihr Inhalt eine bloß allgemeine Macht und Naturwirksamkeit ist, bleibt ganz formell, ohne in den Gehalt einzugehen, und vermag in demselben weder das Geistige noch dessen Individualität zur Existenz zu bringen. Zur klassischen Kunst gehört daher notwendig die Umkehr, daß, wie wir soeben das Tierische in seiner Herabsetzung betrachtet haben, nun auch die allgemeine Naturmacht einerseits erniedrigt und ihr gegenüber das Geistige höher gestellt werde. Dann aber macht, statt der Personifikation, die *Subjektivität* die Hauptbestimmung aus. Andererseits jedoch dürfen die Götter der klassischen Kunst nicht aufhören, Naturmächte zu sein, weil Gott hier noch nicht als die in sich absolut freie Geistigkeit zur Darstellung kommen soll. Im Verhältnis eines nur erschaffenen und dienenden Geschöpfs zu einem von ihr abgetrennten Herrn und Schöpfer steht aber die Natur nur, wenn Gott entweder, wie in der Kunst der Erhabenheit, als in sich abstrakte, nur ideelle Herrschaft der *einen* Substanz vorgestellt oder, wie im Christentum, als konkreter Geist zu vollständiger Freiheit in das reine Element des geistigen Daseins und persönlichen Fürsichseins erhoben wird. Beides ist in den Anschauungen der klassischen Kunst nicht der Fall. Ihr Gott ist *noch* nicht Herr der Natur, denn er hat noch nicht die absolute Geistigkeit zu seinem Inhalt und zu seiner Form; er ist nicht *mehr* Herr der Natur, denn das erhabene Verhältnis der entgötterten Naturdinge und menschlichen Individualität hat aufgehört und sich zur Schönheit ermäßigt, in welcher beiden Seiten, dem Allgemeinen und Individuellen, dem Geistigen und Natürlichen, ihr volles Recht für die Kunstdarstellung ungeschmälert zu geben ist. In dem Gotte also der klassischen Kunst bleibt die Naturmacht erhalten, aber als Naturmacht nicht im Sinne der allgemeinen umfassenden Natur, sondern als bestimmte und deshalb beschränkte Wirksamkeit der Sonne, des Meeres usf., überhaupt als besondere Naturmacht, welche als geistiges Individuum erscheint und diese geistige Individualität zu ihrer eigentlichen Wesenheit hat.

Indem nun, wie wir bereits oben sahen, das klassische Ideal nicht unmittelbar vorhanden ist, sondern erst durch den Prozeß, in welchem sich das der Gestalt des Geistes Negative aufhebt, hervortreten kann, so wird diese Umwandlung und Heraufbildung des Rohen, Unschönen, Wilden, Barokken, bloß Natürlichen oder Phantastischen, das seinen Ursprung in früheren religiösen Vorstellungen und Kunstanschauungen hat, ein Hauptinteresse in der griechischen Mythologie sein und deshalb einen bestimmten Kreis besonderer Bedeutungen zur Darstellung bringen müssen.

Gehen wir jetzt an die nähere Betrachtung dieser Hauptpunkte, so muß ich sogleich voranschicken, daß die historische Untersuchung der bunten und mannigfaltigen Vorstellungen der griechischen Mythologie hier nicht unseres Amtes ist. Was uns in dieser Beziehung angeht, sind nur die wesentlichen Momente dieser Umbildung, insofern dieselben sich als allgemeine Momente der Kunstgestaltung und ihres Inhalts erweisen; die unendliche Menge dagegen von besonderen Mythen, Erzählungen, Geschichten, Bezüglichkeiten der Lokalität und des Symbolischen, die insgesamt auch noch in den neuen Göttern ihr Recht behalten und an Kunstbildern beiläufig vorkommen, aber nicht dem eigentlichen Mittelpunkt angehören, dem wir auf unserem Wege zustreben, – diese Breite des Stoffs müssen wir hier beiseite schieben und dürfen nur beispielsweise an einzelnes erinnern. Im ganzen können wir diesen Weg, auf dem wir vorwärts schreiten, dem Gange in der Geschichte der Skulptur vergleichen. Denn die Skulptur, indem sie die Götter in ihrer echten Gestalt für die sinnliche Anschauung hinstellt, bildet das eigentümliche Zentrum der klassischen Kunst, wenn auch zur Vervollständigung die Poesie sich im Unterschiede jener in sich beruhenden Objektivität über die Götter und Menschen ausspricht oder die Götter- und Menschenwelt selber in ihrer Tätigkeit und Bewegung vorüberführt. Wie nun in der Skulptur das Hauptmoment des Anfangs die Umwandlung des unförmlichen, vom Himmel gefallenen Steins oder Holzblockes (διοπετής) – wie die große Göttin von Pessinus in Kleinasien noch war, welche die Römer durch eine feierliche Gesandtschaft nach Rom abholen ließen – in die menschliche Gestalt und Statur ausmacht, so haben auch wir hier von den noch formlosen, ungeschlachten Naturgewalten zu beginnen und nur die Stadien zu bezeichnen, auf welchen sie sich zu individueller Geistigkeit erheben und zu festen Gestalten zusammenziehen.

Wir können in dieser Beziehung drei verschiedene Seiten als die wichtigsten unterscheiden.

Das *erste*, was unsere Aufmerksamkeit in Anspruch nimmt, sind die *Orakel*, in welchen sich das Wissen und Wollen der Götter noch gestaltlos durch Naturexistenzen verkündigt.

Der *zweite* Hauptpunkt betrifft die allgemeinen Naturmächte sowie die Abstraktionen des Rechts usf., welche den wahrhaften geistigen Götterindividuen als deren Geburtsstätte zugrunde liegen und die notwendige Voraussetzung ihres Entstehens und Wirkens abgeben, – die alten Götter im Unterschiede der neuen.

Drittens endlich zeigt sich der an und für sich notwendige Fortgang zum Ideal darin, daß die zunächst oberflächlichen Personfikationen der Naturtätigkeiten und abstraktesten geistigen Verhältnisse als das an sich selbst Untergeordnete und Negative bekämpft und zurückgedrängt werden und durch diese Herabsetzung die selbständige geistige Individualität und deren menschliche Gestalt und Handlung zur unbestrittenen Herrschaft gelangen lassen. Diese Umwandlung, welche den eigentlichen Mittelpunkt in der Entstehungsgeschichte der klassischen Götter bildet, ist in der griechischen Mythologie in ebenso naiver als ausdrücklicher Weise in dem Kampfe der alten und neuen Götter, in dem Sturz der Titanen und in dem Siege vorgestellt, den das Göttergeschlecht des Zeus erringt.

a. Die Orakel

Was nun *erstens* die *Orakel* angeht, so brauchen wir ihrer an dieser Stelle keine breite Erwähnung zu tun; der wesentliche Punkt, auf den es ankommt, beruht nur darin, daß in der klassischen Kunst nicht mehr die Naturerscheinungen als solche verehrt werden, wie die Parsen z. B. Naphthagegenden oder das Feuer anbeten oder wie bei den Ägyptern die Götter unerforschliche, geheimnisvolle, stumme Rätsel bleiben, sondern daß die Götter, als selber sich Wissende und Wollende, dem Menschen durch Naturerscheinungen ihre Weisheit kundgeben. So fragten die alten Hellenen (Herodot, II, 52) bei dem Orakel zu Dodona an, ob sie die Namen der Götter, die von den Barbaren gekommen, annehmen sollten, und das Orakel sagte: gebraucht sie.

α) Die Zeichen, durch welche die Götter sich offenbarten, waren größtenteils ganz einfach: zu Dodona das Rauschen und Flüstern der heiligen Eiche, das Murmeln des Quells, das Getön des erzenen Gefäßes, das der Wind zum Klingen brachte. Ebenso rauschte zu Delos der Lorbeer, und zu Delphi war gleichfalls der Wind am ehernen Dreifuß ein entscheidendes Moment. Außer solchen unmittelbaren Naturklängen aber wird auch der Mensch selber der Ausspruch des Orakels, insofern er aus der wachen Besonnenheit des Verstandes zu einem Naturzustande der Begeisterung ebensosehr betäubt als aufgereizt ist; wie z. B. die Pythia zu Delphi, durch Dämpfe betäubt, Orakelworte aussprach oder in der Höhle des Trophonios der das Orakel Befragende Gesichte hatte, aus deren Deutung ihm die Antwort erteilt wurde.

β) Zu den äußeren Zeichen nun aber kommt noch eine zweite Seite hinzu. Denn in den Orakeln ist der *Gott* zwar als der *Wissende* angenommen und dem Apollo daher, dem wissenden Gott, das vornehmlichste Orakel geweiht; die Form jedoch, in welcher er seinen Willen zur Kunde bringt, bleibt das ganz unbestimmt Natürliche, eine Naturstimme oder zusammenhangloses Tönen von Worten. In dieser Undeutlichkeit der Gestalt wird nun auch der geistige Inhalt selber dunkel und bedarf deshalb der *Deutung* und Erklärung.

γ) Diese Erklärung, obschon sie die zunächst bloß in Form des Natürlichen vorliegende Verkündigung des Gottes vergeistigt ins Bewußtsein bringt, bleibt dessenungeachtet dunkel und doppelsinnig. Denn der Gott ist in seinem Wissen und Wollen konkrete Allgemeinheit; derselben Art muß auch sein Rat oder Befehl sein, den das Orakel offenbar macht. Das Allgemeine aber ist nicht einseitig und abstrakt, sondern enthält als konkret die eine wie die andere Seite. Indem nun der Mensch dem wissenden Gott gegenüber als unwissend dasteht, nimmt er den Orakelspruch selber unwissend auf; d. h. die konkrete Allgemeinheit desselben ist ihm nicht offenbar, und er kann sich aus dem doppelsinnigen Wort des Gottes, wenn er danach zu handeln sich entschließt, nur *eine* Seite herauswählen, da jede Handlung unter besonderen Umständen immer *bestimmt*, nur nach *einer* Seite hin entscheidend und die andere ausschließend sein muß. Kaum aber hat er gehandelt und die Tat, die dadurch die seinige geworden ist und für die er einstehen muß, wirklich vollbracht, so gerät er in Kollision; er sieht plötzlich die andere Seite, welche implizite gleichfalls in dem Orakelspruche lag, gegen sich gekehrt, und ihn ergreift wider sein Wissen und Wollen das Schicksal seiner Tat, das nicht er, wohl aber die Götter wissen. Umgekehrt sind wiederum die Götter *bestimmte* Mächte, und ihr Ausspruch, wenn er diesen Charakter der Bestimmtheit an sich trägt, wie der Befehl z. B. des Apollo, welcher den Orestes zur Rache treibt, bringt ebensosehr durch diese Bestimmtheit in Kollision. – Da nun einerseits die Form, welche das innere Wissen des Gottes im Orakel annimmt, die ganz unbestimmte Äußerlichkeit oder die abstrakte Innerlichkeit des Wortes ist und der Gehalt selbst durch seinen Doppelsinn die Möglichkeit des Zwiespalts in sich begreift, so ist es in der klassischen Kunst nicht die Skulptur, sondern die Poesie, und vornehmlich die dramatische, in welcher die Orakel eine Seite des Inhalts ausmachen und von Wichtigkeit werden. In der *klassischen* Kunst aber erhalten sie wesentlich eine Stelle, weil in ihr die menschliche Individualität noch nicht bis zu der Spitze der Innerlichkeit heraufgedrungen ist, auf welcher das Subjekt die Entschließung zu seinem Handeln rein aus sich selbst nimmt. Was wir in unserem Sinne des Worts Gewissen nennen, hat hier noch nicht seinen Platz gefunden. Der griechische Mensch handelt zwar oft aus eigener Leidenschaft, aus schlimmer wie aus guter, das echte Pathos jedoch, das ihn beseelen sollte und beseelt, kommt von den Göttern, deren Inhalt und Macht das Allgemeine solch eines Pathos ist, und die Helden sind entweder unmittelbar davon erfüllt, oder sie fragen die Orakel um Rat, wenn sich ihnen die Götter nicht selber, um die Tat zu befehlen, vor Augen stellen.

b. Die alten Götter im Unterschiede zu den neuen

Wie nun im Orakel der *Inhalt* in den *wissenden und wollenden* Göttern liegt, die Form der äußeren Erscheinung aber das abstrakt Äußerliche und *Natürliche* ist, so wird auf der anderen Seite das *Natürliche*, seinen allgemeinen Mächten und deren Wirksamkeiten nach, zum *Inhalt*, aus welchem sich die selbständige Individualität erst emporzuringen hat und zur nächsten Form nur die formelle und oberflächliche Personifikation erhält. Das Zurückweisen dieser bloßen Naturmächte, der Gegensatz und Widerstreit, durch welchen sie besiegt werden, ist eben der wichtige Punkt, dem wir die eigentlich klassische Kunst erst zu verdanken haben und den wir deshalb einer genaueren Prüfung unterwerfen wollen.

α) Das nächste, was wir in dieser Rücksicht bemerken können, betrifft den Umstand, daß wir es jetzt nicht, wie in der Weltanschauung der Erhabenheit oder zum Teil selbst im Indischen, mit einem für sich fertigen, sinnlichkeitslosen Gott als dem Beginn aller Dinge zu tun haben, sondern daß den Anfang Naturgötter, und zwar zuerst die allgemeineren Mächte der Natur, abgeben, das alte Chaos, Tartaros, Erebos, dies ganze wüste unterirdische Wesen; ferner Uranos, Gäa, der titanische Eros, Kronos usf. Aus diesen entstehen dann erst die bestimmteren Gewalten, wie Helios, Okeanos usf., welche die Naturgrundlage für die späteren, geistig individualisierten Götter werden. Hier tritt also wieder eine von der Phantasie erfundene und durch die Kunst ausgestaltete Theogonie und Kosmogonie auf, deren erste Götter aber für die Anschauung einerseits noch unbestimmter Art bleiben oder ins Maßlose hin sich ausdehnen und andererseits noch viel Symbolisches an sich tragen.

β) Was den bestimmteren Unterschied innerhalb dieser titanischen Mächte selber anbetrifft, so sind sie

αα) erstens tellurische, siderische Gewalten, ohne geistigen und sittlichen Inhalt und deshalb ungebändigt, ein rohes, wildes Geschlecht, mißgestaltet, wie aus indischer oder ägyptischer Phantasie hervorgegangen, riesig und formlos. Sie stehen mit den anderweitigen Naturbesonderheiten, wie z. B. Brontes, Steropes, ebenso mit den Hekatoncheiren Kottos, Briareus und Gyges, den Giganten usf., zunächst unter der

Herrschaft des Uranos, dann des Kronos, dieses Haupttitanen, der offenbar auf die *Zeit* geht und alle seine Kinder verschlingt, wie die Zeit ihre Erzeugungen, die sie geboren hat, auch wieder vernichtet. Dieser Mythe fehlt es nicht an symbolischem Sinn. Denn das Naturleben ist in der Tat der Zeit unterworfen und bringt nur Vergängliches zur Existenz, wie auch die vorgeschichtlichen Tage eines Volkes, das nur eine Nation, ein Stamm ist, aber keinen Staat bildet und keine in sich selber festen Zwecke verfolgt, der geschichtslosen Gewalt der Zeit anheimfällt. Erst im Gesetz, in der Sittlichkeit, dem Staat ist Festes vorhanden, das im Vorübergehen der Geschlechter bleibt, so wie die Muse alledem Dauer und Befestigung gibt, was als natürliches Leben und wirkliche Handlung nur vergänglich und in der Zeitlichkeit vergangen wäre.

ββ) Weiter aber gehören zu diesem Kreise der alten Götter nicht nur Naturmächte als solche, sondern auch die nächsten Gewalten über die Elemente. Besonders ist die erste Bearbeitung des Metalls durch die Kraft der selber noch rohen elementarischen Natur, der Luft, des Wassers, Feuers, von Wichtigkeit. Die Korybanten, Telchinen, ebenso wohltätige als bösartige Dämonen, die Pätaken, Pygmäen, Zwerge, in Bergarbeiten geschickt, klein, mit dicken Bäuchen, können wir hier anführen.

Als eines hauptsächlich hervorragenden Übergangspunktes aber ist des *Prometheus* Erwähnung zu tun. Prometheus ist ein Titan eigener Art, und seine Geschichte verdient besondere Aufmerksamkeit. Mit seinem Bruder Epimetheus erscheint er zunächst den neuen Göttern befreundet; dann tritt er als Wohltäter der Menschen auf, die sonst in dem Verhältnis der neuen Götter und der Titanen nichts zu tun haben; er bringt den Menschen das Feuer und dadurch die Möglichkeit, für die Befriedigung ihrer Bedürfnisse, für die Ausbildung der technischen Künste usf. zu sorgen, welche doch nichts Natürliches mehr sind und deshalb mit dem Titanischen scheinbar in keinem näheren Zusammenhang stehen. Für diese Tat straft Zeus den Prometheus, bis Herkules ihn endlich von seiner Qual erlöst. Beim ersten Blick liegt in allen diesen Hauptzügen nichts eigentlich Titanisches, ja man könnte sogar eine Inkonsequenz darin finden, daß Prometheus, wie Ceres, ein Wohltäter der Menschen ist und dennoch den alten titanischen Mächten zugezählt wird. Bei näherer Betrachtung jedoch verschwindet diese Inkonsequenz sogleich. In dieser Beziehung geben z. B. ein paar Stellen des Platon schon genügende Aufklärung. In dem Mythos nämlich, in welchem der Gastfreund dem jüngeren Sokrates erzählt, zur Zeit des Kronos seien die Menschen aus der Erde entstanden und der Gott selber habe für das Ganze Sorge getragen, dann aber sei eine entgegengesetzte Bewegung eingetreten und die Erde sich selbst überlassen worden, so daß nun die Tiere verwildert und die Menschen, denen bisher Nahrung, und was sie sonst brauchten, unmittelbar zufloß, ohne Rat und Hilfe gewesen seien, – heißt es bei dieser Gelegenheit (*Politicus*, Steph. 274), das Feuer sei dem Menschen vom Prometheus zugeteilt, die Kunstfertigkeiten aber (τέχναι) vom Hephaistos und der Mitkünstlerin Athene. – Hier ist ein ausdrücklicher Unterschied zwischen dem Feuer und dem gemacht, was die Geschicklichkeit in Bearbeitung roher Materialien hervorbringt, und dem Prometheus wird nur das Geschenk des Feuers zugeschrieben. Weitläufiger erzählt Platon die Mythe vom Prometheus im *Protagoras*. Dort heißt es (*Protagoras*, Steph. 320–323): Es war einst eine Zeit, da wohl die Götter waren, sterbliche Geschlechter aber nicht. Nachdem nun auch diesen die festbestimmte Zeit der Entstehung gekommen war, bildeten die Götter sie drinnen in der Erde, sie aus Erde und Feuer und dem mischend, was mit dem Feuer und der Erde geeint wird. Als die Götter sie dann ans Licht bringen wollten, trugen sie dem Prometheus und Epimetheus auf, den einzelnen nach Gebühr die Kräfte zu erteilen und einzurichten. Vom Prometheus aber erbittet es sich Epimetheus, selber zu verteilen: »Habe ich verteilt«, sagte er, »so besichtige du.«

Epimetheus aber, ungeschickterweise, verwendet alle Vermögen auf die Tiere, so daß für den Menschen nichts mehr übrigbleibt, und als nun Prometheus zur Besichtigung kommt, sieht er die übrigen Lebendigen zwar mit allem weislich ausgestattet, aber den Menschen findet er nackt, unbeschuht, ohne Bedeckung und Waffen. Schon aber erschien der festgestellte Tag, an welchem es notwendig war, daß der Mensch hervorgehe aus der Erde ans Licht. In der Verlegenheit nun, welch eine Hilfe er für den Menschen fände, entwendet Prometheus des Hephaistos und der Athene gemeinsame Weisheit mit dem Feuer – denn ohne Feuer war es unmöglich, daß sie besitzbar oder nützlich werde –, und so schenkt er sie dem Menschen. Die für das Leben nötige Weisheit hatte nun zwar der Mensch dadurch, *die Politik aber nicht*: denn diese war noch beim Zeus; dem Prometheus aber war in die Burg des Zeus hineinzukommen nicht mehr gestattet, umher auch standen die furchtbaren Wächter des Zeus. In das gemeinschaftliche Gemach jedoch des Hephaistos und der Athene, in welchem sie ihre Kunst ausübten, geht er insgeheim hinein, und nachdem er die Feuerkunst des Hephaistos und die andere (die Webekunst) der Athene entwendet, schenkt er sie dem Menschen. Und hieraus entsteht für den Menschen das Vermögen der Lebensbefriedigung (εὐπορία τοῦ βίου), den Prometheus aber, des Epimetheus wegen, traf später, wie erzählt wird, die Strafe des Diebstahls. – Weiter sodann erzählt Platon in einer gleich darauffolgenden Stelle, daß den Menschen jedoch zu ihrer Erhaltung die Kunst des Krieges gegen die Tiere, die von der Politik nur ein Teil sei, gleichfalls noch gefehlt habe, weshalb sie sich in Städten gesammelt, dort aber, da ihnen die Staatseinrichtung abging, sich so beleidigt und wieder zerstreut hätten, daß Zeus genötigt war, durch Hermes ihnen die Scham und das Recht zu senden. – In diesen Stellen ist ausdrücklich der Unterschied der unmittelbaren Lebenszwecke, die sich auf die physische Behaglichkeit, die Sorge für die Befriedigung der nächsten Bedürfnisse beziehen, und der Staatseinrichtung hervorgehoben, welche sich das Geistige, Sitte, Gesetz, Recht des Eigentums, Freiheit, Gemeinwesen zum Zwecke macht. Dies Sittliche, Rechtliche hat Prometheus den Menschen nicht gegeben, sondern nur die List gelehrt, die Naturdinge zu besiegen und zum Mittel menschlicher Befriedigung zu gebrauchen. Das Feuer und die Geschicklichkeiten, die sich des Feuers bedienen, sind nichts Sittliches in sich selbst, ebensowenig die Webekunst, sondern treten zunächst nur in den Dienst der Selbstsucht und des Privatnutzens, ohne auf das Gemeinsame des menschlichen Daseins und das Öffentliche des Lebens Bezug zu haben. Weil Prometheus nichts Geistigeres und Sittlicheres dem Menschen zuzuteilen im Falle war, gehört er auch nicht dem Geschlecht der neuen Götter an, sondern der Titanen. Hephästos hat zwar gleichfalls das Feuer und die damit zusammenhängenden Künste zum Element seiner Wirksamkeit und ist dennoch ein neuer Gott, aber Zeus hat ihn vom Olympos herabgeschleudert, und er ist der hinkende Gott geblieben. Ebensowenig ist es deshalb eine Inkonsequenz, wenn wir die Ceres, welche, wie Prometheus, sich als Wohltäterin des Menschengeschlechts erweist, den neuen Göttern zugezählt finden. Denn was Ceres lehrte, war der Ackerbau, mit dem sogleich Eigentum und weiterhin Ehe, Sitte und Gesetz in Verbindung steht.

γγ) Ein dritter Kreis der alten Götter enthält nun zwar weder personifizierte Naturmächte als solche in ihrer Wildheit oder List noch die nächste Macht über die vereinzelten Naturelemente im Dienste der untergeordneten menschlichen Bedürfnisse, sondern streift schon gegen das in sich selbst Ideelle, Allgemeine und Geistige heran. Was aber den hierher zu rechnenden Gewalten dessenungeachtet abgeht, ist die geistige Individualität und deren gemäße Gestalt und Erscheinung, so daß sie nun auch mehr oder weniger in betreff ihrer Wirksamkeit einen näheren Bezug auf das im Natürlichen Notwendige und Wesentliche behalten. Als Beispiel können wir an die Vorstellung von der Nemesis, Dike, den Erinnyen, Eumeniden und Moiren erinnern. Allerdings drängen sich hier schon die Bestimmungen von Recht und Gerechtigkeit hervor; dies notwendige Recht aber, statt als das in sich Geistige und Substantielle der Sittlichkeit gefaßt und gestaltet zu sein, bleibt entweder bei der allgemeinsten Abstraktion stehen oder betrifft das dunkle Recht des Natürlichen innerhalb geistiger Verhältnisse, die Blutliebe z. B. und ihr Recht, das nicht dem in klarer Freiheit seiner selbst bewußten Geiste zugehört und deshalb auch nicht als gesetzliches Recht, sondern im Gegensatz gegen dasselbe als unversöhnliches Recht der Rache erscheint.

Was das Nähere angeht, so will ich nur weniger Vorstellungen Erwähnung tun. Die Nemesis z. B. ist die Macht, das Emporgehobene zu erniedrigen, das Allzuglückliche von seiner Höhe herabzuwerfen und dadurch die Gleichheit herzustellen. Das Recht der Gleichheit aber ist das ganz abstrakte und äußerliche Recht, das sich zwar im Bereich geistiger Zustände und Verhältnisse tätig erweist, ohne jedoch den sittlichen Organismus derselben zum Inhalte der Gerechtigkeit zu machen.

Eine andere Hauptseite liegt darin, daß den alten Göttern das Recht der Familienzustände, insofern dieselben auf der Natürlichkeit beruhen und dadurch dem öffentlichen Recht und Gesetz des Gemeinwesens entgegenstehen, zugeteilt wird. Als deutlichstes Beispiel für diesen Punkt lassen sich die Eumeniden des Aischylos anführen. Die furchtbaren Jungfrauen verfolgen den Orest um des Muttermordes willen, den ihm Apollo, der neue Gott, geboten, damit Agamemnon, der erschlagene Gatte und König, nicht ungerächt bleibe. Das ganze Drama gestaltet sich dadurch zu einem Kampfe zwischen diesen göttlichen Mächten, welche in Person gegeneinander auftreten. Einerseits sind die Eumeniden Rachegöttinnen, aber sie heißen die Wohlmeinenden, und unsere gewöhnliche Vorstellung von Furien, zu denen wir sie umwandeln, ist roh und barbarisch. Denn zu ihrer Verfolgung haben sie ein wesentliches Recht und sind deshalb nicht nur gehässig, wild und grausam in den Martern, die sie auferlegen. Das Recht jedoch, das sie gegen Orest geltend machen, ist nur das Recht der Familie, insofern dieselbe im Blute wurzelt. Der innigste Zusammenhang von Sohn und Mutter, welchen Orest zerrissen, ist die Substanz, die sie vertreten. Apollo stellt der natürlichen, schon sinnlich im Blute begründeten und empfundenen Sittlichkeit das Recht des in seinem tieferen Rechte verletzten Ehegatten und Fürsten entgegen. Dieser Unterschied scheint zunächst äußerlich, da beide Parteien die Sittlichkeit innerhalb ein und desselben Gebiets, der Familie, verfechten. Dennoch hat die gehaltvolle Phantasie des Aischylos, die wir deshalb auch von dieser Seite her mehr und mehr schätzen müssen, hier einen Gegensatz aufgefunden, der nicht etwa oberflächlich, sondern von durchweg wesentlicher Art ist. Das Verhältnis von Kindern zu Eltern nämlich beruht auf der Einheit im Natürlichen, das Bündnis des Ehegatten und der Ehefrau dagegen muß als Ehe genommen werden, welche nicht nur aus bloß natürlicher Liebe, aus Bluts- und Naturverwandtschaft herkommt, sondern aus bewußter Neigung entspringt und dadurch der freien Sittlichkeit des selbstbewußten Willens angehört. Wie sehr die Ehe deshalb auch mit Liebe und Empfindung zusammenhängt, so unterscheidet sie sich doch von der Naturempfindung der Liebe, weil sie auch unabhängig von derselben bestimmt gewußte Verpflichtungen, wenn auch die Liebe erstorben ist, anerkennt. Der Begriff und das Wissen von der Substantialität des ehelichen Lebens ist etwas Späteres und Tieferes als der natürliche Zusammenhalt von Sohn und Mutter und macht den Beginn des Staats als der Realisation des freien, vernünftigen Wollens aus. In der gleichen Weise liegt auch in dem Verhältnis des Fürsten zu den Bürgern der politische Zusammenhang des gleichen Rechts, der Gesetze, der selbstbewußten Freiheit und Geistigkeit der Zwecke. Dies ist der Grund, weshalb die Eumeniden, die alten Göttinnen, den Orestes zu strafen trachten, während Apollo die klare, wissende und sich wissende Sittlichkeit, das Recht des Gatten und Fürsten verteidigt, indem er mit Recht den Eumeniden entgegnet (*Die Eumeniden*, v. 206–209): »Wenn das Verbrechen der Klytämnestra nicht wäre gerochen worden, wahrlich würde ich ehrlos und für nichts erachten der Vollzieherin Here und des Zeus Bündnisse.«

Interessanter noch, obschon ganz in das menschliche Empfinden und Handeln hineinverlegt, tritt derselbe Gegensatz in der *Antigone* hervor, einem der allererhabensten, in jeder Rücksicht vortrefflichsten Kunstwerke aller Zeiten. Alles in dieser Tragödie ist konsequent; das öffentliche Gesetz des Staats und die innere Familienliebe und Pflicht gegen den Bruder stehen einander streitend gegenüber, das Familieninteresse hat das Weib, Antigone, die Wohlfahrt des Gemeinwesens Kreon, der Mann, zum Pathos. Polyneikes, die eigene Vaterstadt bekämpfend, war vor Thebens Toren gefallen, und Kreon, der Herrscher, durch ein öffentlich verkündetes Gesetz droht jedem den Tod, der jenem Feinde der Stadt die Ehre des Begräbnisses zuteil werden ließe. Diesen Befehl aber, der nur das öffentliche Wohl des Staats betrifft, läßt sich Antigone nichts angehen, sie vollbringt als Schwester die heilige Pflicht der Bestattung, nach der Pietät ihrer Liebe zum Bruder. Dabei beruft sie sich auf das Gesetz der Götter; die Götter aber, die sie verehrt, sind die unteren Götter des Hades (Sophokles, *Antigone*, v. 451, ἡ ξύνοικος τῶν κάτω θεῶν Δίκη[3]), die inneren der Empfindung, der Liebe, des Blutes, nicht die Tagesgötter des freien, selbstbewußten Volks- und Staatslebens.

γ) Der *dritte* Punkt, den wir in Rücksicht auf die Theogonie der klassischen Kunstanschauung herausheben können, betrifft den Unterschied der alten Götter in bezug auf ihre Macht und die Dauer ihrer Herrschaft. Hier haben wir drei Seiten bemerklich zu machen.

αα) Erstlich nämlich ist das Entstehen der Götter eine Aufeinanderfolge. Aus dem Chaos, nach Hesiod, gehen Gäa,

3 »Hier im Haus das Recht der Todesgötter«

Uranos usf. hervor, dann Kronos und sein Geschlecht, endlich Zeus mit den Seinigen. Diese Folge nun erscheint einerseits als ein Aufsteigen von den abstrakteren und gestaltloseren zu konkreteren und schon bestimmter gestalteten Naturmächten, andererseits als ein beginnendes Emporragen des Geistigen über das Natürliche. So läßt z. B. Aischylos in den *Eumeniden* die Pythia im Tempel zu Delphi mit den Worten beginnen: »Zuerst verehre ich mit diesem Gebete die erste Orakelgeberin, Gäa, und auf sie die Themis, welche als zweite nach der Mutter in diesem Ort der Weissagung ihren Sitz hatte.« Pausanias dagegen, der gleichfalls die Erde zuerst als Orakelgeberin nennt, sagt, daß Daphne sodann von ihr sei zur Verkünderin bestellt worden. In einer anderen Reihe wieder setzt Pindar die *Nacht* voran, ihr gibt er dann die Themis zur Nachfolgerin, dieser die Phöbe, bis er endlich auf Phöbos kommt. Es wäre interessant, diesen bestimmten Unterschieden nachzugehen, wozu hier jedoch nicht der Ort ist.

ββ) Die Aufeinanderfolge nun ferner, indem sie sich ebensosehr als ein Weiterschreiten zu in sich vertiefteren und reichhaltigeren Göttern geltend zu machen hat, erscheint auch in der Form der Herabsetzung des Früheren und Abstrakteren innerhalb des alten Göttergeschlechtes selber. Den ersten, ältesten Mächten wird ihre Herrschaft geraubt, wie Kronos den Uranos entthronte, und die späteren setzen sich an ihre Stelle.

γγ) Dadurch wird das negative Verhältnis der Umgestaltung, das wir von Hause aus als das Wesen dieser ersten Stufe der klassischen Kunstform feststellten, nun auch zum eigentlichen Mittelpunkte derselben, und da die Personifikation hier die allgemeine Form ist, in welcher die Götter zur Vorstellung kommen und die vorschreitende Bewegung sich der menschlichen und geistigen Individualität entgegendrängt, wenn diese zunächst auch noch in unbestimmter und unförmlicher Gestalt auftritt, so bringt sich die Phantasie das negative Verhalten der jüngeren Götter gegen die älteren als Kampf und Krieg zur Anschauung. Der wesentliche Fortgang aber ist der von der Natur zum Geist als dem wahren Gehalt und der eigentlichen Form für die klassische Kunst. Dieser Fortgang und die Kämpfe, vermittels derer wir ihn zustande kommen sehen, gehört nicht mehr zum ausschließlichen Kreise der alten Götter, sondern fällt in den Krieg, durch welchen die neuen Götter ihre dauernde Herrschaft über die alten begründen.

c. Die Besiegung der alten Götter

Der Gegensatz von Natur und Geist ist an und für sich notwendig. Denn der Begriff des Geistes als wahrhafter Totalität ist, wie wir schon früher sahen, *an sich* nur dies, sich zu trennen, in sich als Objektivität und in sich als Subjekt, um sich durch diesen Gegensatz aus der Natur herzukommen und sodann als Überwinder und Macht derselben frei und heiter gegen sie zu sein. Dies Hauptmoment im Wesen des Geistes selbst ist daher auch ein Hauptmoment in der Vorstellung, welche er sich von sich selber gibt. Geschichtlicher-, wirklicherweise zeigt sich dieser Übergang als die vorgeschrittene Umbildung des Naturmenschen zum rechtlichen Zustande, zu Eigentum, Gesetzen, Verfassung, politischem Leben; göttlicher-, ewigerweise ist dies die Vorstellung von der Besiegung der Naturmächte durch die geistig individuellen Götter.

α) Dieser Kampf stellt eine absolute Katastrophe dar und ist die wesentliche Tat der Götter, durch welche erst der Hauptunterschied der alten und neuen Götter zum Vorschein kommt. Auf den Krieg, der diesen Unterschied herausstellt, müssen wir deshalb nicht als auf irgendeine Mythe, die den Wert jeder anderen hätte, hinweisen, sondern müssen ihn als die Mythe ansehen, welche den Wendungspunkt macht und die Schaffung der neuen Götter ausdrückt.

β) Das Resultat dieses gewaltsamen Götterstreits ist der Sturz der Titanen, der alleinige Sieg der neuen Götter, die sodann in ihrer gesicherten Herrschaft durch die Phantasie nach allen Seiten hin sind ausgestattet worden. Die Titanen dagegen werden verbannt und müssen im Innern der Erde hausen oder, wie Okeanos, am dunkeln Saume der hellen, heiteren Welt weilen oder erleiden auch sonst noch mannigfaltige Strafen. Prometheus z. B. wird an das skythische Gebirge geschmiedet, wo der Adler unersättlich an der immer wieder wachsenden Leber nagt; in der ähnlichen Weise quält in der Unterwelt den Tantalos ein unendlicher, nie gelöschter Durst, und Sisyphos muß den stets wieder herabrollenden Felsblock vergeblich immer von neuem emporwälzen. Diese Strafen sind, wie die titanischen Naturgewalten selber, das in sich Maßlose, die schlechte Unendlichkeit, die Sehnsucht des Sollens oder das Ungesättigte der subjektiven Naturbegier, welche in ihrer dauernden Wiederholung zu keiner letzten Ruhe der Befriedigung gelangt. Denn der richtige göttliche Sinn der Griechen hat das Hinausgehen ins Weite und Unbestimmte nicht nach Art der modernen Sehnsucht als ein Höchstes für den Menschen, sondern als eine Verdammnis angesehen und in den Tartaros verwiesen.

γ) Fragen wir nun im allgemeinen, was von jetzt an für die klassische Kunst zurücktreten muß und nicht mehr als letzte Form und gemäßer Inhalt zu gelten berechtigt bleibt, so sind das Nächste die Naturelemente. Damit fällt alles Trübe, Phantastische, Unklare, jede wilde Vermischung von Natürlichem und Geistigem, von in sich substantiellen Bedeutungen und zufälligen Äußerlichkeiten für die Welt der neuen Götter fort, in welcher die Erzeugnisse einer unbegrenzten Vorstellung, die das Maß von Geistigem noch nicht innehat, keinen Raum mehr finden und das helle Licht des Tages mit Recht fliehen müssen. Denn man mag die großen Kabiren, die Korybanten, die Darstellungen der Zeugungskraft usf. herausputzen, soviel man will, so gehören dergleichen Anschauungen nach allen Zügen – von der alten Baubo, die Goethe auf dem Blocksberg auf einem Mutterschwein voranreiten läßt, nicht zu sprechen – mehr oder weniger noch der Dämmerung des Bewußtseins an. Nur das Geistige ist das an den Tag sich Fördernde; was sich nicht manifestiert und in sich selber zur klaren Deutung bringt, ist das Ungeistige, das in die Nacht und das Dunkel wieder zurücksinkt. Das Geistige aber manifestiert sich und reinigt sich, indem es selber seine Außenform bestimmt, von der Willkür der Phantasie, der Verschwemmung der Gestalten und dem anderweitigen trüben symbolischen Beiwesen.

In der gleichen Art finden wir jetzt die menschliche Betätigung, insofern sie sich auf das bloße Naturbedürfnis und dessen Befriedigung beschränkt, in den Hintergrund gestellt. Das alte Recht, die Themis, Dike usf., als nicht durch Gesetze, die in dem selbstbewußten Geiste ihren Ursprung nehmen, bestimmt, verliert seine unbeschränkte Gültigkeit, und ebenso wird umgekehrt das bloß Lokale, obschon es noch hereinspielt, in die allgemeinen Götterfiguren verwandelt, an denen es nur noch als nachgelassene Spur zurückbleibt. Denn wie im Trojanischen Kriege die Griechen als *ein* Volk kämpften und siegten, so sind auch die Homerischen Götter, welche den Kampf der Titanen schon hinter sich haben, eine in sich feste und bestimmte Götterwelt, die dann vollends durch die spätere Poesie und Plastik immer vollkommener bestimmt und befestigt wurde. Dies unbesiegbar Feste ist in betreff des Inhalts der griechischen Götter allein der Geist, aber nicht der Geist in seiner abstrakten Innerlichkeit, sondern als in Identität mit seinem äußeren, ihm angemessenen Dasein, – wie bei Platon Seele und Leib, als in eins genaturt und in dieser Gediegenheit aus einem Stück, das Göttliche und Ewige ist.

3. Positive Erhaltung der negativ gesetzten Momente

Dem Siege der neuen Götter zum Trotz bleibt nun aber in der klassischen Kunstform das Alte, teils in seiner bisher betrachteten ursprünglichen Form, teils in umgewandelter Gestalt erhalten und verehrt. Nur der bornierte jüdische

Nationalgott kann keine anderen Götter neben sich vertragen, weil er Alles als der Eine sein soll, obschon er seiner Bestimmtheit nach nicht über die Beschränktheit hinauskommt, nur der Gott seines Volkes zu sein. Denn seine Allgemeinheit zeigt er eigentlich nur durch die Schöpfung der Natur als Herr des Himmels und der Erde; im übrigen aber ist er der Gott Abrahams, der die Kinder Israels aus Ägypten geführt, Gesetze vom Sinai gegeben, das Land Kanaan den Juden zugeteilt hat und durch die enge Identifikation mit dem jüdischen Volk ganz partikular nur der Gott dieses Volks ist und dadurch überhaupt weder als Geist in positivem Einklang mit der Natur steht, noch aus seiner Bestimmtheit und Objektivität in seine Allgemeinheit wahrhaftig als absoluter Geist zurückgenommen erscheint. Deshalb ist dieser harte Nationalgott so eifrig und befiehlt in seiner Eifersucht, anderwärts nur lauter falsche Götzen zu sehen. Die Griechen dagegen fanden ihre Götter bei allen Völkern und nahmen das Fremde in sich auf. Denn der Gott der klassischen Kunst hat geistige und leibliche Individualität und ist dadurch nicht der Eine und Einzige, sondern eine *besondere* Gottheit, welche wie jedes Besonderes einen Kreis des Besonderen um sich her oder sich gegenüber als ihr Anderes hat, aus dem sie resultiert und das seine Gültigkeit und seinen Wert zu bewahren weiß. Es geht damit wie mit den besonderen Sphären der Natur. Obgleich das Pflanzenreich die Wahrheit der geologischen Naturgebilde, das Tier wiederum die höhere Wahrheit des Vegetabilischen ist, so bleiben dennoch die Gebirge und das aufgeschwemmte Land als Boden der Bäume, Gebüsche und Blumen bestehen, die wiederum neben dem Tierreich ihre Existenz nicht verlieren.

a. Die Mysterien

Die nächste Form nun, in welcher wir bei den Griechen das Alte erhalten finden, sind die *Mysterien*. Die griechischen Mysterien waren nichts Geheimes in dem Sinne, daß das griechische Volk nicht mit ihrem Inhalt wäre allgemein bekannt gewesen. Im Gegenteil gehörten z. B. die meisten Athenienser und eine Menge Fremder zu den Eingeweihten in die Eleusinischen Geheimnisse, aber sie durften nicht von dem reden, worin sie durch Einweihung belehrt worden waren. Man hat sich neuerdings besonders viel Mühe gegeben, die nähere Art der Vorstellungen, welche die Mysterien enthielten, und der gottesdienstlichen Handlungen, die bei ihrer Feier vorgenommen wurden, zu erforschen. Doch scheint im ganzen in den Mysterien keine große Weisheit oder tiefe Erkenntnis verborgen gewesen zu sein, sondern sie bewahrten nur die alten Traditionen, die Grundlage des später durch die echte Kunst Umgebildeten auf und hatten deshalb nicht das Wahrhafte, Höhere, Bessere, sondern das Geringere und Niedere zu ihrem Inhalt. Dies Heiliggehaltene wurde in den Mysterien nicht klar ausgesprochen, sondern nur in symbolischen Zügen überliefert. Und in der Tat kommt der Charakter des Unaufgeschlossenen, Unausgesprochenen auch dem Alten, Tellurischen, Siderischen, Titanischen zu, denn nur der Geist ist das Offenbare und sich Offenbarende. In dieser Rücksicht macht die symbolische Ausdrucksweise die andere Seite des Geheimen in den Mysterien aus, da im Symbolischen die Bedeutung dunkel bleibt und etwas anderes enthält, als das Äußere, an dem sie sich darstellen soll, unmittelbar gibt. So wurden z. B. die Mysterien der Demeter und des Bacchus zwar auch geistig gedeutet und erhielten dadurch einen tieferen Sinn; diesem Gehalte aber blieb seine Form äußerlich, so daß er nicht klar aus ihr heraustreten konnte. Für die Kunst sind die Mysterien daher von geringem Einfluß, denn wenn auch vom Aischylos erzählt wird, er habe zu geflissentlich von der Demeter Mystisches verraten, so beschränkt sich doch, was er aussagt, darauf, daß Artemis die Tochter der Ceres gewesen sei, und das ist eine geringe Weisheit.

b. Aufbewahrung der alten Götter in der Kunstdarstellung

Klarer *zweitens* scheint die Verehrung und Aufbewahrung der alten Götter in die Kunstdarstellung selber hinein. Auf der vorigen Stufe z. B. sprachen wir von Prometheus als dem bestraften Titan. Ebenso aber finden wir ihn als befreit wieder. Denn wie die Erde und wie die Sonne ist auch das Feuer, das Prometheus den Menschen herabgebracht, das Essen des Fleisches, das er sie gelehrt hatte, ein wesentliches Moment des menschlichen Daseins, eine notwendige Bedingung für die Befriedigung der Bedürfnisse, und so ist auch dem Prometheus dauernd seine Ehre geworden. Im *Ödipus auf Kolonos* des Sophokles heißt es z. B. (v. 54 ff.):

χῶρος μὲν ἱερὸς πᾶς ὅδ' ἔστ · ἔχει δέ νιν
σεμνὸς Ποσειδῶν · ἐν δ' ὁ πυρφόρος θεὸς
Τιτὰν Προμηθεύς · –[4]

und der Scholiast fügt hinzu, daß Prometheus auch in der Akademie mit der Athene verehrt werde wie der Hephaistos, und man zeige einen Tempel im Haine der Göttin und ein altes Piedestal bei dem Eingange, auf welchem sowohl eine Abbildung des Prometheus als auch des Hephaistos sei; Prometheus aber, nach dem Bericht des Lysimachides, werde als erster und älterer dargestellt, in der Hand ein Zepter haltend, Hephaistos als jüngerer und zweiter, und beiden sei der Altar auf dem Piedestal gemeinsam. Prometheus hat denn auch der Mythe nach nicht fortdauernd seine Strafe erleiden müssen, sondern ist durch Herkules seiner Fesseln entledigt worden. In dieser Befreiungsgeschichte kommen wieder einige merkwürdige Züge vor. Prometheus nämlich wird deshalb seine Qual los, weil er dem Zeus die Gefahr ankündigt, die dem Reiche des Zeus von dem dreizehnten Nachkommen desselben drohe. Dieser Nachkomme ist Herkules,

4 »Die ganze Höhe hier ist heilig – Eigentum / Poseidons, des Gewaltgen. Auch Prometheus, der / Titan, der Fackelträger, teilt sie.« (Übers. Roman Woerner)

dem z. B. Poseidon in den *Vögeln* des Aristophanes (v. 1645 bis 48) sagt, er werde sich selber schaden, wenn er den Vertrag wegen der Abtretung der Götterherrschaft eingehe, denn alles, was Zeus im Hinscheiden hinterließe, werde ja sein werden. Und in der Tat ist Herkules der einzige Mensch, der, in den Olymp übergegangen, aus einem Sterblichen zum Gott geworden ist und höher steht als Prometheus, der ein Titan blieb. An Herkules und der Herakliden Namen ist auch die Umwälzung der alten Herrschergeschlechter geknüpft. Die Herakliden brechen die Gewalt der alten Dynastien und Königshäuser, in denen der herrschende Selbstwille für seine eigenen Zwecke und Unbändigkeiten sowie im Verhältnis zu den Bewohnern kein Gesetz über sich anerkennt und deshalb ungeheure greuelhafte Taten vollbringt. Herkules, selber im Dienste eines Herrschers, nicht als Freier, besiegt die Roheit dieses gewaltigen Willens. – In der ähnlichen Art können wir, um bei den früher schon gebrauchten Beispielen stehenzubleiben, an dieser Stelle auch wieder an die *Eumeniden* des Aischylos erinnern. Der Kampf zwischen dem Apoll und den Eumeniden soll durch den Ausspruch des Areopag geschlichtet werden. Ein menschliches Gericht als Ganzes, an dessen Spitze Athene als der konkrete Volksgeist selber steht, soll die Kollision zur Lösung bringen. Die Richter nun geben gleiche Stimmen für die Verdammung und Lossprechung ab, indem sie die Eumeniden und den Apoll in derselben Weise ehren, der weiße Stein der Athene aber entscheidet den Streit für Apollo. Die Eumeniden erheben, aufgebracht über diesen Urteilsspruch der Athene, ihre Stimme, doch Pallas beschwichtigt sie, indem sie ihnen in dem berühmten Haine zu Kolonos Verehrung und Altäre zusagt. Was die Eumeniden ihrem Volke dafür leisten sollen, ist (v. 901 ff.) Schutz gegen Übel, welche von *natürlichen* Elementen, der Erde, dem Himmel, dem Meer und den Winden herkommen, Abwehrung von Unfruchtbarkeit in den Ernten, von Mißraten der lebendigen Samen, Erzeugnisse, Geburten. Pallas aber übernimmt für sich in Athen die Sorge für die Kriegsstreitigkeiten und heiligen Kämpfe. – Gleichmäßig läßt Sophokles in seiner *Antigone* nicht nur die Antigone leiden und untergehen; im Gegenteil sehen wir ebensosehr den Kreon durch den schmerzlichen Verlust seiner Gattin und des Haimon gestraft, die durch den Tod der Antigone gleichfalls ihren Untergang finden.

c. Naturgrundlage der neuen Götter

Drittens endlich bewahren die alten Götter nicht nur neben den neuen ihre Stelle, sondern, was wichtiger ist, in den neuen Göttern selber bleibt die Naturgrundlage enthalten und genießt, indem sie, als der geistigen Individualität des klassischen Ideals gemäß, in ihnen nachklingt, einer dauernden Verehrung.

α) Dadurch ist man häufig verführt worden, die griechischen Götter ihrer menschlichen Gestalt und Form nach als bloße *Allegorien* solcher Naturelemente aufzufassen. Dies sind sie nicht. So hören wir z. B. oft genug von Helios als dem Gott der Sonne, von Diana als Göttin des Mondes oder von Neptun als Gott des Meeres sprechen. Solche Trennung aber des natürlichen Elementes, als Inhalts, und der menschlich gestalteten Personifikation, als Form, sowie die äußerliche Verknüpfung beider, als bloße Herrschaft Gottes über die Naturdinge, wie wir sie aus dem Alten Testamente her gewohnt sind, dürfen wir auf die griechischen Vorstellungen nicht anwenden. Denn wir finden bei den Griechen an keiner Stelle den Ausdruck ὁ θεὸς τοῦ ἡλίου, τῆς θαλάσσης[5] usf., während sie doch gewiß für dieses Verhältnis, wenn es in ihrer Anschauung gelegen hätte, auch den Ausdruck würden gebraucht haben. Helios ist die Sonne als Gott.

β) Zugleich aber müssen wir hierbei festhalten, daß die Griechen nicht etwa das Natürliche als solches schon als göttlich ansahen. Im Gegenteil hatten sie die bestimmte Vorstellung, das Natürliche sei nicht das Göttliche; wie dies teils

5 »Der Gott der Sonne, des Meeres«

unausgesprochen in dem enthalten ist, was ihre Götter sind, teils auch ausdrücklich von ihnen herausgehoben wurde. Plutarch z. B. in seiner Schrift über Isis und Osiris kommt auch auf die verschiedenen Erklärungsarten der Mythen und Götter zu reden. Isis und Osiris gehören der ägyptischen Anschauung an und hatten mehr noch als die entsprechenden griechischen Götter Naturelemente zu ihrem Inhalte, indem sie nur das Sehnen und den Kampf ausdrücken, aus dem Natürlichen hinaus zum Geistigen fortzugehen; später genossen sie in Rom großer Verehrung und machten ein Hauptmysterium aus. Dennoch meint Plutarch, es wäre unwürdig, sie als Sonne, Erde oder Wasser erklären zu wollen. Nur alles dasjenige, was in der Sonne, Erde usf. maßlos und ohne Ordnung, mangelhaft oder im Übermaß sei, das müsse den Naturelementen zugeschrieben werden, und nur das Gute und Ordnungsgemäße sei ein Werk der Isis, und der Verstand, der λόγος, ein Werk des Osiris. Als das Substantielle dieser Götter wird deshalb nicht das Natürliche als solches angegeben, sondern Geistiges, Allgemeines, λόγος, Verstand, Gesetzmäßiges.
Bei dieser Einsicht in die geistige Natur der Götter sind die bestimmteren Naturelemente denn auch bei den Griechen von den neuen Göttern ebensosehr unterschieden worden. Wir haben zwar die Gewohnheit, Helios und Selene z. B. mit Apoll und Diana zusammenzustellen, bei Homer aber kommen sie als voneinander verschieden vor. Dasselbe gilt für Okeanos und Poseidon und andere.
γ) *Drittens* aber bleibt in den neuen Göttern ein Nachklang der Naturmächte, deren Wirksamkeit zur geistigen Individualität der Götter selbst gehört. Den Grund für dieses positive Zusammenschließen des Geistigen und Natürlichen in den Idealen der klassischen Kunst haben wir schon früher angegeben und können uns deshalb hier auf die Anführung einiger Beispiele beschränken.
αα) Im Poseidon liegt, wie in Pontos und Okeanos, die Macht des erdumströmenden Meeres, aber seine Gewalt und

Tätigkeit reicht weiter: er baute Ilion und war ein Hort Athens; überhaupt wird er als Städtegründer verehrt, insofern das Meer das Element der Schiffahrt, des Handels und der Verbindung der Menschen ist. Ebenso ist Apollo, der neue Gott, das Licht des Wissens, der Orakelsprechende, und bewahrt dennoch einen Anklang an Helios als Naturlicht der Sonne. Man streitet zwar darüber – wie Voss und Creuzer z. B. –, ob Apollo auch auf die Sonne zu deuten sei oder nicht, aber man kann in der Tat sagen, er sei die Sonne und sei sie nicht, da er nicht auf diesen Naturinhalt beschränkt bleibt, sondern zu der Bedeutung des Geistigen erhoben ist. Schon an und für sich muß es auffallen, in welch einem wesentlichen Zusammenhang Wissen und Erleuchten, das Licht der Natur und des Geistes ihrer Grundbestimmung nach miteinander stehen. Das Licht nämlich als Naturelement ist das Manifestierende; ohne daß wir es selber sehen, macht es die erhellten, beschienenen Gegenstände sichtbar. Durch das Licht wird alles auf theoretische Weise für Anderes. Den gleichen Charakter des Manifestierens hat der Geist, das freie Licht des Bewußtseins, das Wissen und das Erkennen. Der Unterschied besteht, außer der Verschiedenheit der Sphären, in welchen dies zwiefache Manifestieren sich tätig erweist, nur darin, daß der Geist sich selber offenbart und in dem, was er uns gibt oder was für ihn gemacht wird, bei sich selber bleibt, das Licht der Natur aber nicht sich selbst, sondern im Gegenteil das ihm Andere und Äußerliche wahrnehmbar macht und in dieser Beziehung wohl aus sich heraus, aber nicht wie der Geist ebenso in sich zurückgeht, weshalb es die höhere Einheit, im Anderen bei sich selber zu sein, nicht gewinnt. Wie nun Licht und Wissen einen engen Zusammenhang haben, finden wir auch in Apollo als geistigem Gotte noch die Erinnerung an das Licht der Sonne wieder. So schreibt z. B. Homer die Pest im Lager der Griechen dem Apollo zu, der hier in der Sommerhitze als Wirksamkeit der Sonne betrachtet wird. Ebenso haben seine Todespfeile gewiß einen symbolischen Zusammenhang mit den

Sonnenstrahlen. In der äußerlichen Darstellung müssen es dann näher äußere Merkmale bestimmen, in welcher Bedeutung der Gott vornehmlich solle genommen werden.

Besonders wenn man der Entstehungsgeschichte der neuen Götter nachgeht, läßt sich, wie dies Creuzer vornehmlich herausgehoben hat, das Naturelement erkennen, welches die Götter des klassischen Ideals in sich aufbewahren. So finden sich z. B. in Jupiter Andeutungen an die Sonne, und die zwölf Arbeiten des Herkules, sein Zug z. B., auf welchem er die Äpfel der Hesperiden holt, haben Bezug gleichfalls auf die Sonne und die zwölf Monate. Der Diana liegt die Bestimmung der allgemeinen Mutter der Natur zugrunde, wie die Ephesische Diana z. B., welche zwischen dem Alten und Neuen schwankt, die Natur überhaupt, die Erzeugung und Ernährung zu ihrem Hauptinhalte hat und diese Bedeutung auch in ihrer Außengestalt, durch die Brüste usf., andeutet. Bei der griechischen Artemis dagegen, der Jägerin, welche die Tiere tötet, tritt in ihrer menschlich schönen, jungfräulichen Gestalt und Selbständigkeit diese Seite ganz zurück, obschon der halbe Mond und die Pfeile noch immer an die Selene erinnern. In gleicher Art wird Aphrodite, je mehr man ihren Ursprung nach Asien hin verfolgt, desto mehr zur Naturmacht; kommt sie ins eigentliche Griechenland herüber, so kehrt sich die geistig individuellere Seite des Liebreizes, der Anmut, der Liebe heraus, der es jedoch an einer Naturgrundlage keineswegs fehlt. Ceres hat in derselben Weise die Naturproduktivität zu ihrem Ausgangspunkte, der sich sodann zu dem geistigen Inhalte fortleitet, dessen Verhältnisse sich aus dem Ackerbau, Eigentum usf. entwickeln. Die Musen behalten das Murmeln der Quelle zur Naturgrundlage, und Zeus selber ist als allgemeine Naturmacht zu nehmen und wird als der Donnerer verehrt, wiewohl bei Homer schon der Donner ein Zeichen des Mißfallens oder Beifalls, ein Omen ist und dadurch einen Bezug auf Geistiges und Menschliches erhält. Auch Juno hat einen Naturanklang an das Himmelsgewölbe und den Luftkreis, in welchem die Götter wandeln. So heißt es z. B., Zeus habe den Herkules an die Brust der Juno gelegt, und fortgeschleudert sei aus der verschütteten Milch die Milchstraße entstanden.

ββ) Wie nun in den neuen Göttern die allgemeinen Naturelemente einerseits herabgesetzt, andererseits erhalten sind, so ist es auch mit dem Tierischen als solchem, das wir früher nur in seiner Degradation zu betrachten hatten. Jetzt können wir auch dem Tierischen eine positivere Stellung anweisen. Da jedoch die klassischen Götter die symbolische Gestaltungsweise abgestreift haben und zu ihrem Inhalte den sich selbst klaren Geist gewinnen, so muß sich jetzt die symbolische *Bedeutung* der Tiere in demselben Grade verlieren, in welchem der Tier*gestalt* das Recht genommen ist, sich mit der menschlichen in ungehöriger Art zu vermischen. Sie kommt deshalb als bloß bezeichnendes Attribut vor und wird neben die Menschengestalt der Götter gestellt. So sehen wir den Adler neben Jupiter, den Pfau neben Juno, die Tauben in Begleitung der Venus, den Hund, Anubis, als Wächter der Unterwelt usf. Wenn daher auch an den Idealen der geistigen Götter noch Symbolisches erhalten ist, so wird es dennoch seiner ursprünglichen Bedeutung nach unscheinbar, und die Naturbedeutung als solche, welche früher den wesentlichen Inhalt ausgemacht hatte, bleibt nur noch als Rest und als partikuläre Äußerlichkeit zurück, die nun ihrer Zufälligkeit wegen hin und wieder bizarr aussieht, da ihr die frühere Bedeutung nicht mehr innewohnt. Indem ferner das Innere dieser Götter das Geistige und Menschliche ist, so wird die Äußerlichkeit an ihnen nun auch zu einer *menschlichen* Zufälligkeit und Schwäche. In dieser Beziehung können wir noch einmal an die vielfachen Liebschaften des Jupiter erinnern. Ihrer ursprünglichen symbolischen Bedeutung nach beziehen sie sich, wie wir sahen, auf die allgemeine Tätigkeit des Zeugens, auf die Lebendigkeit der Natur. Als Liebschaften des Jupiter aber, welche, insofern die Ehe mit Hera als das feste substantielle Verhältnis anzusehen ist, als

eine Untreue gegen die Gattin erscheinen, haben sie die Gestalt zufälliger Abenteuer und vertauschen ihren symbolischen Sinn mit dem Charakter von willkürlich erfundenen losen Geschichten.
Mit diesem Herabsetzen der bloßen Naturmächte und des Tierischen sowie der abstrakten Allgemeinheit geistiger Verhältnisse und mit dem Wiederaufnehmen derselben in die höhere Selbständigkeit der geistigen, naturdurchdrungenen und -durchdringenden Individualität haben wir die notwendige Entstehungsgeschichte als die eigene Voraussetzung für das Wesen des Klassischen hinter uns, indem sich das Ideal auf diesem Wege durch sich selber zu dem gemacht hat, was es seinem Begriff nach ist. Diese ihrem Begriff gemäße Realität der geistigen Götter führt uns zu den eigentlichen Idealen der klassischen Kunstform, welche, dem besiegten Alten gegenüber, das Unvergängliche darstellen, denn Vergänglichkeit überhaupt liegt in Unangemessenheit des Begriffs und seines Daseins.

Zweites Kapitel
Das Ideal der klassischen Kunstform

Was das eigentliche Wesen des Ideals sei, haben wir bereits bei der allgemeinen Betrachtung des Kunstschönen gesehen. Hier müssen wir es nun in dem speziellen Sinne des *klassischen* Ideals nehmen, dessen Begriff sich uns gleichfalls schon mit dem Begriffe der klassischen Kunstform überhaupt ergeben hat. Denn das Ideal, von dem jetzt zu reden ist, besteht nur darin, daß die klassische Kunst das, was ihren innersten Begriff ausmacht, wirklich erreicht und herausstellt. Als Inhalt ergreift sie auf diesem Standpunkt das Geistige, insofern es die Natur und deren Mächte in sein eigenes Bereich hineinzieht und sich somit nicht als bloße Innerlichkeit und Herrschaft über die Natur zur Darstellung bringt; zur *Form* aber nimmt sie die menschliche Gestalt, Tat

und Handlung, durch welche das Geistige in vollständiger Freiheit klar hindurchscheint und in das Sinnliche der Gestalt nicht etwa als in eine nur symbolisch andeutende Äußerlichkeit, sondern als in ein Dasein sich hineinlebt, das die angemessene Existenz des Geistes ist.
Die bestimmtere Gliederung nun dieses Kapitels läßt sich folgendermaßen feststellen:
Zuerst haben wir die *allgemeine* Natur des klassischen Ideals zu betrachten, das zu seinem Inhalte wie zu seiner Form das Menschliche hat und beide Seiten zu dem vollendetesten Entsprechen ineinanderarbeitet.
Zweitens aber, da sich hier das Menschliche ganz in die leibliche Gestalt und äußere Erscheinung versenkt, wird es zur *bestimmten* äußeren Gestalt, welcher nur ein bestimmter Gehalt gemäß ist. Indem wir dadurch das Ideal zugleich als *Besonderheit* vor uns haben, ergibt sich uns ein Kreis von *besonderen* Göttern und Mächten des menschlichen Daseins.
Drittens bleibt die Besonderheit nicht bei der Abstraktion nur *einer* Bestimmtheit stehen, deren wesentlicher Charakter den ganzen Inhalt und das einseitige Prinzip für die Darstellung ausmachen würde, sondern ist ebensosehr eine Totalität in sich und deren *individuelle* Einheit und Übereinstimmung. Ohne diese Erfüllung wäre die Besonderheit kahl und leer, und es würde ihr die Lebendigkeit abgehen, welche dem Ideal in keiner Beziehung fehlen kann.
Nach diesen drei Seiten der Allgemeinheit, Besonderheit und individuellen Einzelheit haben wir jetzt das Ideal der klassischen Kunst näher durchzugehen.

1. Das Ideal der klassischen Kunst überhaupt

Die Fragen nach dem Ursprung der griechischen Götter, insofern sie den eigentlichen Mittelpunkt für die ideale Darstellung abgeben, haben wir schon oben berührt und gesehen, daß sie der von der Kunst umgebildeten Tradition angehören. Diese Umgestaltung nun konnte nur durch die zwiefache Herabsetzung, auf der einen Seite der allgemeinen Naturmächte und deren Personifikation, auf der anderen des Tierischen und der symbolischen Bedeutung und Gestalt desselben, vor sich gehen, um dadurch als den wahren Gehalt das Geistige und als die wahre Form die menschliche Erscheinungsweise zu gewinnen.

a. Das Ideal als aus freiem künstlerischen Schaffen entsprungen

Indem nun das klassische Ideal wesentlich erst durch solche Umbildung des Früheren zustande kommt, so ist die nächste Seite, die wir daran herausstellen müssen, die, daß es aus dem Geiste erzeugt ist und deshalb in dem Innersten und Eigensten der Dichter und Künstler seinen Ursprung gefunden hat, die es mit ebenso klarer als freier Besonnenheit im Bewußtsein und Zwecke künstlerischer Produktion hervorbrachten. Gegen dieses Machen scheint nun aber das Faktum zu streiten, daß die griechische Mythologie auf älteren Traditionen beruht und auf Auswärtiges, Orientalisches hinweist. Herodot z. B., obschon er in der bereits angeführten Stelle sagt [II, 53], Homer und Hesiod hätten den Griechen ihre Götter gemacht, bringt dennoch an anderen Orten dieselben griechischen Götter mit ägyptischen usf. in engen Zusammenhang. Denn im zweiten Buche (c. 49) erzählt er ausdrücklich, des Dionysos Namen habe Melampus den Hellenen gebracht, den Phallus und das ganze Opferfest eingeführt, doch mit einigem Unterschiede, da Melampus den Dienst des Dionysos wohl von Kadmos dem Tyrier und den Phöniziern gelernt habe, welche mit Kadmos nach Böotien kamen. Diese entgegengesetzten Aussprüche haben in neuerer Zeit, besonders in Beziehung auf Creuzers Bemühungen, Interesse gewonnen, der im Homer z. B. alte Mysterien und alle die Quellen aufzufinden sucht, welche nach Griechenland zusammengeflossen waren, Asiatisches, Pelasgisches, Dodonäisches, Thrakisches, Samothrakisches,

Phrygisches, Indisches, Buddhistisches, Phönizisches, Ägyptisches, Orphisches, nebst dem unendlich vielen Einheimischen des speziellen Lokals und anderer Einzelheiten. Diesen vielfachen überkommenen Ausgangspunkten widerspricht es freilich auf den ersten Blick, daß jene Dichter den Göttern sollen die Namen und die Gestalt gegeben haben. Beides aber, Tradition und eigenes Bilden, läßt sich durchaus vereinigen. Die Tradition ist das erste, der Ausgangspunkt, der wohl Ingredienzien überliefert, aber noch nicht den eigentlichen Gehalt und die echte Form für die Götter mitbringt. Diesen Gehalt nahmen jene Dichter aus ihrem Geist und fanden in freier Umwandlung für denselben auch die wahre Gestalt und sind dadurch in der Tat die Erzeuger der Mythologie geworden, welche wir in der griechischen Kunst bewundern. Doch sind die Homerischen Götter deswegen auf der anderen Seite nicht etwa eine bloß subjektive Erdichtung oder ein bloßes Machwerk, sondern haben ihre Wurzel in dem Geiste und Glauben des griechischen Volks und seiner nationalen religiösen Grundlagen. Sie sind die absoluten Mächte und Gewalten, das Höchste der griechischen Vorstellung, der Mittelpunkt des Schönen überhaupt, von der Muse selber dem Dichter eingegeben.

In diesem freien Schaffen nun nimmt der Künstler eine ganz andere Stellung als im Orient ein. Die indischen Dichter und Weisen haben auch Vorgefundenes zu ihrem Ausgangspunkte: Naturelemente, Himmel, Tiere, Ströme usf. oder die reine Abstraktion des gestaltlosen und inhaltlosen Brahman; ihre Begeisterung aber ist eine Zertrümmerung des Inneren der Subjektivität, die solches ihr Äußerliches zu verarbeiten die schwere Aufgabe erhält und bei der Maßlosigkeit ihrer Phantasie, welche jeder festen, absoluten Richtung entbehrt, in ihren Erzeugungen nicht wahrhaft frei und schön sein kann, sondern ein unbändiges Produzieren und Schweifen im Stoffe bleiben muß. Sie gleicht einem Baumeister, der keinen reinen Boden hat; alte Trümmer halbeingestürzter Mauern, Hügel, vorspringende Felsen hemmen ihn, außer den besonderen Zwecken, nach denen er seine Konstruktion ausrichten soll, und er kann nichts als ein wildes, unharmonisches, phantastisches Gebilde hinstellen. Was er produziert, ist nicht das Werk seiner frei aus eigenem Geiste schaffenden Phantasie. – Umgekehrt geben uns hebräische Dichter Offenbarungen, die der Herr sie sprechen hieß, so daß hier wieder eine bewußtlose Begeisterung, getrennt, unterschieden von der Individualität und dem produzierenden Geist des Künstlers, das Hervorbringende ist, wie in der Erhabenheit überhaupt das Abstrakte, Ewige wesentlich im Verhältnis zu einem ihm Anderen und Äußerlichen in die Anschauung und das Bewußtsein kommt.

In der klassischen Kunst dagegen sind die Künstler und Dichter allerdings auch Propheten, Lehrer, die, was das Absolute und Göttliche sei, dem Menschen verkündigen und offenbar machen; *erstens* aber ist

α) der Inhalt ihrer Götter nicht das dem menschlichen Geiste nur Äußere der Natur oder die Abstraktion der einen Gottheit, wobei nur ein oberflächliches Formieren oder die gestaltlose Innerlichkeit übrigbleibt, sondern ihr Gehalt ist dem menschlichen Geist und Dasein entnommen und dadurch das Eigene der menschlichen Brust, ein Gehalt, mit welchem der Mensch frei als mit sich selber zusammengehen kann, indem, was er hervorbringt, das schönste Erzeugnis seiner selbst ist.

β) *Zweitens* sind die Künstler ebensosehr *Poeten,* Bildner dieses Stoffs und Inhalts zur frei auf sich beruhenden Gestalt. Nach dieser Seite nun erweisen sich die griechischen Künstler als wahrhaft schaffende Dichter. Alle die vielfachen fremden Ingredienzien brachten sie in den Schmelztiegel; doch sie machten kein Gebräu daraus wie in einem Hexenkessel, sondern verzehrten alles Trübe, Natürliche, Unreine, Fremde, Maßlose in dem reinen Feuer des tieferen Geistes, sie brannten es zusammen und ließen gereinigt die Gestalt hervortreten, mit nur schwachen Anklängen an den Stoff, woraus sie gebildet ward. Ihr Geschäft bestand in dieser

Rücksicht teils in dem Abstreifen des Formlosen, Symbolischen, Unschönen und Mißgestalteten, das sie in dem Stoffe der Tradition vor sich hatten, teils in dem Herausheben des eigentlich Geistigen, das sie zu individualisieren und wofür sie die entsprechende äußere Erscheinung aufzusuchen oder zu erfinden hatten. Hier zuerst ist es die menschliche Gestalt und die nicht mehr als bloße Personifikation gebrauchte Form menschlicher Handlungen und Begebnisse, welche, wie wir sahen, als die einzig gemäße Realität notwendig eintritt. Auch diese Formen findet der Künstler zwar in der Wirklichkeit vor, aber er hat an ihnen gleichfalls das Zufällige und Ungehörige zu tilgen, ehe sie sich dem geistigen Inhalt des Menschlichen, der, seiner Wesenheit nach gefaßt, zur Vorstellung der ewigen Mächte und Götter wird, angemessen erweisen können. Dies ist die freie, geistige und nicht nur willkürliche Produktion des Künstlers.

γ) Indem nun *drittens* die Götter nicht nur für sich dastehen, sondern auch innerhalb der konkreten Wirklichkeit der Natur und menschlichen Begebnisse tätig sind, so geht das Geschäft der Dichter auch darauf, die Gegenwart und Wirksamkeit der Götter in dieser Bezüglichkeit auf menschliche Dinge zu erkennen, das Besondere der Naturereignisse, der menschlichen Taten und Schicksale, worein die göttlichen Mächte verflochten erscheinen, zu deuten und dadurch das Geschäft des Priesters, des Mantis, zu teilen. Wir, auf dem Standpunkte unserer heutigen prosaischen Reflexion, erklären die Naturerscheinungen nach allgemeinen Gesetzen und Kräften, die Handlungen der Menschen aus ihren inneren Absichten und selbstbewußten Zwecken; die griechischen Dichter aber blicken sich überall nach dem Göttlichen um und erzeugen, indem sie die menschlichen Tätigkeiten zu Handlungen der Götter gestalten, durch solches Deuten erst die verschiedenen Seiten, nach denen die Götter mächtig sind. Denn eine Menge solcher Deutungen gibt eine Menge von Handlungen, in denen sich kundtut, was der eine oder andere Gott sei. Schlagen wir z. B. die Homerischen Gedichte auf, so finden wir dort fast kein irgend bedeutendes Ereignis, welches nicht aus dem Willen oder der wirklichen Beihilfe der Götter näher erläutert würde. Diese Auslegungen sind die Einsicht, der selbstgeschaffene Glaube, die Anschauung der Dichter, wie Homer sie denn auch häufig in seinem eigenen Namen ausspricht und sie zum Teil nur seinen Personen, den Priestern oder Helden, in den Mund legt. Gleich im Anfang der Ilias z. B. hat er selber schon die Pest im Lager der Griechen (I, v. 9–12) aus dem Unwillen des Apollo über Agamemnon, der dem Chryses die Tochter nicht freigeben wollte, erklärt und läßt dann weiterhin (I, v. 94 bis 100) dieselbe Deutung durch Kalchas den Griechen verkündigen.

In der ähnlichen Weise berichtet Homer im letzten Gesange der Odyssee (als Hermes die Schatten der entseelten Freier zur Asphodeloswiese geleitet hat und sie dort den Achilleus finden und die übrigen Helden, die vor Troja gekämpft hatten, und endlich auch Agamemnon zu ihnen heranwandelt), wie dieser (*Odyssee*, XXIV, v. 41–63) den Tod des Achilleus schildert: »Den ganzen Tag hatten die Griechen gekämpft und trugen erst, als Zeus die Streitenden getrennt, den edlen Leichnam zu den Schiffen und wuschen ihn, häufig weinend, und salbten ihn. Da erschallt auf dem Meere ein göttliches Getöse, und die erschreckten Achäer würden in die hohlen Schiffe gestürzt sein, wenn sie nicht ein alter und vieles wissender Mann, Nestor, zurückgehalten hätte, dessen Rat auch früher schon der beste erschienen.« Er erklärt ihnen die Erscheinung, indem er sagt: »Die *Mutter* kommt aus dem Meer mit den unsterblichen Meergöttinnen, um ihrem gestorbenen Sohne entgegenzugehen. Auf dieses Wort verließ die Furcht die großgesinnten Achäer.« Jetzt nämlich wußten sie, woran sie waren: Menschliches, die Mutter, die Trauernde, kommt ihm entgegen, ihrem Auge, ihrem Ohr begegnet nur, was sie selber sind; Achill ist ihr Sohn, sie selbst voll Klage; und so fährt denn auch Agamemnon, zum Achill gewendet, in seiner Schilderung mit Beschreibung des allgemeinen

Schmerzes fort: »Um dich her aber«, sagt er, »standen die Töchter des Meergreises, weheklagend, und legten die ambrosischen Kleider an; die Musen auch, die neun zusamt, wechselnd in schönem Gesange, klagten, und da wurde wohl keiner tränenlos gesehen der Argeier, so rührte der hellstimmige Gesang.«

Vor allem aber hat mich in dieser Beziehung eine andere Göttererscheinung in der Odyssee jedesmal angezogen und beschäftigt. Odysseus auf seiner Irrfahrt, unter den Phäaken bei den Kampfspielen von Euryalos geschmäht, weil er sich geweigert hatte, am Wettkampf im Diskuswerfen teilzunehmen, antwortet gereizt, mit finsteren Blicken und derben Worten; dann steht er auf, ergreift die Scheibe, größer und schwerer als die der übrigen, und schleudert sie weithin über das Ziel. Einer der Phäaken bezeichnet die Stelle und ruft ihm zu: »Auch ein Blinder kann den Stein sehen: er liegt nicht gemischt unter den anderen, sondern weit voraus; in diesem Wettkampf hast du nichts zu fürchten, kein Phäake wird deinen Wurf erreichen oder besiegen.« So sprach er, aber der viel duldende, göttliche Odysseus freute sich, einen wohlgewogenen Freund zu sehen in dem Wettspiel (*Odyssee*, VIII, v. 159–200). – Dies Wort, das befreundete Zunicken eines Phäaken legt Homer als das befreundete Erscheinen der Athene aus.

b. Die neuen Götter des klassischen Ideals

Welches sind nun, ergeht die weitere Frage, die *Produkte* dieser klassischen Weise künstlerischer Tätigkeit, welcher Art sind die neuen Götter der griechischen Kunst?

α) Die allgemeinste und zugleich vollendeteste Vorstellung von ihrer Natur gibt uns ihre konzentrierte Individualität, insofern dieselbe aus der Mannigfaltigkeit von Beiwesenheiten, einzelnen Handlungen und Begebenheiten in den einen Brennpunkt ihrer einfachen Einheit mit sich zusammengefaßt ist.

αα) Was uns aus diesen Göttern anspricht, ist zunächst die

geistige *substantielle* Individualität, welche, aus dem bunten Schein des Partikularen der Not und vielzweckigen Unruhe des Endlichen in sich zurückgenommen, auf ihrer eigenen Allgemeinheit wie auf einer ewigen, klaren Grundlage sicher beruht. Nur dadurch erscheinen die Götter als die unvergänglichen Mächte, deren ungetrübtes Walten nicht am Besonderen in der Verwicklung mit Anderem und Äußerlichem, sondern an ihrer eigenen Unwandelbarkeit und Gediegenheit zur Anschauung kommt.

ββ) Umgekehrt aber sind sie nicht etwa die bloße Abstraktion geistiger Allgemeinheiten und dadurch sogenannte allgemeine Ideale, sondern insofern sie Individuen sind, erscheinen sie als ein Ideal, das an sich selbst Dasein und deswegen Bestimmtheit, d. h. als Geist *Charakter* hat. Ohne Charakter tritt keine Individualität hervor. Nach dieser Seite hin liegt, wie bereits oben ist ausgeführt worden, auch den geistigen Göttern eine bestimmte Naturmacht zugrunde, mit welcher sich eine bestimmte sittliche Substanz verschmilzt und jedem Gott einen abgegrenzten Kreis seiner ausschließlicheren Wirksamkeit anweist. Die mannigfaltigen Seiten und Züge, welche durch diese Besonderheit hereinkommen, machen, als zur einfachen Einheit mit sich reduziert, die Charaktere der Götter aus.

γγ) Im wahren Ideal jedoch darf sich diese Bestimmtheit ebensowenig zur scharfen Beschränkung auf die *Einseitigkeit* des Charakters verendlichen, sondern muß gleichmäßig wieder zur Allgemeinheit des Göttlichen zurückgenommen erscheinen. So ist denn jeder Gott, indem er die Bestimmtheit als *göttliche* und damit als *allgemeine* Individualität in sich trägt, teils bestimmter Charakter, teils alles in allem, und schwebt in der vollen einigen Mitte zwischen bloßer Allgemeinheit und ebenso abstrakter Besonderheit. Dies gibt dem echten Ideal des Klassischen die unendliche Sicherheit und Ruhe, die kummerlose Seligkeit und ungehemmte Freiheit.

β) Als Schönheit der klassischen Kunst nun ferner ist der an sich selbst bestimmte göttliche Charakter nicht nur geistig, sondern ebensosehr äußerlich in ihrer Leiblichkeit erscheinende, dem Auge wie dem Geiste sichtbare Gestalt.

αα) Diese Schönheit, da sie nicht nur das Natürliche und Tierische in seiner geistigen Personifikation, sondern das Geistige selber in dessen adäquatem Dasein zu ihrem Inhalte hat, darf nur in ihrem Beiwesen *Symbolisches* und auf das nur Natürliche Bezügliches aufnehmen; ihr eigentlicher Ausdruck ist die dem Geiste und nur dem Geiste eigentümliche äußere Gestalt, insoweit das Innere in ihr sich selber zur Existenz bringt und sich vollendet durch sie hindurchergießt.

ββ) Auf der anderen Seite muß die klassische Schönheit nicht den Ausdruck der *Erhabenheit* gewähren. Denn das abstrakt Allgemeine allein, das sich in keiner Bestimmtheit mit sich selber zusammenschließt, sondern *nur* negativ gegen das Besondere überhaupt und somit auch gegen jede Verleiblichung gekehrt ist, gibt den Anblick des Erhabenen. Die klassische Schönheit aber führt die geistige Individualität mitten in ihr zugleich natürliches Dasein hinein und expliziert das Innere nur im Elemente äußerer Erscheinung.

γγ) Deshalb muß jedoch die Außengestalt sich ebensosehr wie das Geistige, das in ihr sich Dasein verschafft, von jeder Zufälligkeit äußerer Bestimmtheit, von jeder Naturabhängigkeit und Krankhaftigkeit befreien, aller Endlichkeit, allem Vorübergehenden, aller Geschäftigkeit für bloß Sinnliches entnommen sein und ihre mit dem bestimmten geistigen Charakter des Gottes sich verschwisternde Bestimmtheit zum freien Einklang mit den allgemeinen Formen der menschlichen Gestalt reinigen und erheben. Die makellose Äußerlichkeit allein, in der jeder Zug der Schwäche und Relativität verwischt und jeder Flecken willkürlicher Partikularität ausgelöscht ist, entspricht dem geistigen Innern, welches in sie sich versenken und in ihr leiblich werden soll.

γ) Da nun aber die Götter aus ihrer Bestimmtheit des Charakters zugleich in die Allgemeinheit zurückgebogen sind, so hat sich auch in ihrer Erscheinung zugleich das

Selbstsein des Geistes als das Beruhen in sich und als die Sicherheit seiner in seinem Äußeren darzustellen.

αα) Darum sehen wir in der konkreten Individualität der Götter bei dem eigentlich klassischen Ideal ebensosehr diesen Adel und diese Hoheit des Geistes, in welcher sich, trotz seinem gänzlichen Hineingehen in die leibliche und sinnliche Gestalt, das Entferntsein von aller Bedürftigkeit des Endlichen kundgibt. Das reine Insichsein und die abstrakte Befreiung von jeder Art der Bestimmtheit würde zur Erhabenheit führen; indem das klassische Ideal aber zum Dasein, das nur das seinige, das Dasein des Geistes selber ist, heraustritt, so zeigt sich auch die Erhabenheit desselben in die Schönheit verschmolzen und in sie gleichsam unmittelbar übergegangen. Dies macht für die Göttergestalten den Ausdruck der Hoheit, der klassisch *schönen* Erhabenheit notwendig. Ein ewiger Ernst, eine unwandelbare Ruhe thront auf der Stirn der Götter und ist ausgegossen über ihre ganze Gestalt.

ββ) In ihrer Schönheit erscheinen sie deshalb über die eigene Leiblichkeit erhoben, und es entsteht dadurch ein Widerstreit zwischen ihrer seligen Hoheit, die ein geistiges Insichsein, und ihrer Schönheit, die äußerlich und leiblich ist. Der Geist erscheint ganz in seine Außengestalt versenkt und doch zugleich aus ihr heraus nur in sich versunken. Es ist wie das Wandeln eines unsterblichen Gottes unter sterblichen Menschen.

In dieser Beziehung bringen die griechischen Götter einen Eindruck hervor, bei aller Verschiedenheit ähnlich dem, welchen Goethes Büste von Rauch, als ich sie das erstemal sah, auf mich machte. Sie haben sie gleichfalls gesehen, diese hohe Stirn, diese gewaltige, herrschende Nase, das freie Auge, das runde Kinn, die gesprächigen, vielgebildeten Lippen, die geistreiche Stellung des Kopfes, auf die Seite und etwas in die Höhe den Blick weggewendet; und zugleich die ganze Fülle der sinnenden, freundlichen Menschlichkeit, dabei diese ausgearbeiteten Muskeln der Stirn, der Mienen, der Empfindungen, Leidenschaften und in aller Lebendigkeit die Ruhe, Stille, Hoheit im Alter; und nun daneben das Welke

der Lippen, die in den zahnlosen Mund zurückfallen, das Schlaffe des Halses, der Wangen, wodurch der Turm der Nase noch größer, die Mauer der Stirn noch höher heraustritt. – Die Gewalt dieser festen Gestalt, die vornehmlich auf das Unwandelbare reduziert ist, erscheint in ihrer losen, hängenden Umgebung wie der erhabene Kopf und die Gestalt der Orientalen in ihrem weiten Turban, aber schlotterndem Oberkleid und schleppenden Pantoffeln; – es ist der feste, gewaltige, zeitlose Geist, der, in der Maske der umherhängenden Sterblichkeit, diese Hülle herabfallen zu lassen im Begriff steht und sie nur noch lose um sich frei herumschlendern läßt.
In der ähnlichen Weise erscheinen auch die Götter von seiten dieser hohen Freiheit und geistigen Ruhe über ihre Leiblichkeit erhoben, so daß sie ihre Gestalt, ihre Glieder bei aller Schönheit und Vollendung gleichsam als einen überflüssigen Anhang empfinden. Und dennoch ist die ganze Gestalt lebendig beseelt, identisch mit dem geistigen Sein, trennungslos, ohne jenes Auseinander des in sich Festen und der weicheren Teile, der Geist nicht dem Leib entgehend und entstiegen, sondern beide *ein* gediegenes Ganzes, aus welchem das Insichsein des Geistes nur in der wunderbaren Sicherheit seiner selbst still herausblickt.
γγ) Indem nun aber jener angedeutete Widerstreit vorhanden ist, ohne jedoch als Unterschied und Trennung der inneren Geistigkeit und ihres Äußeren herauszutreten, so ist das Negative, das darin liegt, eben deswegen diesem ungetrennten *Ganzen* immanent und an ihm selber ausgedrückt. Dies ist innerhalb der geistigen Hoheit der Hauch und Duft der Trauer, den geistreiche Männer in den Götterbildern der Alten selbst bei der bis zur Lieblichkeit vollendeten Schönheit empfunden haben. Die Ruhe göttlicher Heiterkeit darf sich nicht zu Freude, Vergnügen, Zufriedenheit besondern, und der *Frieden* der Ewigkeit muß nicht zum Lächeln des Selbstgenügens und gemütlichen Behagens herunterkommen. Zufriedenheit ist das Gefühl der Übereinstimmung unserer

einzelnen Subjektivität mit dem Zustande unseres bestimmten, uns gegebenen oder durch uns hervorgebrachten Zustandes. Napoleon z. B. hat nie gründlicher seine Zufriedenheit ausgedrückt, als wenn ihm etwas gelungen war, womit alle Welt sich unzufrieden bezeigte. Denn Zufriedenheit ist nur die Billigung meines eigenen Seins, Tuns und Treibens, und das Extrem derselben gibt sich in jener Philisterempfindung zu erkennen, zu der es jeder fertige Mensch bringen muß. Diese Empfindung und ihr Ausdruck ist aber nicht der Ausdruck der plastischen ewigen Götter. Die freie, vollendete Schönheit vermag sich nicht in der Zustimmung zu einem bestimmten endlichen Dasein zu genügen, sondern ihre Individualität, nach seiten des Geistes wie der Gestalt, obschon sie charakteristisch und in sich bestimmt ist, geht doch nur mit sich als zugleich freier Allgemeinheit und in sich ruhender Geistigkeit zusammen. – Diese Allgemeinheit ist es, welche man bei den griechischen Göttern auch als Kälte hat ansprechen wollen. Kalt jedoch sind sie nur für die moderne Innigkeit im Endlichen; für sich selbst betrachtet, haben sie Wärme und Leben; der selige Frieden, der sich in ihrer Leiblichkeit abspiegelt, ist wesentlich ein Abstrahieren von Besonderem, ein Gleichgültigsein gegen Vergängliches, ein Aufgeben des Äußerlichen, ein nicht kummervolles und peinliches – doch ein Entsagen dem Irdischen und Flüchtigen, wie die geistige Heiterkeit tief über Tod, Grab, Verlust, Zeitlichkeit hinwegblickt und, eben weil sie tief ist, dies Negative in sich selber enthält. Je mehr nun aber an den Göttergestalten der Ernst und die geistige Freiheit heraustritt, desto mehr läßt sich ein Kontrast dieser Hoheit mit der Bestimmtheit und Körperlichkeit empfinden. Die seligen Götter trauern gleichsam über ihre Seligkeit oder Leiblichkeit; man liest in ihrer Gestaltung das Schicksal, das ihnen bevorsteht und dessen Entwicklung, als wirkliches Hervortreten jenes Widerspruchs der Hoheit und Besonderheit, der Geistigkeit und des sinnlichen Daseins, die klassische Kunst selber ihrem Untergange entgegenführt.

c. Die äußere Art der Darstellung

Fragen wir nun *drittens* nach der Art der äußeren Darstellung, welche diesem soeben angegebenen Begriffe des klassischen Ideals gemäß ist, so sind auch in dieser Rücksicht die wesentlichen Gesichtspunkte schon früher bei Betrachtung des Ideals überhaupt näher angegeben worden. Es ist deshalb hier nur so viel zu sagen, daß in dem eigentlich klassischen Ideal die geistige Individualität der Götter nicht in ihrer Beziehung auf Anderes aufgefaßt oder durch ihre Besonderheit in Konflikt und Kampf gebracht wird, sondern in dem ewigen Beruhen in sich, in dieser Schmerzlichkeit des göttlichen Friedens zur Erscheinung kommt. Der bestimmte Charakter betätigt sich daher nicht in der Weise, daß er die Götter zu besonderen Empfindungen und Leidenschaften anregte oder sie bestimmte Zwecke durchzusetzen nötigte. Im Gegenteil sind sie aus jeder Kollision und Verwicklung, ja aus jedem Bezug auf Endliches und in sich Zwiespältiges zu der reinen Versunkenheit in sich zurückgeführt. Diese strengste Ruhe, nicht starr, kalt und tot, aber sinnend und unwandelbar, ist für die klassischen Götter die höchste und gemäßeste Form der Darstellung. Wenn sie deshalb in bestimmten Situationen auftreten, so dürfen es nicht Zustände oder Handlungen sein, die zu Konflikten Anlaß geben, sondern solche, welche als selber harmlos auch die Götter in ihrer Harmlosigkeit belassen. Unter den besonderen Künsten ist daher die Skulptur vor allen geeignet, das klassische Ideal in seinem einfachen Beisichsein darzustellen, in welchem mehr die allgemeine Göttlichkeit als der besondere Charakter zum Vorschein kommen soll. Hauptsächlich die ältere, strengere Skulptur hält diese Seite des Ideals fest, und die spätere erst geht zu einer vermehrten dramatischen Lebendigkeit der Situationen und Charaktere fort. Die Poesie dagegen läßt die Götter handeln, d. h. sich negativ gegen ein Dasein verhalten, und bringt sie dadurch auch zu Kampf und Streit. Die Ruhe der Plastik, wo sie in ihrem eigensten Bereiche bleibt, kann das gegen die Besonderheiten negative Moment des Geistes nur in jenem Ernst der Trauer ausdrücken, den wir vorhin schon näher bezeichnet haben.

2. *Der Kreis der besonderen Götter*

Als angeschaute, in unmittelbarem Dasein dargestellte und damit bestimmte und besondere Individualität wird die Göttlichkeit notwendig zu einer *Vielheit* von Gestalten. Dem Prinzip der klassischen Kunst ist der Polytheismus schlechthin wesentlich, und es wäre ein törichtes Unternehmen, den Einen Gott der Erhabenheit und des Pantheismus oder der absoluten Religion, welche Gott als geistige und rein innere Persönlichkeit faßt, in plastischer Schönheit ausgestalten zu wollen oder zu meinen, daß bei den Juden, Mohammedanern oder Christen für den Inhalt ihres religiösen Glaubens die klassischen Formen wie bei den Griechen aus ursprünglicher Anschauung hätten hervorkommen können.

a. Vielheit von Götterindividuen

In dieser Vielheit schlägt sich das göttliche Universum dieser Stufe zu einem Kreise besonderer Götter auseinander, von denen jeder ein Individuum für sich und den anderen gegenüber ist. Diese Individualitäten sind aber nicht von der Art, daß sie nur als Allegorien für allgemeine Eigenschaften zu nehmen wären, so z. B. Apollo als Gott des Wissens, Zeus der Herrschaft, sondern Zeus ist ganz ebenso das Wissen, und Apollo in den *Eumeniden,* wie wir sahen, beschützt auch den Orest, den Sohn und *Königs*sohn, den er selber zur Rache angereizt hatte. Der Kreis der griechischen Götter ist eine Vielheit von Individuen, von welchen jeder einzelne Gott, wenn auch im bestimmten Charakter einer Besonderheit, dennoch eine in sich zusammengefaßte Totalität ist, die an sich selbst auch die Eigenschaft eines anderen Gottes hat. Denn jede Gestalt, als göttlich, ist immer auch das Ganze. Dadurch allein enthalten die griechischen Götterindividuen einen Reichtum von Zügen, und obschon ihre Seligkeit in ihrem allgemeinen geistigen Beruhen auf sich selber und in der Abstraktion von der direkten und verendlichenden Richtung auf die zerstreuende Mannigfaltigkeit der Dinge und Verhältnisse liegt, so haben sie doch ebensosehr die Macht, nach verschiedenen Seiten hin sich wirksam und tätig zu erweisen. Sie sind weder das abstrakt Besondere noch das abstrakt Allgemeine, sondern das Allgemeine, das die Quelle des Besonderen ist.

b. Mangel systematischer Gliederung

Dieser Art der Individualität wegen kann nun aber der griechische Polytheismus keine an sich *systematisch* gegliederte Totalität ausmachen. Beim ersten Blick zwar scheint es unabweislich, an den Olymp der Götter die Forderung zu stellen, die vielen Götter, welche in ihm versammelt sind, müßten in ihrer Gesamtheit, wenn deren Besonderung Wahrheit haben und ihr Inhalt klassisch sein soll, nun auch die Totalität der Idee in sich ausdrücken, den ganzen Kreis der notwendigen Mächte der Natur und des Geistes erschöpfen und sich daher auch konstruieren, d. h. als notwendig aufzeigen lassen. Dieser Forderung wäre dann aber sogleich die Einschränkung beizufügen, daß diejenigen Mächte des Gemüts und der geistigen absoluten Innerlichkeit überhaupt, welche erst in der späteren höheren Religion wirksam werden, von dem Gebiet der klassischen Götter ausgeschlossen blieben, so daß sich der Umfang des Inhalts, dessen besondere Seiten in der griechischen Mythologie zur Anschauung gelangen könnten, schon dadurch verringern würde. Außerdem aber kommt einerseits durch die in sich mannigfache Individualität notwendig auch die Zufälligkeit der Bestimmtheit herein, die sich der strengen Gliederung der Begriffsunterschiede entzieht, indem sie den Göttern nicht erlaubt, bei der Abstraktion *einer* Bestimmtheit zu verharren; andererseits hebt die Allgemeinheit, in deren Elemente die Götterindividuen ihr seliges Dasein haben, die feste Besonderheit auf, und die Hoheit der ewigen Mächte erhebt sich heiter über den kalten Ernst des Endlichen, worein, wenn diese Inkonsequenz fehlte, die göttlichen Gestalten durch ihre Beschränktheit würden verwickelt werden. Wie sehr deshalb auch die Hauptmächte der Welt, als Totalität der Natur und des Geistes, in der griechischen Mythologie dargestellt sind, so kann diese Gesamtheit sowohl um der allgemeinen Göttlichkeit als auch der Individualität der Götter willen dennoch nicht als ein *systematisches* Ganzes auftreten. Statt *individueller* Charaktere würden die Götter sonst mehr nur allegorische Wesen und statt *göttlicher* Individuen endlich beschränkte, abstrakte Charaktere sein.

c. Grundcharakter des Götterkreises

Wenn wir daher den Kreis der griechischen Gottheiten, d. i. den Kreis der sogenannten Hauptgötter, näher nach ihrem einfachen Grundcharakter betrachten, wie derselbe gefestigt durch die Skulptur in der allgemeinsten und doch sinnlich konkreten Vorstellung erscheint, so finden wir zwar die wesentlichen Unterschiede und deren Totalität festgestellt, im besonderen aber auch immer wieder verwischt und die Strenge der Durchführung zur Inkonsequenz der Schönheit und Individualität ermäßigt. So hält z. B. Zeus die Herrschaft über Götter und Menschen in Händen, ohne jedoch dadurch wesentlich die freie Selbständigkeit der übrigen Götter zu gefährden. Er ist der oberste Gott, seine Macht aber absorbiert nicht die Macht der anderen. Er hat zwar Zusammenhang mit dem Himmel, mit Blitz und Donner und der erzeugenden Lebendigkeit der Natur, doch mehr noch und eigentlicher ist er die Macht des Staats, der gesetzlichen Ordnung der Dinge, das Bindende in Verträgen, Eiden, Gastfreundschaft, überhaupt das Band der menschlichen, praktischen, sittlichen Substantialität und die Gewalt des Wissens und des Geistes. Seine Brüder sind gegen das Meer hinaus und hinunter zur Unterwelt gewendet; Apoll erscheint als der wissende Gott, als das Aussprechen und schöne Darstellen der Interessen des Geistes, als Lehrer der Musen; »Erkenne dich selbst« ist die Überschrift seines Tempels zu Delphi, ein Gebot, das sich jedoch nicht etwa auf die Schwächen und Mängel, sondern auf das Wesen des Geistes, auf Kunst und jedes wahrhafte Bewußtsein bezieht; List und Wohlredenheit, das Vermitteln überhaupt, wie es auch in untergeordneten Sphären eintritt, welche, obschon sich unmoralische Elemente einmischen, noch zum Bereich des vollendeten Geistes gehören, macht ein Hauptbereich des Hermes aus, der auch die Seelenschatten der Verstorbenen zur Unterwelt führt; die kriegerische Gewalt ist ein Hauptzug des Ares; Hephaistos erweist sich geschickt in technischer Kunstarbeit; und die Begeisterung, die noch ein Element des Natürlichen in sich trägt, die begeistigende Naturgewalt des Weins, Spiele, dramatische Aufführungen usf. sind dem Dionysos zugeteilt. Einen ähnlichen Kreis des Inhaltes durchlaufen die weiblichen Gottheiten. In Juno ist das sittliche Band der Ehe eine Hauptbestimmung; Ceres hat den Ackerbau gelehrt und verbreitet und damit dem Menschen die beiden Seiten geschenkt, die im Ackerbau liegen: die Sorge für das Gedeihen der Naturprodukte, welche die unmittelbarsten Bedürfnisse befriedigen, dann aber das geistige Element des Eigentums, der Ehe, des Rechts, der Anfänge der Zivilisation und sittlichen Ordnung. Ebenso ist Athene die Mäßigkeit, Besonnenheit, Gesetzlichkeit, die Macht der Weisheit, technischen Kunstgeschicklichkeit und Tapferkeit und faßt in ihrer sinnenden kriegerischen Jungfräulichkeit den konkreten Geist des Volkes, den freien eigenen substantiellen Geist der Stadt Athen zusammen und stellt denselben objektiv als waltende, göttlich zu ehrende Macht dar. Diana dagegen, durchaus verschieden von der Diana zu Ephesus, hat die sprödere Selbständigkeit jungfräulicher Keuschheit zu ihrem wesentlichen Charakterzuge, sie liebt die Jagd und ist überhaupt nicht die still sinnende, sondern die strenge, nur hinausstrebende Jungfrau; Aphrodite mit dem anreizenden Amor, der aus dem alten titanischen Eros zum Knaben geworden ist, deutet auf den menschlichen Affekt der Zuneigung, Liebe der Geschlechter usf.

Von dieser Art ist der Inhalt der geistig gestalteten individuellen Götter. Was ihre äußere Darstellung angeht, so können wir hier wieder der Skulptur als derjenigen Kunst erwähnen, welche auch bis zu dieser Besonderheit der Götter mit fortgeht. Drückt sie jedoch die Individualität in deren schon spezifischeren Bestimmtheit aus, so überschreitet sie bereits die erste strenge Hoheit, obwohl sie auch dann noch die Mannigfaltigkeit und den Reichtum der Individualität zu *einer* Bestimmtheit, zu demjenigen, was wir Charakter heißen, vereinigt und diesen Charakter in seiner einfacheren Klarheit für die sinnliche Anschauung, d. h. für die äußerlich vollständigste, letzte Bestimmtheit in Göttergestalten fixiert. Denn die Vorstellung bleibt in Rücksicht auf das äußere und reale Dasein immer unbestimmter, wenn sie auch als Poesie den Inhalt zu einer Menge von Geschichten, Äußerungen und Begebenheiten der Götter herausarbeitet. Dadurch ist die Skulptur einerseits idealer, während sie andererseits den Charakter der Götter zu ganz bestimmter Menschlichkeit individualisiert und den Anthropomorphismus des klassischen Ideals vollendet. Als diese Darstellung des Ideals in seiner dem inneren, wesentlichen Gehalt dennoch schlechthin gemäßen Äußerlichkeit sind die Skulpturbilder der Griechen die Ideale an und für sich, die für sich seienden, ewigen Gestalten, der Mittelpunkt der plastischen klassischen Schönheit, deren Typus auch dann die Grundlage bleibt, wenn diese Gestalten in bestimmte Handlungen eintreten und in besondere Begebnisse verwickelt erscheinen.

3. Die einzelne Individualität der Götter

Die Individualität und deren Darstellung kann sich nun aber mit der immer noch relativ abstrakten Besonderheit des Charakters nicht begnügen. Das Gestirn ist in seinem einfachen Gesetz erschöpft und bringt dies Gesetz zur Erscheinung; wenige bestimmte Charakterzüge geben dem Steinreiche seine Gestaltung; aber schon in der vegetabilischen Natur tut sich eine unendliche Fülle der mannigfachsten Formen, Übergänge, Vermischungen und Anomalien auf; die tierischen Organismen zeigen sich in einer noch größeren Breite der Verschiedenheit und Wechselwirkung mit der Äußerlichkeit, auf welche sie sich beziehen; und steigen wir endlich zum Geistigen und dessen Erscheinung herauf, so finden wir eine noch unendlich weitläufigere Vielseitigkeit des inneren und äußeren Daseins. Indem nun das klassische Ideal nicht bei der in sich beruhenden Individualität verharrt, sondern dieselbe auch in Bewegung zu setzen, mit anderem in Verhältnis zu bringen und darauf wirksam zu zeigen hat, so bleibt auch der Charakter der Götter nicht bei der in sich selbst noch substantiellen Bestimmtheit stehen, sondern tritt in weitere Besonderheiten herein. Diese sich aufschließende Bewegung zum äußerlichen Dasein hin und die damit verbundene Veränderlichkeit gibt nur die näheren Züge für die *Einzelheit* jedes Gottes ab, wie sie sich für eine lebendige Individualität gebührt und ihr notwendig ist. Mit solcher Art der Einzelheit ist aber zugleich die Zufälligkeit der besonderen Züge verknüpft, welche sich auf das Allgemeine der substantiellen Bedeutung nicht mehr zurückführen; dadurch wird diese partikulare Seite der einzelnen Götter zu etwas Positivem, welches deshalb auch nur als äußerliches Beiwesen umherstehen und nachklingen darf.

a. Stoff für die Individualisierung

Da entsteht nun sogleich die Frage: wo kommt der *Stoff* für diese einzelne Erscheinungsweise der Götter her, wie schreiten sie in ihrer Partikularisierung weiter vorwärts? Für ein wirkliches menschliches Individuum, für seinen Charakter, aus welchem es Handlungen vollbringt, für die Begebenheiten, in welche es verflochten, für das Schicksal, von dem es betroffen wird, geben die äußerlichen Umstände, die Zeit der Geburt, die angeborenen Anlagen, Eltern, Erziehung,

Umgebung, Zeitverhältnisse, das ganze Bereich relativer innerer und äußerer Zustände das nähere positive Material ab. Diesen Stoff enthält die vorhandene Welt, und die Lebensbeschreibungen einzelner Menschen werden nach dieser Seite hin jedesmal von der größten individuellen Verschiedenheit sein. Anders jedoch ist es mit den freien Göttergestalten, welche kein Dasein in der konkreten Wirklichkeit haben, sondern aus der Phantasie entsprungen sind. Deshalb könnte man nun aber glauben, die Dichter und Künstler, die überhaupt das Ideal aus freiem Geist erschaffen, nähmen den Stoff für die zufälligen Einzelheiten nur aus der subjektiven Willkür der Einbildungskraft. Diese Vorstellung jedoch ist falsch. Denn wir gaben der klassischen Kunst überhaupt die Stellung, daß sie sich erst durch Reaktion gegen die zu ihrem eigenen Bezirk notwendig gehörigen Voraussetzungen zu dem heraufbilde, was sie als echtes Ideal ist. Aus diesen Voraussetzungen schreiben sich die speziellen Besonderheiten her, welche den Göttern ihre nähere individuelle Lebendigkeit verschaffen. Die Hauptmomente dieser Voraussetzungen sind bereits angeführt, und wir haben hier nur kurz an das Frühere zu erinnern.

α) Die zunächstliegende reichhaltige Quelle machen die symbolischen Naturreligionen aus, welche der griechischen Mythologie zu der in ihr umgewandelten Grundlage dienen. Indem nun aber dergleichen entlehnte Züge hier den als geistige Individuen dargestellten Göttern zugeteilt werden, müssen sie wesentlich den Charakter, als Symbole zu gelten, verlieren; denn sie dürfen jetzt nicht mehr eine Bedeutung behalten, welche verschieden von dem wäre, was das Individuum selber ist und zur Erscheinung bringt. Der früher symbolische Inhalt wird deshalb jetzt zum Inhalte eines göttlichen Subjektes selbst, und da er nicht das Substantielle des Gottes betrifft, sondern nur die mehr beiläufige Partikularität, so sinkt solcher Stoff zu einer äußerlichen Geschichte, einer Tat oder Begebenheit herunter, welche dem Willen der Götter in dieser oder jener besonderen Lage zugeschrieben wird. So treten hier alle die symbolischen Traditionen früherer heiliger Dichtungen wieder herein und nehmen, zu Handlungen einer subjektiven Individualität umgewandelt, die Form menschlicher Begebnisse und Geschichten an, welche sich mit den Göttern sollen zugetragen haben und nicht nur von den Dichtern beliebig etwa dürfen erfunden werden. Wenn Homer z. B. von den Göttern erzählt, sie seien ausgereist, bei den unsträflichen Äthiopiern zwölf Tage lang zu schmausen, so wäre dies als bloße Phantasie des Dichters eine armselige Erfindung. Auch mit der Erzählung von der Geburt Jupiters verhält es sich so. Kronos, heißt es, hatte alle seine Kinder, die er gezeugt, wieder verschlungen, so daß nun Rhea, seine Gemahlin, als sie mit Zeus, dem jüngsten, schwanger ging, sich gen Kreta hinwandte, dort den Sohn gebar, dem Kronos jedoch statt des Kindes einen Stein zu verschlingen gab, den sie in Felle gewickelt hatte. Später dann bricht Kronos alle Kinder wieder aus, die Töchter und auch den Poseidon. Diese Geschichte, als subjektive Erfindung, wäre läppisch; es blicken aber die Reste symbolischer Bedeutungen hindurch, welche jedoch, weil sie ihren symbolischen Charakter verloren haben, als bloß äußerliches Begebnis erscheinen. Ähnlich geht es mit der Geschichte der Ceres und Proserpina. Hier ist die alte symbolische Bedeutung das Verlorengehen und Aufkeimen des Samenkorns. Die Mythe stellt dies so vor, als habe Proserpina in einem Tale mit Blumen gespielt und die duftende Narzisse gepflückt, welche aus *einer* Wurzel hundert Blüten trieb. Da erbebt die Erde, Pluto steigt aus dem Boden empor, hebt die Jammernde in seinen goldenen Wagen und führt sie zur Unterwelt. Nun wandelt Ceres im Mutterschmerz lange vergeblich über die Erde hin. Endlich kehrt Proserpina zur Oberwelt zurück, doch Zeus hat hierzu nur unter dem Vorbehalt Erlaubnis gegeben, daß Proserpina noch nicht solle von der Nahrung der Götter genossen haben. Leider jedoch hatte sie in Elysium einmal einen Granatapfel gegessen und durfte deshalb nur den Frühling und Sommer hindurch auf der Oberwelt zubringen. – Auch hier hat die allgemeine Bedeutung nicht ihre symbolische Gestalt behalten, sondern ist zu einer menschlichen Begebenheit umgearbeitet, welche den allgemeinen Sinn nur von fernher durch die vielen äußerlichen Züge hindurchscheinen läßt. – In derselben Weise deuten auch die Beinamen der Götter häufig auf dergleichen symbolische Grundlagen hin, die aber ihre symbolische Form abgestreift haben und nur noch dazu dienen, der Individualität eine vollere Bestimmtheit zu geben.

β) Eine andere Quelle für die positiven Partikularitäten der einzelnen Götter geben die lokalen Beziehungen ab, sowohl in betreff auf den Ursprung der Vorstellungen von den Göttern als auch auf die Ankunft und Einführung ihres Dienstes und auf die verschiedenen Orte, an welchen sie vornehmlich ihre Verehrung fanden.

αα) Obschon daher die Darstellung des Ideals und seiner allgemeinen Schönheit sich über die besondere Lokalität und deren Eigentümlichkeit erhoben und die einzelnen Äußerlichkeiten in der Allgemeinheit der Kunstphantasie zu einem der substantiellen Bedeutung schlechthin entsprechenden Totalbilde zusammengezogen hat, so spielen doch, wenn die Skulptur die Götter ihrer Einzelheit nach nun auch in gesonderte Beziehungen und Verhältnisse bringt, diese partikularen Züge und lokalen Farben immer wieder durch, um von der Individualität etwas, obschon nur äußerlich Bestimmteres, anzugeben. Wie Pausanias z. B. eine Menge solcher lokalen Vorstellungen, Bildnereien, Gemälde, Sagen anführt, die er in Tempeln, an öffentlichen Orten, in Tempelschätzen, in Gegenden, wo etwas Wichtiges vorgefallen war, gesehen oder sonst zur Erfahrung gebracht hat, ebenso laufen nach dieser Seite hin in den griechischen Mythen die alten, aus der Fremde erhaltenen Traditionen und Lokale mit den einheimischen durcheinander, und allen ist mehr oder weniger eine Beziehung auf die Geschichte, Entstehung, Stiftung der Staaten, besonders durch Kolonisation, gegeben. Indem nun aber dieser vielfache spezielle Stoff in der Allgemeinheit der Götter seine ursprüngliche Bedeutung verloren hat, so kommen dadurch Geschichten heraus, die bunt, kraus und für uns ohne Sinn bleiben. So gibt z. B. Aischylos in seinem *Prometheus* die Irrungen der Io in ihrer ganzen Härte und Äußerlichkeit wie ein steinernes Basrelief, ohne auf eine sittliche, völkergeschichtliche oder Naturdeutung anzuspielen. Ähnlich verhält es sich mit dem Perseus, Dionysos usf., besonders aber mit Zeus, seinen Ammen, seinen Untreuen gegen die Hera, welche er gelegentlich dann auch, mit den Beinen an einen Amboß gehängt, zwischen Himmel und Erde schweben läßt. Auch in Herkules kommt der mannigfaltig bunteste Stoff zusammen, der dann in solchen Geschichten ein durchaus menschliches Ansehen in Weise zufälliger Begebenheiten, Taten, Leidenschaften, Unglücksfälle und sonstiger Vorfallenheiten annimmt.

ββ) Außerdem sind die ewigen Mächte der klassischen Kunst die allgemeinen Substanzen in der wirklichen Gestaltung des griechischen *menschlichen* Daseins und Handelns, von dessen ursprünglichen Nationalanfängen deshalb aus den Heroenzeiten und anderweitigen Traditionen her auch in späteren Tagen noch viele partikuläre Reste an den Göttern hängenbleiben. So deuten denn auch viele Züge in den bunten Göttergeschichten gewiß auf historische Individuen, Heroen, ältere Volksstämme, natürliche Ereignisse und Vorfälle in Ansehung der Kämpfe, Kriege und anderweitiger Bezüglichkeiten hin. Und wie die Familie, die Verschiedenheit der Stämme der Ausgangspunkt des Staats ist, so hatten die Griechen auch ihre Familiengötter, Penaten, Stammgötter und ebenso die schützenden Gottheiten der einzelnen Städte und Staaten. In dieser Richtung auf das Historische ist nun aber die Behauptung aufgestellt, daß der Ursprung der griechischen Götter überhaupt aus solchen geschichtlichen Tatsachen, Heroen, alten Königen herzuleiten sei. Es ist dies eine plausible, aber flache Ansicht, wie sie auch Heyne[6] noch

---

6 Siehe Bd. I, S. 405, Fn. 2

wieder neuerdings in Umlauf gebracht hat. In einer analogen Weise hat ein Franzose, Nicolas Fréret[7], als allgemeines Prinzip des Götterkrieges z. B. die Streitigkeiten verschiedener Priesterschaften angenommen. Daß solch ein geschichtliches Moment hereinspiele, daß bestimmte Stämme ihre Anschauungen vom Göttlichen geltend gemacht, daß gleichfalls die unterschiedenen Lokale Züge für die Individualisierung der Götter geliefert haben, ist allerdings zuzugeben; der eigentliche Ursprung aber der Götter liegt nicht in diesem äußerlichen geschichtlichen Material, sondern in den geistigen Mächten des Lebens, als welche sie gefaßt wurden, so daß dem Positiven, Lokalen, Historischen nur für die bestimmtere Ausführung der einzelnen Individualität ein breiterer Spielraum eingeräumt werden darf.

γγ) Indem nun ferner der Gott in die menschliche Vorstellung tritt und noch mehr durch die Skulptur in leiblicher, realer Gestalt dargestellt wird, zu welcher sich dann der Mensch im Kultus wieder in gottesdienstlichen Handlungen verhält, so ist auch durch diese Beziehung ein neues Material für den Kreis des Positiven und Zufälligen vorhanden. Welche Tiere z. B. oder Früchte jedem Gott geopfert werden, in welchem Aufzuge die Priester und das Volk erscheinen, in welcher Folge die besonderen Handlungen vor sich gehen, dies alles häuft sich zu den verschiedenartigsten einzelnen Zügen an. Denn jede solche Handlung hat eine unendliche Menge Seiten und Äußerlichkeiten, die für sich zufällig so oder auch anders sein könnten, als einer heiligen Handlung zugehörig aber etwas Festes, nicht Willkürliches sein sollen und in die Sphäre des Symbolischen hinüberspielen. Hierherein fällt z. B. die Farbe der Kleidung, beim Bacchus die Weinfarbe, ebenso das Rehfell, in welches die in die Mysterien Einzuweihenden gehüllt wurden; auch die Kleidung und Attribute der Götter, der Bogen des pythischen Apollo, Peitsche, Stab und unzählige andere Äußerlichkeiten haben

7 Nicolas Fréret, 1688–1749, französischer Historiker

hier ihre Stelle. Dergleichen wird jedoch nach und nach eine bloße Gewohnheit; kein Mensch denkt bei Ausübung derselben mehr an den ersten Ursprung, und was wir etwa gelehrterweise als die Bedeutung aufzeigen könnten, ist dann eine bloße Äußerlichkeit, welche der Mensch aus unmittelbarem Interesse mitmacht, aus Scherz, Spaß, Genuß der Gegenwart, Andacht, oder weil es eben gebräuchlich, unmittelbar so festgesetzt ist und von anderen auch gemacht wird. Wenn bei uns z. B. die Jungen sommers das Johannisfeuer anzünden oder anderwärts springen, an die Fenster anwerfen, so ist das ein bloßer äußerlicher Brauch, bei dem sich die eigentliche Bedeutung ebensosehr in den Hintergrund gestellt hat als bei den Festtänzen der griechischen Jünglinge und Mädchen die Verschlingungen des Tanzes, deren Touren die verschränkten Bewegungen der Planeten, den labyrinthischen Irrgängen gleich, nachbildeten. Man tanzt nicht, um Gedanken dabei zu haben, sondern das Interesse beschränkt sich auf den Tanz und dessen geschmackvolle, zierliche Festlichkeit schöner Bewegung. Die ganze Bedeutung, welche die ursprüngliche Grundlage ausmachte und wovon die Darstellung für das Vorstellen und sinnliche Anschauen symbolischer Art war, wird damit eine Phantasievorstellung überhaupt, deren Einzelheiten wir uns wie ein Märchen oder, wie in der Geschichtsschreibung, als Bestimmtheit der Äußerlichkeit in Zeit und Raum gefallen lassen und von denen nur gesagt wird: »es *ist* so« oder: »es heißt, man erzählt« usf. Das Interesse der Kunst kann deshalb nur darin bestehen, diesem zu positiver Äußerlichkeit gewordenen Stoffe eine Seite abzugewinnen und etwas daraus zu machen, was uns die Götter als konkrete, lebendige Individuen vor Augen stellt und an eine tiefere Bedeutung nur etwa noch anklingt.

Dies Positive gibt den griechischen Göttern, wenn die Phantasie es von neuem bearbeitet, eben den Reiz der lebendigen Menschlichkeit, indem das sonst nur Substantielle und Mächtige dadurch in die individuelle Gegenwart, welche überhaupt aus dem zusammengesetzt ist, was wahrhaft an und für sich und was äußerlich und zufällig ist, hineingerückt und das Unbestimmte, das sonst immer noch in der Vorstellung der Götter liegt, enger begrenzt und reicher erfüllt wird. Einen weiteren Wert aber dürfen wir den speziellen Geschichten und besonderen Charakterzügen nicht beilegen; denn dieses früher seinem ersten Ursprunge nach symbolisch Bedeutende hat jetzt nur noch die Aufgabe, die geistige Individualität der Götter gegen das Menschliche hin zur sinnlichen Bestimmtheit zu vollenden und ihr durch dies seinem Inhalt und seiner Erscheinung nach Ungöttliche die Seite der Willkür und Zufälligkeit, welche zum konkreten Individuum gehört, hinzuzufügen. Die Skulptur, insofern sie die reinen Götterideale zur Anschauung bringt und den Charakter und Ausdruck nur am lebendigen Körper darzustellen hat, wird die letzte äußerliche Individualisierung zwar am wenigsten sichtbar hervortreten lassen, doch macht sich dieselbe auch in diesem Gebiete geltend: wie der Kopfputz z. B., die Art des Haarwurfs, der Locken an jedem Gott verschieden ist, und nicht etwa bloß zu symbolischen Zwecken, sondern zur näheren Individualisierung. So hat z. B. Herkules kurze Locken, Zeus reichhaltig in die Höhe quellende, Diana eine andere Windung des Haars als Venus, Pallas die Gorgo auf dem Helm, und dies geht durch Waffen, Gürtel, Binden, Armspangen und die vielfältigsten Äußerlichkeiten in derselben Weise hindurch.

γ) Eine *dritte* Quelle nun endlich für die nähere Bestimmtheit erhalten die Götter durch ihr Verhältnis zu der vorhandenen konkreten Welt und deren mannigfache Naturerscheinungen, menschliche Taten und Begebenheiten. Denn wie wir die geistige Individualität zum Teil ihrem allgemeinen Wesen, zum Teil ihrer besonderen Einzelheit nach aus früheren symbolisch gedeuteten Naturgrundlagen und menschlichen Tätigkeiten haben hervorgehen sehen, so bleibt sie nun auch, als geistig für sich seiendes Individuum, in stets lebendiger Beziehung auf die Natur und das menschliche Dasein. Hier strömt, wie schon oben bereits ausgeführt ist, die Phantasie des Dichters als die stets ergiebige Quelle für besondere Geschichten, Charakterzüge und Taten fort, welche von den Göttern berichtet werden. Das Künstlerische dieser Stufe besteht darin, die Götterindividuen lebendig mit den menschlichen Handlungen zu verflechten und das Einzelne der Begebenheiten stets in die Allgemeinheit des Göttlichen zusammenzufassen; wie wir z. B. auch wohl, in anderem Sinne freilich, sagen dieses oder jenes Schicksal komme von Gott. Schon in der gewöhnlichen Wirklichkeit nahm der Grieche in den Verwicklungen seines Lebens, in seinen Bedürfnissen, Befürchtungen, Hoffnungen seine Zuflucht zu den Göttern. Da werden es zunächst äußerliche Zufälligkeiten, welche die Priester als Omina ansehen und in Rücksicht auf die menschlichen Zwecke und Zustände deuten. Ist gar Not und Unglück vorhanden, so hat der Priester den Grund der Drangsal zu erklären, den Zorn und Willen der Götter zu erkennen und die Mittel anzugeben, wie dem Unglücke zu begegnen sei. Die Dichter nun gehen in ihren Auslegungen noch weiter, da sie zu großem Teil alles, was das allgemeine und wesentliche Pathos, die bewegende Macht in den menschlichen Entschließungen und Handlungen betrifft, den Göttern und deren Tun zuschreiben, so daß die Tätigkeit der Menschen als Tat zugleich der Götter erscheint, welche ihre Entschlüsse durch die Menschen zur Ausführung bringen. Der Stoff bei diesen poetischen Deutungen ist aus den gewöhnlichen Umständen genommen, in betreff auf welche nun der Dichter erklärt, ob sich dieser oder jener Gott in der dargestellten Begebenheit ausspreche und sich innerhalb ihrer tätig erweise. Dadurch vermehrt die Poesie vornehmlich den Kreis der vielen speziellen Geschichten, welche von den Göttern erzählt werden. Wir können in dieser Beziehung an einige Beispiele erinnern, welche uns schon nach einer anderen Seite hin, bei Betrachtung des Verhältnisses der allgemeinen Mächte zu den handelnden menschlichen Individuen (Bd. I, S. 294 f.), zur Erläuterung gedient haben. Homer stellt den Achill als den Tapfersten unter den Griechen vor Troja dar. Diese Unnahbarkeit des Helden drückt er so aus, daß Achill am ganzen Körper unverletzbar sei, außer am Knöchel, an welchem die Mutter ihn, als sie ihn in den Styx tauchte, zu halten genötigt war. Diese Geschichte gehört der Phantasie des Dichters an, der das äußerliche Faktum auslegt. Nimmt man dies nun aber so, als wenn damit ein wirkliches Faktum ausgesprochen sein sollte, das die Alten in dem Sinne geglaubt hätten, wie wir an eine sinnliche Wahrnehmung glauben, so ist dies eine ganz rohe Vorstellung, die den Homer sowie alle Griechen und den Alexander – der den Achill bewunderte und ebenso sein Glück, den Homer zum Sänger gehabt zu haben, pries – zu einfältigen Menschen macht, wie dies Adelung[8] z. B. durch die Reflexion tut, dem Achill sei die Tapferkeit nicht schwer geworden, da er seine Unverwundbarkeit gewußt habe. Achills wahre Tapferkeit wird dadurch in keiner Weise geschmälert, denn er weiß ebensosehr von seinem frühen Tode und entzieht sich dennoch, wo es gilt, niemals der Gefahr. Ganz anders ist das ähnliche Verhältnis im Nibelungenliede geschildert. Dort ist der hörnene Siegfried gleichfalls unverwundbar, aber hat außerdem noch seine Tarnkappe, welche ihn unsichtbar macht. Wenn er in dieser Unsichtbarkeit dem Könige Gunther bei dessen Kampfe mit Brunhilde beisteht, so ist dies nur das Werk einer rohen barbarischen Zauberei, welche weder von Siegfrieds noch König Gunthers Tapferkeit einen großen Begriff gibt. Allerdings handeln beim Homer die Götter oft zum Heil einzelner Helden, aber die Götter erscheinen nur als das Allgemeine dessen, was der Mensch als Individuum ist und vollbringt und wobei er mit der ganzen Energie seiner Heldenschaft dabeisein muß. Die Götter hätten sonst in der Schlacht nur die gesamten Trojaner totzuschlagen brauchen, um den Griechen volle Hilfe zu leisten. Dagegen schildert Homer, als

8 Johann Christoph Adelung, 1732–1806, Sprachforscher und Lexikograph der Aufklärung

er die Hauptschlacht beschreibt, ausführlich die Kämpfe der Einzelnen; und nur, als das Gemenge und Gewimmel allgemein wird, als die ganzen Massen, der Gesamtmut der Heere gegeneinander wütet, da ist es Ares selbst, der durch das Feld tobt, da kämpfen Götter gegen Götter. Und das ist nicht etwa nur als Steigerung überhaupt schön und prächtig, sondern es liegt darin das Tiefere, daß Homer im Einzelnen und Unterscheidbaren die einzelnen Helden erkennt, in der Gesamtheit aber und dem Allgemeinen die allgemeinen Mächte und Gewalten. – In einer anderen Beziehung läßt Homer auch den Apollo auftreten, als es darauf ankommt, den Patroklos zu töten, der die unbesiegbaren Waffen des Achill trägt (*Ilias*, XVI, v. 783–849). Dreimal, dem Ares vergleichbar, war Patroklos in die Haufen der Troer gestürzt, und dreimal neun Männer schon hatte er getötet. Als er darauf das viertemal einstürmte, da, von finsterer Nacht eingehüllt, wandelt der Gott durch das Getümmel ihm entgegen und schlägt ihm Rücken und Schultern, entreißt ihm den Helm, daß er dahinrollt auf den Boden und hell erklingt von den Hufen der Rosse und der Haarbusch von Blut und Staub besudelt wird, was früher niemals denkbar war. Auch die eherne Lanze zerbricht er ihm in den Händen, von den Schultern entsinkt ihm der Schild, und auch den Harnisch löst ihm Phöbos Apollo. Dies Einschreiten des Apollo kann man als die poetische Erklärung des Umstandes nehmen, daß die Mattigkeit, gleichsam der natürliche Tod es ist, der den Patroklos in dem Gewühl und der Hitze der Schlacht beim vierten Einstürmen ergreift und bezwingt. Nun erst vermag Euphorbos ihm die Lanze zwischen den Schultern in den Rücken zu bohren; noch einmal zwar sucht sich Patroklos dem Kampf zu entziehen, doch schon hat ihn Hektor ereilt und stößt ihm den Speer tief in die Weiche des Bauches. Da frohlockt Hektor und spottet des Sinkenden; Patroklos aber, mit schwachem Laut, entgegnet ihm: »Zeus und Apollo haben mich überwältigt, mühelos, da sie mir die Waffen von den Schultern zogen; zwanzig wie du hätte ich mit der Lanze niedergestreckt, doch das verderbliche Verhängnis und Apollo töten mich; Euphorbos zum zweiten, du, Hektor, zum dritten.« – Auch hier ist das Erscheinen der Götter nur die Deutung für das Begebnis, daß Patroklos, obschon ihn die Waffen des Achill schützten, ermattet, betäubt, dennoch getötet wird. Und das ist nicht etwa ein Aberglaube oder müßiges Spiel der Phantasie, sondern das Gerede allein, als werde Hektors Ruhm durch Apollos Eintreten geschmälert und als spiele auch Apollo bei dem ganzen Handel nicht eben die ehrenvollste Rolle, indem man dabei nur an die Gewalt des Gottes denken müsse – nur dergleichen Betrachtungen sind ein ebenso abgeschmackter als müßiger Aberglaube des prosaischen Verstandes. Denn in allen den Fällen, in welchen Homer spezielle Ereignisse durch dergleichen Göttererscheinungen erklärt, sind die Götter das dem Innern des Menschen selbst Immanente, die Macht seiner eigenen Leidenschaft und Betrachtung oder die Mächte seines Zustandes überhaupt, in welchem er sich befindet, die Macht und der Grund dessen, was sich begegnet und dem Menschen diesem Zustande zufolge geschieht. Zeigen sich auch zuweilen ganz äußerliche, rein positive Züge im Auftreten der Götter, so sind sie wieder dem Scherze verwandt, wie wenn z. B. der hinkende Hephaistos beim Göttermahle als Mundschenk umhergeht. Überhaupt aber ist es dem Homer kein letzter Ernst mit der Realität dieser Erscheinungen; das eine Mal handeln die Götter, das andere Mal halten sie sich wieder ganz still. Die Griechen wußten sehr wohl, daß es die Dichter seien, welche diese Erscheinungen hervorriefen, und glaubten sie daran, so betraf ihr Glaube das Geistige, welches ebenso dem eigenen Geist des Menschen einwohnt und das Allgemeine, wirklich das Wirkende und Bewegende in den vorhandenen Begebnissen ist. Nach allen diesen Seiten brauchen wir keinen Aberglauben zum Genuß dieser poetischen Darstellung der Götter mitzubringen.

b. Bewahrung der sittlichen Grundlage

Dies ist der allgemeine Charakter des klassischen Ideals, dessen weitere Entfaltung wir bei den einzelnen Künsten bestimmter werden zu betrachten haben. An dieser Stelle ist nur noch die Bemerkung hinzuzufügen, daß Götter und Menschen, wie sehr sie auch gegen das Partikuläre und Äußere hin fortgehen, in der klassischen Kunst dennoch die affirmative sittliche Grundlage müssen erhalten zeigen. Die Subjektivität bleibt mit dem substantiellen Inhalt ihrer Macht immer noch in Einheit. Wie das Natürliche in der griechischen Kunst die Harmonie mit dem Geistigen bewahrt und dem Inneren, wenn auch als adäquate Existenz, gleichfalls unterworfen ist, so stellt sich das subjektive menschliche Innere mit der echten Objektivität des Geistes, d. h. mit dem wesentlichen Gehalt des Sittlichen und Wahren, stets in gediegener Identität dar. Nach dieser Seite hin kennt das klassische Ideal weder die Trennung der Innerlichkeit und Außengestalt noch die Zerrissenheit des Subjektiven und dadurch abstrakt Willkürlichen in Zwecken und Leidenschaften auf der einen und des dadurch abstrakt Allgemeinen auf der anderen Seite. Die Grundlage der Charaktere muß daher immer noch das Substantielle sein, und das Schlechte, Sündliche, Böse der sich in sich verhausenden Subjektivität ist von den Darstellungen des Klassischen ausgeschlossen; vor allem aber bleibt der Kunst hier die Härte, Bosheit, Niederträchtigkeit und Gräßlichkeit, welche im Romantischen eine Stelle erhält, noch durchweg fremd. Wir sehen zwar vielfache Vergehen, Muttermord, Vatermord und andere Verbrechen gegen die Familienliebe und Pietät, auch als Gegenstände der griechischen Kunst wiederholt behandelt, doch nicht als bloße Greuel oder, wie es vor kurzem bei uns Mode war, als durch die Unvernunft des sogenannten Schicksals mit dem falschen Anschein der Notwendigkeit herbeigeführt; sondern wenn Vergehen von den Menschen begangen und zum Teil von den Göttern befohlen und verteidigt werden, so sind dergleichen Handlungen jedesmal nach irgendeiner Seite hin in der ihnen wirklich innewohnenden Berechtigung dargestellt.

c. Fortgang zur Anmut und zum Reiz

Dieser substantiellen Grundlage unerachtet, haben wir aber die allgemeine Kunstausbildung der klassischen Götter mehr und mehr aus der Stille des Ideals in die Mannigfaltigkeit der individuellen und äußerlichen Erscheinung, in die Detaillierung der Begebenheiten, Geschehnisse und Handlungen heraustreten sehen, die immer menschlicher und menschlicher werden. Dadurch geht die klassische Kunst zuletzt ihrem Inhalte nach zur *Vereinzelung* der zufälligen Individualisierung, ihrer Form nach zum *Angenehmen*, Reizenden fort. Das Angenehme nämlich ist die Ausbildung des Einzelnen der äußeren Erscheinung an allen Punkten derselben, wodurch das Kunstwerk den Zuschauer nun nicht mehr nur in Rücksicht auf sein eigenes substantielles Inneres ergreift, sondern zu ihm auch in betreff auf die Endlichkeit seiner Subjektivität einen vielfachen Bezug erhält. Denn gerade in der Verendlichung des Kunstdaseins liegt der nähere Zusammenhang mit dem selber endlichen Subjekt als solchem, das sich nun, wie es geht und steht und da ist, in dem Kunstgebilde wiederfindet und befriedigt. Der Ernst der Götter wird zur Anmut, welche nicht erschüttert oder den Menschen über seine Partikularität erhebt, sondern ihn darin ruhig beharren läßt und nur darauf Anspruch macht, ihm zu gefallen. Wie nun überhaupt schon die Phantasie, wenn sie sich der religiösen Vorstellungen bemächtigt und sie frei mit dem Zwecke der Schönheit gestaltet, den Ernst der Andacht anfängt verschwinden zu machen und in dieser Beziehung die Religion als Religion verderbt, so geschieht dies auf der Stufe, auf welcher wir hier stehen, am meisten durch das Angenehme und Gefällige. Denn durch das Angenehme entwickelt sich nicht etwa das Substantielle, die Bedeutung der Götter, ihr Allgemeines weiter fort, sondern die endliche

Seite, das sinnliche Dasein und subjektive Innere ist es, was Interesse erregen und Befriedigung geben soll. Je mehr deshalb im Schönen der Reiz des dargestellten Daseins überwiegt, um desto mehr lockt die Anmutigkeit desselben von dem Allgemeinen ab und entfernt von dem Gehalt, durch welchen der tieferen Versenkung allein könnte Genüge geleistet werden.
An diese Äußerlichkeit und vereinzelnde Bestimmtheit nun, in welche die Göttergestalt hineingeführt ist, knüpft sich der Übergang in ein anderes Gebiet der Kunstformen. Denn in der Äußerlichkeit liegt die Mannigfaltigkeit der Verendlichung, welche, wenn sie freien Spielraum gewinnt, sich zuletzt der inneren Idee und deren Allgemeinheit und Wahrheit gegenüberstellt und den Verdruß des Gedankens gegen seine nicht mehr entsprechende Realität zu erwecken anfängt.

Drittes Kapitel
Die Auflösung der klassischen Kunstform

Den Keim ihres Untergangs haben die klassischen Götter in sich selbst und führen daher, wenn das Mangelhafte, das in ihnen liegt, durch die Ausbildung der Kunst selber ins Bewußtsein kommt, auch die Auflösung des klassischen Ideals nach sich. Als das Prinzip desselben, wie es hier hervortritt, stellten wir die geistige Individualität auf, welche in dem unmittelbaren leiblichen und äußeren Dasein ihren schlechthin adäquaten Ausdruck findet. Diese Individualität nun aber zerfiel zu einem Kreise von Götterindividuen, deren Bestimmtheit nicht an und für sich notwendig und somit von Hause aus der Zufälligkeit preisgegeben ist, an welcher die ewig waltenden Götter für das innere Bewußtsein wie für die Kunstdarstellung die Seite ihrer Auflösbarkeit erhalten.

1. Das Schicksal

Die Skulptur zwar in ihrer vollen Gediegenheit nimmt die Götter als substantielle Mächte auf und gibt ihnen eine Gestalt, in deren Schönheit sie zunächst sicher in sich beruhen, da die zufällige Äußerlichkeit an ihr am wenigsten zur Erscheinung kommt. Ihre *Vielheit* und *Verschiedenheit* aber ist ihre *Zufälligkeit*, und der Gedanke löst sie in die Bestimmung *einer* Göttlichkeit auf, durch deren Macht der Notwendigkeit sie sich gegenseitig bekämpfen und herabsetzen. Denn wie allgemein auch die Gewalt jedes besonderen Gottes gefaßt werde, als besondere Individualität ist sie doch immer nur von beschränktem Umfange. Außerdem verharren die Götter nicht in ihrer ewigen Ruhe; sie setzen sich mit besonderen Zwecken in Bewegung, indem sie von den vorgefundenen Zuständen und Kollisionen der konkreten Wirklichkeit hierhin und dorthin gezogen werden, um bald hier zu helfen, bald drüben zu verhindern oder zu stören. Diese einzelnen Beziehungen nun, in welche die Götter als handelnde Individuen treten, behalten eine Seite der Zufälligkeit, welche die Substantialität des Göttlichen, wie sehr dieselbe auch die herrschende Grundlage bleiben mag, trübt und die Götter in die Gegensätze und Kämpfe der beschränkten Endlichkeit hineinlockt. Durch diese den Göttern selber immanente Endlichkeit geraten sie in den Widerspruch ihrer Hoheit, Würde und der Schönheit ihres Daseins, durch welche sie auch in das Willkürliche und Zufällige herabgebracht werden. Dem vollständigen Hervortreten dieses Widerspruchs entgeht das eigentliche Ideal nur dadurch, daß, wie es in der echten Skulptur und deren einzelnen Tempelbildern der Fall ist, die göttlichen Individuen für sich einsam in seliger Ruhe dargestellt sind, doch nun etwas Lebloses, der Empfindung Entrücktes und jenen stillen Zug der Trauer erhalten, den wir bereits oben berührt haben. Diese Trauer schon ist es, welche ihr Schicksal ausmacht, indem sie anzeigt, daß etwas Höheres über ihnen steht und der Übergang von den Besonderheiten zu ihrer allgemeinen Einheit notwendig ist. Sehen wir uns aber nach der Art und Gestalt dieser höheren Einheit um, so ist sie, der Individualität und relativen Bestimmtheit der Götter gegenüber, das in sich Abstrakte und Gestaltlose, die Notwendigkeit, das Schicksal, welches in dieser Abstraktion nur das Höhere überhaupt ist, das Götter und Menschen bezwingt, für sich aber unverstanden und begrifflos bleibt. Das Schicksal ist noch nicht absoluter für sich seiender Zweck und dadurch zugleich subjektiver, persönlicher göttlicher Ratschluß, sondern nur die eine, allgemeine Macht, welche die Besonderheit der einzelnen Götter überragt und deshalb nicht selber wieder sich als Individuum darstellen kann, weil es sonst nur als eine unter den vielen Individualitäten auftreten, nicht aber über ihnen stehen würde. Deshalb bleibt es ohne Gestaltung und Individualität und ist in dieser Abstraktion nur die Notwendigkeit als solche, welcher die Götter sowohl als die Menschen, wenn sie als besondere sich voneinander abscheiden, sich bekämpfen, ihre individuelle Kraft einseitig geltend machen und über ihre Grenze und Befugnis sich erheben wollen, als dem Schicksal unterliegen und gehorchen müssen, das sie unabänderlich trifft.

2. Auflösung der Götter durch ihren Anthropomorphismus

Da nun das An-und-für-sich-Notwendige nicht den einzelnen Göttern angehört, nicht den Inhalt ihrer eigenen Selbstbestimmung abgibt und nur als bestimmungslose Abstraktion über ihnen schwebt, so ist dadurch die Seite der Besonderheit und Einzelheit sogleich freigelassen und kann dem Schicksal nicht entgehen, auch in Äußerlichkeiten der Vermenschlichung und in Endlichkeiten des Anthropomorphismus auszulaufen, welche die Götter in das Gegenteil dessen verkehren, was den Begriff des Substantiellen und Göttlichen ausmacht. Der Untergang dieser schönen Götter der Kunst ist deshalb schlechthin durch sich selbst notwendig, indem das Bewußtsein sich zuletzt nicht mehr bei ihnen zu beruhigen vermag und sich deshalb aus ihnen in sich zurückwendet. Näher aber ist es schon die Art und Weise des griechischen Anthropomorphismus überhaupt, an welchem die Götter sich für den religiösen wie für den poetischen Glauben auflösen.

a. Mangel an innerer Subjektivität

Denn die geistige Individualität tritt zwar als Ideal in die menschliche Gestalt herein, aber in die unmittelbare, d. h. leibliche Gestalt, nicht in die Menschlichkeit an und für sich, welche in ihrer inneren Welt des subjektiven Bewußtseins sich wohl als von Gott unterschieden weiß, doch diesen Unterschied ebenso aufhebt und dadurch, als eins mit Gott, in sich unendliche absolute Subjektivität ist.

α) Daher fehlt dem plastischen Ideal die Seite, sich als unendlich wissende Innerlichkeit darzustellen. Die plastisch-schönen Gestalten sind nicht nur Stein, Erz, sondern es geht ihnen auch in ihrem Inhalt und Ausdruck das unendlich Subjektive ab. Da mag man sich nun für Schönheit und Kunst begeistern, soviel man will, diese *Begeisterung* ist und bleibt das Subjektive, das sich nicht auch in dem Objekt ihrer Anschauung, in den Göttern, befindet. Zur wahren Totalität aber wird auch diese Seite der subjektiven, sich wissenden Einheit und Unendlichkeit gefordert, da sie erst den lebendigen, wissenden Gott und Menschen ausmacht. Ist sie nicht auch wesentlich als zum Inhalt und zur Natur des Absoluten gehörig ausgeprägt, so erscheint dasselbe nicht wahrhaft als geistiges Subjekt, sondern steht nur in seiner Objektivität ohne bewußten Geist in sich für die Anschauung da. Nun hat freilich die Individualität der Götter den Inhalt des Subjektiven auch an ihr, aber als Zufälligkeit und in einer Entwicklung, die für sich außerhalb jener substantiellen Ruhe und Seligkeit der Götter sich bewegt.

β) Auf der anderen Seite ist die Subjektivität, welche den plastischen Göttern sich gegenüber findet, auch nicht die in sich unendliche und wahrhafte. Diese nämlich, wie wir in der dritten Kunstform, der romantischen, näher sehen werden, hat die ihr entsprechende Objektivität als den in sich unendlichen, sich wissenden Gott vor sich. Indem das Subjekt aber auf der gegenwärtigen Stufe in dem vollendet schönen Götterbilde *sich* nicht gegenwärtig [ist] und sich eben damit in seiner Anschauung nicht auch als gegenständlich und objektiv seiend zum Bewußtsein bringt, so ist es selber noch von seinem absoluten Gegenstande nur verschieden und getrennt und deshalb die bloß zufällige, endliche Subjektivität.

γ) Der Übergang in eine höhere Sphäre, möchte man nun glauben, hätte von der Phantasie und Kunst ebenso als ein neuer Götterkrieg aufgefaßt werden können wie der erste Übergang aus der Symbolik der Naturgötter zu den geistigen Idealen der klassischen Kunst. Dies ist jedoch keineswegs der Fall. Im Gegenteil ist dieser Übergang auf einem ganz anderen Felde als ein bewußter Kampf der Wirklichkeit und Gegenwart selber geführt worden. Dadurch erhält die Kunst in bezug auf den höheren Inhalt, den sie in neuen Formen zu ergreifen hat, eine ganz veränderte Stellung. Dieser neue Gehalt macht sich nicht als ein Offenbaren durch die *Kunst* geltend, sondern ist für sich ohne dieselbe offenbar und tritt auf dem prosaischen Boden der Widerlegung durch Gründe und dann im Gemüt und dessen religiösen Gefühlen vornehmlich durch Wunder, Märtyrtum usf. ins subjektive Wissen, – mit Bewußtsein des Gegensatzes aller Endlichkeiten gegen das Absolute, das sich in wirklicher Geschichte als Verlauf von Begebenheiten zu einer nicht nur vorgestellten, sondern *faktischen* Gegenwart herausstellt. Das Göttliche, Gott selber, ist Fleisch geworden, geboren, hat gelebt, gelitten, ist gestorben und auferstanden. Dies ist ein Inhalt, den nicht die Kunst erfunden, sondern der außerhalb ihrer vorhanden war und den sie daher nicht aus sich genommen hat, sondern zur Gestaltung vorfindet. Jener erste Übergang und Götterkampf dagegen hat in der *Kunstanschauung* und Phantasie selber seinen Ursprung gefunden, die ihre Lehren und Gestalten aus dem Innern schöpfte und dem erstaunten Menschen seine neuen Götter gab. Darum haben aber die klassischen Götter auch nur ihre Existenz durch die Vorstellung erhalten und sind nur in Stein und Erz oder in der Anschauung, nicht aber in Fleisch und Blut oder in wirklichem Geiste da. Dem Anthropomorphismus der griechischen Götter fehlt dadurch das wirkliche menschliche Dasein, das leibliche wie das geistige. Diese Wirklichkeit im Fleisch und Geist bringt erst das Christentum als Dasein, Leben und Wirken Gottes selber herein. Dadurch ist nun diese Leiblichkeit, das Fleisch, wie sehr auch das bloß Natürliche und Sinnliche als das Negative gewußt ist, zu Ehren gebracht und das Anthropomorphistische geheiligt worden; wie der Mensch ursprünglich Gottes Ebenbild war, ist Gott ein Ebenbild des Menschen, und wer den Sohn siehet, siehet den Vater, wer den Sohn liebt, liebt auch den Vater; in wirklichem Dasein ist der Gott zu erkennen. Dieser neue Inhalt nun also wird nicht durch die Konzeptionen der Kunst zum Bewußtsein gebracht, sondern ihr als ein wirkliches Geschehen, als Geschichte des fleischgewordenen Gottes von außen gegeben. Jener Übergang durfte insofern nicht von der Kunst her seinen Ausgangspunkt nehmen, der Gegensatz des Alten und Neuen wäre zu disparat gewesen. Der Gott der geoffenbarten Religion, dem Inhalt und der Form nach, ist der wahrhaft wirkliche Gott, dem eben damit seine Gegner bloße Wesen der Vorstellung sein würden, welche ihm nicht auf einerlei Terrain gegenüberstehen können. Die alten und neuen Götter der klassischen Kunst gehören dagegen beide für sich dem Boden der Vorstellung an, sie haben nur die Wirklichkeit, vom endlichen Geist als Mächte der Natur und des Geistes gefaßt und dargestellt zu sein, und mit ihrer Entgegensetzung und ihrem Kampf ist es Ernst. Sollte aber der Übergang von den griechischen Göttern zum Gott des Christentums von der Kunst aus gemacht werden, so wäre es mit der Darstellung eines Götterkampfes unmittelbar kein wahrer Ernst.

b. Der Übergang ins Christliche erst Gegenstand der neueren Kunst

Deshalb ist dieser Streit und Übergang denn auch erst in neuerer Zeit ein zufälliger, einzelner Gegenstand der Kunst geworden, der keine Epoche hat machen und in dieser Gestalt kein durchdringendes Moment im Ganzen der Kunstentwicklung hat sein können. Ich will in dieser Beziehung hier beiläufig an einige berühmter gewordene Erscheinungen erinnern. Es ist in neuerer Zeit häufig die Klage über den Untergang der klassischen Kunst zu vernehmen, und die Sehnsucht nach den griechischen Göttern und Helden ist mehrfach auch von Dichtern behandelt worden. Diese Trauer ist dann vornehmlich im Gegensatze gegen das Christentum ausgesprochen, von dem man zwar zugeben wollte, daß es die höhere Wahrheit enthielte, doch mit der Einschränkung, daß in Rücksicht auf den Standpunkt der Kunst jener Untergang des klassischen Altertums nur zu bedauern sei. Schillers »Götter Griechenlands« haben diesen Inhalt, und es ist schon der Mühe wert, auch hier dies Gedicht nicht nur als Gedicht in seiner schönen Darstellung, seinem klingenden Rhythmus, seinen lebendigen Gemälden oder in der schönen Trauer des Gemüts zu betrachten, aus der es hervorgegangen ist, sondern auch den Inhalt vorzunehmen, da Schillers Pathos immer auch wahr und tief gedacht ist.

Die christliche Religion selbst enthält allerdings das Moment der Kunst in sich, aber sie hat im Verlaufe ihrer Entfaltung zur Zeit der Aufklärung auch einen Punkt erreicht, auf welchem der Gedanke, der Verstand das Element verdrängt hat, dessen die Kunst schlechthin bedarf, die wirkliche Menschengestalt und Erscheinung Gottes. Denn die menschliche Gestalt und was sie ausdrückt und sagt, menschliche Begebenheit, Handlung, Empfindung ist die Form, in welcher die Kunst den Inhalt des Geistes fassen und darstellen muß. Indem nun der Verstand Gott zu einem bloßen Gedankendinge gemacht, die Erscheinung seines Geistes in konkreter

Wirklichkeit nicht mehr geglaubt und so den Gott des Gedankens von allem wirklichen Dasein abgedrängt hat, so ist diese Art religiöser Aufklärung notwendig zu Vorstellungen und Forderungen gekommen, welche mit der Kunst unverträglich sind. Wenn sich aber der Verstand aus diesen Abstraktionen heraus wieder zur Vernunft erhebt, so tritt sogleich das Bedürfnis nach etwas Konkretem und auch nach dem Konkreten, das Kunst ist, ein. Die Periode des aufgeklärten Verstandes hat freilich auch Kunst getrieben, aber auf sehr prosaische Weise, wie wir an Schiller selber sehen können, der von dieser Periode her seinen Ausgangspunkt genommen, dann aber im Bedürfnis der durch den Verstand nicht mehr befriedigten Vernunft, Phantasie und Leidenschaft die lebendige Sehnsucht nach Kunst überhaupt und näher nach der klassischen Kunst der Griechen und ihrer Götter und Weltanschauung empfunden hat. Aus dieser von der Gedankenabstraktion seiner Zeit zurückgestoßenen Sehnsucht ist das genannte Gedicht hervorgegangen. Der ursprünglichen Abfassung des Gedichts nach ist Schillers Richtung gegen das Christentum durchaus polemisch, nachher hat er die Härte gemildert, da sie nur gegen die Verstandesansicht der Aufklärung gerichtet war, welche in späterer Zeit selber ihre Herrschaft zu verlieren anfing. Er preist zunächst die griechische Anschauung glücklich, für welche die ganze Natur belebt und voll Götter war, dann geht er auf die Gegenwart und deren prosaische Auffassung der Naturgesetze und Stellung des Menschen zu Gott über und sagt:

Diese traur'ge Stille,
Kündigt sie mir meinen Schöpfer an?
Finster, wie er selbst, ist seine Hülle,
Mein *Entsagen* – was ihn feiern kann.

Allerdings macht die Entsagung im Christentum ein wesentliches Moment aus, aber nur in der mönchischen Vorstellung fordert sie vom Menschen, das Gemüt, die Empfindung, die sogenannten Triebe der Natur in sich abzutöten, der sittlichen, vernünftigen, wirklichen Welt, der Familie, dem Staat sich nicht einzuverleiben, – ebenso wie die Aufklärung und ihr Deismus, welcher, daß Gott unerkennbar sei, vorgibt, dem Menschen die höchste Entsagung auferlegt, die Entsagung, von Gott nicht zu wissen, ihn nicht zu begreifen. Der wahrhaft christlichen Anschauung nach ist die Entsagung dagegen nur das Moment der Vermittlung, der Durchgangspunkt, in welchem das bloß Natürliche, Sinnliche und Endliche überhaupt seine Unangemessenheit abtut, um den Geist zur höheren Freiheit und Versöhnung mit sich selbst kommen zu lassen, eine Freiheit und Seligkeit, welche die Griechen nicht kannten. Von der Feier des einsamen Gottes, von der bloßen Abgeschiedenheit seiner und Loslösung von der entgötterten Welt darf dann im Christentum die Rede nicht sein, denn gerade jener geistigen Freiheit und Versöhnung des Geistes ist Gott immanent, und nach dieser Seite betrachtet, ist das Schillersche berühmte Wort:

Da die Götter menschlicher noch waren,
Waren Menschen göttlicher,

durchweg falsch. Als wichtiger müssen wir deshalb die spätere Änderung des Schlusses herausheben, in der es von den griechischen Göttern heißt:

Aus der Zeitflut weggerissen, schweben
Sie gerettet auf des Pindus Höhn,
Was unsterblich im Gesang soll leben,
Muß im Leben untergehn.[9]

Damit ist ganz das bestätigt, was wir schon oben angeführt haben: die griechischen Götter hätten ihren Sitz nur in der Vorstellung und Phantasie, sie könnten weder in der Wirklichkeit des Lebens ihren Platz behaupten noch dem endlichen Geist seine letztliche Befriedigung geben.

In einer anderen Art hat sich Parny[10], seiner gelungenen Elegien wegen der französische Tibull genannt, in einem ausführlichen Gedicht in zehn Gesängen, einer Art Epopöe, »La

9 »Die Götter Griechenlands«, 1. und 2. Fassung
10 Evariste Désiré de Forges, Vicomte de Parny, 1753–1814

guerre des Dieux«, gegen das Christentum gewendet, um durch Scherz und Komik mit offener Frivolität des Witzes, doch mit Laune und Geist sich über die christlichen Vorstellungen lustig zu machen. Die Späße sollen aber nichts weiter als ausgelassene Leichtfertigkeit sein, und es soll nicht etwa die Liederlichkeit zur Heiligkeit und höchsten Vortrefflichkeit gemacht werden, wie zur Zeit von Friedrich von Schlegels *Lucinde*. Maria kommt allerdings in jenem Gedichte sehr schlecht weg, die Mönche, Dominikaner, Franziskaner usf., lassen sich vom Wein und den Bacchantinnen wie die Nonnen von den Faunen verführen, und da geht's denn sehr bös zu. Zuletzt aber werden die Götter der alten Welt besiegt und ziehen sich zurück vom Olymp auf den Parnaß.
Goethe endlich in seiner »Braut von Korinth« hat auf tiefere Weise in einem lebendigen Gemälde die Verbannung der Liebe nicht sowohl nach dem wahren Prinzipe des Christentums als nach der übelverstandenen Forderung von Entsagen und Aufopferung geschildert, indem er dieser falschen Asketik, welche die Bestimmung des Weibes, Gattin zu sein, verdammen und die gezwungene Ehelosigkeit für etwas Heiligeres als die Ehe halten will, die Naturgefühle des Menschen entgegensetzt. Wie wir bei Schiller den Gegensatz der griechischen Phantasie und der Verstandesabstraktionen der modernen Aufklärung finden, so sehen wir hier die griechische sittlich-sinnliche Berechtigung in Rücksicht auf Liebe und Ehe Vorstellungen gegenübergebracht, welche nur einem einseitigen, unwahrhaften Standpunkte der christlichen Religion angehört haben. Es ist mit großer Kunst dem Ganzen ein schauderhafter Ton gegeben, vornehmlich darin, daß es ungewiß bleibt, ob es sich um ein wirkliches Mädchen oder um eine Tote, eine Lebendige oder ein Gespenst handelt, und im Versmaß ist ebenso ganz meisterhaft die Tändelei mit Feierlichkeit, die desto schauerlicher wird, verwebt.

c. Auflösung der klassischen Kunst in ihrem eigenen Bereich

Ehe wir nun aber die neue Kunstform, deren Gegensatz gegen die alte dem Verlauf der Kunstentwicklung, wie wir ihn hier seinen wesentlichen Momenten nach zu betrachten haben, nicht angehört, in ihrer Tiefe zu erkennen versuchen, müssen wir vorerst denjenigen Übergang, der in die alte Kunst selber hineinfällt, uns in seiner nächsten Gestalt zur Anschauung bringen. Das Prinzip dieses Überganges liegt darin, daß der Geist, dessen Individualität bisher mit den wahren Substanzen der Natur und des menschlichen Daseins als im Einklang angeschaut wurde und der sich, seinem eigenen Leben, Wollen und Wirken nach, in diesem Einklang wußte und fand, jetzt in die Unendlichkeit des Innern sich zurückzuziehen anfängt, doch statt der wahren Unendlichkeit nur eine formelle und selber noch endliche Rückkehr in sich gewinnt.

Werfen wir einen näheren Blick auf die konkreten Zustände, die dem angegebenen Prinzip entsprechen, so sahen wir bereits, daß die griechischen Götter zu ihrem Gehalt die Substanzen des wirklichen menschlichen Lebens und Handelns hatten. Außer der Anschauung von den Göttern ist nun die höchste Bestimmung, das allgemeine Interesse und der Zweck im Dasein zugleich als ein Existierendes vorhanden gewesen. Wie es der griechischen geistigen Kunstgestalt wesentlich war, auch als äußerlich und wirklich zu erscheinen, so hat sich auch die absolute geistige Bestimmung des Menschen zu einer erscheinenden realen Wirklichkeit herausgearbeitet, mit deren Substanz und Allgemeinheit in Einklang zu sein das Individuum die Forderung machte. Dieser höchste Zweck war in Griechenland das Staatsleben, die Staatsbürgerschaft und deren Sittlichkeit und lebendiger Patriotismus. Außer diesem Interesse gab es kein höheres, wahrhafteres. Das Staatsleben nun aber als weltliche und äußerliche Erscheinung fällt, wie die Zustände der weltlichen Wirklichkeit überhaupt, der Vergänglichkeit anheim. Es ist nicht schwer, zu zeigen, daß ein Staat in solcher Art der Freiheit, so unmittelbar identisch mit allen Bürgern, welche als solche schon die höchste Tätigkeit in allen öffentlichen Angelegenheiten in ihren Händen haben, nur klein und schwach sein kann und sich teils durch sich selbst zerstören muß, teils äußerlich im Verlauf der Weltgeschichte zertrümmert wird. – Denn bei diesem unmittelbaren Zusammengeschlossensein des Individuums mit der Allgemeinheit des Staatslebens ist einerseits die subjektive Eigentümlichkeit und deren private Partikularität noch nicht zu ihrem Rechte gelangt und findet keinen Raum für eine dem Ganzen unschädliche Ausbildung. Als unterschieden aber von dem Substantiellen, in welches sie nicht mit aufgenommen ist, bleibt sie die beschränkte, natürliche Selbstsucht, die nun für sich ihre eigenen Wege geht, ihre von dem wahren Interesse des Ganzen abliegenden Interessen verfolgt und dadurch zum Verderben des Staates selbst wird, dem sie sich zuletzt entgegenzustellen die subjektive Macht erringt. Andererseits erwacht innerhalb dieser Freiheit selbst das Bedürfnis einer höheren Freiheit des Subjekts in sich selbst, das nicht nur im Staat, als substantiellem Ganzen, nicht nur in der gegebenen Sitte und Gesetzlichkeit, sondern in seinem eigenen Innern frei zu sein den Anspruch macht, insofern es das Gute und Rechte aus sich selbst in seinem subjektiven Wissen sich erzeugen und zur Anerkenntnis bringen will. Das Subjekt verlangt das Bewußtsein, in sich selbst als Subjekt substantiell zu sein, und dadurch entsteht in jener Freiheit ein neuer Zwist zwischen dem Zweck für den Staat und für sich selbst als in sich freies Individuum. Ein solcher Gegensatz hat schon zur Zeit des Sokrates angefangen, während nach der anderen Seite hin Eitelkeit, Selbstsucht und die Zügellosigkeit der Demokratie und Demagogie den wirklichen Staat in einer Weise zerrütteten, daß Männer wie Xenophon und Platon einen Ekel vor den Zuständen ihrer Vaterstadt empfanden, in welcher die Besorgung der allgemeinen

Angelegenheiten in selbstsüchtigen und leichtsinnigen Händen lag.
Der Geist des Übergangs beruht deshalb zunächst auf der Entzweiung überhaupt zwischen dem für sich selbständigen Geistigen und dem äußerlichen Dasein. Das Geistige in dieser Trennung von seiner Realität, in welcher es sich nicht mehr wiederfindet, ist damit das abstrakt Geistige, doch nicht etwa der eine orientalische Gott, sondern im Gegenteil das sich wissende wirkliche Subjekt, welches alles Allgemeine des Gedankens, das Wahre, Gute, die Sitte, in seiner subjektiven Innerlichkeit hervorbringt und festhält und darin nicht das Wissen einer vorhandenen Wirklichkeit, sondern nur seine eigenen Gedanken und Überzeugungen hat. Dies Verhältnis, insoweit es bei dem Gegensatze stehenbleibt und die Seiten desselben als bloß entgegengesetzte einander gegenüberstellt, wäre ganz prosaischer Natur. Zu dieser Prosa jedoch kommt es auf dieser Stufe noch nicht. Einerseits nämlich ist zwar ein Bewußtsein vorhanden, das als fest in sich das Gute will, die Erfüllung seines Verlangens, die Realität seines Begriffs sich in der Tugend seines Gemüts sowie in den alten Göttern, Sitten und Gesetzen vorstellt; zugleich aber ist es gegen das Dasein als Gegenwart, gegen das wirkliche politische Leben seiner Zeit, die Auflösung der alten Gesinnung, des früheren Patriotismus und der Staatsweisheit gereizt und steht damit allerdings im Gegensatz des subjektiven Innern und der äußeren Realität. Denn in seinem eigenen Innern genießt es in jenen bloßen Vorstellungen von der wahrhaftigen Sittlichkeit nicht seine volle Befriedigung und wendet sich deshalb gegen das Äußere hinaus, auf welches es sich negativ, feindselig, mit dem Zweck, dasselbe zu verändern, bezieht. Es ist damit, wie gesagt, einerseits allerdings ein innerer Gehalt vorhanden, der sich bestimmt und fest aussprechend es zugleich mit einer vorliegenden, jenem Gehalt widersprechenden Welt zu tun hat und diese Wirklichkeit in den Zügen ihres dem Guten und Wahren entgegengesetzten Verderbens zu schildern die Aufgabe erhält; andererseits jedoch findet

dieser Gegensatz noch in der Kunst selbst seine Lösung. Es kommt nämlich eine neue Kunstform hervor, in welcher der Kampf des Gegensatzes nicht durch Gedanken geführt wird und beim Zwiespalt stehenbleibt, sondern die Wirklichkeit in der Torheit ihres Verderbens selber wird in *der* Weise zur Darstellung gebracht, daß sie sich in sich selbst zerstört, damit eben in dieser Selbstzerstörung des Richtigen das Wahre sich als feste, bleibende Macht aus diesem Widerscheine zeigen könne und der Seite der Torheit und Unvernunft nicht die Kraft eines direkten Gegensatzes gegen das in sich Wahrhaftige gelassen werde. Von dieser Art ist die Komik, wie sie Aristophanes unter den Griechen in bezug auf die wesentlichsten Gebiete der Wirklichkeit seiner Zeit zornlos, in reiner, heiterer Lustigkeit gehandhabt hat.

3. Die Satire

Diese der Kunst noch gemäße Lösung sehen wir jedoch ebensosehr dadurch verschwinden, daß die Entgegensetzung bei der Form des *Gegensatzes* selber beharrt und deshalb an die Stelle der poetischen Versöhnung ein prosaisches Verhältnis beider Seiten herbeiführt, durch welches die klassische Kunstform als aufgehoben erscheint, indem dasselbe die plastischen Götter wie die schöne Menschenwelt untergehen läßt. Hier haben wir uns nun sogleich nach der Kunstform umzublicken, welche sich noch in diesen Übergang zu einer höheren Gestaltungsweise hineinzustellen und ihn zu verwirklichen vermag. – Als Endpunkt der symbolischen Kunst fanden wir gleichfalls die Abscheidung der Gestalt als solcher von ihrer Bedeutung in einer Mannigfaltigkeit von Formen: in der Vergleichung, Fabel, Parabel, dem Rätsel usf. Macht nun die ähnliche Trennung auch an dieser Stelle den Grund der Auflösung des Ideals aus, so entsteht die Frage nach dem Unterschiede der jetzigen Art des Überganges von der früheren. Der Unterschied ist folgender.

a. Unterschied der Auflösung der klassischen von der Auflösung der symbolischen Kunst

In der eigentlich symbolischen und vergleichenden Kunstform sind die Gestalt und Bedeutung einander zwar von Hause aus, ihrer Verwandtschaft und Beziehung ungeachtet, fremd; sie stehen jedoch in keinem negativen, sondern in freundlichem Verhältnisse, denn gerade die in beiden Seiten gleichen oder ähnlichen Qualitäten und Züge erweisen sich als Grund ihrer Verknüpfung und Vergleichung. Ihre bleibende Trennung und Fremdheit innerhalb solcher Einigung ist deshalb weder in bezug auf die geschiedenen Seiten *feindlicher* Art, noch ist dadurch eine an und für sich enge Verschmelzung auseinandergerissen. Das Ideal der klassischen Kunst dagegen geht von der vollendeten Ineinsbildung der Bedeutung und Gestalt, der geistigen inneren Individualität und deren Leiblichkeit aus, und wenn sich daher die zu solcher vollendeten Einheit zusammengefügten Seiten voneinander loslösen, so geschieht es nur, weil sie sich nicht mehr miteinander vertragen können und aus ihrer friedlichen Versöhnung zur Unvereinbarkeit und Feindschaft heraustreten müssen.

b. Die Satire

Mit dieser Form des Verhältnisses, im Unterschiede des Symbolischen, hat sich ferner auch der *Inhalt* der Seiten geändert, welche sich jetzt gegenüberstehen. In der symbolischen Kunstform nämlich sind es mehr oder weniger Abstraktionen, allgemeine Gedanken oder doch bestimmte Sätze in Form von Reflexions-Allgemeinheiten, welche durch die symbolische Kunstgestalt eine andeutende Versinnlichung erhalten; in der Form dagegen, die sich auf diesem Übergange zur romantischen Kunst geltend macht, ist der Inhalt zwar von der ähnlichen Abstraktion allgemeiner Gedanken, Gesinnungen und Verstandessätze; aber nicht diese Abstraktionen als solche, sondern ihr Dasein im *subjektiven* Bewußtsein und sich auf sich stützenden Selbstbewußtsein geben den Gehalt für die eine Seite des Gegensatzes ab. Denn die nächste Forderung dieser Mittelstufe besteht darin, daß das Geistige, welches das Ideal errungen hat, für sich selbständig heraustrete. Schon in der klassischen Kunst war die geistige Individualität die Hauptsache, obschon sie nach seiten ihrer Realität mit ihrem unmittelbaren Dasein versöhnt blieb. Jetzt gilt es nun, eine Subjektivität darzustellen, welche die Herrschaft über die ihr nicht mehr angemessene Gestalt und äußere Realität überhaupt zu erringen sucht. Damit wird die geistige Welt für sich frei; sie hat sich dem Sinnlichen entnommen und erscheint deshalb durch diese Zurückgezogenheit in sich als selbstbewußtes, sich nur in seiner Innerlichkeit genügendes Subjekt. Dies Subjekt aber, das die Äußerlichkeit von sich stößt, ist seiner geistigen Seite nach noch nicht die wahre Totalität, welche zu ihrem Inhalte das Absolute in Form der selbstbewußten Geistigkeit hat, sondern ist, als von dem Gegensatz gegen das Wirkliche behaftet, eine bloß abstrakte, endliche, unbefriedigte Subjektivität. – Ihr gegenüber steht eine ebenso endliche Wirklichkeit, die nun auch ihrerseits frei wird, doch eben deshalb, da das wahrhaft Geistige aus ihr heraus in das Innere zurückgegangen ist und sich in ihr nicht mehr wiederfinden will und kann, als eine götterlose Wirklichkeit und ein verdorbenes Dasein erscheint. In dieser Weise bringt die Kunst jetzt einen denkenden Geist, ein auf sich als Subjekt beruhendes Subjekt in abstrakter Weisheit mit dem Wissen und Wollen des Guten und der Tugend in einen feindlichen Gegensatz gegen das Verderben seiner Gegenwart. Das Unaufgelöste dieses Gegensatzes, in welchem Inneres und Äußeres in fester Disharmonie bleiben, macht das Prosaische des Verhältnisses beider Seiten aus. Ein edler Geist, ein tugendhaftes Gemüt, dem die Realisation seines Bewußtseins in einer Welt des Lasters und der Torheit versagt bleibt, wendet sich mit leidenschaftlicher Indignation oder feinerem Witze und frostigerer Bitterkeit gegen das vor ihm liegende Dasein und zürnt oder spottet der Welt, welche seiner abstrakten Idee der Tugend und Wahrheit direkt widerspricht.

Die Kunstform, welche diese Gestalt des hervorbrechenden Gegensatzes der endlichen Subjektivität und der entarteten Äußerlichkeit annimmt, ist die *Satire*, mit welcher die gewöhnlichen Theorien niemals haben zurechtkommen können, indem sie stets in Verlegenheit blieben, wo sie dieselbe einschieben sollten. Denn von Epischem hat die Satire gar nichts, und zur Lyrik gehört sie eigentlich auch nicht, indem sich im Satirischen nicht die Empfindung des Gemüts ausspricht, sondern das Allgemeine des Guten und in sich Notwendigen, welches, zwar mit subjektiver Besonderheit vermischt, als besondere Tugendhaftigkeit dieses oder jenes Subjekts erscheint, doch nicht in freier, ungehinderter Schönheit der Vorstellung sich genießt und diesen Genuß ausströmt, sondern den Mißklang der eigenen Subjektivität und deren abstrakter Grundsätze, der empirischen Wirklichkeit gegenüber, mißmutig festhält und insofern weder wahrhafte Poesie noch wahrhafte Kunstwerke produziert. Deshalb ist der satirische Standpunkt nicht aus jenen Gattungen der Poesie zu begreifen, sondern muß allgemeiner als diese Übergangsform des klassischen Ideals gefaßt werden.

c. Die römische Welt als Boden der Satire

Indem es nun die ihrem inneren Gehalt nach prosaische Auflösung des Ideals ist, welche sich im Satirischen kundgibt, so haben wir den wirklichen Boden für dasselbe nicht in Griechenland, als dem Lande der Schönheit, zu suchen. Die Satire in der eben beschriebenen Gestalt kommt den Römern eigentümlich zu. Der Geist der römischen Welt ist die Herrschaft der Abstraktion, des toten Gesetzes, die Zertrümmerung der Schönheit und heiteren Sitte, das Zurückdrängen der Familie als der unmittelbaren, natürlichen Sittlichkeit, überhaupt die Aufopferung der Individualität, welche sich an den Staat hingibt und im Gehorsam gegen das abstrakte

Gesetz ihre kaltblütige Würde und verständige Befriedigung findet. Das Prinzip dieser politischen Tugend, deren kalte Härte sich nach außen alle Völkerindividualität unterwirft, während das formelle Recht im Innern sich in der ähnlichen Schärfe bis zur Vollendung ausbildet, ist der wahren Kunst entgegen. So finden wir denn auch in Rom keine schöne, freie und große Kunst. Skulptur und Malerei, epische, lyrische und dramatische Poesie haben die Römer von den Griechen überkommen und sich angelernt. Es ist merkwürdig, daß, was als einheimisch bei den Römern angesehen werden kann, komische Farcen, die Feszenninen und Atellanen sind, wogegen die gebildeteren Komödien, selbst des Plautus und ohnehin des Terenz, von den Griechen abgeborgt und eine Sache mehr der Nachahmung als der selbständigen Produktion waren. Auch Ennius schöpfte schon aus griechischen Quellen und machte die Mythologie prosaisch. Eigentümlich ist den Römern nur jede Kunstweise, welche in ihrem Prinzip prosaisch ist, das Lehrgedicht z. B., besonders wenn es moralischen Inhalt hat und seinen allgemeinen Reflexionen nur von außen her den Schmuck des Metrums, der Bilder, Gleichnisse und einer rhetorisch schönen Diktion gibt; vor allem aber die Satire. Der Geist einer tugendhaften Verdrießlichkeit über die umgebende Welt ist es, der sich zum Teil in hohlen Deklamationen Luft zu machen strebt. Poetischer kann diese an sich selbst prosaische Kunstform nur werden, insofern sie uns die verderbte Gestalt der Wirklichkeit so vor Augen bringt, daß dieses Verderben durch seine eigene Torheit in sich zusammenfällt; wie Horaz z. B., der sich als Lyriker ganz in die griechische Kunstform und Weise hineingebildet hat, in seinen Briefen und Satiren, in denen er eigentümlicher ist, ein lebendiges Bild der Sitten seiner Zeit entwirft, indem er uns Torheiten schildert, welche, in ihren Mitteln ungeschickt, sich durch sich selber zerstören. Doch ist auch dies nur eine zwar feine und gebildete, aber nicht eben poetische Lustigkeit, die sich damit begnügt, was schlecht ist, lächerlich zu machen. Bei anderen dagegen setzt sich die abstrakte Vorstellung des Rechten und der Tugend den Lastern direkt gegenüber, und hier ist es die Verdrießlichkeit, der Ärger, Zorn und Haß, der sich teils als abstrakte Rednerei von Tugend und Weisheit breitmacht, teils mit der Indignation einer edleren Seele bitter gegen das Verderben und die Knechtschaft der Zeiten losfährt oder den Lastern des Tages das Bild der alten Sitten, der alten Freiheit, der Tugenden eines ganz anderen, vergangenen Weltzustandes ohne wahrhafte Hoffnung oder Glauben vorhält, doch dem Wanken, den Wechselfällen, der Not und Gefahr einer schmachvollen Gegenwart nichts als den stoischen Gleichmut und die innere Unerschütterlichkeit einer tugendhaften Gesinnung des Gemüts entgegenzusetzen hat. Diese Unzufriedenheit gibt auch der römischen Geschichtsschreibung und Philosophie teilweise den ähnlichen Ton. Sallust muß gegen die Sittenverderbnis losziehen, der er selber nicht fremd geblieben war; Livius, trotz seiner rhetorischen Eleganz, sucht in der Schilderung der alten Tage Trost und Befriedigung; und vor allem ist es Tacitus, der mit ebenso großartigem als tiefem Unmute, ohne Kahlheit der Deklamation, die Schlechtigkeiten seiner Zeit zu scharfer Anschaulichkeit unwillig aufdeckt. Unter den Satirikern ist besonders Persius von vieler Herbigkeit, bitterer als Juvenal. Später sehen wir endlich den griechischen Syrer Lukian sich mit heiterem Leichtsinn gegen alles, Helden, Philosophen und Götter, kehren und vornehmlich die griechischen alten Götter an der Seite ihrer Menschlichkeit und Individualität durchziehen. Doch bleibt er oft schwatzhaft bei der bloßen Äußerlichkeit der Göttergestalten und ihrer Handlungen stehen und wird dadurch besonders für uns langweilig. Denn wir sind einerseits unserem Glauben nach fertig mit dem, was er zerstören wollte, andererseits wissen wir, daß diese Züge der Götter, aus dem Gesichtspunkt der Schönheit betrachtet, trotz seinen Späßen und seinem Spott ihre ewige Gültigkeit haben.

Heutigentags wollen keine Satiren mehr gelingen. Cotta und

Goethe haben Preisaufgaben auf Satiren gestellt; es sind keine Gedichte dieser Gattung eingegangen. Es gehören feste Grundsätze dazu, mit welchen die Gegenwart in Widerspruch steht, eine Weisheit, die abstrakt bleibt, eine Tugend, die in starrer Energie nur an sich selber festhält und sich mit der Wirklichkeit wohl in Kontrast bringen, die echte poetische Auflösung jedoch des Falschen und Widerwärtigen und die echte Versöhnung im Wahren nicht zustande bringen kann.

Bei diesem Zwiespalt aber der abstrakten inneren Gesinnung und äußeren Objektivität darf die Kunst, ohne aus ihrem eigenen Prinzip herauszutreten, nicht stehenbleiben. Das Subjektive muß als das in sich selbst Unendliche und Anundfürsichseiende aufgefaßt werden, das, wenn es auch die endliche Wirklichkeit nicht als das Wahre bestehen läßt, sich doch nicht im bloßen Gegensatze gegen dieselbe negativ verhält, sondern ebensosehr zur Versöhnung fortgeht und in dieser Tätigkeit erst den idealen Individuen der klassischen Kunstform gegenüber als die absolute Subjektivität zur Darstellung kommt.

Dritter Abschnitt
Die romantische Kunstform

Einleitung
Vom Romantischen überhaupt

Die Form der romantischen Kunst bestimmt sich, wie dies bis hierher in unserer Betrachtung jedesmal der Fall war, aus dem inneren Begriffe des Gehalts, welchen darzustellen die Kunst berufen ist, und so müssen wir uns zunächst das eigentümliche Prinzip des neuen Inhaltes klarzumachen versuchen, der jetzt als der absolute Inhalt der Wahrheit zu einer neuen Weltanschauung und Kunstgestaltung ins Bewußtsein tritt.

Auf der Stufe des *Anfangs* der Kunst bestand der Trieb der Phantasie in dem Aufstreben aus der Natur zur Geistigkeit. Dies Streben aber blieb nur ein Suchen des Geistes, welcher daher, insofern er noch nicht den eigentlichen Inhalt für die Kunst abgab, sich auch nur als äußerliche Form für die Naturbedeutungen oder subjektivitätslosen Abstraktionen des substantiellen Inneren, die den eigentlichen Mittelpunkt bildeten, geltend machen konnte.

Das Umgekehrte *zweitens* fanden wir in der klassischen Kunst. Hier ist die Geistigkeit, obschon sie sich erst durch die Aufhebung der Naturbedeutungen für sich selber herauszuringen vermag, die Grundlage und das Prinzip des Inhalts, die Naturerscheinung im Leiblichen und Sinnlichen die äußere Form. Diese Form jedoch blieb nicht, wie auf der ersten Stufe, nur oberflächlich, unbestimmt und von ihrem Gehalt undurchdrungen, sondern die Vollendung der Kunst erreichte gerade dadurch ihren Gipfel, daß sich das Geistige vollständig durch seine äußere Erscheinung hindurchzog, das Natürliche in dieser schönen Einigung idealisierte und zur gemäßen Realität des Geistes in seiner substantiellen Individualität selber machte. Dadurch ward die klassische Kunst die begriffsgemäße Darstellung des Ideals, die Vollendung

des Reichs der Schönheit. Schöneres kann nicht sein und werden.
Dennoch gibt es Höheres als die schöne Erscheinung des Geistes in seiner unmittelbaren, wenn auch vom Geist als ihm adäquat erschaffenen sinnlichen Gestalt. Denn diese Einigung, die sich im Elemente des Äußeren vollbringt und dadurch die sinnliche Realität zum angemessenen Dasein macht, widerstrebt ebensosehr wieder dem wahren Begriff des Geistes und drängt ihn aus seiner Versöhnung im Leiblichen auf sich selbst, zur Versöhnung seiner in sich selber zurück. Die einfache, gediegene Totalität des Ideals löst sich auf und zerfällt in die gedoppelte Totalität des in sich selber seienden Subjektiven und der äußeren Erscheinung, um den Geist durch diese Trennung die tiefere Versöhnung in seinem eigenen Elemente des Inneren erreichen zu lassen. Der Geist, der die Angemessenheit seiner mit sich, die Einheit seines Begriffs und seiner Realität zum Prinzip hat, kann sein entsprechendes Dasein nur in seiner heimischen, eigenen geistigen Welt der Empfindung, des Gemüts, überhaupt der Innerlichkeit finden. Dadurch kommt der Geist zu dem Bewußtsein, sein Anderes, seine *Existenz,* als Geist an ihm und in ihm selber zu haben und damit erst seine Unendlichkeit und Freiheit zu genießen.

1. Das Prinzip der inneren Subjektivität

Diese Erhebung des Geistes *zu sich,* durch welche er seine Objektivität, welche er sonst im Äußerlichen und Sinnlichen des Daseins suchen mußte, in sich selber gewinnt und sich in dieser Einigkeit mit sich selber empfindet und weiß, macht das Grundprinzip der romantischen Kunst aus. Hiermit ist nun sogleich die notwendige Bestimmung verbunden, daß für diese letzte Kunststufe die Schönheit des klassischen Ideals und deshalb die Schönheit in ihrer eigensten Gestalt und ihrem gemäßesten Inhalt kein Letztes mehr ist. Denn auf der Stufe der romantischen Kunst weiß der Geist, daß seine Wahrheit nicht darin besteht, sich in die Leiblichkeit zu versenken; im Gegenteil, er wird sich seiner Wahrheit nur dadurch gewiß, daß er sich aus dem Äußeren in seine Innigkeit mit sich zurückführt und die äußere Realität als ein ihm nicht adäquates Dasein setzt. Wenn daher auch dieser neue Gehalt die Aufgabe in sich faßt, sich *schön* zu machen, so bleibt ihm dennoch die Schönheit in dem bisherigen Sinne etwas Untergeordnetes und wird zur *geistigen* Schönheit des an und für sich Inneren als der in sich unendlichen geistigen Subjektivität.

Damit nun aber der Geist zu seiner Unendlichkeit gelange, muß er sich ebensosehr aus der bloß formellen und *endlichen* Persönlichkeit zum *Absoluten* erheben; d. h. das Geistige muß sich als von dem schlechthin Substantiellen erfülltes und darin sich selbst wissendes und wollendes Subjekt zur Darstellung bringen. Umgekehrt darf deshalb das Substantielle, Wahre nicht als ein bloßes Jenseits der Menschlichkeit aufgefaßt und der Anthropomorphismus der griechischen Anschauung abgestreift sein, sondern das Menschliche als wirkliche Subjektivität muß zum Prinzip gemacht und das Anthropomorphistische, wie wir bereits früher sahen, dadurch erst vollendet werden.

2. *Die näheren Momente des Inhalts und der Form des Romantischen*

Aus den näheren Momenten, welche in dieser Grundbestimmung liegen, haben wir nun im allgemeinen den Kreis der Gegenstände sowie die Form zu entwickeln, deren veränderte Gestalt durch den neuen Inhalt der romantischen Kunst bedingt ist.

Der wahre Inhalt des Romantischen ist die absolute Innerlichkeit, die entsprechende Form die geistige Subjektivität, als Erfassen ihrer Selbständigkeit und Freiheit. Dies in sich Unendliche und an und für sich Allgemeine ist die absolute Negativität von allem Besonderen, die einfache Einheit mit sich, die alles Außereinander, alle Prozesse der Natur und deren Kreislauf des Entstehens, Vergehens und Wiedererstehens, alle Beschränktheit des geistigen Daseins verzehrt und alle besonderen Götter zu der reinen unendlichen Identität mit sich aufgelöst hat. In diesem Pantheon sind alle Götter entthront, die Flamme der Subjektivität hat sie zerstört, und statt der plastischen Vielgötterei kennt die Kunst jetzt nur *einen* Gott, *einen* Geist, *eine* absolute Selbständigkeit, welche als das absolute Wissen und Wollen ihrer selbst mit sich in freier Einheit bleibt und nicht mehr zu jenen besonderen Charakteren und Funktionen auseinanderfällt, deren einziger Zusammenhalt der Zwang einer dunklen Notwendigkeit war. – Die absolute Subjektivität als solche jedoch würde der Kunst entfliehen und nur dem Denken zugänglich sein, wenn sie nicht, um *wirkliche*, ihrem Begriff gemäße Subjektivität zu sein, auch in das äußere Dasein hereinträte und aus dieser Realität sich in sich zusammennähme. Dies Moment der Wirklichkeit gehört dem Absoluten an, weil das Absolute, als unendliche Negativität, sich selbst als einfache Einheit des Wissens mit sich und damit als *Unmittelbarkeit* zum Resultat ihrer Tätigkeit hat. Dieser auch unmittelbaren Existenz wegen, welche im Absoluten selber begründet ist, erweist sich dasselbe nicht als der *eine* eifrige Gott, der das Natürliche und endliche menschliche Dasein nur aufhebt, ohne sich darin als wirkliche göttliche Subjektivität zur Erscheinung herauszugestalten, sondern das wahrhaft, Absolute schließt sich auf und gewinnt dadurch eine Seite, nach welcher es auch für die Kunst erfaßbar und darstellbar wird.

Das Dasein Gottes aber ist nicht das Natürliche und Sinnliche als solches, sondern das Sinnliche zur Unsinnlichkeit, zur geistigen Subjektivität gebracht, die, statt in ihrer äußeren Erscheinung die Gewißheit ihrer als des Absoluten zu verlieren, gerade durch ihre Realität erst die gegenwärtige wirkliche Gewißheit selber erhält. Gott in seiner Wahrheit ist deshalb kein bloßes aus der Phantasie erzeugtes Ideal, sondern er stellt sich mitten in die Endlichkeit und äußere Zufälligkeit des Daseins hinein und weiß sich dennoch in ihr als göttliches Subjekt, das in sich unendlich bleibt und diese Unendlichkeit für sich macht. Indem dadurch das wirkliche Subjekt die Erscheinung Gottes ist, gewinnt die Kunst jetzt erst das höhere Recht, die menschliche Gestalt und Weise der Äußerlichkeit überhaupt zum Ausdruck des Absoluten zu verwenden, obschon die neue Aufgabe der Kunst nur darin bestehen kann, in dieser Gestalt nicht die Versenkung des Inneren in die äußere Leiblichkeit, sondern umgekehrt die Zurücknahme des Inneren in sich, das geistige Bewußtsein Gottes im Subjekt zur Anschauung zu bringen. Die unterschiedenen Momente, welche die Totalität dieser Weltanschauung als Totalität der Wahrheit selber ausmachen, finden daher jetzt ihre Erscheinung am Menschen in *der* Art, daß weder das Natürliche als solches, als Sonne, Himmel, Gestirne usf., den Inhalt und die Form abgibt, noch der griechische Götterkreis der Schönheit, noch Helden und äußere Taten auf dem Boden der Familiensittlichkeit und des politischen Lebens; sondern das wirkliche, einzelne Subjekt in seiner inneren Lebendigkeit ist es, das unendlichen Wert erhält, indem sich in ihm allein die ewigen Momente der absoluten Wahrheit, die nur als Geist wirklich ist, zum Dasein auseinanderbreiten und zusammenfassen.

Vergleichen wir diese Bestimmung der romantischen Kunst mit der Aufgabe der klassischen, wie die griechische Skulptur dieselbe in gemäßester Weise erfüllt hat, so drückt die plastische Göttergestalt nicht die Bewegung und Tätigkeit des Geistes aus, der aus seiner leiblichen Realität in sich gegangen und zum innerlichen Fürsichsein durchgedrungen ist. Das Veränderliche und Zufällige der empirischen Individualität ist zwar in jenen hohen Bildern der Götter getilgt; was ihnen aber fehlt, ist die Wirklichkeit der für sich seienden Subjektivität in dem Wissen und Wollen ihrer selbst. Äußerlich zeigt sich dieser Mangel darin, daß den Skulpturgestalten der Ausdruck der einfachen Seele, das Licht des Auges abgeht. Die höchsten Werke der schönen Skulptur sind blicklos, ihr Inneres schaut nicht als sich wissende Innerlichkeit in dieser geistigen Konzentration, welche das Auge kundgibt, aus ihnen heraus. Dies Licht der Seele fällt außerhalb ihrer und gehört dem Zuschauer an, der den Gestalten nicht Seele in Seele, Auge in Auge zu blicken vermag. Der Gott der romantischen Kunst aber erscheint sehend, sich wissend, innerlich subjektiv und sein Inneres dem Inneren aufschließend. Denn die unendliche Negativität, das Sichzurücknehmen des Geistigen in sich, hebt die Ergossenheit in das Leibliche auf; die Subjektivität ist das geistige Licht, das in sich selbst, in seinen vorher dunklen Ort scheint und, während das natürliche Licht nur an einem Gegenstande leuchten kann, sich selbst dieser Boden und Gegenstand ist, an welchem es scheint und den es als sich selber weiß. Indem nun aber dies absolut Innere sich zugleich in seinem wirklichen Dasein als menschliche Erscheinungsweise ausspricht und das Menschliche mit der gesamten Welt in Zusammenhang steht, so knüpft sich hieran zugleich eine breite Mannigfaltigkeit sowohl des geistig Subjektiven als auch des Äußeren, auf welches der Geist sich als auf das Seinige bezieht.

Die so gestaltete Wirklichkeit der absoluten Subjektivität kann folgende Formen des Inhalts und der Erscheinung haben.

a) Den ersten Ausgangspunkt müssen wir von dem Absoluten selber nehmen, welches als wirklicher Geist sich ein Dasein gibt, sich weiß und betätigt. Hier wird die menschliche Gestalt so dargestellt, daß sie unmittelbar gewußt wird als das Göttliche in sich habend. Der Mensch erscheint nicht als Mensch in bloß menschlichem Charakter, beschränkter Leidenschaft, endlichen Zwecken und Ausführungen oder als im bloßen Bewußtsein *von* Gott, sondern als der sich wissende einzige und allgemeine Gott selber, in dessen Leben und Leiden, Geburt, Sterben und Auferstehen sich nun auch für das endliche Bewußtsein offenbar macht, was Geist, was das Ewige und Unendliche seiner Wahrheit nach sei. Diesen Inhalt stellt die romantische Kunst in der Geschichte Christi, seiner Mutter, seiner Jünger sowie auch aller derer dar, in welchen der Heilige Geist wirksam und die ganze Göttlichkeit vorhanden ist. Denn insofern es Gott, der ebenso in sich Allgemeine, ist, der in dem menschlichen Dasein erscheint, so ist diese Realität nicht auf das einzelne, unmittelbare Dasein in der Gestalt Christi beschränkt, sondern entfaltet sich zur gesamten Menschheit, in welcher der Geist Gottes sich gegenwärtig macht und in dieser Wirklichkeit mit sich selbst in Einheit bleibt. Die Ausbreitung dieses Selbstanschauens, Insich- und Beisichseins des Geistes ist der Frieden, das Versöhntsein des Geistes mit sich in seiner Objektivität – eine göttliche Welt, ein Reich Gottes, in welchem das Göttliche, das von Hause aus die Versöhnung mit seiner Realität zu seinem Begriff hat, sich in dieser Versöhnung vollführt und dadurch für sich selber ist.

b) Wie sehr nun aber auch diese Identifikation sich im Wesen des Absoluten selber begründet zeigt, so ist sie als geistige Freiheit und Unendlichkeit keine unmittelbar von Hause aus in der weltlichen, natürlichen und geistigen Wirklichkeit vorhandene Versöhnung, sondern vollbringt sich im Gegenteil nur als die Erhebung des Geistes aus der Endlichkeit seines unmittelbaren Daseins zu seiner Wahrheit. Dazu gehört, daß der Geist, um seine Totalität und Freiheit zu gewinnen, sich von sich abtrenne und sich als Endlichkeit der Natur und des Geistes sich selber als dem an sich Unendlichen entgegensetze. Mit dieser Zerreißung umgekehrt ist die Notwendigkeit verbunden, aus der Abgeschiedenheit von sich selbst, innerhalb welcher das Endliche und Natürliche, die Unmittelbarkeit des Daseins, das natürliche Herz als das Negative, Üble, Böse bestimmt ist, erst durch Überwindung dieser Nichtigkeit in das Reich der Wahrheit und Befriedigung einzugehen. Dadurch ist die geistige Versöhnung nur als eine Tätigkeit, Bewegung des Geistes zu fassen und darzustellen, als ein Prozeß, in dessen Verlauf ein Ringen und Kampf entsteht und der Schmerz, der Tod, das Wehegefühl der Nichtigkeit, die Qual des Geistes und der Leiblichkeit als wesentliches Moment hervortritt. Denn wie Gott zunächst die endliche Wirklichkeit von sich ausscheidet, so erhält auch der endliche Mensch, der von sich außerhalb des göttlichen Reiches anfängt, die Aufgabe, sich zu Gott zu erheben, das Endliche von sich loszulösen, die Nichtigkeit abzutun und durch dieses Ertöten seiner unmittelbaren Wirklichkeit das zu werden, was Gott in seiner Erscheinung als Mensch als die wahrhafte Wirklichkeit objektiv gemacht hat. Der unendliche Schmerz dieser Aufopferung der eigensten Subjektivität, Leiden und Tod, welche mehr oder weniger aus der Darstellung der klassischen Kunst ausgeschlossen waren oder mehr nur als natürliches Leiden hervortraten, erhalten erst im Romantischen ihre eigentliche Notwendigkeit. Man kann nicht sagen, daß bei den Griechen der Tod in seiner wesentlichen Bedeutung sei aufgefaßt worden. Weder das Natürliche als solches noch die Unmittelbarkeit des Geistes in seiner Einheit mit der Leiblichkeit galt ihnen als etwas an sich selbst Negatives, und der Tod war ihnen deshalb nur ein abstraktes Vorübergehen, ohne Schrecken und Furchtbarkeit, ein Aufhören ohne weitere unermeßliche Folgen für das hinsterbende Individuum. Wenn sich aber die Subjektivität in ihrem geistigen Insichsein von unendlicher Wichtigkeit wird, dann ist die Negation, welche der Tod in sich trägt, eine Negation dieses Hohen und Wichtigen selber und deswegen furchtbar, – ein Ersterben der Seele, die sich dadurch als das selber an und für sich Negative von allem Glück für immer ausgeschlossen, absolut unglücklich, der ewigen Verdammnis überantwortet finden kann. Die griechische Individualität dagegen schreibt sich, als geistige Subjektivität betrachtet, diesen Wert nicht zu und darf sich deshalb den Tod mit heiteren Bildern umgeben. Denn der Mensch fürchtet nur für das, was ihm von großem Werte ist. Das Leben aber hat diesen unendlichen Wert für das Bewußtsein nur, wenn sich das Subjekt als geistiges, selbstbewußtes die alleinige Wirklichkeit ist und nun in gerechter Furcht durch den Tod sich selbst als negativ gesetzt vorstellen muß. Auf der anderen Seite jedoch gewinnt der Tod für die klassische Kunst nun auch nicht die *affirmative* Bedeutung, die er in der romantischen Kunst erhält. Den Griechen war es nicht Ernst mit dem, was wir Unsterblichkeit heißen. Erst für die spätere Reflexion des subjektiven Bewußtseins in sich, bei Sokrates, hat die Unsterblichkeit einen tieferen Sinn und befriedigt ein weitergeschrittenes Bedürfnis. Als Odysseus z. B. (*Odyssee*, XI, v. 428–491) in der Unterwelt den Achilleus glücklicher preist als alle vor ihm und nach ihm, da er, ehemals geehrt gleich den Göttern, jetzt ein Herrscher sei unter den Toten, schlägt Achill dies Glück bekanntlich höchst gering an und erwidert, Odysseus solle ihm kein Wort des Trostes vom Tode reden; lieber möchte er ein Ackerknecht sein und, selber arm, einem armen Manne um Lohn dienen, als hier unten alle die hingeschwundenen Toten beherrschen. In der romantischen Kunst dagegen ist der Tod nur ein Ersterben der natürlichen Seele und endlichen Subjektivität, ein Ersterben, das sich nur gegen das in sich selbst Negative negativ verhält, das Nichtige aufhebt und dadurch die Befreiung des Geistes von seiner Endlichkeit und Entzweiung sowie die geistige Versöhnung des Subjekts mit dem Absoluten vermittelt. Für die Griechen war allein das mit dem natürlichen, äußeren, weltlichen Dasein geeinigte Leben affirmativ und der Tod deshalb die bloße Negation, die Auflösung der unmittelbaren Wirklichkeit. In der romantischen Weltanschauung aber hat er die Bedeutung der Negativität, d. h. der Negation des Negativen, und schlägt deshalb ebensosehr zum Affirmativen, als Auferstehung des Geistes aus seiner bloßen Natürlichkeit und unangemessenen Endlichkeit, um. Der Schmerz und Tod der sich ersterbenden Subjektivität verkehrt sich zur Rückkehr zu sich, zur Befriedigung, Seligkeit und zu jenem versöhnten affirmativen Dasein, das der Geist nur durch die Ertötung seiner negativen Existenz, in welcher er von seiner eigentlichen Wahrheit und Lebendigkeit abgesperrt ist, zu erringen vermag. Diese Grundbestimmung betrifft deshalb nicht nur das Faktum des von der Naturseite her an den Menschen herantretenden Todes, sondern ist ein Prozeß, welchen der Geist auch unabhängig von dieser äußerlichen Negation, um wahrhaft zu leben, in sich selber durchführen muß.

c) Die *dritte* Seite zu dieser absoluten Welt des Geistes bildet der Mensch, insofern er weder unmittelbar an sich selbst das Absolute und Göttliche als *Göttliches* zur Erscheinung bringt, noch den Prozeß der Erhebung zu Gott und Versöhnung mit Gott darstellt, sondern in seinem eigenen menschlichen Kreise stehenbleibt. Hier macht also das *Endliche* als solches den Inhalt aus, sowohl nach seiten der geistigen Zwecke, weltlichen Interessen, Leidenschaften, Kollisionen, Leiden und Freuden, Hoffnungen und Befriedigungen, als auch nach seiten des Äußeren, der Natur und ihrer Reiche und einzelnsten Erscheinungen. Für die Erfassungsweise dieses Inhalts tritt jedoch eine *zwiefache* Stellung ein. Einesteils nämlich ergeht sich der Geist, weil er die Affirmation mit sich gewonnen hat, auf diesem Boden als einem selber berechtigten und befriedigenden Elemente, von welchem er nur diesen positiven Charakter herauskehrt und sich selber in seiner affirmativen Befriedigung und Innigkeit daraus widerscheinen läßt; anderenteils aber wird derselbe Inhalt zur bloßen Zufälligkeit herabgesetzt, die keine selbständige Gültigkeit in Anspruch nehmen darf, da der Geist in ihr nicht sein wahres Dasein findet und deshalb mit sich nur in Einheit kommt, indem er für sich selber dies Endliche des Geistes und der Natur als Endliches und Negatives auflöst.

3. Die romantische Darstellungsweise im Verhältnis zu ihrem Inhalt

Was nun endlich das Verhältnis dieses gesamten Inhalts zu seiner Darstellungweise anbetrifft, so scheint zunächst, dem gemäß, was wir soeben gesehen haben,

a) der Inhalt der romantischen Kunst, in betreff auf das Göttliche wenigstens, sehr *verengt*. Denn erstens ist, wie wir schon oben andeuteten, die Natur entgöttert, Meer, Berg und Tal, Ströme, Quellen, die Zeit und Nacht sowie die allgemeinen Naturprozesse haben ihren Wert in betreff auf die Darstellung und den Gehalt des Absoluten verloren. Die Naturgebilde werden nicht mehr symbolisch erweitert; die Bestimmung, daß ihre Formen und Tätigkeiten fähig wären, Züge einer Göttlichkeit zu sein, ist ihnen geraubt. Denn alle die großen Fragen nach der Entstehung der Welt, nach dem Woher, Wozu, Wohin der geschaffenen Natur und Menschheit und alle die symbolischen und plastischen Versuche, diese Probleme zu lösen und darzustellen, sind durch die Offenbarung Gottes im Geist verschwunden; und auch im Geistigen hat die bunte, farbige Welt mit ihren klassisch herausgestalteten Charakteren, Handlungen, Begebenheiten sich zu dem *einen* Lichtpunkte des Absoluten und seiner ewigen Erlösungsgeschichte zusammengefaßt. Der ganze Inhalt konzentriert sich dadurch auf die Innerlichkeit des Geistes, auf die Empfindung, die Vorstellung, das Gemüt, welches nach der Einigung mit der Wahrheit strebt, das Göttliche im Subjekt zu erzeugen, zu erhalten sucht und ringt und nun nicht sowohl Zwecke und Unternehmungen *in der Welt* der Welt wegen durchführen mag, als vielmehr zur einzig wesentlichen Unternehmung den inneren Kampf des Menschen in sich und die Versöhnung mit Gott hat und nur die Persönlichkeit und deren Erhaltung sowie Veranstaltungen für diesen Zweck zur Darstellung mitbringt. Der Heroismus, der nach dieser Seite hin hervortreten kann, ist kein Heroismus, welcher aus sich selber Gesetze gibt, Einrichtungen festsetzt, Zustände schafft und umbildet, sondern ein Heroismus der Unterwerfung, der schon alles bestimmt und fertig über sich hat und dem daher nur die Aufgabe übrigbleibt, das Zeitliche danach zu regulieren, jenes Höhere, An-und-für-sich-Gültige auf die vorgefundene Welt anzuwenden und im Zeitlichen geltend zu machen. Indem nun aber dieser absolute Inhalt in den Punkt des *subjektiven Gemüts* zusammengedrängt erscheint und somit aller Prozeß in das menschliche Innere hineinverlegt wird, so ist dadurch der Kreis des Inhalts auch wieder unendlich *erweitert*. Er schließt sich zu schrankenloser Mannigfaltigkeit auf. Denn obschon jene objektive Geschichte das Substantielle des Gemüts ausmacht, so durchläuft das Subjekt sie doch nach allen Seiten, stellt einzelne Punkte aus ihr dar, oder sie selbst in stets neu hinzutretenden, menschlichen Zügen, und vermag außerdem noch die ganze Breite der Natur als Umgebung und Lokal des Geistes in sich hineinzuziehen und zu dem einen großen Zwecke zu verwenden. – Dadurch wird die Geschichte des Gemüts unendlich reich und kann sich zu immer veränderten Umständen und Situationen aufs vielfachste gestalten. Und tritt nun der Mensch gar erst aus diesem absoluten Kreise heraus und macht sich's mit dem Weltlichen zu tun, so wird der Umfang der Interessen, Zwecke und Empfindungen um so unberechenbarer, je tiefer der Geist, diesem ganzen Prinzipe gemäß, in sich geworden ist und sich deshalb in seiner Entfaltung zu einer unendlich gesteigerten Fülle der inneren und äußeren Kollisionen, Zerrissenheiten, Stufenleitern der Leidenschaft und zu den mannigfachsten Stadien der Befriedigungen auseinanderlegt. Das schlechthin in sich allgemeine Absolute, wie es im Menschen seiner selbst bewußt ist, macht den inneren Gehalt der romantischen Kunst aus, und so ist auch die ganze Menschheit und deren gesamte Entwicklung ihr unermeßlicher Stoff.

b) Diesen Inhalt nun aber bringt nicht etwa die romantische Kunst *als Kunst* hervor, wie dies zu großem Teil in der symbolischen und vor allem in der klassischen Kunstform und deren idealen Göttern der Fall war; sie ist, wie wir schon früher sahen, nicht *als Kunst* das *offenbarende* Belehren, welches den Gehalt der Wahrheit gerade nur in Form der Kunst für die Anschauung produziert, sondern der Inhalt ist schon für sich außerhalb des Kunstgebietes in der Vorstellung und Empfindung vorhanden. Die *Religion* macht hier als das allgemeine Bewußtsein von der Wahrheit in einem ganz anderen Grade die wesentliche *Voraussetzung* für die Kunst und liegt auch von seiten der äußeren Erscheinungsweise für das wirkliche Bewußtsein in sinnlicher Realität als prosaische Begebenheit in Gegenwart vor. Da nämlich der Inhalt der Offenbarung an den Geist die ewige absolute Natur des *Geistes* ist, der sich von dem Natürlichen als solchem loslöst und dasselbe *herabsetzt*, so erhält dadurch die Erscheinung im Unmittelbaren die Stellung, daß dies Äußere, insofern es besteht und Dasein hat, nur eine zufällige Welt bleibt, aus welcher heraus sich das Absolute in das Geistige und Innere zusammennimmt und so erst für sich selbst zur Wahrheit wird. Damit ist das Äußere als ein gleichgültiges Element angesehen, zu dem der Geist kein letztes Zutrauen und in welchem er kein Bleiben hat. Je weniger er die Gestalt der äußeren Wirklichkeit seiner für würdig hält, desto weniger vermag er in ihr seine Befriedigung zu suchen und sich durch die Vereinigung mit ihr als mit sich selber versöhnt zu finden.

c) Die Weise der wirklichen Gestaltung geht diesem Prinzip gemäß in der romantischen Kunst deshalb nach seiten des äußeren Erscheinens nicht wesentlich über die eigentliche gewöhnliche Wirklichkeit hinaus und scheut sich keineswegs, dies reale Dasein in seiner endlichen Mangelhaftigkeit und Bestimmtheit in sich aufzunehmen. Hier ist also jene ideale Schönheit verschwunden, welche die äußere Anschauung über die Zeitlichkeit und die Spuren der Vergänglichkeit weghebt, um die blühende Schönheit der Existenz an die Stelle ihrer sonstigen verkümmerten Erscheinung zu setzen. Die romantische Kunst hat die freie Lebendigkeit des Daseins in seiner unendlichen Stille und Versenkung der Seele ins Leibliche, sie hat dies *Leben* als solches in seinem eigensten Begriff nicht mehr zu ihrem Ziel, sondern wendet diesem Gipfel der Schönheit den Rücken; sie verwebt ihr Inneres auch mit der Zufälligkeit der äußeren Bildung und gönnt den markierten Zügen des Unschönen einen ungeschmälerten Spielraum.

Wir haben somit im Romantischen zwei Welten, ein geistiges Reich, das in sich vollendet ist, das Gemüt, das sich in sich versöhnt und die sonst geradlinige Wiederholung des Entstehens, Untergangs und Wiederentstehens erst zum wahren Kreislauf, zur Rückkehr in sich, zu dem echten Phönixleben des Geistes umbiegt; auf der anderen Seite das Reich des Äußerlichen als solchen, das, aus der fest zusammenhaltenden Vereinigung mit dem Geist entlassen, nun zu einer ganz empirischen Wirklichkeit wird, um deren Gestalt die Seele unbekümmert ist. In der klassischen Kunst beherrschte der Geist die empirische Erscheinung und durchdrang sie vollständig, weil sie es war, in der er seine vollständige Realität erhalten sollte. Jetzt aber ist das Innere gleichgültig gegen die Gestaltungsweise der unmittelbaren Welt, da die Unmittelbarkeit unwürdig ist der Seligkeit der Seele in sich. Das äußerlich Erscheinende vermag die Innerlichkeit nicht mehr auszudrücken, und wenn es dazu doch noch berufen wird, so erhält es nur die Aufgabe, darzutun, daß das Äußere das nicht befriedigende Dasein sei und auf das Innere, auf Gemüt und Empfindung, als auf das wesentliche Element zurückdeuten müsse. Eben deshalb aber läßt die romantische Kunst die Äußerlichkeit sich nun auch ihrerseits wieder frei für sich ergehen und erlaubt in dieser Rücksicht allem und jedem Stoff, bis auf Blumen, Bäume und gewöhnlichste Hausgeräte herunter, auch in der natürlichen Zufälligkeit des Daseins ungehindert in die Darstellung einzutreten. Dieser Inhalt jedoch führt zugleich die Bestimmung mit sich, daß er als bloß äußerlicher Stoff gleichgültig und niedrig ist und nur erst seinen eigentlichen Wert erhält, wenn das Gemüt sich in ihn hineingelegt hat und er nicht das Innerliche nur, sondern die *Innigkeit* aussprechen soll, die, statt sich mit dem Äußeren zu verschmelzen, nur in sich mit sich selber versöhnt erscheint. Das Innere in diesem Verhältnis, so auf die Spitze hinausgetrieben, ist die äußerlichkeitslose Äußerung, unsichtbar gleichsam nur sich selber vernehmend, ein Tönen als solches, ohne Gegenständlichkeit und Gestalt, ein Schweben über den Wassern, ein Klingen über einer Welt, welche in ihren und an ihren heterogenen Erscheinungen nur einen Gegenschein dieses Insichseins der Seele aufnehmen und widerspiegeln kann.

Fassen wir daher dies Verhältnis des Inhalts und der Form im Romantischen, wo es sich in seiner Eigentümlichkeit erhält, zu *einem* Worte zusammen, so können wir sagen, der Grundton des Romantischen, weil eben die immer vergrößerte Allgemeinheit und rastlos arbeitende Tiefe des Gemüts das Prinzip ausmacht, sei *musikalisch* und, mit bestimmtem Inhalte der Vorstellung, *lyrisch*. Das Lyrische ist für die romantische Kunst gleichsam der elementarische Grundzug, ein Ton, den auch Epopöe und Drama anschlagen und der selbst die Werke der bildenden Kunst als ein allgemeiner Duft des Gemüts umhaucht, da hier Geist und Gemüt durch jedes ihrer Gebilde zum Geist und Gemüte sprechen wollen.

Einteilung

Was nun endlich die *Einteilung* anbetrifft, welche wir für die näher entwickelnde Betrachtung dieses dritten großen Kunstgebietes feststellen müssen, so legt sich der Grundbegriff des Romantischen in seiner inneren Verzweigung in folgende drei Momente auseinander.

Den *ersten* Kreis bildet das *Religiöse* als solches, in welchem die Erlösungsgeschichte, Christi Leben, Sterben und Auferstehen, den Mittelpunkt abgibt. Als Hauptbestimmung macht sich hier die Umkehr geltend, daß der Geist sich negativ gegen seine Unmittelbarkeit und Endlichkeit wendet, sie überwindet und durch diese Befreiung sich für sich selbst seine Unendlichkeit und absolute Selbständigkeit in seinem eigenen Bereiche gewinnt.

Diese Selbständigkeit tritt sodann *zweitens* aus der Göttlichkeit des Geistes in sich sowie aus der Erhebung des endlichen Menschen zu Gott in die *Weltlichkeit* hinein. Hier ist es zunächst das Subjekt als solches, das sich für sich selber affirmativ geworden ist und zur Substanz seines Bewußtseins wie zum Interesse seines Daseins die Tugenden dieser affirmativen Subjektivität, die Ehre, Liebe, Treue und Tapferkeit, die Zwecke und Pflichten des romantischen Rittertums hat.

Der Inhalt und die Form des *dritten* Kapitels läßt sich im allgemeinen als die *formelle Selbständigkeit des Charakters* bezeichnen. Ist nämlich die Subjektivität dahin gelangt, daß die geistige Selbständigkeit für sie das Wesentliche ist, so wird nun auch der *besondere Inhalt*, mit dem dieselbe sich als mit dem ihrigen zusammenschließt, die gleiche Selbständigkeit teilen, welche jedoch, da sie nicht wie in dem Kreise der an und für sich seienden religiösen Wahrheit in der Substantialität ihres Lebens liegt, nur formeller Art sein kann. Umgekehrt wird nun auch die Gestalt der äußeren Umstände, Situationen, Verwicklung der Begebenheiten für sich frei und wirft sich deshalb in willkürlicher Abenteuerlichkeit umher. Dadurch erhalten wir als Endpunkt des Romantischen überhaupt die Zufälligkeit des Äußeren wie des Inneren und ein Auseinanderfallen dieser Seiten, durch welches die Kunst selbst sich aufhebt und die Notwendigkeit für das Bewußtsein zeigt, sich höhere Formen, als die Kunst sie zu bieten imstande ist, für das Erfassen des Wahren zu erwerben.

Erstes Kapitel
Der religiöse Kreis der romantischen Kunst

Indem die romantische Kunst in der Darstellung der absoluten Subjektivität als aller Wahrheit, die Vereinigung des Geistes mit seinem Wesen, die Befriedigung des Gemüts, die Versöhnung Gottes mit der Welt und dadurch mit sich zu ihrem substantiellen Gehalte hat, so scheint auf dieser Stufe das *Ideal* erst vollständig zu Hause zu sein. Denn die Seligkeit und Selbständigkeit, die Befriedigung, Stille und Freiheit war es, welche wir als Grundbestimmung für das Ideal angaben. Allerdings dürfen wir das Ideal nicht aus dem Begriffe und der Realität der romantischen Kunst ausschließen; in bezug jedoch auf das klassische Ideal erhält es eine ganz veränderte Gestalt. Dies Verhältnis, obschon es oben bereits im allgemeinen ist angedeutet worden, müssen wir hier gleich anfangs seiner konkreteren Bedeutung nach feststellen, um den Grundtypus der romantischen Darstellungsweise des Absoluten klarzumachen. Im klassischen Ideal ist das Göttliche einerseits zur Individualität beschränkt, andererseits die Seele und Seligkeit der besonderen Götter ganz durch ihre leibliche Gestalt ergossen; und drittens, da die trennungslose Einheit des Individuums in sich und in seiner Äußerlichkeit das Prinzip abgibt, kann die Negativität der Zerscheidung in sich, des leiblichen und geistigen Schmerzes, der Aufopferung, Entsagung nicht als wesentliches Moment auftreten. Das Göttliche der klassischen Kunst zerfällt wohl in einen Kreis von Göttern, aber es teilt sich nicht in sich, als allgemeine Wesenheit und als einzelne subjektive empirische Erscheinung in menschlicher Gestalt und menschlichem Geist, und hat ebensowenig sich als erscheinungslosem Absoluten eine Welt des Übels, der Sünde und des Irrtums mit der Aufgabe gegenüber, diese Gegensätze zur Versöhnung zu bringen und als diese Versöhnung erst das wahrhaft Wirkliche und Göttliche zu sein. Im Begriff der absoluten Subjektivität dagegen liegt der Gegensatz der substantiellen Allgemeinheit und der Persönlichkeit, ein Gegensatz, dessen vollbrachte Vermittlung das Subjektive mit seiner Substanz erfüllt und das Substantielle zum sich wissenden und wollenden absoluten Subjekt erhebt. Zur Wirklichkeit aber der Subjektivität als Geist gehört *zweitens* der tiefere Gegensatz einer endlichen Welt, durch deren Aufhebung als endlicher und Versöhnung mit dem Absoluten das Unendliche sich sein eigenes Wesen durch seine eigene absolute Tätigkeit für sich selbst macht und so erst absoluter Geist ist. Die Erscheinung dieser Wirklichkeit auf dem Boden und in der Gestalt des menschlichen Geistes erhält daher in Rücksicht auf ihre *Schönheit* ein ganz anderes Verhältnis als in der klassischen Kunst. Die griechische Schönheit zeigt das Innere der geistigen Individualität ganz in deren leibliche Gestalt, Handlungen und Begebnisse hineingebildet, im Äußeren ganz ausgedrückt und selig darin lebend. Für die romantische Schönheit hingegen ist es schlechthin notwendig, daß die Seele, obschon sie im Äußerlichen erscheint, zugleich zeige, aus dieser Leiblichkeit in sich zurückgeführt zu sein und in sich selber zu leben. Das Leibliche kann deshalb auf dieser Stufe die Innerlichkeit des Geistes nur ausdrücken, insofern es zur Erscheinung bringt, die Seele habe nicht in dieser realen Existenz, sondern in ihr selbst ihre kongruente Wirklichkeit. Aus diesem Grunde wird die Schönheit jetzt nicht mehr die Idealisierung der objektiven Gestalt betreffen, sondern die innerliche Gestalt der Seele in sich selbst; sie wird eine Schönheit der Innigkeit, als Art und Weise, wie jeder Inhalt im Innern des Subjekts sich formt und ausbildet, ohne das Äußere in dieser Durchdrungenheit mit dem Geiste festzuhalten. Da nun hierdurch das Interesse verloren ist, das reale Dasein zu dieser klassischen Einheit auszuklären, und sich zu dem entgegengesetzten Zweck konzentriert, der inneren Gestalt des Geistigen selbst eine neue Schönheit einzuhauchen, so macht sich die Kunst um das Äußere wenig Sorge; sie nimmt dasselbe, wie sie es unmittelbar vorfindet, unmittelbar auf, indem sie es gleichsam dieser Seite selber überläßt, sich nach Gutdünken zu gestalten. Die Versöhnung mit dem Absoluten ist im Romantischen ein Akt des Inneren, welcher zwar im Äußeren erscheint, aber das Äußere selbst in seiner realen Gestalt nicht zum wesentlichen Inhalt und Zweck hat. Mit dieser Gleichgültigkeit gegen die idealisierende Einigung von Seele und Leib tritt für die speziellere Individualität der Außenseite wesentlich das *Porträtartige* auf, das die partikulären Züge und Formen, wie sie gehen und stehen, die Bedürftigkeit des Natürlichen, die Mängel der Zeitlichkeit nicht, um Gemäßeres an die Stelle zu setzen, verwischt. Im allgemeinen wird zwar auch in dieser Beziehung noch ein Entsprechen gefordert werden müssen; aber die bestimmte Gestalt desselben wird gleichgültig und reinigt sich nicht von den Zufälligkeiten des endlichen empirischen Daseins.

Die Notwendigkeit für diese durchgreifende Bestimmung der romantischen Kunst läßt sich ebenso noch von einer anderen Seite her rechtfertigen. Das klassische Ideal, wo es auf seiner wahren Höhe steht, ist abgeschlossen in sich, selbständig, zurückhaltend, nicht aufnehmend, ein abgerundetes Individuum, das anderes von sich weist. Seine Gestalt ist seine eigene, es lebt ganz in ihr und nur in ihr und darf nichts von ihr der Gemeinschaftlichkeit mit bloß Empirischem und Zufälligem preisgeben. Wer sich deshalb diesen Idealen als Zuschauer nähert, kann sich ihr Dasein nicht als ein seiner eigenen Erscheinung verwandtes Äußeres aneignen; die Gestalten der ewigen Götter, obschon sie menschlich sind, gehören doch dem Sterblichen nicht an, denn diese Götter selber haben die Gebrechen des endlichen Daseins nicht durchgemacht, sondern sind unmittelbar darüber erhoben. Die Gemeinschaft mit dem Empirischen und Relativen ist abgebrochen. Die unendliche Subjektivität, das Absolute der romantischen Kunst dagegen ist nicht in seine Erscheinung versenkt, es ist in sich und hat eben damit seine Äußerlichkeit nicht *für sich*, sondern für andere, als eine freigelassene, jedem preisgegebene Außenseite. Dies Äußere ferner *muß* in die Gestalt der Gewöhnlichkeit, des empirisch Menschlichen eintreten, da hier Gott selber in das endliche, zeitliche Dasein hinabsteigt, um den absoluten Gegensatz, der im Begriff des Absoluten liegt, zu vermitteln und auszusöhnen. Dadurch erhält nun auch der empirische Mensch eine Seite, von welcher her sich ihm eine Verwandtschaft, ein Anknüpfungspunkt eröffnet, so daß er sich selbst in seiner unmittelbaren Natürlichkeit mit Zutrauen nähert, da ihn die Außengestalt nicht durch die klassische Strenge gegen das Partikuläre und Zufällige abweist, sondern seinem Anblick das bietet, was er selbst hat oder was er an anderen seiner Umgebung kennt und liebt. Diese Heimatlichkeit im Gewöhnlichen ist es, durch welche die romantische Kunst von außen her zutraulich anlockt. Indem nun aber die preisgegebene Äußerlichkeit durch dies Preisgeben selber auf die Schönheit der Seele, das Hohe der Innigkeit, die Heiligkeit des Gemüts zurückzuweisen die Aufgabe hat, so fordert sie zugleich auf, in das Innere des Geistes und in dessen absoluten Gehalt sich einzusenken und sich dieses Innere anzueignen.

In dieser Hingabe endlich liegt überhaupt die allgemeine Idee, daß in der romantischen Kunst die unendliche Subjektivität nicht einsam in sich sei wie der griechische Gott, der in sich ganz vollendet in der Seligkeit seiner Abgeschlossenheit lebt, sondern daß sie aus sich heraus in Verhältnis zu Anderem trete, das aber das ihrige ist, in welchem sie sich selber wiederfindet und bei sich selbst in Einheit bleibt. Dieses Einssein ihrer in ihrem Anderen ist der eigentlich schöne Gehalt der romantischen Kunst, das Ideal derselben, das zu seiner Form und Erscheinung wesentlich die Innerlichkeit und Subjektivität, das Gemüt, die Empfindung hat. Das romantische Ideal drückt daher die Beziehung zu anderem Geistigen aus, welches mit der Innigkeit so verbunden ist, daß nur eben in diesem Anderen die Seele in der Innigkeit mit sich selbst lebt. Dies Leben in sich in einem Anderen ist als Empfindung die Innigkeit der Liebe.

Wir können deshalb die *Liebe* als den allgemeinen Inhalt des Romantischen in seinem religiösen Kreise angeben. Ihre wahrhaft ideale Gestaltung jedoch erhält die Liebe erst, wenn sie die *affirmative* unmittelbare Versöhnung des Geistes ausdrückt. Ehe wir nun aber diese Stufe der schönsten ideellen Befriedigung betrachten können, haben wir vorher auf der einen Seite den Prozeß der *Negativität* durchzugehen, in welchen das absolute Subjekt als Überwindung der Endlichkeit und Unmittelbarkeit seiner menschlichen Erscheinung eintritt, – ein Prozeß, der sich in dem Leben, Leiden und Sterben Gottes für die Welt und Menschheit und deren mögliche Versöhnung mit Gott auseinanderlegt. Auf der anderen Seite ist es die Menschheit, welche nun umgekehrt ihrerseits auch denselben Prozeß durchzumachen hat, um das Ansich jener Versöhnung in sich selber wirklich werden zu lassen. In der Mitte dieser Stufen, in denen die *negative* Seite des sinnlichen und geistigen Eingehens in Tod und Grab den Mittelpunkt bildet, liegt der Ausdruck der *affirmativen* Seligkeit der Befriedigung, welche in diesem Kreise zu den schönsten Gegenständen der Kunst gehört.

Für die nähere Gliederung unseres ersten Kapitels haben wir deshalb drei verschiedene Sphären zu durchlaufen:

erstens die Erlösungsgeschichte Christi: die Momente des absoluten Geistes, dargestellt an Gott selbst, insofern er Mensch wird, ein wirkliches Dasein in der Welt der Endlichkeit und ihrer konkreten Verhältnisse hat und in diesem zunächst einzelnen Dasein das Absolute selber zur Erscheinung bringt;

zweitens die Liebe in ihrer positiven Gestalt als versöhnte Empfindung des Menschlichen und Göttlichen: die Heilige Familie, die Mutterliebe Marias, die Liebe Christi und die Liebe der Jünger;

drittens die Gemeinde: der Geist Gottes als in der Menschheit gegenwärtig durch die Konversion des Gemüts und das Abtöten der Natürlichkeit und Endlichkeit, überhaupt durch die Umkehr der Menschheit zu Gott – eine Bekehrung, in welcher zunächst die Buße und Marter die Vereinigung des Menschen mit Gott vermittelt.

1. Die Erlösungsgeschichte Christi

Die Versöhnung des Geistes mit sich selbst, die absolute Geschichte, der Prozeß der Wahrhaftigkeit wird durch das Erscheinen Gottes in der Welt zur Anschauung und Gewißheit gebracht. Der einfache Inhalt dieser Versöhnung ist die Ineinssetzung der absoluten Wesenhaftigkeit und der einzelnen menschlichen Subjektivität; ein einzelner Mensch ist Gott und Gott ein einzelner Mensch. Hierin liegt, daß der Menschengeist *an sich*, dem Begriff und Wesen nach, wahrhafter Geist ist und jedes einzelne Subjekt dadurch als Mensch die unendliche Bestimmung und Wichtigkeit hat, ein Zweck Gottes und mit Gott in Einheit zu sein. Ebensosehr aber ergeht deshalb an den Menschen die Forderung, diesem seinem Begriff, welcher zunächst nur ein bloßes Ansich ist, Wirklichkeit zu geben, d. h. die Einigung mit Gott als Ziel seines Daseins zu setzen und zu erreichen. Hat er diese seine Bestimmung erfüllt, so ist er in sich freier unendlicher Geist. Dies vermag er nur, insofern jene Einheit das Ursprüngliche, die ewige Grundlage der menschlichen und göttlichen Natur selber ist. Das Ziel ist zugleich der an und für sich seiende Anfang, die Voraussetzung für das romantische religiöse Bewußtsein, daß Gott selber sei Mensch, Fleisch, daß er dieses einzelne Subjekt geworden sei, an welchem die Versöhnung deshalb nicht nur ein bloßes Ansich bleibt, so daß sie nur dem *Begriff nach* gewußt wäre, sondern sich *objektiv* daseiend auch für das sinnliche anschauende Bewußtsein als dieser einzelne, wirklich existierende Mensch hinstellt. Um dies Moment der *Einzelheit* ist es zu tun, damit jeder Einzelne darin die Anschauung seiner Versöhnung mit Gott habe, die an und für sich keine bloße Möglichkeit, sondern wirklich ist und um dessentwillen in diesem einen Subjekt als real vollbracht zu erscheinen hat. Indem nun aber die Einheit als geistige Versöhnung entgegengesetzter Momente kein nur unmittelbares Einssein ist, so muß *zweitens* an diesem *einen* Subjekt auch der Prozeß des Geistes, durch welchen das Bewußtsein erst wahrhaft Geist ist, als Geschichte dieses Subjekts zur Existenz gelangen. Diese Geschichte des Geistes, am Einzelnen sich vollbringend, enthält nichts anderes, als was wir oben schon berührt haben, daß nämlich der einzelne Mensch sich seiner Einzelheit leiblich und geistig abtue, d. h. daß er leide und sterbe, umgekehrt aber durch den Schmerz des Todes aus dem Tode hervorgehe, auferstehe als der verherrlichte Gott, als der wirkliche Geist, der jetzt zwar in die Existenz als Einzelnes, dieses Subjekt, getreten ist, doch ebenso wesentlich nur wahrhaft Gott als Geist in seiner Gemeinde ist.

a. Scheinbare Überflüssigkeit der Kunst

Diese Geschichte gibt den Grundgegenstand für die religiöse romantische Kunst ab, für welchen aber die Kunst, rein als Kunst genommen, gewissermaßen etwas Überflüssiges wird. Denn die Hauptsache liegt hier in der inneren Gewißheit, der Empfindung und Vorstellung von dieser ewigen Wahrheit, in dem *Glauben,* der sich das Zeugnis der Wahrheit an und für sich gibt und dadurch ins Innere der Vorstellung hineinverlegt wird. Der entwickelte Glaube nämlich besteht in der unmittelbaren Gewißheit, mit der Vorstellung der Momente dieser Geschichte die Wahrheit selber vor dem Bewußtsein zu haben. Ist es aber das Bewußtsein der *Wahrheit,* worum es sich handelt, so ist die *Schönheit* der Erscheinung und die Darstellung das Nebensächliche und Gleichgültigere, denn die Wahrheit ist auch unabhängig von der Kunst für das Bewußtsein vorhanden.

b. Notwendiges Eintreten der Kunst

Auf der anderen Seite jedoch enthält der religiöse Inhalt zugleich in sich selber das Moment, durch welches er sich nicht nur der Kunst zugänglich macht, sondern in gewisser Beziehung derselben auch *bedarf.* In der religiösen Vorstellung der romantischen Kunst, wie schon mehrmals ist angeführt worden, bringt es der Inhalt selbst mit sich, den Anthropomorphismus auf die Spitze zu treiben, indem eben dieser Inhalt das Zusammengeschlossensein des Absoluten und Göttlichen mit der als wirklich erschauten und deshalb auch äußerlich, leiblich erscheinenden menschlichen Subjektivität zu seinem Mittelpunkt hat und das Göttliche in dieser seiner an die Bedürftigkeit der Natur und der endlichen Erscheinungsweise gebundenen Einzelheit darstellen muß.

In dieser Rücksicht liefert die Kunst dem anschauenden Bewußtsein für die Erscheinung Gottes die spezielle Gegenwart einer einzelnen wirklichen Gestalt, ein konkretes Bild auch der äußeren Züge der Begebenheiten, in denen Christi Geburt, sein Leben und Leiden, Sterben, Auferstehen und Erhobensein zur Rechten Gottes sich ausbreitet, so daß überhaupt in der Kunst allein die vorübergeschwundene wirkliche Erscheinung Gottes sich zu einer immer erneuten Dauer wiederholt.

c. Zufällige Partikularität der äußeren Erscheinung

Insofern nun aber in dieser Erscheinung der Akzent darauf gelegt ist, daß Gott wesentlich ein einzelnes Subjekt mit Ausschluß anderer sei und nicht nur die Einheit göttlicher und menschlicher Subjektivität im allgemeinen, sondern dieselbe als *dieser* Mensch darstelle, so treten hier in der Kunst, des Inhalts selbst wegen, alle Seiten der Zufälligkeit und Partikularität des äußeren endlichen Daseins wieder hervor, von welchen sich die Schönheit auf der Höhe des klassischen Ideals gereinigt hatte. Was der freie Begriff des Schönen als unangemessen aus sich entfernt hatte, das Nichtideale, wird hier als ein aus dem Inhalte selbst entspringendes Moment notwendig aufgenommen und zur Anschauung gebracht.

α) Wenn daher Christi Person häufig als solche zum Gegenstande gewählt ist, so sind jedesmal diejenigen Künstler am schlechtesten verfahren, welche aus Christus ein Ideal im Sinne und in der Weise des klassischen Ideals zu machen unternommen haben. Denn solche Christusköpfe und Gestalten zeigen wohl Ernst, Ruhe und Würde, Christus soll aber einerseits Innerlichkeit und schlechthin *allgemeine* Geistigkeit, andererseits subjektive Persönlichkeit und *Einzelheit* haben; beides widerstrebt der Seligkeit im Sinnlichen der menschlichen Gestalt. Jene beiden Endpunkte des Ausdrucks und der Form zu verknüpfen ist von höchster Schwierigkeit, und besonders die Maler haben sich, wenn sie aus dem traditionellen Typus herausgingen, jedesmal in Verlegenheit befunden. – Ernst und Tiefe des Bewußtseins muß in solchen Köpfen sich aussprechen, aber die Züge und Formen des Gesichts und der Gestalt müssen ebensowenig von nur idealer Schönheit sein, als sie zum Gemeinen und Häßlichen abirren oder zur bloßen Erhabenheit als solcher sich erheben dürfen. Das Beste wird in betreff auf die äußere Form die Mitte sein zwischen dem partikulär Natürlichen und der idealen Schönheit. Diese gebührende Mitte richtig zu treffen ist schwer, und so kann sich hierin vornehmlich die Geschicklichkeit, der Sinn und Geist des Künstlers hervortun. – Überhaupt sind wir bei den Darstellungen dieses ganzen Kreises, unabhängig von dem Inhalt, welcher dem Glauben angehört, mehr als im klassischen Ideal an die Seite des subjektiven Machens gewiesen. In der klassischen Kunst will der Künstler in den Formen des Leiblichen selbst, im Organismus der menschlichen Gestalt, das Geistige und Göttliche unmittelbar darstellen, und die leiblichen Formen geben deshalb in ihren vom Gewöhnlichen und Endlichen abweichenden Modifikationen eine Hauptseite des Interesses ab. In unserem jetzigen Kreise bleibt die Gestalt die gewöhnliche, bekannte, ihre Formen sind bis auf einen gewissen Grad hin gleichgültig, etwas Partikulares, das soundso sein und mit großer Freiheit in dieser Rücksicht behandelt werden kann. Das überwiegende Interesse liegt daher einerseits in der Art und Weise, wie der Künstler durch dies Gewöhnliche und Bekannte dennoch das Geistige und Innerste als dies Geistige selber hindurchscheinen läßt, andererseits in der subjektiven Ausführung, den technischen Mitteln und Geschicklichkeiten, durch welche er seinen Gestalten die geistige Lebendigkeit einzuhauchen und die Anschaulichkeit und Erfaßbarkeit des Geistigsten zu geben imstande gewesen ist.

β) Was den weiteren Inhalt betrifft, so liegt er, wie wir soeben sahen, in der absoluten, aus dem Begriff des Geistes selber entspringenden Geschichte, welche die Konversion der leiblichen und geistigen Einzelheit zu ihrer Wesenheit und Allgemeinheit objektiv macht. Denn die Versöhnung der einzelnen Subjektivität mit Gott tritt nicht unmittelbar als Harmonie auf, sondern als Harmonie, welche erst aus dem unendlichen Schmerz, aus der Hingebung, Aufopferung, Tötung des Endlichen, Sinnlichen und Subjektiven hervorgeht. Das Endliche und Unendliche ist hier in eins gebunden, und die Versöhnung in ihrer wahrhaften Tiefe, Innigkeit und Kraft der Vermittlung zeigt sich nur durch die Größe und Härte des Gegensatzes, der seine Lösung finden soll. Dadurch gehört auch die ganze Schärfe und Dissonanz des Leidens, der Marter, Qual, in welche solch ein Gegensatz hereinbringt, zur Natur des Geistes selbst, dessen absolute Befriedigung hier den Inhalt ausmacht.

Dieser Prozeß des Geistes ist, an und für sich genommen, das Wesen, der Begriff des Geistes überhaupt und enthält deshalb die Bestimmung, für das Bewußtsein die *allgemeine Geschichte* zu sein, welche sich in jedem individuellen Bewußtsein wiederholen soll. Denn eben das Bewußtsein ist, als die vielen Einzelnen, die Realität und Existenz des allgemeinen Geistes. Zunächst aber geht jene allgemeine Geschichte, weil der Geist die Wirklichkeit im Individuum zu seinem wesentlichen Momente hat, selber nur in Gestalt *eines* Einzelnen vor, an welchem sie sich als die seinige, als die Geschichte seiner Geburt, seines Leidens, Sterbens und seiner Rückkehr aus dem Tode begibt, doch in dieser Einzelheit zugleich die Bedeutung, die Geschichte des allgemeinen absoluten Geistes selber zu sein, beibehält.

Der eigentliche Wendepunkt in diesem Leben Gottes ist das Abtun seiner einzelnen Existenz als *dieses* Menschen, die Passionsgeschichte, das Leiden am Kreuz, die Schädelstätte des Geistes, die Pein des Todes. Insofern es hier nun im Inhalte selbst liegt, daß sich die äußerliche, leibliche Erscheinung, das unmittelbare Dasein als Individuum, im Schmerz seiner Negativität als das Negative zeige, damit der Geist durch die Aufopferung des Sinnlichen und der subjektiven Einzelheit zu seiner Wahrheit und zu seinem Himmel gelange, so trennt sich diese Sphäre der Darstellung am meisten von dem klassischen plastischen Ideal ab. Einerseits nämlich ist zwar der irdische Leib und die Gebrechlichkeit der menschlichen Natur überhaupt dadurch gehoben und geehrt, daß Gott selber es ist, der in ihr erscheint, andererseits aber ist es gerade dies Menschliche und Leibliche, das als negativ gesetzt wird und in seinem Schmerz zur Erscheinung kommt, während es im klassischen Ideal die ungestörte Harmonie mit dem Geistigen und Substantiellen nicht verliert. Christus gegeißelt, mit der Dornenkrone, das Kreuz zum Richtplatz tragend, ans Kreuz geheftet, in der Qual eines martervollen, langsamen Todes hinsterbend, läßt sich in den Formen der griechischen Schönheit nicht darstellen, sondern in diesen Situationen ist das Höhere die Heiligkeit in sich, die Tiefe des Inneren, die Unendlichkeit des Schmerzes, als ewiges Moment des Geistes, die Duldung und göttliche Ruhe.

Den weiteren Kreis um diese Gestalt bilden teils Freunde, teils Feinde. Die Freunde sind gleichfalls keine Ideale, sondern dem Begriffe nach partikuläre Individuen, gewöhnliche Menschen, welche der Zug des Geistes zu Christus führt; die Feinde aber werden, indem sie sich Gott gegenüberstellen, ihn verurteilen, verspotten, martern, kreuzigen, als innerlich böse vorgestellt, und die Vorstellung der inneren Bosheit und Feindschaft gegen Gott führt nach außen hin die Häßlichkeit, Roheit, Barbarei, Wut und Verzerrung der Gestalt mit sich. In allen diesen Beziehungen tritt hier im Vergleich mit der klassischen Schönheit das Unschöne als notwendiges Moment auf.

γ) Der Prozeß des Todes aber ist in der göttlichen Natur nur als ein Durchgangspunkt zu betrachten, durch welchen sich die Versöhnung des Geistes mit sich zustande bringt und die Seiten des Göttlichen und Menschlichen, des schlechthin Allgemeinen und der erscheinenden Subjektivität, um deren Vermittlung es sich handelt, sich affirmativ zusammenschließen. Diese Affirmation, welche überhaupt die Grundlage und das Ursprüngliche ist, muß sich deshalb auch in dieser positiven Weise dartun. Als Situationen in der Geschichte Christi geben hierfür hauptsächlich die Auferstehung und Himmelfahrt die günstige Gelegenheit; vereinzelter außerdem die Momente, in welchen Christus als Lehrer auftritt. Hier nun aber tut sich für die bildende Kunst besonders eine Hauptschwierigkeit hervor. Denn teils ist es das Geistige als solches, das in seiner Innerlichkeit soll zur Darstellung kommen, teils ist es der absolute Geist, der in seiner Unendlichkeit und Allgemeinheit affirmativ mit der Subjektivität in Einheit gesetzt [ist] und, über das unmittelbare Dasein erhoben, dennoch im Leiblichen und Äußeren noch den ganzen Ausdruck seiner Unendlichkeit und Innerlichkeit zur Anschauung und Empfindung bringen müßte.

2. Die religiöse Liebe

Der Geist an und für sich ist als Geist nicht unmittelbar Gegenstand der Kunst. Seine höchste wirkliche Versöhnung in sich kann nur eine Versöhnung und Befriedigung im Geistigen als solchem sein, das in seinem rein ideellen Element sich dem künstlerischen Ausdruck entzieht, indem die absolute Wahrheit höher steht als der Schein des Schönen, der sich von dem Boden des Sinnlichen und Erscheinenden nicht loszulösen vermag. Soll nun aber der Geist in seiner affirmativen Versöhnung durch die Kunst eine *geistige* Existenz erhalten, in welcher er nicht nur als reiner Gedanke, als ideell gewußt ist, sondern *empfunden* und *angeschaut* werden kann, so haben wir als einzige Form, welche die gedoppelte Forderung der Geistigkeit auf der einen, der Erfaßbarkeit und Darstellbarkeit durch die Kunst auf der anderen Seite erfüllt, nur die Innigkeit des Geistes, das Gemüt, die Empfindung übrig. Diese Innigkeit, welche dem Begriff des in sich befriedigten freien Geistes allein entspricht, ist die *Liebe*.

a. Begriff des Absoluten als der Liebe

In der Liebe nämlich sind nach seiten des *Inhalts* die Momente vorhanden, welche wir als Grundbegriff des absoluten Geistes angaben: die versöhnte Rückkehr aus seinem Anderen zu sich selbst. Dies Andere kann als das Andere, in welchem der Geist bei sich selber bleibt, nur selbst wieder Geistiges, eine geistige Persönlichkeit sein. Das wahrhafte Wesen der Liebe besteht darin, das Bewußtsein seiner selbst aufzugeben, sich in einem anderen Selbst zu vergessen, doch in diesem Vergehen und Vergessen sich erst selber zu haben und zu besitzen. Diese Vermittlung des Geistes mit sich und Erfüllung seiner zur Totalität ist das Absolute, jedoch nicht etwa in der Weise, daß sich das Absolute als nur singuläre und dadurch endliche Subjektivität in einem anderen endlichen Subjekt mit sich selbst zusammenschlösse, sondern der Inhalt der sich mit sich im anderen vermittelnden Subjektivität ist hier das Absolute selbst: der Geist, der im anderen Geist erst das Wissen und Wollen seiner als des Absoluten ist und die Befriedigung dieses Wissens hat.

b. Das Gemüt

Näher nun hat dieser Inhalt als Liebe die *Form* der in sich konzentrierten Empfindung, welche, statt sich ihren Gehalt zu explizieren, ihn seiner Bestimmtheit und Allgemeinheit nach zum Bewußtsein zu bringen, die Weite und Unermeßlichkeit desselben vielmehr unmittelbar zu der einfachen Tiefe des Gemüts zusammenzieht, ohne den Reichtum, den er in sich faßt, für die Vorstellung nach allen seinen Richtungen zu entfalten. Dadurch wird der gleiche Inhalt, der in seiner rein geistig ausgeprägten Allgemeinheit sich der Kunstdarstellung verweigern würde, in dieser subjektiven Existenz als Empfindung für die Kunst wieder ergreifbar, indem er auf der einen Seite bei der noch unaufgeschlossenen Tiefe, welche das Charakteristische des Gemüts ausmacht, sich nicht zu vollständiger Klarheit auseinanderzulegen nötig hat, während er auf der anderen Seite aus dieser Form zugleich ein Element erhält, das der Kunst gemäß ist. Denn Gemüt, Herz, Empfindung, wie geistig und innerlich sie auch bleiben, haben dennoch immer einen Zusammenhang noch mit dem Sinnlichen und Leiblichen, so daß sie nun auch nach außen hin durch die Leiblichkeit selbst, durch Blick, Gesichtszüge oder, vergeistigter, durch Ton und Wort das innerste Leben und Dasein des Geistes kundzugeben vermögen. Das Äußere aber wird hier nur so auftreten können, daß es dies Innerlichste selbst in seiner Innerlichkeit des Gemüts auszusprechen berufen ist.

c. Die Liebe als das romantische Ideal

Stellten wir nun als Begriff des Ideals die Versöhnung des Inneren mit seiner Realität auf, so können wir die Liebe als das *Ideal* der romantischen Kunst in ihrem religiösen Kreise bezeichnen. Sie ist die *geistige* Schönheit als solche. Das klassische Ideal zeigte auch die Vermittlung und Versöhnung des Geistes mit seinem Anderen. Hier aber war das Andere des Geistes das von ihm durchdrungene Äußere, sein leiblicher Organismus. In der Liebe dagegen ist das Andere des Geistigen nicht das Natürliche, sondern selber ein geistiges Bewußtsein, ein anderes Subjekt und der Geist dadurch in seinem Eigentum, in seinem eigensten Elemente für sich selber realisiert. So ist die Liebe in dieser affirmativen Befriedigung und in sich beruhigten seligen Realität ideale, aber schlechthin *geistige* Schönheit, welche sich ihrer Innerlichkeit wegen auch nur in der Innigkeit und als die Innigkeit des Gemüts ausdrücken kann. Denn der Geist, der im *Geist* sich präsent und seiner unmittelbar gewiß ist und damit zum Material und Boden seines Daseins selbst das Geistige hat, ist in sich, innig, und näher die Innigkeit der Liebe.

α) Gott ist die Liebe, und daher [ist] auch sein tiefstes Wesen in dieser der Kunst gemäßen Form in Christus aufzufassen und darzustellen. Christus ist aber die *göttliche* Liebe, als deren Objekt sich auf der einen Seite Gott selber, seinem erscheinungslosen Wesen nach, auf der anderen Seite die zu erlösende Menschheit kundgibt, und so kann denn in ihm weniger das Aufgehen eines Subjekts in ein bestimmtes anderes Subjekt zum Vorschein kommen, sondern die *Idee* der Liebe in ihrer Allgemeinheit, das Absolute, der Geist der Wahrheit im Elemente und in der Form der Empfindung. – Mit der Allgemeinheit ihres Gegenstandes verallgemeinert sich auch der Ausdruck der Liebe, in welchem sodann die subjektive Konzentration des Herzens und Gemüts nicht zur Hauptsache wird; wie sich auch bei den Griechen in dem alten titanischen Eros und der Venus Urania, obschon in durchaus anderer Beziehung, die allgemeine Idee und nicht die subjektive Seite individueller Gestalt und Empfindung geltend macht. Nur wenn Christus in Darstellungen der romantischen Kunst mehr als zugleich einzelnes, in sich vertieftes Subjekt gefaßt ist, tut sich auch der Ausdruck der Liebe in der Form subjektiver Innigkeit, wennzwar immer von der Allgemeinheit ihres Inhalts gehoben und getragen, hervor.

β) Am zugänglichsten aber für die Kunst ist in diesem Kreise die Liebe der Maria, die *Mutterliebe*, der gelungenste Gegenstand der religiösen romantischen Phantasie. Am meisten real, menschlich, ist sie doch ganz geistig, ohne Interesse und Bedürftigkeit der Begierde, nicht sinnlich und doch gegenwärtig: die absolut befriedigte selige Innigkeit. – Sie ist eine Liebe ohne Verlangen, aber nicht Freundschaft; denn Freundschaft, wenn sie auch noch so gemütreich ist, fordert doch einen Gehalt, eine wesentliche Sache als zusammenschließenden Zweck. Die Mutterliebe dagegen hat ohne alle Gleichheit des Zwecks und der Interessen einen unmittelbaren Halt in dem natürlichen Zusammenhange. Hier aber ist die Liebe der Mutter auf diese Naturseite ebensowenig beschränkt. Maria hat in dem Kinde, das sie unter ihrem Herzen getragen, das sie mit Schmerzen geboren, das vollkommene Wissen und Empfinden ihrer selbst; und dasselbe Kind, das Blut ihres Blutes, steht ebenso wieder hoch über ihr, und dennoch gehört dies Höhere ihr an und ist das

Objekt, in dem sie sich selbst vergißt und erhält. Die Naturinnigkeit der Mutterliebe ist durchaus vergeistigt, sie hat das Göttliche zu ihrem eigentlichen Gehalt, aber dies Geistige bleibt leise und unbewußt, von natürlicher Einheit und menschlicher Empfindung wunderbar durchzogen. Es ist die selige *Mutterliebe*, und nur der *einen* Mutter, die ursprünglich in diesem Glücke ist. Zwar ist auch diese Liebe nicht ohne Schmerz, aber der Schmerz ist nur die Trauer des Verlustes, die Klage über den leidenden, sterbenden, gestorbenen Sohn und wird nicht, wie wir auf einer späteren Stufe sehen werden, zur Ungerechtigkeit und Marter von außen oder zum unendlichen Kampf der Sünde, zum Quälen und Peinigen durch sich selbst. Solche Innigkeit ist hier die geistige Schönheit, das Ideal, die menschliche Identifikation des Menschen mit Gott, dem Geist, der Wahrheit: ein reines Vergessen, ein volles Aufgeben seiner selbst, das in diesem Vergessen dennoch von Hause aus eins ist mit dem, in den es sich versenkt, und dieses Einssein nun in seliger Befriedigung fühlt.

In so schöner Weise tritt die Mutterliebe, dies *Bild* gleichsam des Geistes, in der romantischen Kunst an die Stelle des Geistes selber, weil der Geist sich nur in der Form der Empfindung für die Kunst faßbar macht und die Empfindung der Einheit des Einzelnen mit Gott am ursprünglichsten, realsten, lebendigsten nur in der Mutterliebe der Madonna vorhanden ist. Sie muß notwendig in die Kunst eintreten, wenn in der Darstellung dieses Kreises nicht das Ideale, die affirmative, befriedigte Versöhnung fehlen soll. Es hat deshalb auch eine Zeit gegeben, in welcher die Mutterliebe der gebenedeiten Jungfrau überhaupt zu dem Höchsten und Heiligsten gehört hat und als dies Höchste verehrt und dargestellt worden ist. Wenn aber der Geist sich in seinem eigenen Elemente, abgetrennt von aller Naturgrundlage der Empfindung, zum Bewußtsein seiner bringt, so kann auch nur die von solcher Grundlage freie geistige Vermittlung als der freie Weg zur Wahrheit betrachtet werden, und so ist denn auch im Protestantismus, diesem Mariendienste der Kunst und des Glaubens gegenüber, der Heilige Geist und die innere Vermittlung des Geistes die höhere Wahrheit geworden.

γ) *Drittens* endlich zeigt sich die affirmative Versöhnung des Geistes als Empfindung in den Jüngern Christi, den Weibern und Freunden, die ihm folgen. Dies sind zum größten Teil Charaktere, welche die Härte der Idee des Christentums an des göttlichen Freundes Hand durch die Freundschaft, Lehre, die Predigten Christi ohne die äußere und innere Qual der Konversion in sich durchgemacht, sie vollführt, sich derselben und ihrer selbst bemächtigt haben und tiefsinnig, kräftig in derselben bleiben. Ihnen geht zwar jene unmittelbare Einheit und Innigkeit der Mutterliebe ab, aber als das Verbindende ist doch noch die Gegenwart Christi, die Gewohnheit des Zusammenlebens und der unmittelbare Zug des Geistes übrig.

3. Der Geist der Gemeine

Was den Übergang in eine letzte Sphäre dieses Kreises anbetrifft, so können wir denselben an das knüpfen, was schon oben in bezug auf die Geschichte Christi berührt worden ist. Die unmittelbare Existenz Christi, als dieses einzelnen Menschen, der Gott ist, wird als aufgehoben gesetzt, d. h. es tut sich in der Erscheinung Gottes als Menschen selber hervor, daß die wahrhafte Realität Gottes nicht das unmittelbare Dasein, sondern der Geist sei. Die Realität des Absoluten als unendlicher Subjektivität ist nur der Geist selber, Gott ist nur da im Wissen, im Elemente des Inneren. Dies absolute Dasein Gottes, als schlechthin ebenso ideeller wie subjektiver *Allgemeinheit,* beschränkt sich deshalb nicht auf diesen Einzelnen, welcher in seiner Geschichte die Versöhnung der menschlichen und göttlichen Subjektivität zur Darstellung gebracht hat, sondern erweitert sich zu dem mit Gott versöhnten menschlichen Bewußtsein, überhaupt zur *Menschheit,* welche als die vielen Einzelnen existiert. Für sich jedoch, als einzelne Persönlichkeit genommen, ist der Mensch nicht etwa unmittelbar das Göttliche, sondern im Gegenteil das Endliche und Menschliche, das nur, insofern es sich als das Negative, das es an sich ist, wirklich setzt und somit als das Endliche aufhebt, zu der Versöhnung mit Gott gelangt. Erst durch diese Erlösung von den Gebrechen der Endlichkeit ergibt sich die Menschheit als das Dasein des absoluten Geistes, als der Geist der Gemeine, in welchem sich die Einigung des menschlichen und göttlichen Geistes innerhalb der menschlichen Wirklichkeit selbst als die reale Vermittlung dessen vollbringt, was an sich, dem Begriff des Geistes nach, ursprünglich in Einheit ist.

Die Hauptformen, welche in betreff auf diesen neuen Inhalt der romantischen Kunst von Wichtigkeit werden, lassen sich folgendermaßen gliedern.

Das einzelne Subjekt, das, von Gott getrennt, in der Sünde und dem Kampfe der Unmittelbarkeit und in der Bedürftigkeit des Endlichen lebt, hat die unendliche Bestimmung, mit sich und Gott zur Versöhnung zu kommen. Indem nun aber in der Erlösungsgeschichte Christi die Negativität der unmittelbaren Einzelheit sich als das wesentliche Moment des Geistes herausgestellt hat, so wird das einzelne Subjekt sich nur durch die Konversion des Natürlichen und der endlichen Persönlichkeit zur Freiheit und zum Frieden in Gott erheben können.

Diese Aufhebung der Endlichkeit tritt hier in dreifacher Weise hervor:

erstens als die *äußerliche* Wiederholung der Leidensgeschichte, welche zum wirklichen leiblichen Leiden wird – das Märtyrertum.

Zweitens verlegt sich die Konversion ins *Innere* des Gemüts, als innere Vermittlung durch Reue, Buße und Bekehrung.

Drittens endlich wird das Erscheinen des Göttlichen in der weltlichen Wirklichkeit so gefaßt, daß der gewöhnliche Lauf der Natur und die natürliche Form des sonstigen Geschehens sich aufhebt, um die Macht und Gegenwart des Göttlichen offenbar werden zu lassen, wodurch das Wunder zur Form der Darstellung wird.

a. Die Märtyrer

Die nächste Erscheinung, in welcher der Geist der Gemeine sich in dem menschlichen Subjekt als wirksam dartut, besteht darin, daß der Mensch an sich selbst den Reflex des göttlichen Prozesses abspiegelt und sich zu einem neuen Dasein macht der ewigen Geschichte Gottes. Hier verschwindet nun wieder der Ausdruck jener unmittelbar affirmativen Versöhnung, indem der Mensch sich dieselbe erst durch Aufhebung seiner Endlichkeit zu erringen hat. Was daher auf der ersten Stufe den Mittelpunkt abgab, kehrt hier in einem durchweg verstärkten Maße wieder, da die Unangemessenheit und Unwürdigkeit der Menschheit die Voraussetzung ist, welche zu vertilgen als die höchste und einzige Aufgabe gilt.

α) Der eigentliche Inhalt dieser Sphäre ist deswegen die Erduldung von Grausamkeiten sowie die eigene freiwillige Entsagung, Aufopferung, Entbehrung, – auferlegt, um zu entbehren, um Leiden, Martern, Qualen jeder Art zu erwecken, damit in sich der Geist sich verkläre und sich als einig, befriedigt, selig in seinem Himmel fühle. Dies Negative des Schmerzes wird im Märtyrertum Zweck für sich selbst, und die Größe der Verklärung mißt sich nach der Abscheulichkeit dessen, was der Mensch erlitten, und der Furchtbarkeit dessen, dem er sich unterworfen hat. Das erste nun, was bei noch unerfülltem Innern an dem Subjekt zu seiner Entweltlichung und Heiligung kann negativ gesetzt werden, ist sein *natürliches* Dasein, sein Leben, die Befriedigung der nächsten, zur Existenz notwendigen Bedürfnisse. Den Hauptgegenstand dieses Kreises geben deshalb körperliche Martern ab, welche an den Gläubigen teils von den Feinden und Verfolgern des Glaubens aus Haß und Rachsucht verübt, teils zur Entsühnung aus eigenem Antriebe in aller Abstraktion vorgenommen werden. Beides nimmt der Mensch hier im Fanatismus der Duldung nicht als Ungerechtigkeit, sondern als Segen auf, durch den allein die Härte des von Hause aus als sündlich empfundenen Fleisches, Herzens und Gemüts zu brechen und die Versöhnung mit Gott zu erreichen ist.

Insofern sich nun aber in solchen Situationen die Konversion des Inneren nur in Gräßlichkeit und in der Mißhandlung des Äußeren darstellen kann, so wird dadurch leicht der Schönheitssinn verletzt, und die Gegenstände dieses Kreises sind deshalb ein sehr gefährlicher Stoff für die Kunst. Denn einerseits müssen die Individuen in einem ganz anderen Grade noch, als wir es in der Leidensgeschichte Christi forderten, als wirkliche einzelne Individuen mit dem Stempel der zeitlichen Existenz bezeichnet und in den Gebrechen der Endlichkeit und Natürlichkeit herausgestellt werden; andererseits sind die Qualen und unerhörten Abscheulichkeiten, die Verzerrungen und Verrenkungen der Glieder, die leiblichen Martern, die Henkeranstalten, das Köpfen, Rösten, Verbrennen, in Öl Sieden, aufs Rad Flechten usf., an sich selbst häßliche, widrige, ekelhafte Äußerlichkeiten, deren Entfernung von der Schönheit zu groß ist, als daß sie von einer gesunden Kunst sollten zum Gegenstande erwählt werden dürfen. Die Behandlungsweise des Künstlers kann zwar an sich der Ausführung nach vortrefflich sein, das Interesse für diese Vortrefflichkeit bezieht sich dann aber nur immer auf die subjektive Seite, welche, wenn sie auch kunstgemäß scheinen mag, sich dennoch vergeblich abmüht, ihren Stoff mit sich vollendet in Einklang zu bringen.

β) Deshalb bedarf die Darstellung dieses negativen Prozesses noch eines anderen Momentes, das über dies Quälen des Leibes und der Seele herausragt und sich gegen die affirmative Versöhnung hinwendet. Dies ist die Versöhnung des Geistes in sich, die als Zweck und Resultat der durchduldeten Greuel gewonnen wird. Die Märtyrer sind nach dieser Seite die Bewahrer des Göttlichen gegen die Roheit äußerer Gewalt und die Barbarei des Unglaubens; um des Himmelreichs willen erdulden sie Schmerz und Tod, und dieser Mut, diese Stärke, Ausdauer und Beseligung muß daher ebensosehr an ihnen erscheinen. Dennoch ist auch diese Innigkeit des Glaubens und der Liebe in ihrer geistigen Schönheit keine geistige Gesundheit, welche den Körper gesund durchdringt; sondern es ist eine Innerlichkeit, die der Schmerz durchgearbeitet hat oder die im Leiden zur Darstellung kommt und selbst noch in der Verklärung das Moment des Schmerzes, als das eigentlich Wesentliche, enthält. Besonders die Malerei hat sich solche Frömmigkeit häufig zum Gegenstande gemacht. Ihre Hauptaufgabe besteht dann darin, die Seligkeit der Marter, den widerwärtigen Zerfleischungen des Fleisches gegenüber, einfach in den Zügen des Gesichts, dem Blick usf. als Ergebung, Überwindung des Schmerzes, Befriedigung im Erreichen und Lebendigwerden des göttlichen Geistes im Innern des Subjekts auszudrücken. Will dagegen die Skulptur den gleichen Inhalt vor die Anschauung bringen, so ist sie die konzentrierte Innigkeit in dieser vergeistigten Weise darzustellen weniger fähig und wird deshalb das Schmerzliche, Verzerrte, insofern es sich entwickelter im leiblichen Organismus kundgibt, herauszuheben haben.

γ) *Drittens* nun aber betrifft die Seite der Selbstverleugnung und Duldung auf dieser Stufe nicht nur die natürliche Existenz und unmittelbare Endlichkeit, sondern führt die Richtung des Gemüts nach dem Himmlischen bis zu dem Extrem hin, daß überhaupt das Menschliche und Weltliche, auch wenn es in sich selbst sittlicher und vernünftiger Art ist, zurückgestellt und verschmäht wird. Je mehr nämlich der Geist, der hier die Idee der Konversion seiner in sich lebendig macht, zunächst noch ungebildet ist, um desto barbarischer und abstrakter wendet er sich mit seiner konzentrierten Kraft der Frömmigkeit gegen alles, was dieser in sich einfachen Unendlichkeit der Religiosität als das Endliche gegenübersteht, gegen alle bestimmte Empfindung der Menschlichkeit, gegen die vielseitigen sittlichen Neigungen, Beziehungen,

Verhältnisse und Pflichten des Herzens. Denn das sittliche Leben in der Familie, die Bande der Freundschaft, des Bluts, der Liebe, des Staats, Berufs, dies alles gehört zum Weltlichen; und das Weltliche, insofern es hier noch nicht von den absoluten Vorstellungen des Glaubens durchdrungen und zur Einigkeit und Versöhnung mit denselben entwickelt ist, erscheint jener abstrakten Innigkeit des gläubigen Gemüts, statt mit in den Kreis ihrer Empfindung und Verpflichtung aufgenommen zu sein, im Gegenteil als in sich nichtig und dadurch der Frömmigkeit feindlich und schädlich. Der sittliche Organismus der menschlichen Welt wird deshalb noch nicht geachtet, weil die Seiten und Pflichten desselben noch nicht erkannt sind als notwendige, berechtigte Glieder in der Kette einer in sich vernünftigen Wirklichkeit, in welcher sich zwar nichts Einseitiges zu isolierter Selbständigkeit erheben darf, doch ebensosehr als gültiges Moment erhalten und nicht aufgeopfert werden muß. In dieser Rücksicht bleibt hier die religiöse Versöhnung selbst wie *abstrakt* und zeigt sich in dem in sich einfachen Herzen als eine Intensität des Glaubens ohne Extension, als die Frömmigkeit des mit sich einsamen Gemüts, das sich noch nicht zu allgemeiner, entwickelter Zuversicht und zu einseitiger, umfassender Gewißheit seiner selbst fortgebildet hat. Wenn nun die Kraft eines solchen Gemütes sich gegen die nur als negativ behandelte Weltlichkeit in sich festhält und sich gewaltsam von allen menschlichen Banden, und wären es die ursprünglich festesten, loslöst, so ist dies eine Roheit des Geistes und eine barbarische Gewalt der Abstraktion, die uns zurückstoßen muß. Wir werden daher, dem Standpunkte unseres heutigen Bewußtseins nach, jenen Keim der Religiosität in dergleichen Darstellungen ehren und hochschätzen können; geht jedoch die Frömmigkeit so weit, daß wir sie bis zur Gewaltsamkeit gegen das in sich selbst Vernünftige und Sittliche gesteigert sehen, so können wir mit solchem Fanatismus der Heiligkeit nicht nur nicht sympathisieren, sondern diese Art des Entsagens muß uns sogar, da sie das von sich abweist, zertrümmert und zertritt, was an und für sich berechtigt und geheiligt ist, als unsittlich und der Religiosität widerstreitend erscheinen. – Von dieser Art gibt es viele Legenden, Geschichten und Dichtungen. Zum Beispiel die Erzählung von einem Manne, der voll Liebe für sein Weib und seine Familie und von allen den Seinigen wiedergeliebt sein Haus verläßt, umherpilgert und, als er endlich in Bettlergestalt zurückkehrt, sich nicht entdeckt; es werden ihm Almosen gereicht, unter der Treppe ein Plätzchen ihm aus Mitleiden zum Aufenthalt angewiesen; so lebt er ein zwanzig Jahre lang in seinem Hause, sieht den Kummer seiner Familie um ihn mit an, und erst im Sterben gibt er sich zu erkennen. – Es ist dies ein gräßlicher Eigensinn des Fanatismus, den wir als Heiligkeit verehren sollen. Diese Ausdauer der Entsagung kann an das Abstruse der Peinigungen erinnern, welche sich die Inder gleichfalls freiwillig zu religiösen Zwecken auferlegen. Doch haben die Duldungen der Inder einen ganz anderen Charakter. Dort nämlich versetzt sich der Mensch in Stumpfheit und Bewußtlosigkeit, hier aber ist der *Schmerz* und das absichtliche Bewußtsein und die Empfindung des Schmerzes der eigentliche Zweck, der sich um so reiner zu erreichen meint, je mehr das Leiden mit dem Bewußtsein des Werts und der Liebe zu dem aufgegebenen Verhältnisse und mit der fortwährenden Anschauung des Entsagens verbunden ist. Je reicher das Herz, das sich solche Prüfungen aufbürdet, ist, je mehr edlen Besitz es in sich trägt und doch diesen Besitz als nichtig zu verdammen und als Sünde zu stempeln sich gedrungen glaubt, desto härter ist die Versöhnungslosigkeit und kann die furchtbarsten Krämpfe und den rasendsten Zwiespalt erzeugen. Ja, unserer Anschauung nach muß uns ein solches Gemüt, das nur in intelligibler und nicht in weltlicher Welt als solcher zu Haus ist und deshalb auch in den an und für sich gültigen Gebieten und Zwecken dieser bestimmten Wirklichkeit sich nur sich verlierend fühlt und, obschon es mit ganzer Seele darin gehalten und gebunden ist, dies Sittliche doch als negativ gegen seine absolute Bestimmung betrachtet, – ein solches Gemüt muß uns in seinen selbsterzeugten Leiden wie in seiner Ergebung als verrückt erscheinen, so daß wir weder Mitleiden dafür empfinden noch Erhebung daraus schöpfen können. Dergleichen Handlungen fehlt ein inhaltsvoller, gültiger Zweck, denn was sie erreichen, ist nur ganz subjektiv, ein Zweck des einzelnen Menschen für sich selber, für das Heil *seiner* Seele, für *seine* Seligkeit. Es liegt aber eben wenigen viel daran, ob gerade dieser eine selig werde oder nicht.

b. Die innere Buße und Bekehrung

Die entgegengesetzte Darstellungsweise in derselben Sphäre sieht einerseits von der äußeren Qual der Körperlichkeit, andererseits von der negativen Richtung gegen das an und für sich Berechtigte in der weltlichen Wirklichkeit ab und gewinnt dadurch, sowohl in Rücksicht auf ihren Inhalt als auch in betreff der Form, einen der idealen Kunst gemäßeren Boden. Dieser Boden ist die Konversion des *Inneren*, das sich jetzt in seinem *geistigen* Schmerz, seiner Bekehrung des Gemüts allein ausdrückt. Dadurch fallen hier fürs erste die immer wiederholten Grausamkeiten und Gräßlichkeiten der Peinigung des Leibes fort; fürs zweite hält sich die barbarische Religiosität des Gemüts nicht mehr gegen die sittliche Menschlichkeit fest, um in der Abstraktion ihrer rein intellektuellen Befriedigung jede andere Art des Genusses im Schmerz einer absoluten Entsagung gewaltsam mit Füßen zu treten, sondern kehrt sich nur gegen das in der Tat Sündliche, Verbrecherische und Böse in der menschlichen Natur. Es ist eine hohe Zuversicht, daß der Glaube, diese Richtung des Geistes in sich auf Gott, fähig sei, die begangene Tat, selbst wenn sie Sünde und Verbrechen ist, zu etwas dem Subjekte Fremdem, sie ungeschehen zu machen, sie wegzuwaschen. Dieser Rückzug aus dem Bösen, dem absolut Negativen, der im Subjekte wirklich wird, nachdem der subjektive Wille und Geist sich selbst, wie er als böse gewesen ist, verschmäht und vertilgt hat, – diese Rückkehr zum Positiven, das sich nun als das eigentlich Wirkliche gegen die frühere Existenz in der Sünde in sich befestigt, ist die wahrhaft unendliche Gewalt der religiösen Liebe, die Gegenwart und Wirklichkeit des absoluten Geistes im Subjekte selbst. Das Gefühl der Stärke und Ausdauer des eigenen Geistes, der durch Gott, zu dem er sich wendet, das Böse besiegt und, insofern er sich mit ihm vermittelt, sich mit ihm eins weiß, gibt sodann die Befriedigung und Beseligung, Gott zwar als absolut Anderes gegen die Sünde der Zeitlichkeit anzuschauen, doch dies Unendliche zugleich identisch mit mir als diesem Subjekt zu wissen, dies Selbstbewußtsein Gottes als mein Ich, mein Selbstbewußtsein, so gewiß, als Ich mir selber bin, in mir zu tragen. Solch eine Umkehr geht freilich ganz im Innern vor und gehört dadurch mehr der Religion als der Kunst an; indem es jedoch die Innigkeit des Gemüts ist, welche sich vornehmlich dieser Tat der Bekehrung bemächtigt und auch durch das Äußere hindurchleuchten kann, so erhält selbst die bildende Kunst, die Malerei das Recht, dergleichen Bekehrungsgeschichten zur Anschauung zu bringen. Stellt sie jedoch den ganzen Verlauf, welcher in dergleichen Konversionsgeschichten liegt, vollständig dar, so kann auch hier wieder manches Unschöne mit unterlaufen, da in diesem Falle dann auch das Verbrecherische und Widrige muß vorgeführt werden, wie z. B. in der Erzählung vom verlorenen Sohne. Am günstigsten ist es deshalb für die Malerei, wenn sie die Bekehrung allein zu *einem* Bilde ohne weitere Detaillierung des Verbrecherischen konzentriert. Von dieser Art ist die Maria Magdalena, die zu den schönsten Gegenständen dieses Kreises zu zählen und besonders von italienischen Malern vortrefflich und der Kunst gemäß behandelt ist. Sie erscheint hier nach innen und außen als die *schöne* Sünderin, in welcher die Sünde ebenso anziehend ist als die Bekehrung. Doch weder mit der Sünde noch mit der Heiligkeit wird es dann so ernst genommen; ihr ward viel verziehen, weil sie viel geliebet hatte; um ihrer Liebe und Schönheit willen ist ihr verziehen, und das Rührende besteht nun darin, daß sie sich doch ein Gewissen aus ihrem Lieben macht, in empfindungsreicher Schönheit der Seele Tränen des Schmerzes vergießt. Nicht daß sie soviel geliebet hat, ist ihr Irrtum; sondern dies gleichsam ist ihr schöner, rührender Irrtum, daß sie glaubt, eine Sünderin zu sein, denn ihre empfindungsvolle Schönheit selbst gibt nur die Vorstellung, daß sie in ihrer Liebe edel und von tiefem Gemüt gewesen.

c. Wunder und Legenden

Die letzte Seite, welche mit den beiden vorigen zusammenhängt und sich in beiden geltend machen kann, betrifft die Wunder, die überhaupt in diesem ganzen Kreise eine Hauptrolle spielen. Wir können in dieser Beziehung die Wunder als die Konversionsgeschichte der unmittelbaren natürlichen Existenz bezeichnen. Die Wirklichkeit liegt als ein gemeines, zufälliges Dasein vor; dies Endliche wird vom Göttlichen berührt, das, insofern es in das ganz Äußerliche und Partikulare unmittelbar einschlägt, dasselbe auseinanderwirft, verkehrt, zu etwas schlechthin anderem macht, den natürlichen Lauf der Dinge, wie man gewöhnlich zu sagen pflegt, unterbricht. Das Gemüt nun, als von solchen unnatürlichen Erscheinungen, in welchen es die Gegenwart des Göttlichen zu erkennen glaubt, ergriffen, in seiner endlichen Vorstellung überwunden darzustellen, ist ein Hauptinhalt vieler Legenden. In der Tat aber kann das Göttliche die Natur nur als Vernunft, als die unwandelbaren Gesetze der Natur selber, die Gott ihr eingepflanzt hat, berühren und regieren, und das Göttliche darf sich nicht in einzelnen Umständen und Wirkungen, die gegen die Naturgesetze verstoßen, gerade als das Göttliche erweisen sollen; denn nur die ewigen Gesetze und Bestimmungen der Vernunft schlagen wirklich in die Natur ein. Nach dieser Seite hin gehen die Legenden häufig ohne Not in das Abstruse, Abgeschmackte, Sinnlose und Lächerliche über, indem Geist und Gemüt gerade von dem soll zum Glauben der Gegenwart und Wirksamkeit Gottes bewegt werden, was an und für sich das Vernunftlose, Falsche und Ungöttliche ist. Die Rührung, Frömmigkeit, Bekehrung kann zwar dann noch von Interesse sein, aber sie ist nur die *eine,* innere Seite; sobald sie mit anderem und Äußerlichem in Verhältnis tritt und dies Äußere die Umkehrung des Herzens bewirken soll, muß das Äußere nicht in sich selbst etwas Widersinniges und Unvernünftiges sein.

Dies wären die Hauptmomente des substantiellen Inhalts, der in diesem Kreise als Gottes Natur für sich und als der Prozeß gilt, durch welchen und in welchem er Geist ist. Es ist der absolute Gegenstand, den die Kunst nicht aus sich selbst schafft und offenbart, sondern den sie von der Religion empfangen hat und zu dem sie mit dem Bewußtsein, daß er das an und für sich Wahre sei, herantritt, um ihn auszusprechen und darzustellen. Es ist der Inhalt des gläubigen, sich sehnenden Gemüts, das sich in sich selbst die unendliche Totalität ist, so daß nun das Äußere mehr oder weniger äußerlich und gleichgültig bleibt, ohne mit dem Inneren in vollständige Harmonie zu kommen, und deshalb häufig zu einem widrigen, von der Kunst nicht durchweg besiegbaren Stoffe wird.

Zweites Kapitel
Das Rittertum

Das Prinzip der in sich unendlichen Subjektivität hat zuerst, wie wir sahen, das Absolute selbst, den Geist Gottes, wie er mit dem menschlichen Bewußtsein sich vermittelt und versöhnt und dadurch erst wahrhaft für sich selber ist, zum Inhalte des Glaubens und der Kunst. Diese romantische Mystik, indem sie sich auf die Beseligung im Absoluten beschränkt, bleibt eine abstrakte Innigkeit, weil sie sich dem Weltlichen, statt es zu durchdringen und affirmativ in sich aufzunehmen, gegenüberstellt und dasselbe von sich weist. Der Glaube ist in dieser Abstraktion vom Leben getrennt, von der konkreten Wirklichkeit des menschlichen Daseins, vom positiven Verhältnis der Menschen zueinander entfernt, welche nur im Glauben und um des Glaubens willen sich in einem Dritten, in dem Geist der Gemeine, identisch wissen und lieben. Dies Dritte ist allein die klare Quelle, in der ihr Bild sich spiegelt, ohne daß der Mensch unmittelbar dem Menschen ins Auge schaut, mit anderen in ein direktes Verhältnis tritt und die Einheit der Liebe, des Zutrauens, der Zuversicht, der Zwecke und Handlungen in konkreter Lebendigkeit empfindet. Was die Hoffnung und Sehnsucht des Inneren ausmacht, findet der Mensch in seiner abstrakt religiösen Innigkeit nur als Leben im Reiche Gottes, in der Gemeinschaft mit der Kirche und hat diese Identität in einem Dritten noch nicht aus seinem Bewußtsein zurückgestellt, um das, was er seinem konkreten Selbst nach ist, im Wissen und Wollen auch der anderen unmittelbar vor sich zu haben. Der gesamte religiöse Inhalt nimmt deshalb wohl die Form der Wirklichkeit an, aber er ist doch nur in der Innerlichkeit der Vorstellung, welche das sich lebendig ausbreitende Dasein verzehrt und fern davon ist, ihr eigenes, auch von Weltlichem erfülltes und zur Wirklichkeit entfaltetes Leben als die höhere Forderung im Leben selber zu befriedigen.

Das nur erst in seiner einfachen Seligkeit vollendete Gemüt hat daher aus dem Himmelreich seiner substantiellen Sphäre herauszutreten, in sich selber hineinzublicken und zu einem gegenwärtigen, dem Subjekt als Subjekt gehörigen Inhalte zu kommen. Dadurch wird die früher *religiöse* Innigkeit jetzt *weltlicher* Art. Christus sagte zwar: Ihr müßt Vater und Mutter verlassen und mir nachfolgen; ebenso: Der Bruder wird den Bruder hassen; sie werden euch kreuzigen und verfolgen, usf. Wenn aber das Reich Gottes Platz gewonnen hat in der Welt und die weltlichen Zwecke und Interessen zu durchdringen und dadurch zu verklären tätig ist; wenn Vater, Mutter, Bruder mit in der Gemeine sind: dann beginnt auch das Weltliche von seiner Seite her sein Recht der Geltung in Anspruch zu nehmen und durchzusetzen. Ist dies

Recht durchgefochten, so fällt nun auch die negative Haltung des zunächst ausschließlich religiösen Gemüts gegen das Menschliche als solches hinweg, der Geist breitet sich aus, sieht sich um in seiner Gegenwart und erweitert sein wirkliches weltliches Herz. Das Grundprinzip selber ist nicht geändert; die in sich unendliche Subjektivität wendet sich nur einer anderen Sphäre des Inhalts zu. Wir können diesen Übergang dadurch bezeichnen, daß wir sagen, die subjektive Einzelheit werde jetzt als Einzelheit unabhängig von der Vermittlung mit Gott für sich selber frei. Denn eben in jener Vermittlung, in der sie sich ihrer bloßen endlichen Beschränktheit und Natürlichkeit entäußerte, ist sie den Weg der Negativität durchgegangen und tritt nun, nachdem sie sich in sich selber *affirmativ* geworden ist, frei als Subjekt mit der Forderung heraus, als Subjekt schon in seiner – wenn auch hier zunächst noch formellen – Unendlichkeit vollständige Achtung für sich und andere zu erlangen. In diese *ihre* Subjektivität legt sie deshalb die ganze Innerlichkeit des unendlichen Gemütes hinein, welche sie bisher mit Gott allein ausgefüllt hatte.

Fragen wir jedoch, wovon denn auf dieser neuen Stufe die menschliche Brust in ihrer Innigkeit voll sei, so betrifft der Inhalt nur die subjektive unendliche Beziehung auf sich; das Subjekt ist nur voll von sich selbst als in sich unendlicher Einzelheit, ohne weitere konkretere Entfaltung und Wichtigkeit eines in sich selbst objektiven, substantiellen Gehalts von Interessen, Zwecken und Handlungen. – Näher sind es nun aber hauptsächlich *drei* Empfindungen, die sich für das Subjekt zu dieser Unendlichkeit steigern: die subjektive *Ehre*, die *Liebe* und die *Treue*. Es sind dies nicht eigentlich sittliche Eigenschaften und Tugenden, sondern nur Formen der mit sich selber erfüllten romantischen Innerlichkeit des Subjekts. Denn die persönliche Selbständigkeit, für welche die *Ehre* kämpft, zeigt sich nicht als die Tapferkeit für ein Gemeinwesen und für den Ruf der Rechtschaffenheit in demselben oder der Rechtlichkeit im Kreise des privaten

Lebens; sie streitet im Gegenteil nur für die Anerkennung und die abstrakte Unverletzlichkeit des einzelnen Subjekts. Ebenso ist auch die *Liebe*, welche den Mittelpunkt dieses Kreises abgibt, nur die zufällige Leidenschaft des Subjekts zum Subjekt und, wenn auch durch Phantasie erweitert, durch Innigkeit vertieft, doch nicht das sittliche Verhältnis der Ehe und Familie. Die *Treue* hat zwar mehr schon den Anschein eines sittlichen Charakters, indem sie nicht nur das Ihre will, sondern ein Höheres, Gemeinsames festhält, sich einem anderen Willen, dem Wunsch oder Befehl eines Herrn ergibt und dadurch der Selbstsucht und Selbständigkeit des eigenen besonderen Willens entsagt; aber die Empfindung der Treue betrifft nicht das objektive Interesse dieses Gemeinwesens für sich in seiner zum Staatsleben entwickelten Freiheit, sondern verknüpft sich nur mit der *Person* des Herrn, der in individueller Weise für sich selber handelt oder allgemeinere Verhältnisse zusammenhält und für sie tätig ist.

Diese drei Seiten zusammengenommen und durcheinandergeschlungen machen außer den religiösen Beziehungen, welche hereinspielen können, den Hauptinhalt des *Rittertums* aus und geben den notwendigen Fortgang von dem Prinzip des religiösen Inneren zum Eintritt desselben in die weltliche geistige Lebendigkeit, in deren Bereich jetzt die romantische Kunst einen Standpunkt gewinnt, von welchem aus sie unabhängig aus sich selber schaffen und eine gleichsam freiere Schönheit sein kann. Denn sie steht hier in der freien Mitte zwischen dem absoluten Gehalt der für sich festen religiösen Vorstellungen und der bunten Partikularität und Beschränktheit der Endlichkeit und Weltlichkeit. Unter den besonderen Künsten ist es hauptsächlich die Poesie, die sich dieses Stoffes am geeignetsten zu bemächtigen gewußt hat, weil sie am meisten befähigt ist, die nur mit sich beschäftigte Innerlichkeit und deren Zwecke und Begebenheiten auszusprechen.

Indem wir nun einen Stoff vor uns haben, den der Mensch aus seiner eigenen Brust, aus der Welt des rein Menschlichen nimmt, so möchte es scheinen, daß hier die romantische Kunst auf demselben Boden mit der klassischen stehe, und es ist hier also vornehmlich der Ort, wo wir beide miteinander vergleichen und einander gegenüberstellen können. Wir haben früher schon die klassische Kunst als das Ideal der objektiv in sich selbst wahrhaftigen Menschlichkeit bezeichnet. Ihre Phantasie bedarf zum Mittelpunkte eines Inhalts, der substantieller Art ist, ein sittliches Pathos enthält. In den Homerischen Gedichten, den Tragödien des Sophokles und Aischylos handelt es sich um Interessen von schlechthin sachlichem Gehalt, um eine strenge Haltung der Leidenschaften in demselben, um gründliche, dem Gedanken des Inhalts gemäße Beredsamkeit und Ausführung; und über dem Kreise der nur in solchem Pathos individuell selbständigen Heroen und Gestalten steht ein Götterkreis von noch gesteigerterer Objektivität. Selbst da, wo die Kunst subjektiver wird in den unendlichen Spielen der Skulptur, den Basreliefs z. B., den späteren Elegien, Epigrammen und sonstigen Anmutigkeiten der lyrischen Poesie, ist die Weise, den Gegenstand vorzutragen, mehr oder weniger durch diesen selbst gegeben, indem er bereits seine objektive Gestalt hat; es sind feste, in ihrem Charakter bestimmte Phantasiebilder, welche auftreten, Venus, Bacchus, Musen; ebenso in den späteren Epigrammen Beschreibungen des Vorhandenen; oder bekannte Blumen werden, wie Meleager es tat, in einen Strauß gebunden und erhalten durch die Empfindung ein sinnreiches Band. Es ist eine heitere Geschäftigkeit in einem reichlich versehenen, mit allen Gaben, Gebilden und für jeden Zweck fertigen Gerätschaften im Vorrate gefüllten Hause; der Dichter und Künstler ist nur der Zauberer, der sie hervorruft, versammelt und gruppiert.

Ganz anders ist es in der romantischen Poesie. Insofern sie weltlich ist und nicht unmittelbar in der heiligen Geschichte steht, sind die Tugenden und Zwecke ihrer Heldenschaft nicht die der griechischen Heroen, deren Sittlichkeit das beginnende Christentum nur als glänzendes Laster ansah. Denn die christliche Sittlichkeit setzt die herausgestaltete Gegenwart des Menschlichen voraus, in welcher der Wille, wie er sich an und für sich seinem Begriffe nach betätigen soll, zu bestimmtem Inhalt und dessen verwirklichten Verhältnissen der Freiheit, die absolut gelten, gekommen ist. Dies sind die Verhältnisse der Eltern und Kinder, der Ehegatten, der Bürger der Stadt, des Staats in seiner realisierten Freiheit. Indem dieser objektive Gehalt des Handelns der *Entwicklung* des menschlichen Geistes auf der als positiv anerkannten und gesicherten Grundlage des Natürlichen zugehört, vermag er jener konzentrierten Innigkeit des Religiösen, welche die Naturseite des Menschlichen zu vertilgen strebt, nicht mehr zu entsprechen und muß der entgegengesetzten Tugend der Demut, des Aufgebens der menschlichen Freiheit und des festen Beruhens auf sich weichen. Die Tugenden der christlichen Frömmigkeit ertöten in ihrer abstrakten Haltung das Weltliche und machen das Subjekt nur frei, wenn es sich selbst in seiner Menschlichkeit absolut verleugnet. Die subjektive Freiheit des jetzigen Kreises ist zwar nicht mehr durch bloße Duldung und Aufopferung bedingt, sondern in sich, im Weltlichen, affirmativ, aber die Unendlichkeit des Subjekts hat doch, wie wir schon sahen, nur wieder die Innigkeit als solche zu ihrem Inhalt, das subjektive Gemüt als sich in sich selbst bewegend, als der weltliche Boden seiner in sich. In dieser Beziehung hat die Poesie hier keine vorausgesetzte Objektivität vor sich, keine Mythologie, keine Bildwerke und Gestaltungen, die für ihren Ausdruck bereits fertig dalägen. Sie steht ganz frei, stofflos, rein schöpferisch und produzierend auf; es ist wie der Vogel, der frei aus der Brust sein Lied singt. Wenn nun aber diese Subjektivität auch von edlem Willen und tiefer Seele ist, so tritt doch in ihren Handlungen und deren Verhältnissen und Existenz nur die Willkürlichkeit und Zufälligkeit ein, da die Freiheit und ihre Zwecke von der in betreff auf sittlichen Gehalt noch substanzlosen Reflexion in sich selber ausgehen. Und so finden wir nicht sowohl in den Individuen ein besonderes Pathos im griechischen Sinn und eine damit aufs engste zusammengeschlossene lebendige Selbständigkeit der Individualität als vielmehr nur Grade der Heldenschaft in Rücksicht auf Liebe, Ehre, Tapferkeit, Treue – Grade, in welche die Schlechtigkeit oder der Adel der Seele hauptsächlich Verschiedenheiten hereinbringt. Was jedoch die Helden des Mittelalters mit den Heroen des Altertums gemeinschaftlich haben, ist die *Tapferkeit.* Doch auch diese erhält hier eine ganz andere Stellung. Sie ist weniger der natürliche Mut, der auf der gesunden Tüchtigkeit und von der Bildung ungeschwächten Kraft des Körpers und Willens beruht und der Durchführung objektiver Interessen zur Stütze dient, sondern sie geht von der Innerlichkeit des Geistes, von der Ehre, der Ritterlichkeit aus und ist im ganzen phantastisch, indem sie sich den Abenteuern der inneren Willkür und den Zufälligkeiten äußerer Verschlingungen oder den Impulsen der mystischen Frömmigkeit, überhaupt aber der subjektiven Beziehung des Subjekts auf sich unterwirft.

Diese Form nun der romantischen Kunst ist in zwei Hemisphären zu Hause: in dem Abendlande, diesem Niedergange des Geistes in sein subjektives Inneres, und im Morgenlande, dieser ersten Expansion des sich zur Befreiung vom Endlichen aufschließenden Bewußtseins. Im Abendlande beruht die Poesie auf dem in sich zurückgenommenen Gemüt, das sich für sich der Mittelpunkt geworden ist, doch seine Weltlichkeit nur als den einen Teil seiner Stellung, als die *eine* Seite hat, über welcher noch eine höhere Welt des Glaubens steht. Im Morgenlande ist es der Araber vornehmlich, welcher als ein Punkt, der zunächst nichts vor sich hat als seine trockene Wüste und seinen Himmel, lebenskräftig zum Glanze und zur ersten Extension der Weltlichkeit heraustritt und dabei seine innere Freiheit zugleich noch bewahrt. Überhaupt ist es im Orient die mohammedanische Religion, die gleichsam den Boden rein gemacht, allen Götzendienst der Endlichkeit und Phantasie vertrieben, aber dem Gemüte die subjektive Freiheit gegeben hat, die dasselbe ganz ausfüllt;

so daß die Weltlichkeit hier nicht eine nur andere Sphäre ausmacht, sondern mit in die allgemeine Ungebundenheit aufgeht, in welcher Herz und Geist, ohne sich Gott objektiv zu gestalten, in sich in froher Lebendigkeit versöhnt, gleichsam Bettler, theoretisch in der Verherrlichung ihrer Gegenstände glücklich genießend, liebend, befriedigt und selig sind.

1. Die Ehre

Das Motiv der Ehre war der alten klassischen Kunst unbekannt. In der Ilias macht wohl der Zorn des Achilles den Inhalt und das bewegende Prinzip aus, so daß der ganze weitere Verlauf davon abhängig ist; aber was wir im modernen Sinne unter Ehre verstehen, ist hier nicht aufgefaßt. Achill findet sich wesentlich nur dadurch verletzt, daß ihm sein wirklicher Beuteanteil, der ihm gehört und der seine Ehrenbelohnung, sein γέρας ist, von Agamemnon genommen wird. Die Verletzung geschieht hier in Rücksicht auf etwas Reales, auf eine Gabe, in welcher allerdings auch eine Bevorzugung, eine Anerkennung des Ruhms und der Tapferkeit gelegen hatte, und Achill erzürnt sich, weil ihm Agamemnon unwürdig begegnet und ihn nichts zu achten kundgibt unter den Griechen; aber die Verletzung dringt nicht in die letzte Spitze der Persönlichkeit als solcher, so daß sich Achill nun auch durch die Zurückgabe des ihm entrissenen Anteils und die Hinzufügung mehrerer Geschenke und Güter befriedigt und Agamemnon diese Reparation letztlich nicht verweigert, obschon sie sich unseren Vorstellungen nach aufs allergröblichste wechselseitig beleidigt haben. Durch die Schimpfworte jedoch haben sie sich nur zornig gemacht, während die partikulär sachliche Verletzung in ebenso partikulär-sachlicher Weise wieder aufgehoben wird.

Die romantische Ehre dagegen ist anderer Art. In ihr betrifft die Verletzung nicht den sachlichen realen Wert, Eigentum, Stand, Pflicht usf., sondern die Persönlichkeit als solche und deren Vorstellung von sich selbst, den Wert, den das Subjekt sich für sich selber zuschreibt. Dieser Wert ist auf der jetzigen Stufe ebenso unendlich, als das Subjekt sich unendlich ist. In der Ehre hat daher der Mensch das nächste affirmative Bewußtsein seiner unendlichen Subjektivität, unabhängig von dem Inhalt derselben. Was nun das Individuum besitzt, was an ihm etwas Besonderes ausmacht, nach dessen Verlust es ebensogut als vorher bestehen könnte, in das wird durch die Ehre die absolute Geltung der ganzen Subjektivität hineingelegt und darin für sich und andere vorgestellt. Der Maßstab der Ehre geht also nicht auf das, was das Subjekt wirklich ist, sondern auf das, was in dieser Vorstellung ist. Die Vorstellung aber macht jedes Besondere zu der Allgemeinheit, daß meine ganze Subjektivität in diesem Besonderen, die mein ist, liegt. Die Ehre ist nur Schein, pflegt man zu sagen. Allerdings ist dies der Fall; aber sie ist dem jetzigen Standpunkt gemäß näher als das Scheinen und Widerscheinen der Subjektivität in sich selbst zu nehmen, das als Scheinen eines in sich Unendlichen selber unendlich ist. Durch diese Unendlichkeit eben wird der Schein der Ehre das eigentliche Dasein des Subjekts, seine höchste Wirklichkeit, und jede besondere Qualität, in welche die Ehre hineinscheint und dieselbe zur ihrigen macht, ist durch dieses Scheinen selber schon zu einem unendlichen Wert erhoben. – Diese Art der Ehre macht eine Grundbestimmung in der romantischen Welt aus und hat die Voraussetzung, daß der Mensch ebensosehr aus der bloß religiösen Vorstellung und Innerlichkeit heraus-, als auch in die lebendige Wirklichkeit hineingetreten sei und an dem Stoffe derselben jetzt nur sich selbst in seiner rein persönlichen Selbständigkeit und absoluten Geltung zur Existenz bringe.

Die Ehre kann nun den mannigfaltigsten *Inhalt* haben. Denn alles, was ich bin, was ich tue, was mir von anderen angetan wird, gehört auch meiner Ehre an. Ich kann mir deshalb das schlechthin Substantielle selbst, Treue gegen Fürsten, gegen Vaterland, Beruf, Erfüllung der Vaterpflichten, Treue in der Ehe, Rechtschaffenheit in Handel und Wandel, Gewissenhaftigkeit in wissenschaftlichen Forschungen usf. zur Ehre anrechnen. Für den Gesichtspunkt der Ehre nun aber sind alle diese in sich selbst gültigen und wahrhaftigen Verhältnisse nicht durch sich selbst schon sanktioniert und anerkannt, sondern erst dadurch, daß ich meine Subjektivität hineinlege und sie hierdurch zur Ehrensache werden lasse. Der Mann von Ehre denkt daher bei allen Dingen immer zuerst an sich selbst; und nicht, ob etwas an und für sich recht sei oder nicht, ist die Frage, sondern, ob es ihm gemäß sei, ob es seiner Ehre gezieme, sich damit zu befassen oder davonzubleiben. Und so kann er auch wohl die schlechtesten Dinge tun und ein Mann von Ehre sein. Er schafft sich ebenso willkürliche Zwecke, stellt sich in einem gewissen Charakter vor und macht sich dadurch bei sich und anderen zu dem verbindlich, wozu an sich keine Verbindlichkeit und Notwendigkeit statthat. Dann legt nicht die Sache, sondern die subjektive Vorstellung Schwierigkeiten und Verwicklungen in den Weg, da es zur Ehrensache wird, den einmal angenommenen Charakter zu behaupten. So hält es z. B. Donna Diana als ihrer Ehre zuwider, die Liebe, welche sie fühlt, irgend zu gestehen, weil sie einmal dafür gegolten hat, der Liebe nicht Gehör zu geben. – Im allgemeinen bleibt deshalb der Inhalt der Ehre, da er nur durch das Subjekt und nicht nach seiner ihm selbst immanenten Wesentlichkeit gilt, der Zufälligkeit preisgegeben. Deshalb sehen wir in den romantischen Darstellungen einerseits das, was an und für sich berechtigt ist, als *Gesetz der Ehre* ausgesprochen, indem das Individuum an das Bewußtsein des Rechten zugleich das unendliche Selbstbewußtsein seiner Persönlichkeit knüpft. Daß die Ehre etwas fordere oder verbiete, drückt dann aus, daß die ganze Subjektivität sich in den Inhalt dieser Forderung oder dieses Verbots hineinsetze, so daß eine Übertretung sich nicht durch irgendeine Transaktion übersehen, gutmachen oder ersetzen lasse und das Subjekt nun keinem anderen Inhalte Gehör geben könne. Umgekehrt aber kann die Ehre auch zu etwas ganz Formellem und Gehaltlosem werden, insofern sie nichts als mein trockenes Ich, das für sich unendlich ist, enthält oder gar einen ganz schlechten Inhalt als verpflichtend in sich aufnimmt. In diesem Falle bleibt die Ehre, besonders in dramatischen Darstellungen, ein durchweg kalter und toter Gegenstand, indem ihre Zwecke dann nicht einen wesentlichen Inhalt, sondern nur eine abstrakte Subjektivität ausdrücken. Nun hat aber nur ein in sich substantieller Gehalt Notwendigkeit und läßt sich in dieser seinem mannigfachen Zusammenhange nach explizieren und als notwendig ins Bewußtsein bringen. Dieser Mangel an tieferem Inhalt tritt besonders hervor, wenn die Spitzfindigkeit der Reflexion an sich selbst Zufälliges und Unbedeutendes, das mit dem Subjekt in Berührung steht, mit in den Umfang der Ehre hineinzieht. An Stoff fehlt es dann niemals, denn die Spitzfindigkeit analysiert mit großer Subtilität der Unterscheidungsgabe, und da können viele Seiten, die für sich genommen ganz gleichgültig sind, herausgefunden und zum Gegenstand der Ehre gemacht werden. Hauptsächlich die Spanier haben diese Kasuistik der Reflexion über Ehrenpunkte in ihrer dramatischen Poesie ausgebildet und als Räsonnement ihren Ehrenhelden in den Mund gelegt. So kann z. B. die Treue der Ehefrau bis in die allergeringfügigsten Umstände hinein untersucht und schon der bloße Verdacht anderer, ja die bloße Möglichkeit eines solchen Verdachtes, selbst wenn der Mann weiß, der Verdacht sei falsch, ein Gegenstand der Ehre werden. Führt dies zu Kollisionen, so liegt in der Durchführung derselben keine Befriedigung, weil wir nichts Substantielles vor uns haben und deshalb statt der Beruhigung eines notwendigen Widerstreites nur eine peinlich einengende Empfindung daraus entnehmen können. Auch in französischen Dramen ist es oft die trockene Ehre, ganz abstrakt für sich, die als wesentliches Interesse gelten soll. Mehr aber noch ist Herrn Friedrich von Schlegels *Alarcos* dies in sich Eiskalte und Tote: der Held ermordet seine edle, liebende Frau – warum? – um der Ehre willen, und diese Ehre besteht darin, daß er die Königstochter, für die er gar keine Leidenschaft hegt, heiraten und dadurch Tochtermann des Königs werden kann. Das ist ein verächtliches Pathos und eine schlechte Vorstellung, die sich zu etwas Hohem und Unendlichem aufspreizt.

b. Verletzbarkeit der Ehre

Indem nun die Ehre nicht nur ein Scheinen *in mir* selber ist, sondern auch in der Vorstellung und Anerkennung der *anderen* sein muß, welche wiederum ihrerseits die gleiche Anerkennung ihrer Ehre fordern dürfen, so ist die Ehre das schlechthin *Verletzliche*. Denn wieweit ich und in bezug worauf ich die Forderung ausdehnen will, beruht rein in meiner Willkür. Der kleinste Verstoß kann mir in dieser Rücksicht schon von Bedeutung sein; und da der Mensch innerhalb der konkreten Wirklichkeit mit tausend Dingen in den mannigfaltigsten Verhältnissen steht und den Kreis dessen, was er zu dem Seinigen zählen und worein er seine Ehre legen wolle, unendlich zu erweitern vermag, so ist bei der Selbständigkeit der Individuen und ihrer spröden Vereinzelung, die gleichfalls im Prinzip der Ehre liegt, des Streitens und Haderns kein Ende. Auch bei der Verletzung kommt es deshalb, wie bei der Ehre überhaupt, nicht auf den Inhalt an, in welchem ich mich verletzt fühlen muß; denn das, was negiert wird, betrifft die Persönlichkeit, die solch einen Inhalt zu dem ihrigen gemacht hat und nun *sich*, als diesen ideellen unendlichen Punkt, angegriffen erachtet.

c. Wiederherstellung der Ehre

Dadurch ist jede Ehrenverletzung als etwas in sich selbst Unendliches angesehen und kann deswegen nur auf unendliche Weise gutgemacht werden. Zwar gibt es auch wieder viele Grade der Beleidigung und ebensoviel Grade der Satisfaktion; was ich aber überhaupt in diesem Kreise als eine Verletzung nehme, inwieweit ich mich als beleidigt empfinden und eine Genugtuung fordern will, das hängt auch hier wieder ganz von der subjektiven Willkür ab, die bis zur skrupulösesten Reflexion und gereiztesten Empfindlichkeit fortzugehen das Recht hat. Bei solch einer Genugtuung, die gefordert ist, muß dann der Verletzende, ebenso wie ich selbst, als ein Ehrenmann anerkannt werden. Denn ich will die Anerkennung meiner Ehre von seiten des anderen; um nun aber Ehre für ihn und durch ihn zu haben, muß er mir selbst als ein Mann von Ehre, d. h. er muß mir, der Verletzung, die er mir angetan, und meiner subjektiven Feindschaft gegen ihn unerachtet, in seiner Persönlichkeit als ein Unendliches gelten.

So ist es denn im Prinzip der Ehre überhaupt eine Grundbestimmung, daß keiner durch seine Handlungen irgendwem ein Recht über sich geben darf und deshalb, was er auch getan und begangen haben mag, sich nach wie vor als ein unverändertes Unendliches betrachtet und in dieser Qualität genommen und behandelt sein will.

Da nun die Ehre in ihren Streitigkeiten und ihrer Genugtuung in dieser Rücksicht auf der persönlichen Selbständigkeit beruht, die sich durch nichts beschränkt weiß, sondern aus sich selbst handelt, so sehen wir hier das zuerst wieder herausgekehrt, was bei den heroischen Gestalten des Ideals eine Grundbestimmung ausmachte, die Selbständigkeit der Individualität. In der Ehre aber haben wir nicht nur das Festhalten an sich selber und das Handeln aus sich, sondern die Selbständigkeit ist hier verbunden mit der *Vorstellung von sich selbst*, und diese Vorstellung gerade macht den eigentlichen Inhalt der Ehre aus, so daß sie in dem Äußerlichen und Vorhandenen das Ihrige und sich darin ihrer ganzen Subjektivität nach vorstellt. Die Ehre ist somit die in sich *reflektierte* Selbständigkeit, welche nur diese Reflexion zu ihrem Wesen hat und es schlechthin zufällig läßt, ob ihr Inhalt das in sich selbst Sittliche und Notwendige oder das Zufällige und Bedeutungslose ist.

2. *Die Liebe*

Die zweite Empfindung, welche eine überwiegende Rolle in den Darstellungen der romantischen Kunst spielt, ist die *Liebe.*

a. Begriff der Liebe

Wenn in der Ehre die persönliche Subjektivität, wie sie sich in ihrer absoluten *Selbständigkeit* vorstellt, die Grundbestimmung ausmacht, so ist in der Liebe vielmehr das Höchste die *Hingebung* des Subjekts an ein Individuum des anderen Geschlechts, das Aufgeben seines selbständigen Bewußtseins und seines vereinzelten Fürsichseins, das erst im Bewußtsein des anderen sein eigenes Wissen von sich zu haben sich gedrungen fühlt. In dieser Beziehung sind sich Liebe und Ehre entgegengesetzt. Umgekehrt aber können wir die Liebe auch als die *Realisation* dessen ansehen, was schon in der Ehre liegt, insofern es das Bedürfnis der Ehre ist, sich anerkannt, die Unendlichkeit der Person aufgenommen zu sehen in einer anderen Person. Diese Anerkennung ist erst wahrhaft und total, wenn nicht nur meine Persönlichkeit in abstracto oder in einem konkreten vereinzelten und dadurch beschränkten Fall von anderen respektiert wird, sondern wenn ich meiner ganzen Subjektivität nach, mit allem, was dieselbe ist und in sich enthält, als dieses Individuum, wie es war und ist und sein wird, das Bewußtsein eines anderen durchdringe, sein eigentliches Wollen und Wissen, sein Streben und Besitzen ausmache. Dann lebt dies Andere nur in mir, wie ich mir nur in ihm da bin; beide sind in dieser erfüllten Einheit erst für sich selber und legen in diese Identität ihre ganze Seele und Welt hinein. In dieser Rücksicht ist es dieselbe innerliche Unendlichkeit des Subjekts, welche der Liebe die Wichtigkeit für die romantische Kunst gibt, eine Wichtigkeit, die durch den höheren Reichtum, den der Begriff der Liebe mit sich führt, noch gesteigert wird.

Näher nun beruht die Liebe nicht, wie es oft bei der Ehre der Fall sein kann, auf den Reflexionen und der Kasuistik des Verstandes, sondern findet in der Empfindung ihren Ursprung und hat, da die Geschlechtsdifferenz hineinspielt, zugleich die Grundlage von vergeistigten Naturverhältnissen. Wesentlich wird sie jedoch hier nur dadurch, daß das Subjekt seinem Inneren, seiner Unendlichkeit-in-sich nach in dies Verhältnis aufgeht. Dies Verlorensein seines Bewußtseins in dem anderen, dieser Schein von Uneigennützigkeit und Selbstlosigkeit, durch welchen sich das Subjekt erst wiederfindet und zum Selbst wird, diese Vergessenheit seiner, so daß der Liebende nicht für sich existiert, nicht für sich lebt und besorgt ist, sondern die Wurzeln seines Daseins in einem anderen findet und doch in diesem anderen gerade ganz sich selbst genießt, macht die Unendlichkeit der Liebe aus; und das Schöne ist vornehmlich darin zu suchen, daß dies Gefühl nicht nur Trieb und Gefühl bleibt, sondern daß die Phantasie sich ihre Welt zu diesem Verhältnis ausbildet, alles andere, was sonst an Interessen, Umständen, Zwecken zum wirklichen Sein und Leben gehört, zu einem Schmucke dieses Gefühls erhebt, alles in diesen Kreis reißt und nur in dieser Beziehung ihm einen Wert zuteilt. Besonders in weiblichen Charakteren ist die Liebe am schönsten, denn ihnen ist diese Hingebung, diese Aufgebung der höchste Punkt, indem sie das ganze geistige und wirkliche Leben zu dieser Empfindung zusammenziehen und ausbreiten, in ihr allein einen Halt des Daseins finden und, streift ein Unglück darüber hin, wie ein Licht schwinden, das durch den ersten rauhen Hauch auslöscht. – In dieser subjektiven Innigkeit der Empfindung kommt die Liebe in der klassischen Kunst nicht vor und tritt überhaupt nur als ein für die Darstellung untergeordnetes Moment oder nur nach der Seite des sinnlichen Genusses auf. Im Homer wird entweder kein großes Gewicht darauf gelegt, oder die Liebe erscheint in ihrer würdigsten Gestalt, als Ehe in dem Kreise der Häuslichkeit, wie in der Gestalt der Penelope, als Besorgnis der Gattin und Mutter, wie in Andromache, oder sonst in sittlichen Verhältnissen. Das Band dagegen, welches Paris an Helena knüpft, ist als unsittlich anerkannt und die Ursache der Schrecken und der Not des Trojanischen Krieges; und die Liebe des Achill zur Briseïs hat wenig Tiefe der Empfindung und Innerlichkeit, denn Briseïs ist eine Sklavin, die dem Helden zu Willen ist. In den Oden der Sappho steigert sich zwar die Sprache der Liebe zu lyrischer Begeisterung, doch ist es mehr die schleichende, verzehrende Glut des Blutes, welche sich ausdrückt, als die Innigkeit des subjektiven Herzens und Gemüts. Nach einer anderen Seite hin ist in den kleinen anmutigen Liedern des Anakreon die Liebe ein heiterer, allgemeiner Genuß, der ohne die unendlichen Leiden, ohne diese Bemächtigung der ganzen Existenz oder die fromme Ergebenheit eines gedrückten, schmachtenden, schweigenden Gemüts fröhlich auf den unmittelbaren Genuß als auf eine unbefangene Sache losgeht, die sich so oder so macht und bei welcher die unendliche Wichtigkeit, gerade *dieses* und kein anderes Mädchen zu besitzen, ebenso unberücksichtigt bleibt als die mönchische Ansicht, dem Geschlechtsverhältnis ganz zu entsagen. Die hohe Tragödie der Alten kennt gleichfalls die Leidenschaft der Liebe in ihrer romantischen Bedeutung nicht. Besonders bei Aischylos und Sophokles nimmt sie kein wesentliches Interesse für sich in Anspruch. Denn obschon Antigone dem Haimon zur Gattin bestimmt ist und Haimon sich der Antigone vor seinem Vater annimmt, ja sich sogar, da er sie nicht zu retten imstande ist, ihretwegen tötet, so macht er jedoch vor Kreon nur objektive Verhältnisse und nicht die subjektive Gewalt seiner Leidenschaft, die er auch nicht in dem Sinne eines modernen innigen Liebhabers empfindet, geltend. Als wesentlicheres Pathos behandelt schon Euripides, in der *Phädra* z. B., die Liebe, doch auch hier erscheint sie als eine verbrecherische Abirrung des Bluts, als Leidenschaft der

Sinne, auf Anstiften der Venus, welche den Hippolyt verderben will, weil er ihr nicht opfern mag. Ebenso haben wir in der Mediceischen Venus wohl ein plastisches Bild der Liebe, gegen dessen Zierlichkeit und schöne Ausarbeitung der Gestalt sich nichts sagen läßt; der Ausdruck der Innerlichkeit aber, wie die romantische Kunst ihn erfordert, fehlt durchaus. Dasselbe ist in der römischen Poesie der Fall, wo die Liebe nach Auflösung der Republik und Strenge des sittlichen Lebens mehr oder weniger als ein sinnlicher Genuß erscheint. Dagegen hat den Petrarca, wenn er selber auch seine Sonette für Spiele hielt und es seine lateinischen Gedichte und Werke waren, worauf er seinen Ruhm gründete, eben diese Phantasieliebe, die sich unter dem italienischen Himmel in der kunstgebildeten Inbrunst des Herzens mit Religion verschwisterte, unsterblich werden lassen. Auch Dantes Erhöhung ging aus von seiner Liebe zu Beatrice, die sich dann in ihm zu religiöser Liebe verklärte, während seine Tapferkeit und Kühnheit sich zur Energie einer religiösen Kunstanschauung erhob, in welcher er sich, was sonst niemand wagen würde, zum Weltrichter über die Menschen machte und sie der Hölle, dem Fegefeuer und Himmel zuteilte. Als Gegenbild dieser Erhöhung stellt Boccaccio die Liebe teils in ihrer Heftigkeit der Leidenschaft, teils ganz leichtfertig ohne Sittlichkeit dar, indem er uns in seinen bunten Novellen die Sitten seiner Zeit, seines Landes vor Augen führt. Im deutschen Minnegesang zeigt die Liebe sich empfindungsvoll, zart, ohne Reichhaltigkeit der Phantasie, spielend, melancholisch, einförmig; bei den Spaniern phantasiereich im Ausdruck, ritterlich, spitzfindig zuweilen in Aufsuchung und Verteidigung ihrer Rechte und Pflichten, als persönliche Ehrensache, und auch hier schwärmerisch in ihrem höchsten Glanze. Bei den späteren Franzosen wird sie dagegen mehr galant, nach der Eitelkeit hingewendet, eine zur Poesie oft höchst geistreich mit sinnvoller Sophisterei *gemachte* Empfindung, bald ein Sinnengenuß ohne Leidenschaft, bald eine Leidenschaft ohne Genuß, eine sublimierte, reflexionsvolle Empfindung und Empfindsamkeit. – Doch ich muß diese Andeutungen, welche auszuführen hier der Ort nicht ist, abbrechen.

b. Kollisionen der Liebe

Näher nun teilt sich das weltliche Interesse überhaupt in zwei Seiten, indem auf der einen die Weltlichkeit als solche steht, Familienleben, Staatsverband, Bürgertum, Gesetz, Recht, Sitte usf., und diesem für sich festen Dasein gegenüber in edleren, feurigen Gemütern die Liebe aufkeimt, diese weltliche Religion der Herzen, welche sich bald mit der Religion in jeder Weise vereinigt, bald dieselbe unter sich stellt, sie vergißt und, indem sie sich allein zu der wesentlichen, ja der einzigen oder höchsten Angelegenheit des Lebens macht, nicht nur allem übrigen zu entsagen und mit dem Geliebten in eine Wüste zu fliehen sich entschließen kann, sondern in ihrem – dann freilich unschönen – Extrem bis zur unfreien, knechtischen, hündischen Aufopferung der Würdigkeit des Menschen, wie z. B. im *Käthchen von Heilbronn,* fortgeht. Durch diese Zerscheidung nun sind die Zwecke der Liebe in der konkreten Wirklichkeit nicht ohne *Kollisionen* auszuführen, denn außer der Liebe machen auch die übrigen Lebensverhältnisse ihre Forderungen und Rechte geltend und können dadurch die Leidenschaft der Liebe in ihrer Alleinherrschaft verletzen.

α) Die *erste,* häufigste Kollision, deren wir in dieser Rücksicht zu erwähnen haben, ist der Konflikt der *Ehre* und *Liebe.* Die Ehre nämlich hat ihrerseits dieselbe Unendlichkeit als die Liebe und kann einen Inhalt aufnehmen, welcher sich der Liebe als ein absolutes Hindernis in den Weg stellt. Die Pflicht der Ehre kann die Aufopferung der Liebe fordern. Von gewissen Standpunkten aus wäre es z. B. wider die Ehre eines höheren Standes, ein Mädchen von geringerem Stande zu lieben. Der Unterschied von Ständen ist durch die Natur der Sache notwendig und gegeben. Wenn nun das weltliche Leben noch nicht durch den unendlichen Begriff wahrer Freiheit regeneriert ist, in welcher Stand, Beruf usf. von dem Subjekt als solchem und dessen freier Wahl ausgeht, so ist es einerseits mehr oder weniger immer die Natur, die Geburt, welche dem Menschen seine feste Stellung anweist, andererseits werden die Unterschiede, die dadurch hervorkommen, außerdem noch durch die Ehre, insofern sie sich ihren eigenen Stand zur Ehrensache macht, als absolut und unendlich festgehalten.

β) Außer der Ehre nun aber können *zweitens* auch die ewigen *substantiellen* Mächte selbst, die Interessen des Staats, Vaterlandsliebe, Familienpflichten usf., mit der Liebe in Streit geraten und ihre Realisation verbieten. Besonders in modernen Darstellungen, in denen sich die objektiven Verhältnisse des Lebens schon zur Gültigkeit herausgearbeitet haben, ist dies eine sehr beliebte Kollision. Die Liebe ist dann als ein selber gewichtvolles Recht des subjektiven Gemüts anderen Rechten und Pflichten entweder so gegenübergestellt, daß sich das Herz dieser Pflichten als untergeordnet entschlägt oder sie anerkennt und mit sich selber und der Gewalt seiner eigenen Leidenschaft in Kampf gerät. Die *Jungfrau von Orleans* z. B. beruht auf dieser letzteren Kollision.

γ) *Drittens* jedoch können es überhaupt *äußerliche* Verhältnisse und Hindernisse sein, welche sich der Liebe entgegenstemmen: der gewöhnliche Lauf der Dinge, die Prosa des Lebens, Unglücksfälle, Leidenschaft, Vorurteile, Borniertheiten, Eigensinn anderer, Vorkommenheiten der mannigfaltigsten Art. Hier mischt sich dann oft viel Häßliches, Furchtbares, Niederträchtiges ein, indem es die Schlechtigkeit, Roheit und Wildheit sonstiger Leidenschaft ist, welche sich der zarten Seelenschönheit der Liebe entgegensetzt. Besonders in neueren Zeiten in Dramen, Erzählungen und Romanen sehen wir häufig dergleichen äußere Kollisionen, welche dann hauptsächlich von seiten der Teilnahme für die Leiden, Hoffnungen, zerstörten Aussichten der unglücklich Liebenden interessieren und durch einen guten oder schlimmen Ausgang rühren und befriedigen oder überhaupt nur unterhalten sollen. Diese Weise der Konflikte jedoch, da sie auf bloßer Zufälligkeit beruht, ist von untergeordneter Art.

c. Zufälligkeit der Liebe

Die Liebe hat nach allen diesen Seiten allerdings eine hohe Qualität in ihr, insofern sie nicht nur Geschlechterneigung überhaupt bleibt, sondern ein in sich reiches, schönes, edles Gemüt sich hingibt und für die Einheit mit dem anderen lebendig, tätig, tapfer, aufopferungsvoll usw. ist. Zugleich aber hat die romantische Liebe auch ihre *Schranke.* Was nämlich ihrem Inhalt abgeht, ist die an und für sich seiende *Allgemeinheit.* Sie ist nur die *persönliche* Empfindung des einzelnen Subjekts, die sich nicht mit den ewigen Interessen und dem objektiven Gehalt des menschlichen Daseins, mit Familie, politischen Zwecken, Vaterland, Pflichten des Berufs, des Standes, der Freiheit, der Religiosität, sondern nur mit dem eigenen Selbst erfüllt zeigt, das die Empfindung, widergespiegelt von einem anderen Selbst, zurückempfangen will. Dieser Inhalt der selber noch wieder formellen Innigkeit entspricht nicht wahrhaft der Totalität, welche ein in sich konkretes Individuum sein muß. In der Familie, der Ehe, der Pflicht, dem Staat ist die subjektive Empfindung als solche und die aus derselben herfließende Vereinigung gerade mit diesem und keinem anderen Individuum nicht die Hauptsache, um welche es sich handeln darf. In der romantischen Liebe aber dreht sich alles nur darum, daß *dieser* gerade *diese, diese diesen* liebt. Warum es just nur dieser oder diese Einzelne ist, das findet seinen einzigen Grund in der subjektiven Partikularität, in dem Zufall der Willkür. Jedwedem kommt seine Geliebte sowie dem Mädchen ihr Geliebter, obschon sie andere sehr gewöhnlich finden können, als die Schönste, als der Herrlichste vor, und sonst keiner und keine in der Welt. Aber eben indem alle, oder doch viele, diese Ausschließung machen und nicht Aphrodite selbst, die einzige, geliebt wird, sondern vielmehr jedem die Seine die Aphrodite und leicht noch mehr ist, so zeigt sich, daß es viele sind, welche als dasselbe gelten; wie denn auch in der Tat jeder weiß, daß es viele hübsche oder gute, vortreffliche Mädchen in der Welt gibt, die alle – oder doch die meisten – auch ihre Liebhaber, Anbeter und Männer finden, denen sie als schön, tugendreich, liebenswürdig usf. erscheinen. Nur jedesmal einer und nur eben dieser absolut den Vorzug zu geben, ist daher eine bloße Privatsache des subjektiven Herzens und der Besonderheit oder Absonderlichkeit des Subjekts, und die unendliche Hartnäckigkeit, notwendig nur gerade in dieser sein Leben, sein höchstes Bewußtsein zu finden, erweist sich als eine unendliche Willkür der Notwendigkeit. Es ist in dieser Stellung allerdings die höhere Freiheit der Subjektivität und deren absoluter Wahl anerkannt – die Freiheit, nicht bloß wie die Phädra des Euripides einem Pathos, einer Gottheit unterworfen zu sein; aber um des schlechthin einzelnen Willens, aus dem sie hervorgeht, [willen] erscheint die Wahl zugleich als ein Eigensinn und eine Halsstarrigkeit der Partikularität.

Dadurch behalten die Kollisionen der Liebe, besonders wenn dieselbe substantiellen Interessen kämpfend gegenübergestellt wird, immer eine Seite der Zufälligkeit und Berechtigungslosigkeit, weil es die Subjektivität als solche ist, welche sich mit ihren nicht an und für sich gültigen Forderungen dem entgegensetzt, was um seiner eigenen Wesentlichkeit willen auf Anerkennung Anspruch zu machen hat. Die Individuen in der hohen Tragödie der Alten, Agamemnon, Klytämnestra, Orest, Ödipus, Antigone, Kreon usf., haben zwar gleichfalls einen individuellen Zweck; aber das Substantielle, das Pathos, das sie als Inhalt ihrer Handlung treibt, ist von absoluter Berechtigung und ebendeshalb auch in sich selbst von allgemeinem Interesse. Das Los, das sie ihrer Tat wegen betrifft, ist daher auch nicht rührend, weil es ein unglückliches Schicksal, sondern weil es ein Unglück ist, das zugleich absolut ehrt, indem das Pathos, welches nicht ruht, bis es Befriedigung erlangt hat, einen für sich notwendigen Inhalt hat. Wenn die Schuld der Klytämnestra in diesem konkreten Falle nicht gestraft, wenn die Verletzung, welche Antigone als Schwester erfährt, nicht aufgehoben wird, so ist dies ein Unrecht an sich. Diese Leiden aber der Liebe, diese zerscheiternden Hoffnungen, dies Verliebtsein überhaupt, diese unendlichen Schmerzen, die ein Liebender empfindet, diese unendliche Glückseligkeit und Seligkeit, die er sich vorstellt, sind kein an sich selbst allgemeines Interesse, sondern etwas, was nur ihn selber angeht. Jeder Mensch zwar hat ein Herz für die Liebe und das Recht, dadurch glücklich zu werden; wenn er aber hier, gerade in diesem Falle, unter den und den Umständen, in betreff gerade auf dieses Mädchen, sein Ziel nicht erreicht, so ist damit kein Unrecht geschehen. Denn es ist nichts in sich Notwendiges, daß er sich gerade auf dieses Mädchen kaprizioniere, und wir sollen uns daher für die höchste Zufälligkeit, für die Willkür der Subjektivität, die keine Ausdehnung und Allgemeinheit hat, interessieren. Dies bleibt die Seite der Kälte, die bei aller Hitze der Leidenschaft in ihrer Darstellung uns durchdringt.

3. Die Treue

Das dritte Moment, welches für die romantische Subjektivität in ihrem weltlichen Kreise von Wichtigkeit wird, ist die *Treue.* Unter Treue jedoch haben wir hier weder das konsequente Festhalten an dem einmal gegebenen Liebeswort noch die Festigkeit der Freundschaft zu verstehen, als deren schönstes Vorbild unter den Alten Achill und Patroklos und inniger noch Orest und Pylades galten. Die Freundschaft in diesem Sinne des Wortes hat die Jugend vornehmlich zu ihrem Boden und zu ihrer Zeit. Jeder Mensch hat seinen Lebensweg für sich zu machen, eine Wirklichkeit sich zu erarbeiten und zu erhalten. Die Jugend nun, wenn die Individuen noch in gemeinsamer Unbestimmtheit ihrer wirklichen Verhältnisse leben, ist die Zeit, in welcher sie sich aneinanderschließen und so eng zu *einer* Gesinnung, einem

Willen und einer Tätigkeit verbinden, daß dadurch jedes Unternehmen des einen zugleich zum Unternehmen des anderen wird. Dies ist schon in der Männerfreundschaft nicht mehr der Fall. Die Verhältnisse des Mannes gehen für sich ihren Gang und lassen sich nicht in so fester Gemeinschaft mit einem anderen durchführen, daß der eine nichts ohne den anderen vollbringen könnte. Männer finden und trennen sich wieder, ihre Interessen und Geschäfte laufen auseinander und vereinen sich; die Freundschaft, die Innigkeit der Gesinnung, der Grundsätze, allgemeinen Richtungen bleibt, aber es ist nicht die Jünglingsfreundschaft, bei welcher keiner etwas beschließt und ins Werk setzt, was nicht unmittelbar zu einer Angelegenheit des anderen würde. Es gehört wesentlich zum Prinzipe unseres tieferen Lebens, daß im ganzen jeder für sich sorgt, d. i. selbst in seiner Wirklichkeit tüchtig ist.

a. Die Diensttreue

Wenn nun die Treue in der Freundschaft und Liebe nur zwischen Gleichen besteht, so betrifft die Treue, wie wir sie zu betrachten haben, einen Oberen, Höheren, einen *Herrn*. Eine ähnliche Art der Treue finden wir schon bei den Alten in der Treue der Diener gegen die Familie, das Haus ihres Herrn. Das schönste Beispiel in dieser Beziehung liefert der Schweinehirt des Odysseus, der sich's sauer werden läßt bei Nacht und Unwetter, um seine Schweine zu hüten, voll Kummers wegen seines Herrn, welchem er dann auch endlich treuen Beistand leistet gegen die Freier. Das Bild einer ähnlich rührenden Treue, die hier aber ganz zur Gemütssache wird, zeigt uns Shakespeare z. B. im *Lear* (1. Akt, 4. Szene), wo Lear den Kent, der ihm dienen will, fragt: »Kennst du mich, Mensch?« – »Nein, Herr!« erwidert Kent, »aber Ihr habt etwas in Eurem Gesichte, das ich gern Herr nennen möchte.« – Dies streift schon ganz nahe an das an, was wir hier als die romantische Treue festzustellen haben. Denn die Treue auf unserer Stufe ist nicht die Treue der

Sklaven und Knechte, welche zwar schön und rührend sein kann, doch der freien Selbständigkeit der Individualität und eigenen Zwecke und Handlungen entbehrt und dadurch untergeordnet ist.
Was wir dagegen vor uns haben, ist die Vasallentreue des Rittertums, bei welcher das Subjekt, seiner Hingebung an einen Höheren, Fürsten, König, Kaiser zum Trotz, sein freies Beruhen auf sich als durchaus überwiegendes Moment bewahrt. Diese Treue macht jedoch ein so hohes Prinzip im Rittertum aus, weil in ihr der Hauptzusammenhalt eines Gemeinwesens und dessen gesellschaftlicher Ordnung, bei der ursprünglichen Entstehung wenigstens, liegt.

b. Subjektive Selbständigkeit in der Treue

Der inhaltsvollere Zweck, der durch diese neue Einigung der Individuen zum Vorschein kommt, ist aber nicht etwa Patriotismus, als objektives, allgemeines Interesse, sondern nur an ein Subjekt, den Herrn gebunden und darum auch wieder bedingt durch die eigene Ehre, den partikulären Vorteil, die subjektive Meinung. In ihrem größten Glanze erscheint die Treue in einer ungestalteten, ungeschlachten äußerlichen Welt, ohne Herrschaft der Rechte und Gesetze. Innerhalb solch einer gesetzlosen Wirklichkeit stellen sich die Kräftigsten und Emporragendsten als feste Mittelpunkte, als Führer, Fürsten hin, ihnen schließen andere aus freier Wahl sich an. Solch ein Verhältnis hat sich dann später selbst zu einem gesetzlichen Bande der Lehnsherrschaft ausgebildet, wo nun auch jeder Vasall für sich seine Rechte und Vorzüge in Anspruch nimmt. Das Grundprinzip aber, auf dem das Ganze seinem Ursprunge nach beruht, ist die freie Wahl sowohl in betreff auf das Subjekt der Anhänglichkeit als auch auf die Beharrlichkeit in derselben. So weiß denn die Ritterlichkeit der Treue das Eigentum, Recht, die persönliche Selbständigkeit und Ehre des Individuums sehr wohl aufrechtzuerhalten und ist daher nicht als eine *Pflicht* als solche, welche auch wider den zufälligen Willen des Subjekts zu leisten wäre, anerkannt. Im Gegenteil. Jedes Individuum macht ihr Bestehen und damit das Bestehen der allgemeinen Ordnung von seiner Lust, Neigung und singulären Gesinnung abhängig.

c. Kollisionen der Treue

Die Treue und der Gehorsam gegen den Herrn kann deshalb sehr leicht in Kollision mit der subjektiven Leidenschaft, der Gereiztheit der Ehre, dem Gefühl der Beleidigung, der Liebe und sonstigen inneren und äußeren Zufälligkeiten kommen und wird dadurch etwas höchst Prekäres. Ein Ritter z. B. ist seinem Fürsten getreu, aber sein Freund gerät in Zwist mit dem Fürsten; da hat er sogleich schon die Wahl zwischen der einen und anderen Treue, und vornehmlich kann er sich selbst, seiner Ehre und seinem Vorteil getreu sein. Das schönste Beispiel solch einer Kollision finden wir im Cid. Er ist dem König und ebenso sich selber treu. Wenn der König recht handelt, leiht er ihm seinen Arm, wenn der Fürst jedoch Unrecht tut oder Cid verletzt wird, entzieht er ihm seinen kräftigen Beistand. – Auch die Pairs Karls des Großen zeigen dasselbe Verhältnis. Es ist ein Band der Oberherrschaft und des Gehorsams, ungefähr ebenso, wie wir es zwischen Zeus und den übrigen Göttern schon haben kennenlernen; das Oberhaupt befiehlt, poltert und zankt, aber die selbständigen, kraftvollen Individuen widersetzen sich, wie und wann es ihnen beliebt. Am treuesten und anmutigsten aber ist diese Lösbarkeit und Lockerheit des Verbandes im *Reineke Fuchs* geschildert. Wie in diesem Gedicht die Großen des Reichs nur eigentlich sich selber und ihrer Selbständigkeit dienen, so waren auch die deutschen Fürsten und Ritter im Mittelalter nicht zu Hause, wenn sie fürs Ganze und ihren Kaiser etwas tun sollten; und es ist, als wenn man das Mittelalter eben darum so hoch stellte, weil in solchem Zustande jeder gerechtfertigt und ein Mann von Ehre ist, wenn er seiner Willkür nachgeht, was ihm in einem vernünftig organisierten Staatsleben nicht gestattet sein kann.

Auf allen diesen drei Stufen, der Ehre, Liebe und Treue, ist der Boden die Selbständigkeit des Subjekts in sich, das Gemüt, das sich jedoch immer zu weiteren und reicheren Interessen aufschließt und in denselben mit sich selbst versöhnt bleibt. Hierherein fällt in der romantischen Kunst die schönste Partie des Kreises, welcher außerhalb der Religion als solcher steht. Die Zwecke betreffen das Menschliche, mit dem wir von einer Seite her wenigstens, von der Seite nämlich der subjektiven Freiheit, sympathisieren können und nicht, wie es in dem religiösen Felde hin und wieder der Fall ist, den Stoff wie die Darstellungsweise mit unseren Begriffen in Kollision finden. Ebensosehr aber kann dies Gebiet vielfach mit Religion in Bezug gebracht werden, so daß nun die religiösen Interessen mit denen des weltlichen Rittertums verwebt sind, wie z. B. die Abenteuer der Ritter von der Tafelrunde bei Aufsuchung des Heiligen Grals. In dieser Verschlingung kommt dann teils viel Mystisches und Phantastisches, teils viel Allegorisches in die Poesie des Rittertums herein. Ebenso aber kann das weltliche Gebiet von Liebe, Ehre und Treue auch ganz unabhängig von der Vertiefung in religiöse Zwecke und Gesinnungen auftreten und nur die nächste Bewegung des Gemüts in seiner weltlichen inneren Subjektivität zur Anschauung bringen. – Was jedoch der jetzigen Stufe noch abgeht, ist die Erfüllung dieser Innerlichkeit mit dem konkreten Inhalt der menschlichen Verhältnisse, Charaktere, Leidenschaften und des wirklichen Daseins überhaupt. Dieser Mannigfaltigkeit gegenüber bleibt das in sich unendliche Gemüt noch abstrakt und formell und erhält deshalb die Aufgabe, diesen weiteren Stoff nun gleichfalls in sich aufzunehmen und in künstlerischer Weise verarbeitet darzustellen.

Drittes Kapitel

Die formelle Selbständigkeit der individuellen Besonderheiten

Blicken wir auf das zurück, was hinter uns liegt, so haben wir zuerst die Subjektivität in ihrem absoluten Kreise betrachtet: das Bewußtsein in seiner Vermittlung mit Gott, den allgemeinen Prozeß des sich in sich versöhnenden Geistes. Die Abstraktion bestand hier darin, daß sich das Gemüt vom Weltlichen, Natürlichen und Menschlichen als solchem, auch wenn dasselbe sittlich und dadurch berechtigt war, aufopfernd in sich zurückzog, um sich nur in dem reinen Himmel des Geistes zu befriedigen. – *Zweitens* wurde sich zwar die menschliche Subjektivität – ohne die Negativität, welche in jener Vermittlung lag, darzustellen – für sich und andere affirmativ; der Inhalt dieser weltlichen Unendlichkeit als solcher war jedoch nur die persönliche Selbständigkeit der Ehre, die Innigkeit der Liebe und Dienstbarkeit der Treue – ein Inhalt, welcher zwar in vielfachen Verhältnissen, in einer großen Mannigfaltigkeit und Gradation der Empfindung und Leidenschaft unter einem großen Wechsel äußerer Umstände zur Anschauung kommen kann, innerhalb dieser Fälle jedoch nur eben jene Selbständigkeit des Subjekts und seine Innigkeit darstellt. – Der *dritte* Punkt, der uns deshalb jetzt noch zu betrachten übrigbleibt, ist die Art und Weise, wie der anderweitige Stoff des menschlichen Daseins seinem Inneren und Äußeren nach, die Natur und deren Auffassung und Bedeutsamkeit für das Gemüt in die romantische Kunstform einzutreten vermag. Hier ist es also die Welt des Besonderen, Daseienden überhaupt, welche für sich frei wird und, insofern sie nicht von der Religion und dem Zusammenfassen zur Einheit des Absoluten durchdrungen erscheint, sich auf ihre eigenen Füße stellt und in ihrem eigenen Bereiche selbständig ergeht.

In diesem dritten Kreise der romantischen Kunstform sind deshalb die religiösen Stoffe und das Rittertum mit seinen aus dem Innern erzeugten hohen Anschauungen und Zwekken, denen in der Gegenwart und Wirklichkeit nichts unmittelbar entspricht, verschwunden. Was sich dagegen neu befriedigt, ist der Durst nach dieser Gegenwart und Wirklichkeit selbst, das Sichbegnügen mit dem, was *da ist,* die Zufriedenheit mit sich selbst, mit der Endlichkeit des Menschen und dem Endlichen, Partikulären, Porträtartigen überhaupt. Der Mensch will in seiner Gegenwart das Gegenwärtige selber, wenn auch mit Aufopferung der Schönheit und Idealität des Inhalts und der Erscheinung, in präsenter Lebendigkeit von der Kunst wiedergeschaffen als sein eigenes geistiges menschliches Werk vor sich sehen. – Die christliche Religion ist, wie wir gleich anfangs sahen, nicht aus dem Boden der Phantasie, wie die orientalischen und griechischen Götter, dem Inhalt und der Gestalt nach auferwachsen. Wenn nun die Phantasie es ist, welche aus sich heraus die Bedeutung erschafft, um die Einigung des wahrhaften Inneren mit der vollendeten Gestalt desselben zu vollbringen, und in der klassischen Kunst diese Verknüpfung wirklich vollbringt, so finden wir in der christlichen Religion dagegen die weltliche Eigentümlichkeit der Erscheinung sogleich von Hause aus, wie sie geht und steht, als ein Moment in dem Ideellen aufgenommen und das Gemüt in der Gewöhnlichkeit und Zufälligkeit des Äußeren ohne die Forderung der Schönheit befriedigt. Dennoch aber ist der Mensch zunächst nur an sich, der Möglichkeit nach, mit Gott versöhnt; alle zwar sind berufen zur Seligkeit, wenige auserwählt, und das Gemüt, dem sowohl das Himmelreich als auch das Reich dieser Welt ein Jenseits bleibt, muß im Geistlichen der Weltlichkeit und der selbstischen Gegenwärtigkeit in ihr entsagen. Es geht von einer unendlichen Ferne aus, und daß ihm das zunächst nur Aufgeopferte ein affirmatives Diesseits sei, dieses positive Sichfinden und -wollen in seiner Gegenwart, was sonst der Anfang ist, macht erst den Schluß in der Fortbildung der romantischen Kunst aus und ist das Letzte, zu dem der Mensch sich in sich vertieft und punktualisiert.

Was die Form für diesen neuen Inhalt betrifft, so fanden wir die romantische Kunst von ihrem Beginn an mit dem Gegensatze behaftet, daß die in sich unendliche Subjektivität für sich selber unvereinbar mit dem äußerlichen Stoffe ist und unvereinigt bleiben soll. Dies selbständige Gegenüberstehen beider Seiten und die Zurückgezogenheit des Innern in sich macht selber den Inhalt des Romantischen aus. Sich in sich hineinbildend, trennen sie sich immer von neuem wieder, bis sie am Ende ganz auseinanderfallen und dadurch zeigen, es sei in einem *anderen Felde* als in dem der Kunst, daß sie ihre absolute Vereinigung zu suchen haben. Durch dieses Auseinanderfallen werden die Seiten in Rücksicht auf die Kunst *formell*, indem sie nicht als ein Ganzes in jener vollen Einheit auftreten können, welche ihnen das klassische Ideal gibt. Die klassische Kunst steht in einem Kreise von festen Gestalten, in einer durch die Kunst vollendeten Mythologie und deren unauflösbaren Gebilden; die Auflösung des Klassischen ist deshalb, wie wir beim Übergange zur romantischen Kunstform sahen, außer dem im ganzen beschränkteren Gebiete des Komischen und Satirischen, eine Ausbildung zum Angenehmen hin oder eine Nachbildung, die sich in die Gelehrsamkeit, ins Tote und Kalte verliert und zuletzt in eine nachlässige und schlechte Technik ausartet. Die Gegenstände bleiben aber im ganzen dieselben und tauschen nur die früher geistvolle Produktionsweise mit einer immer geistloseren Darstellung und handwerksmäßigen, äußerlichen Tradition. Der Fortgang und Schluß der romantischen Kunst dagegen ist die innere Auflösung des Kunststoffs selber, der in seine Elemente auseinandergeht, ein Freiwerden seiner Teile, mit welchem umgekehrt die subjektive Geschicklichkeit und Kunst der Darstellung steigt und, je loser das Substantielle wird, um desto mehr sich vervollkommnet.

Die bestimmtere Einteilung nun dieses letzten Kapitels können wir folgendermaßen machen:

Zunächst haben wir die *Selbständigkeit des Charakters* vor

uns, der aber ein besonderer ist, ein bestimmtes, in sich mit seiner Welt, seinen partikulären Eigenschaften und Zwecken abgeschlossenes Individuum.

Diesem Formalismus der Besonderheit des Charakters steht *zweitens* die äußere Gestalt der Situationen, Begebenheiten, Handlungen gegenüber. Da nun die romantische Innigkeit überhaupt gleichgültig gegen das Äußere ist, so tritt die reelle Erscheinung hier frei für sich – als von dem Inneren der Zwecke und Handlungen weder durchdrungen, noch demselben adäquat gestaltet – auf und macht in ihrer ungebundenen, losen Erscheinungsweise die Zufälligkeit der Verwicklungen, Umstände, Folge der Begebnisse, Art der Ausführung usf. als die *Abenteuerlichkeit* geltend.

Drittens endlich zeigt sich das Zerfallen der Seiten, deren vollständige Identität den eigentlichen Begriff der Kunst abgibt, und dadurch die Zerfallenheit und Auflösung der Kunst selbst. Auf der einen Seite geht die Kunst zur Darstellung der gemeinen Wirklichkeit als solcher, zur Darstellung der Gegenstände, wie sie in ihrer zufälligen Einzelheit und deren Eigentümlichkeiten da sind, über und hat nun das Interesse, dieses Dasein zum Scheinen durch die Geschicklichkeit der Kunst zu verwandeln; auf der anderen Seite schlägt sie im Gegenteil zur vollkommenen subjektiven Zufälligkeit der Auffassung und Darstellung um, zum *Humor*, als dem Verkehren und Verrücken aller Gegenständlichkeit und Realität durch den Witz und das Spiel der subjektiven Ansicht, und endet mit der produktiven Macht der künstlerischen Subjektivität über jeden Inhalt und jede Form.

1. Die Selbständigkeit des individuellen Charakters

Die subjektive Unendlichkeit des Menschen in sich, von welcher wir in der romantischen Kunstform ausgingen, bleibt auch in der jetzigen Sphäre die Grundbestimmung. Was dagegen in diese für sich selbständige Unendlichkeit neu hereintritt, ist einesteils die *Besonderheit* des *Inhalts*, welcher die Welt des Subjekts ausmacht, anderenteils das unmittelbare Zusammengeschlossensein des Subjekts mit dieser seiner Besonderheit und deren Wünschen und Zwecken; drittens die lebendige Individualität, zu der sich der Charakter in sich abgrenzt. Wir müssen deshalb unter dem Ausdruck »Charakter« hier nicht das verstehen, was z. B. die Italiener in ihren Masken darstellten. Denn die italienischen Masken sind zwar auch bestimmte Charaktere, aber sie zeigen diese Bestimmtheit nur in deren Abstraktion und Allgemeinheit, ohne subjektive Individualität. Die Charaktere dagegen unserer Stufe sind jeder für sich ein eigentümlicher Charakter, ein Ganzes für sich, ein individuelles Subjekt. Sprechen wir deshalb hier dennoch von Formalismus und Abstraktion des Charakters, so bezieht sich dies nur darauf, daß der Hauptinhalt, die Welt solchen Charakters einerseits als beschränkt und dadurch abstrakt, andererseits als zufällig erscheint. Was das Individuum ist, wird nicht durch das Substantielle, in sich selbst Berechtigte seines Inhalts, sondern durch die bloße Subjektivität des Charakters gehalten und getragen, welche daher, statt auf ihrem Inhalt und für sich festen Pathos, nur formell auf ihrer eigenen individuellen Selbständigkeit beruht.

Innerhalb dieses Formalismus lassen sich nun *zwei Hauptunterschiede* voneinander sondern.

Auf der einen Seite steht die energisch sich *durchführende Festigkeit* des Charakters, welche sich zu bestimmten Zwekken begrenzt und die ganze Macht einseitiger Individualität in die Realisation dieser Zwecke hineinlegt; auf der anderen Seite erscheint der Charakter als *subjektive Totalität*, die aber unausgebildet in ihrer *Innerlichkeit* und unaufgeschlossenen Tiefe des Gemüts verharrt und sich nicht zu explizieren und zur vollständigen Äußerung zu bringen imstande ist.

a. Die formelle Festigkeit des Charakters

Was wir also zunächst vor uns haben, ist der partikuläre Charakter, der so, wie er unmittelbar ist, sein will. Wie die

Tiere verschieden sind, sich in dieser Verschiedenheit für sich selber finden, so auch hier die unterschiedenen Charaktere, deren Kreis und Eigentümlichkeit zufällig bleibt und durch den Begriff nicht fest begrenzt werden kann.

α) Solch eine nur auf sich selbst verwiesene Individualität hat deshalb keine ausgedachten Absichten und Zwecke, welche sie an irgendein allgemeines Pathos knüpfte, sondern was sie hat, tut und vollbringt, schöpft sie ganz unmittelbar, ohne alle weitere Reflexion, aus ihrer eigenen bestimmten Natur, die ist, wie sie eben ist, und nicht durch irgend etwas Höheres begründet, darein aufgelöst und in etwas Substantiellem gerechtfertigt sein will, sondern unbeugsam und ungebeugt auf sich selber beruht und in dieser Festigkeit entweder sich durchführt oder zugrunde geht. Eine solche Selbständigkeit des Charakters kann nur da zum Vorschein kommen, wo das Außergöttliche, das partikulär Menschliche zu seiner vollständigen Geltung gelangt. Von dieser Art sind hauptsächlich die Charaktere Shakespeares, bei denen eben die pralle Festigkeit und Einseitigkeit das vorzüglich Bewundernswerte ausmacht. Da ist nicht von Religiosität und von einem Handeln aus religiöser Versöhnung des Menschen in sich und vom Sittlichen als solchem die Rede. Wir haben im Gegenteil Individuen vor uns, selbständig nur auf sich selber gestellt, mit besonderen Zwecken, die nur die ihrigen sind, aus ihrer Individualität allein sich herschreiben, und welche sie nun mit der unerschütterten Konsequenz der Leidenschaft ohne Nebenreflexion und Allgemeinheit, nur zur eigenen Selbstbefriedigung durchsetzen. Besonders die Tragödien, wie *Macbeth, Othello, Richard III.* und andere, haben *einen* solchen Charakter, der dann von minder hervorragenden und energischen umgeben ist, zum Hauptgegenstande. So bestimmt z. B. den Macbeth sein Charakter zur Leidenschaft des Ehrgeizes. Anfangs schwankt er, dann aber streckt er die Hand nach der Krone aus, begeht Mord, um sie zu erlangen, und sie zu behaupten, stürmt er durch alle Grausamkeiten fort. Diese rücksichtslose Festigkeit, die Identität des Menschen mit sich und seinem nur aus ihm selber hervorgehenden Zweck gibt ihm ein wesentliches Interesse. Nicht die Achtung vor der Heiligkeit der Majestät, nicht der Wahnsinn seiner Frau, nicht der Abfall der Vasallen, nicht das hereinstürzende Verderben, nichts macht ihn wankend, – himmlische und menschliche Rechte, vor nichts tritt er zurück in sich, sondern beharrt. Die Lady Macbeth ist ein ähnlicher Charakter, und nur das abgeschmackte Geschwätz einer neueren Kritik hat sie können für liebevoll halten. Gleich bei ihrem Auftreten (1. Akt, 5. Szene), als sie den Brief Macbeths, der das Zusammentreffen mit den Hexen und deren Prophezeiung »Heil dir, Thane von Cawdor! Heil dir, der noch König sein wird« berichtet, ruft sie aus: »Glamis bist du und Cawdor, und sollst sein, was dir ward verheißen. Aber ich fürchte deinen Sinn (thy nature); er ist zu voll von der Milch menschlicher Milde, um den nächsten Weg zu ergreifen.« Sie zeigt kein liebevolles Behagen, keine Freude über das Glück ihres Mannes, keine sittliche Regung, keine Teilnahme, kein Bedauern einer edlen Seele, sondern fürchtet nur, der Charakter ihres Mannes werde seinem Ehrgeiz in den Weg treten; ihn selber aber betrachtet sie nur als ein Mittel; und dabei ist kein Schwanken, keine Ungewißheit, kein Besinnen, kein Weichen – wie zunächst noch bei Macbeth selber –, keine Reue, sondern die reine Abstraktion und Härte des Charakters, der, was ihm gemäß ist, ohne weiteres durchführt, bis sie zuletzt bricht. Dieser Bruch, der bei Macbeth, als er die Tat vollführt hat, von außen her auf ihn heranstürmt, ist in dem weiblichen Innern der Lady der Wahnsinn. Und so sind Richard III., Othello, die alte Margarethe und so viele andere gleichfalls – das Gegenteil der Miserabilität moderner Charaktere, der Kotzebueschen z. B., die höchst edel scheinen, groß, vortrefflich, und doch innerlich zugleich nur Lumpen sind. In anderer Beziehung nicht besser haben es Spätere gemacht, welche doch Kotzebue höchlich verachteten. Wie z. B. Heinrich von Kleist in seinem Käthchen und Prinzen von Homburg – Charaktere, in denen dem wachen Zustande fester Konsequenz gegenüber das Magnetische, der Somnambulismus, das Schlafwandeln als das Höchste und Vortrefflichste dargestellt ist. Der Prinz von Homburg ist der erbärmlichste General; beim Austeilen der Dispositionen zerstreut, schreibt er die Order schlecht auf, treibt in der Nacht vorher krankhaftes Zeug und am Tage in der Schlacht ungeschickte Dinge. Bei solcher Zweiheit, Zerrissenheit und inneren Dissonanz des Charakters meinen sie dem Shakespeare nachgefolgt zu sein. Aber sie sind weit davon entfernt, denn Shakespeares Charaktere sind in sich selbst konsequent, bleiben sich und ihrer Leidenschaft treu, und was sie sind und was ihnen begegnet, darin schlagen sie sich nur ihrer festen Bestimmtheit nach herum.

β) Je partikulärer nun der Charakter ist, der nur sich selber festhält und sich dadurch leicht dem Bösen nähert, desto mehr hat er sich in der konkreten Wirklichkeit nicht nur gegen die Hindernisse zu behaupten, die sich ihm in den Weg stellen und seine Realisation hemmen, sondern desto mehr wird er auch durch diese seine Realisation selber dem Untergange entgegengetrieben. Indem er sich nämlich durchsetzt, trifft ihn das aus dem bestimmten Charakter selbst hervorgehende Schicksal, ein selbstbereitetes Verderben. Die Entwicklung dieses Schicksals ist nun aber nicht nur eine Entwicklung aus der *Handlung* des Individuums, sondern zugleich ein inneres Werden, eine Entwicklung des *Charakters* selbst in seinem Fortstürmen, Verwildern, Zerschellen oder Ermatten. Bei den Griechen, bei denen das Pathos, der substantielle Inhalt des Handelns und nicht der subjektive Charakter das Wichtige ist, betrifft das Schicksal weniger diesen bestimmten Charakter, der sich innerhalb seiner Handlung auch nicht wesentlich weiterentwickelt, sondern am Ende ist, was er anfangs war. Auf unserer Stufe aber ist die Fortführung der Handlung ebensosehr eine Weiterentwicklung des Individuums in seinem subjektiven Inneren und nicht nur ein äußerer Fortgang. Das Handeln Macbeths z. B. erscheint zugleich als eine Verwilderung seines Gemüts, mit einer Konsequenz, welche, als die Unentschiedenheit abgeworfen, der Wurf getan ist, durch nichts mehr sich aufhalten läßt. Seine Gattin ist von Hause aus entschieden, die Entwicklung in ihr zeigt sich nur als die innere Angst, die sich bis zur physischen und geistigen Zertrümmerung, bis zum Wahnsinn steigert, in welchem sie untergeht. Und so ist es mit den meisten Charakteren, den bedeutenden und unbedeutenden. Die antiken Charaktere erweisen sich zwar auch als fest, und es kommt sogar bei ihnen zu Gegensätzen, wo keine Hilfe mehr möglich ist und für die Lösung ein *deus ex machina* eintreten muß; doch diese Festigkeit, wie z. B. Philoktets, ist inhaltsvoll und im ganzen von einem sittlich berechtigten Pathos erfüllt.

γ) In diesen Charakteren unseres Kreises, bei der Zufälligkeit dessen, was sie als ihren Zweck ergreifen, und der Selbständigkeit ihrer Individualität, ist keine *objektive Versöhnung* möglich. Der Zusammenhang dessen, was sie sind und was ihnen widerfährt, bleibt teils unbestimmt, teils aber ist für sie selber kein Woher und Wohin aufgelöst. Das Fatum als abstrakteste Notwendigkeit kehrt hier noch einmal wieder zurück, und die einzige Versöhnung ist für das Individuum sein unendliches Sein in sich, seine eigene Festigkeit, in der es über seiner Leidenschaft und deren Schicksal steht. »Es ist so«, und was ihm begegnet, mag es vom waltenden Geschick, der Notwendigkeit oder dem Zufall herkommen, das *ist* gleichfalls, ohne Reflexion wozu, weshalb; es geschieht, und der Mensch macht sich und will sich diesem Walten gegenüber steinern.

b. Der Charakter als innerliche, aber unausgebildete Totalität

In der ganz entgegengesetzten Weise kann nun aber *zweitens* das Formelle des Charakters in der *Innerlichkeit* als solcher liegen, bei welcher das Individuum, ohne zur Ausbreitung und Durchführung derselben gelangen zu können, stehenbleibt.

α) Es sind dies substantielle Gemüter, die eine Totalität in sich schließen, aber in einfacher Gedrungenheit jede tiefe Bewegung nur in sich selbst ohne Entwicklung und Explikation nach außen vollbringen. Der Formalismus, den wir soeben betrachtet haben, betraf die Bestimmtheit des Inhalts, das gänzliche Hineingelegtsein des Individuums in den einen Zweck, den es in fester Schärfe vollständig heraustreten ließ, äußerte, durchsetzte und darin, wie es die Umstände eben zugeben, unterging oder sich erhielt. Der jetzige zweite Formalismus besteht umgekehrt in der Unaufgeschlossenheit, Gestaltlosigkeit, in dem Mangel an Äußerung und Entfaltung. Solch ein Gemüt ist wie ein kostbarer Edelstein, der nur an einzelnen Punkten zum Scheinen kommt, zu einem Scheinen, das dann ein Blitzen ist.

β) Daß solch eine Verschlossenheit von Wert und Interesse sei, dazu gehört ein innerer Reichtum des Gemüts, der seine unendliche Tiefe und Fülle aber nur in wenigen, sozusagen stummen Äußerungen gerade durch diese Stille erkennen läßt. Solche einfache, ihrer unbewußte, schweigende Naturen können die höchste Anziehung üben. Ihr Schweigen muß dann jedoch die auf der Oberfläche unbewegte Stille des Meeres, des unergründlich Tiefen sein, nicht das Schweigen des Seichten, Hohlen, Stumpfen. Denn es kann einem Menschen, der sehr platt ist, zuweilen gelingen, durch ein sich wenig äußerndes Betragen, das nur hier und da dieses oder jenes halb zu verstehen gibt, die Meinung einer großen Weisheit und Innerlichkeit von sich zu erwecken, so daß man wunder glaubt, was alles in diesem Herzen und Geiste versteckt sei, während sich am Ende zeigt, daß nichts dahinter ist. Der unendliche Gehalt und die Tiefe jener *stillen* Gemüter dagegen verkündigt sich, was große Genialität und Geschicklichkeit von seiten des Künstlers fordert, durch vereinzelte, zerstreute, naive und willenlos geistvolle Äußerungen, welche ohne Absicht für andere, die es zu fassen vermögen, dartun, daß solches Gemüt das Substantielle der vorliegenden Verhältnisse mit tiefer Innigkeit ergreife, daß seine Reflexion jedoch in den ganzen Zusammenhang der besonderen Interessen, Rücksichten, endlichen Zwecke nicht verwickelt, davon rein, damit unbekannt sei, daß es sich durch die gewöhnlichen Bewegungen des Herzens, die Ernsthaftigkeit und die Teilnehmungen dieser Art nicht zerstreuen lasse.

γ) Für ein so in sich selbst geschlossenes Gemüt muß nun aber ebensosehr eine Zeit kommen, in welcher es an einem bestimmten Punkt seiner inneren Welt ergriffen wird, in eine fürs Leben bestimmende Empfindung seine ungeteilte Kraft ganz hineinwirft, mit unzersplitterter Stärke hieran hängt und glücklich wird oder haltungslos untergeht. Denn zur Haltung bedarf der Mensch einer entwickelten Breite sittlicher Substanz, welche allein eine objektive Festigkeit gibt. Zu dieser Art von Charakteren gehören die reizvollsten Gestaltungen der romantischen Kunst, wie sie Shakespeare gleichfalls in schönster Vollendung geschaffen hat. So ist die Julia z. B. in *Romeo und Julia* hierher zu rechnen. Der hiesigen theatralischen Darstellung der Julia haben Sie beigewohnt. (Die Darstellung der Madame Crelinger, Berlin 1820.) Es ist der Mühe wert, sie zu sehen; es ist ein höchst bewegtes, lebendiges, warmes, glühendes, geistreiches, vollendetes, edles Gebilde. Doch kann Julia noch anders genommen werden, nämlich anfangs als ein ganz kindliches, einfaches Mädchen von vierzehn, fünfzehn Jahren, dem man ansieht, daß es noch kein Bewußtsein seiner und der Welt, keine Bewegung, keine Regung, keine Wünsche in sich gehabt, sondern in die Weltumgebungen wie in eine Laterna magica, ohne daraus zu lernen und zu irgendeiner Reflexion zu kommen, in aller Unbefangenheit hineingeblickt hat. Plötzlich sehen wir die Entwicklung der ganzen Stärke dieses Gemüts, der List, der Besonnenheit, Kraft, alles aufzuopfern, dem Härtesten sich zu unterwerfen, so daß uns das Ganze nun erscheint als das erste Aufbrechen der ganzen Rose auf einmal nach allen ihren Blättchen und Falten, als ein unendliches Hervorquillen des innersten gediegenen Seelengrundes, in welchem sich vorher noch nichts unterschieden, gebildet, entwickelt hatte, das aber jetzt als ein unmittelbares Produkt des erwachten *einen* Interesses, sich selber unbewußt, in seiner schönen Fülle und Gewalt aus dem vorher verschlossenen Geiste hervortritt. Es ist ein Brand, den der eine Funke entzündet hatte, eine Knospe, die, kaum von der Liebe berührt, unvermutet in voller Blüte dasteht, doch, je schneller sie sich entfaltet, um so schneller auch entblättert hinsinkt. Mehr noch ist die Miranda im *Sturm* von dieser Art; auferzogen in der Stille, zeigt sie uns Shakespeare in ihrem ersten Erkennen von Menschen, er schildert sie nur in ein paar Szenen, aber er gibt uns darin eine vollständige, unendliche Vorstellung von ihr. Auch Schillers Thekla, obschon sie ein Produkt reflektierender Poesie ist, können wir zu dieser Gattung zählen. Mitten in einem so großen und reichen Leben wird sie doch von demselben nicht berührt, sondern bleibt ohne Eitelkeit, ohne Reflexion in der Naivität nur des einen Interesses, das sie allein beseelt. Überhaupt sind es besonders schöne, edle weibliche Naturen, für welche sich erst in der Liebe die Welt und ihr eigenes Inneres auftut, so daß sie nun erst geistig geboren werden.

In dieselbe Kategorie solcher Innigkeit, die sich nicht zur vollständigen Explikation ihrer herauszubilden vermag, gehören meistenteils auch die Volkslieder, besonders germanische, welche es in der gehaltvollen Gedrungenheit des Gemüts, wie sehr dasselbe auch von irgendeinem Interesse sich ergriffen zeigt, doch nur zu abgerissenen Äußerungen zu bringen vermögen und hieran eben die Tiefe der Seele offenbar machen. Es ist dies eine Darstellungsweise, welche in der Stummheit gleichsam zum Symbolischen wieder zurückgeht, indem, was sie gibt, nicht die offene, klare Darlegung des ganzen Inneren, sondern nur ein *Zeichen* und eine Andeutung ist. Wir erhalten jedoch hier nicht ein Symbol, dessen Bedeutung, wie früher, eine abstrakte Allgemeinheit bleibt, sondern eine Äußerung, deren Inneres eben dies subjektive, lebendige, wirkliche Gemüt selbst ist. In den späteren Tagen eines durchweg reflektierenden Bewußtseins, das jener in sich zurückgedrängten Naivität fernsteht, sind solche Darstellungen von höchster Schwierigkeit und geben den Beweis eines ursprünglich poetischen Geistes. Daß Goethe besonders in seinen Liedern auch darin Meister sei, so symbolisch zu schildern, d. i. in einfachen, scheinbar äußerlichen und gleichgültigen Zügen die ganze Treue und Unendlichkeit des Gemüts offenzulegen, haben wir schon früher gesehen. Von dieser Art ist z. B. der »König von Thule«, der zum Schönsten gehört, was Goethe gedichtet hat; durch nichts gibt der König seine Liebe kund als durch den Becher, den dieser Alte von seiner Geliebten bewahrte. Im Sterben steht der alte Zecher, um ihn her die Ritter, im hohen Königssaale, sein Reich, seine Schätze gönnt er seinen Erben, den Becher aber wirft er in die Flut, kein anderer soll ihn besitzen.

Er sah ihn stürzen, trinken
Und sinken tief ins Meer,
Die Augen täten ihm sinken,
Trank nie einen Tropfen mehr.

Solch ein tiefes, stilles Gemüt nun aber, das die Energie des Geistes wie den Funken im Kiesel verschlossen hält, sich nicht ausgestaltet, sein Dasein und seine Reflexion über dasselbe nicht ausbildet, hat sich denn auch nicht durch diese Bildung befreit. Es bleibt dem grausamen Widerspruch ausgesetzt, wenn der Mißton des Unglücks in sein Leben hereinklingt, keine Geschicklichkeit, keine Brücke zu haben, sein Herz und die Wirklichkeit zu vermitteln und ebenso die äußeren Verhältnisse von sich abzuwehren, gehalten dagegen zu sein und an sich zu halten. Gerät es in Kollision, so weiß es sich deshalb nicht zu helfen, geht rasch, besinnungslos zur Tätigkeit heraus oder läßt sich passiv verwickeln. So ist z. B. Hamlet ein schönes, edles Gemüt; nicht etwa innerlich schwach, aber ohne kräftiges Lebensgefühl geht er in der Dumpfheit der Melancholie schwermütig in der Irre umher; er hat eine feine Witterung; kein äußeres Zeichen, kein Grund zum Verdacht ist da, aber ihm ist nicht geheuer, es ist nicht alles, wie es sein soll, er ahnt die ungeheure Tat, die geschehen. Der Geist seines Vaters gibt ihm das Nähere an. Schnell ist er innerlich zur Rache bereit, er gedenkt stets der Pflicht, die ihm sein eigenes Herz vorschreibt; aber er läßt sich nicht, wie Macbeth, hinreißen, tötet nicht, wütet nicht, schlägt nicht, wie Laertes, unmittelbar drein, sondern verharrt in der Untätigkeit einer schönen, innerlichen Seele, die sich nicht wirklich machen, in die gegenwärtigen Verhältnisse sich nicht hineinlegen kann. Er wartet ab, sucht in der schönen Rechtlichkeit seines Gemüts nach objektiver Gewißheit, kommt aber, selbst nachdem er sie erlangt hat, zu keinem festen Entschluß, sondern läßt sich durch äußere Umstände leiten. In dieser Unwirklichkeit irrt er sich nun auch in dem, was vorliegt, bringt statt des Königs den alten Polonius um; handelt übereilt, wo er hätte besonnen prüfen müssen, während er, wo es der rechten Tatkraft bedurfte, in sich versunken bleibt, bis sich ohne seine Handlung in diesem breiten Verlauf der Umstände und Zufälle das Schicksal des Ganzen wie seiner eigenen stets wieder in sich zurückgezogenen Innerlichkeit entwickelt hat.

Besonders aber kommt diese Stellung in der modernen Zeit bei Menschen aus niederen Ständen vor, welche ohne Bildung zu allgemeinen Zwecken, ohne die Mannigfaltigkeit objektiver Interessen sind und deshalb, wenn *ein* Zweck verlorengeht, nun in keinem anderen einen Halt ihres Inneren und einen Stützpunkt ihrer Tätigkeit finden können. Diese Bildungslosigkeit läßt verschlossene Gemüter, je unentwickelter sie ist, nur desto steifer und hartnäckiger an dem festhalten, was sie, mag es auch noch so einseitig sein, gleich ihrer ganzen Individualität nach in Anspruch genommen hat. Solch eine Eintönigkeit in sich wortlos zusammengefaßter Menschen liegt vornehmlich in deutschen Charakteren, welche daher in ihrer Verschlossenheit leicht störrisch, widerborstig, knorrig, unzugänglich und in ihren Handlungen und Äußerungen vollkommen unsicher und widersprechend erscheinen. Als einen Meister im Zeichnen und Darstellen von dergleichen stummen Gemütern der unteren Volksklassen will ich hier nur Hippel nennen, den Verfasser der *Lebensläufe in aufsteigender Linie*[1], eines der wenigen deutschen humoristischen Originalwerke. Er hält sich von Jean Pauls Sentimentalität und Abgeschmacktheit der Situationen durchaus fern und hat dagegen eine wunderbare Individualität, Frische und Lebendigkeit. Besonders gedrungene Charaktere, die sich nicht Luft zu machen wissen und die nun, wenn sie dazu kommen, es gewaltsam in fürchterlicher Weise tun, versteht er höchst ergreifend zu schildern. Sie lösen den unendlichen Widerspruch ihres Inneren und der unglücklichen Umstände, in welche sie sich verwickelt sehen, selber in schauderhafter Weise und vollbringen dadurch das, was sonst ein äußeres Schicksal tut, wie z. B. in *Romeo und Julia* äußerliche Zufälle die dazwischentretende Klugheit und Künstlichkeit des Mönchs zuschanden machen und den Tod der Liebenden herbeiführen.

c. Das substantielle Interesse bei Aufstellung der formellen Charaktere

So zeigen denn also diese formellen Charaktere überhaupt einesteils nur die unendliche Willenskraft der besonderen Subjektivität, die, wie sie ist, sich geltend macht und in ihrem Willen fortstürmt, oder sie stellen anderenteils ein *in sich* totales, unbeschränktes Gemüt dar, das, an irgendeiner bestimmten Seite seines Innern berührt, nun die Weite und Tiefe seiner ganzen Individualität auf diesen einen Punkt konzentriert, doch, als nach außen hin unentwickelt in Kollision geraten, sich nicht zu finden und besonnen zu helfen imstande ist. Ein *dritter* Punkt, dessen wir jetzt noch zu erwähnen haben, besteht darin, daß, wenn uns jene ganz einseitigen und ihren Zwecken nach beschränkten, ihrem Bewußtsein nach aber entwickelten Charaktere nicht nur *formell*, sondern auch *substantiell* interessieren sollen, wir

1 Theodor Gottlieb von Hippel, *Lebensläufe in aufsteigender Linie*, 4 Bde., Berlin 1778–81

in ihnen zugleich die Anschauung erhalten müssen, als ob diese Beschränktheit ihrer Subjektivität selbst nur ein Schicksal, d. i. eine Verwicklung ihrer partikulären Bestimmtheit mit einem tieferen Inneren sei. Diese Tiefe und diesen Reichtum des Geistes läßt uns nun Shakespeare in der Tat an ihnen erkennen. Er zeigt sie als Menschen von freier Vorstellungskraft und genialem Geiste, indem ihre Reflexion über dem steht und sie über das hinaushebt, was sie ihrem Zustande und ihrem bestimmten Zwecke nach sind, so daß sie gleichsam nur durch das Unglück der Umstände, durch die Kollision ihrer Lage zu dem gedrängt werden, was sie vollbringen. Doch ist dies nicht so zu nehmen, als ob bei Macbeth z. B. das, was er wagt, nur auf die Schuld der bösen Hexen zu schieben wäre; die Hexen sind vielmehr nur der poetische Widerschein seines eigenen starren Wollens. Was die Shakespeareschen Figuren durchführen, ihr besonderer Zweck, hat in ihrer eigenen Individualität seinen Ursprung und die Wurzel seiner Kraft. In ein und derselben Individualität aber bewahren sie zugleich die Hoheit, welche das, was sie als wirklich, d. i. nach ihren Zwecken, Interessen, Handlungen sind, wegwischt, sie erweitert und sie in sich selber erhöht. Ebenso bleiben die gemeinen Charaktere Shakespeares, Stephano, Trinculo, Pistol und der absolute Held unter allen diesen, Falstaff, in ihrer Gemeinheit versunken, aber sie geben sich zugleich als Intelligenzen kund, deren Genie alles in sich befassen, eine ganze freie Existenz haben, überhaupt das sein könnte, was große Menschen sind. Wogegen in französischen Trauerspielen auch die Größten und Besten oft genug sich, bei Lichte besehen, rein nur als ausgespreizte böse Bestien erweisen, in denen nur Geist ist, um sich sophistisch zu rechtfertigen. Bei Shakespeare finden wir keine Rechtfertigung, keine Verdammnis, sondern nur Betrachtung über das allgemeine Schicksal, auf dessen Standpunkt der Notwendigkeit sich die Individuen ohne Klage und Reue stellen und von ihm aus alles und sich selber, gleichsam außerhalb ihrer selbst, versinken sehen.

In allen diesen Beziehungen ist das Bereich solcher individueller Charaktere ein unendlich reiches Feld, das aber leicht in die Gefahr bringt, in Hohlheit und Plattheit zu verfallen, so daß es nur wenige Meister gegeben hat, die das Wahrhafte aufzufassen genug Poesie und Einsicht besaßen.

2. *Die Abenteuerlichkeit*

Nachdem wir nun die Seite des Inneren betrachtet haben, welche auf dieser Stufe kann zur Darstellung kommen, müssen wir *zweitens* unseren Blick auch auf das Äußere, auf die Besonderheit der Umstände und Situationen, welche den Charakter anregen, auf die Kollisionen, in welche er verwickelt wird, sowie auf die Gesamtgestalt hinwenden, die das Innere innerhalb der konkreten Wirklichkeit annimmt. Es ist, wie wir schon mehrmals sahen, eine Grundbestimmung der romantischen Kunst, daß die Geistigkeit, das Gemüt als in sich reflektiert, ein Ganzes ausmacht und sich deshalb auf das Äußere nicht als auf seine von ihm durchdrungene Realität, sondern als auf ein von ihm abgetrenntes bloß Äußerliches bezieht, das sich geistentlassen für sich forttreibt, verwickelt und als eine endlos fortfließende, sich ändernde, verwirrende Zufälligkeit herumwirft. Dem in sich fest geschlossenen Gemüt nun ist es ebenso gleichgültig, an welche Umstände es sich wende, als es zufällig ist, welche sich ihm darbieten. Denn bei seinem Handeln kommt es ihm weniger darauf an, ein in sich selbst begründetes und durch sich selbst fortbestehendes Werk zu vollbringen, als vielmehr nur überhaupt sich geltend zu machen und Taten zu tun.

a. Die Zufälligkeit der Zwecke und Kollisionen

Es ist hiermit das vorhanden, was in anderer Beziehung kann die Entgötterung der Natur genannt werden. Der Geist hat sich aus der Äußerlichkeit der Erscheinungen in sich zurückgezogen, welche, indem das Innere der Subjektivität nicht mehr sich selber darin sieht, sich nun auch ihrerseits gleichgültig außerhalb des Subjekts für sich gestalten. Seiner Wahrheit nach ist der Geist zwar in sich mit dem Absoluten vermittelt und versöhnt; insofern wir aber hier auf dem Boden der selbständigen Individualität stehen, welche von sich, wie sie sich unmittelbar findet, ausgeht und so sich festhält, so trifft dieselbe Entgötterung auch den handelnden Charakter, der deshalb mit seinen selber zufälligen Zwecken in eine zufällige Welt hinaustritt, mit welcher er sich nicht zu einem in sich kongruenten Ganzen in eins setzt. Diese Relativität der Zwecke in einer relativen Umgebung, deren Bestimmtheit und Verwicklung nicht im Subjekt liegt, sondern sich äußerlich und zufällig bestimmt und ebenso zufällige Kollisionen als seltsam durcheinandergeschlungene Verzweigungen herbeiführt, macht das Abenteuerliche aus, das für die Form der Begebnisse und Handlungen den *Grundtypus* des Romantischen abgibt.

Zur Handlung und Begebenheit im strengeren Sinne des Ideals und der klassischen Kunst gehört ein in sich selbst wahrhafter, an und für sich notwendiger Zweck, in dessen Gehalte nun auch das Bestimmende für die äußere Gestalt, für die Art und Weise der Durchführung in der Wirklichkeit liegt. Dies ist bei den Taten und Begebenheiten der romantischen Kunst nicht der Fall. Denn wenn hier auch in sich selbst allgemeine und substantielle Zwecke in ihrer Realisation dargestellt werden, so haben diese Zwecke doch die Bestimmtheit der Handlung, das Ordnende und Gliedernde ihres inneren Verlaufs nicht an ihnen selber, sondern müssen diese Seite der Verwirklichung freigeben und sie deshalb der Zufälligkeit überlassen.

α) Die romantische Welt hatte nur *ein absolutes* Werk zu vollbringen, die Ausbreitung des Christentums, die Betätigung des Geistes der Gemeine. Mitten in einer feindlichen Welt, teils des ungläubigen Altertums, teils der Barbarei und Roheit des Bewußtseins ward dies Werk nun, wenn es aus dem Lehren zu Taten heraustrat, hauptsächlich ein passives Werk der Duldung von Schmerz und Marter, der Aufopferung des eigenen zeitlichen Daseins für das ewige Heil der Seele. Die weitere Tat, die sich auf den ähnlichen Inhalt bezieht, ist im Mittelalter das Werk des christlichen Rittertums, die Vertreibung der Mauren, Araber, der Mohammedaner überhaupt aus den christlichen Ländern und dann vor allem in den Kreuzzügen die Eroberung des Heiligen Grabes. Dies war jedoch nicht ein Zweck, welcher den Menschen als Menschheit betraf, sondern den nur die Gesamtheit der einzelnen Individuen zu vollbringen hatte, so daß diese nun auch ihrer Einzelheit nach beliebig herzuströmten. Nach dieser Seite hin können wir die Kreuzzüge das Gesamtabenteuer des christlichen Mittelalters nennen, ein Abenteuer, das in sich selbst gebrochen und phantastisch war: geistiger Art, doch ohne wahrhaft geistigen Zweck und in Beziehung auf Handlungen und Charaktere lügenhaft. Denn in Beziehung auf das religiöse Moment haben die Kreuzzüge ein höchst leeres äußerliches Ziel. Die Christenheit soll ihr Heil nur im Geiste haben, in Christus, der, auferstanden, zur Rechten Gottes erhoben ist und seine lebendige Wirklichkeit, seinen Aufenthalt im Geiste findet, nicht in seinem Grabe und in den sinnlichen, unmittelbar gegenwärtigen Orten seines einstigen zeitlichen Aufenthaltes. Der Drang und die religiöse Sehnsucht des Mittelalters ging aber nur auf den Ort, das äußere Lokal der Leidensgeschichte und des Heiligen Grabes. Ebenso widersprechend war mit dem religiösen Zweck unmittelbar der rein weltliche der Eroberung, des Gewinns verbunden, welcher in seiner Äußerlichkeit einen ganz anderen Charakter als der religiöse an sich trug. So wollte man Geistiges, Inneres gewinnen und bezweckte die bloß äußere Lokalität, aus welcher der Geist verschwunden war; man strebte nach zeitlichem Gewinn und knüpfte dies Weltliche an das Religiöse als solches. Diese Zwiespältigkeit macht hier das Gebrochene, Phantastische aus, in welchem die Äußerlichkeit das Innere und dieses umgekehrt das Äußere, statt beides in Harmonie zu bringen, verkehrt. Dadurch zeigt sich denn auch in der Ausführung Entgegengesetztes ver-

söhnungslos zusammengeknüpft. Die Frömmigkeit schlägt zur Roheit und barbarischen Grausamkeit um, und dieselbe Roheit, welche alle Selbstsucht und Leidenschaft des Menschen hervorbrechen läßt, wirft sich umgekehrt wieder in die ewige tiefe Rührung und Zerknirschung des Geistes herüber, um die es sich eigentlich handelte. Bei diesen widerstrebenden Elementen fehlt es denn auch den Taten und Begebnissen ein und desselben Zwecks an aller Einheit und Konsequenz der Leitung; die Gesamtheit zerstreut, zersplittert sich zu Abenteuern, Siegen, Niederlagen, bunten Zufälligkeiten, und der Ausgang entspricht den Mitteln und großen Anstalten nicht. Ja, der Zweck selbst hebt sich durch seine Ausführung auf. Denn die Kreuzzüge wollten das Wort noch einmal wahr machen: »Du lässest ihn nicht im Grabe ruhen, du leidest nicht, daß dein Heiliger verwese.« Aber gerade diese Sehnsucht, an solchen Orten und Räumen, sogar am Grabe, dem Ort des Todes, Christus, den Lebendigen, zu suchen und die Befriedigung des Geistes zu finden, ist selbst nur, wieviel Wesens auch Herr von Chateaubriand davon macht, eine Verwesung des Geistes, aus welcher die Christenheit auferstehen sollte, um in das frische, volle Leben der konkreten Wirklichkeit zurückzukehren.
Ein ähnlicher Zweck, mystisch auf der einen, phantastisch auf der anderen Seite und in der Durchführung abenteuerlich, ist die Aufsuchung des Heiligen Grals.

β) Ein höheres Werk ist dasjenige, was jeder Mensch an sich selbst zu vollbringen hat, sein Leben, wodurch er sich sein ewiges Schicksal bestimmt. Diesen Gegenstand hat z. B. Dante in seiner *Göttlichen Komödie* nach katholischer Anschauung aufgefaßt, indem er uns durch Hölle, Fegefeuer und Himmel führt. Auch hier fehlt es, der strengen Anordnung des Ganzen unerachtet, weder an phantastischen Vorstellungen noch an Abenteuerlichkeiten, insofern dies Werk der Beseligung und Verdammnis nicht nur an und für sich in seiner Allgemeinheit, sondern als an einer fast unübersehbaren Anzahl Einzelner, in ihrer Partikularität vollbracht, zur Darstellung kommt, und sich außerdem der *Dichter* das Recht der Kirche anmaßt, die Schlüssel des Himmelreichs in die Hand nimmt, seligspricht und verdammt und sich so zum Weltrichter macht, der die bekanntesten Individuen der alten und der christlichen Welt, Dichter, Bürger, Krieger, Kardinäle, Päpste, in die Hölle, ins Fegefeuer oder ins Paradies versetzt.

γ) Die anderen Stoffe, welche zu Handlungen und Begebenheiten führen, sind sodann auf dem *weltlichen* Boden die unendlich mannigfaltigen Abenteuereien der Vorstellung, der äußeren und inneren Zufälligkeit der Liebe, Ehre und Treue; hier sich des eigenen Ruhmes wegen herumzuschlagen, dort einer verfolgten Unschuld beizuspringen, zur Ehre seiner Dame die erstaunlichsten Taten zu vollbringen oder das unterdrückte Recht durch die Kraft seiner eigenen Faust und die Geschicklichkeit seines Arms – und sollte auch eine Kette von Spitzbuben die Unschuld sein, die befreit wird – herzustellen. In den meisten dieser Stoffe ist keine Lage, keine Situation, kein Konflikt vorhanden, wodurch das Handeln *notwendig* würde, sondern das Gemüt will hinaus und *sucht* sich die Abenteuer absichtlich auf. So haben hier die Handlungen der *Liebe* z. B. zum großen Teil ihrem spezielleren Inhalt nach keine andere Bestimmung in sich als die, Beweise der Festigkeit, Treue, Dauer der Liebe abzulegen, – zu zeigen, die umgebende Wirklichkeit mit dem ganzen Komplex ihrer Verhältnisse gelte nur als Material, die Liebe zu manifestieren. Dadurch ist die bestimmte Tat dieser Manifestation, da es nur auf den Beweis selbst ankommt, nicht durch sich selbst bestimmt, sondern dem Einfall, der Laune der Dame, der Willkür äußerlicher Zufälligkeiten überlassen. Ganz ebenso ergeht es mit den Zwecken der *Ehre* und *Tapferkeit*. Sie gehören größtenteils dem von allem weiteren substantiellen Gehalt noch fernstehenden Subjekt an, das sich in jeden Inhalt, der zufällig vorliegt, hineinlegen und sich daran verletzt finden oder darin eine Gelegenheit, seinen Mut, seine Gewandtheit darzutun, suchen kann. Wie es hier kein Maß dafür gibt, was zum Inhalt gemacht werden müsse, was nicht, so fehlt auch der Maßstab für das, was wirklich eine Verletzung der Ehre, was der wahre Gegenstand der Tapferkeit sein könne. Mit der Handhabung des *Rechts*, welche gleichfalls ein Zweck der Ritterlichkeit ist, verhält es sich nicht anders. Recht und Gesetz nämlich erweist sich hier noch nicht als ein an und für sich fester, nach dem Gesetz und dessen notwendigem Inhalt sich stets vollbringender Zustand und Zweck, sondern als ein selbst nur subjektiver Einfall, so daß sowohl das Einschreiten als auch die Beurteilung dessen, was in diesem oder jenem Fall Recht oder Unrecht sei, dem ganz zufälligen Ermessen der Subjektivität anheimgestellt bleibt.

b. Die komische Behandlung der Zufälligkeit

Was wir somit überhaupt, besonders auf dem Gebiete des Weltlichen, im Rittertum und in jenem Formalismus der Charaktere, vor uns haben, ist mehr oder weniger die Zufälligkeit sowohl der Umstände, innerhalb welcher gehandelt wird, als auch des wollenden Gemüts. Denn jene einseitigen individuellen Figuren können das ganz Zufällige zu ihrem Inhalt nehmen, das nur durch die Energie ihres Charakters getragen und unter von außen her bedingten Kollisionen durchgeführt wird oder mißlingt. Ebenso ergeht es dem Rittertum, das in der Ehre, Liebe und Treue eine höhere, dem wahrhaft Sittlichen ähnliche Berechtigung in sich enthält. Einerseits wird es durch die Einzelheit der Umstände, auf welche es reagiert, direkt eine Zufälligkeit, indem statt eines allgemeinen Werkes nur partikulare Zwecke zu vollbringen sind und an und für sich seiende Zusammenhänge fehlen; andererseits findet eben damit auch in Ansehung des subjektiven Geistes der Individuen Willkür oder Täuschung in betreff auf Vorhaben, Pläne und Unternehmungen statt. Konsequent durchgeführt, erweist sich deshalb diese ganze Abenteuerei in ihren Handlungen und Begebenheiten wie in deren Erfolg als eine sich in sich selbst auflösende und dadurch komische Welt der Ereignisse und Schicksale.

Diese Auflösung des Rittertums in sich selbst ist sich vornehmlich in Ariost und Cervantes und jener in ihrer Besonderheit individuellen Charaktere in Shakespeare zum Bewußtsein und zur gemäßesten Darstellung gekommen.

α) In Ariosto ergötzen besonders die unendlichen Verwicklungen der Schicksale und Zwecke, die märchenhafte Verschlingung phantastischer Verhältnisse und närrischer Situationen, mit denen der Dichter bis zur Leichtfertigkeit hin abenteuerlich spielt. Es ist lauter blanke Torheit und Tollheit, mit der es den Helden Ernst sein soll. Hauptsächlich ist die Liebe von der göttlichen Liebe des Dante, von der phantastischen Zärtlichkeit des Petrarca häufig zu sinnlich-obszönen Geschichten und lächerlichen Kollisionen heruntergesunken, während die Heldenschaft und Tapferkeit bis zu einer Spitze heraufgeschraubt erscheint, auf welcher sie nicht mehr zu einem gläubigen Erstaunen, sondern nur zu einem Lächeln über die Fabelhaftigkeit der Taten erregt. Bei der Gleichgültigkeit aber in Rücksicht auf die Art und Weise, wie die Situationen zustande kommen, wunderbare Verzweigungen und Konflikte herbeiführen, angefangen, abgebrochen, wieder verflochten, durchschnitten und endlich überraschend gelöst werden, sowie bei der komischen Behandlung der Ritterlichkeit weiß dennoch Ariosto das Edle und Große, das in der Ritterschaft, dem Mut, der Liebe, Ehre und Tapferkeit liegt, ganz ebenso zu sichern und herauszuheben, als er andere Leidenschaften, Verschmitztheit, List, Geistesgegenwart und so vieles Sonstige noch treffend zu schildern versteht.

β) Wenn sich nun Ariosto mehr gegen das *Märchenhafte* der Abenteuerlichkeit hinwendet, so bildet Cervantes dagegen das *Romanhafte* aus. In seinem *Don Quijote* ist es eine edle Natur, bei der das Rittertum zur Verrücktheit wird, indem wir die Abenteuerlichkeit desselben mitten in den festen, bestimmten Zustand einer ihren äußeren Verhältnissen nach genau geschilderten Wirklichkeit hineingesetzt finden. Dies gibt den komischen Widerspruch einer verständigen, durch sich selbst geordneten Welt und eines isolierten Gemütes, das sich diese Ordnung und Festigkeit erst durch sich und das Rittertum, durch das sie nur umgestürzt werden könnte, erschaffen will. Dieser komischen Verirrung zum Trotz ist aber im *Don Quijote* ganz das erhalten, was wir vorhin bei Shakespeare rühmten. Auch Cervantes hat seinen Helden zu einer ursprünglich edlen, mit vielseitigen Geistesgaben ausgestatteten Natur gemacht, die uns immer zugleich wahrhaft interessiert. Don Quijote ist ein in der Verrücktheit seiner selbst und seiner Sache vollkommen sicheres Gemüt, oder vielmehr ist nur dies die Verrücktheit, daß er seiner und seiner Sache so sicher ist und bleibt. Ohne diese reflexionslose Ruhe in Rücksicht auf den Inhalt und Erfolg seiner Handlungen wäre er nicht echt romantisch, und diese Selbstgewißheit, in Ansehung des Substantiellen seiner Gesinnung, ist durchaus groß und genial mit den schönsten Charakterzügen geschmückt. Ebenso ist das ganze Werk einerseits eine Verspottung des romantischen Rittertums, durch und durch eine wahrhafte Ironie, während bei Ariosto die Abenteuerlichkeit gleichsam nur ein leichtfertiger Spaß bleibt; andererseits aber werden die Begebenheiten Don Quijotes nur der Faden, auf dem sich aufs lieblichste eine Reihe echt romantischer Novellen hinschlingt, um das in seinem wahren Wert erhalten zu zeigen, was der übrige Teil des Romans komisch auflöst.

γ) Ähnlich wie wir hier das Rittertum, selbst in seinen wichtigsten Interessen, zur Komik umschlagen sehen, stellt nun auch Shakespeare entweder neben seine festen individuellen Charaktere und tragischen Situationen und Konflikte komische Figuren und Szenen oder hebt jene Charaktere durch einen tiefen Humor über sich selbst und ihre schroffen, beschränkten und falschen Zwecke hinaus. Falstaff z. B., der Narr im *Lear*, die Musikantenszene in *Romeo und Julia* sind von der ersten, Richard III. von der zweiten Art.

c. Das Romanhafte

An diese Auflösung des Romantischen, seiner bisherigen Gestalt nach, schließt sich *drittens* endlich das *Romanhafte* im modernen Sinne des Wortes, dem der Zeit nach die Ritter- und Schäferromane vorangehen. – Dies Romanhafte ist das wieder zum Ernste, zu einem wirklichen Gehalte gewordene Rittertum. Die Zufälligkeit des äußerlichen Daseins hat sich verwandelt in eine feste, sichere Ordnung der bürgerlichen Gesellschaft und des Staats, so daß jetzt Polizei, Gerichte, das Heer, die Staatsregierung an die Stelle der chimärischen Zwecke treten, die der Ritter sich machte. Dadurch verändert sich auch die Ritterlichkeit der in neueren Romanen agierenden Helden. Sie stehen als Individuen mit ihren subjektiven Zwecken der Liebe, Ehre, Ehrsucht oder mit ihren Idealen der Weltverbesserung dieser bestehenden Ordnung und Prosa der Wirklichkeit gegenüber, die ihnen von allen Seiten Schwierigkeiten in den Weg legt. Da schrauben sich nun die subjektiven Wünsche und Forderungen in diesem Gegensatze ins Unermeßliche in die Höhe; denn jeder findet vor sich eine bezauberte, für ihn ganz ungehörige Welt, die er bekämpfen muß, weil sie sich gegen ihn sperrt und in ihrer spröden Festigkeit seinen Leidenschaften nicht nachgibt, sondern den Willen eines Vaters, einer Tante, bürgerliche Verhältnisse usf. als ein Hindernis vorschiebt. Besonders sind Jünglinge diese neuen Ritter, die sich durch den Weltlauf, der sich statt ihrer Ideale realisiert, durchschlagen müssen und es nun für ein Unglück halten, daß es überhaupt Familie, bürgerliche Gesellschaft, Staat, Gesetze, Berufsgeschäfte usf. gibt, weil diese substantiellen Lebensbeziehungen sich mit ihren Schranken grausam den Idealen und dem unendlichen Rechte des Herzens entgegensetzen. Nun gilt es, ein Loch in diese Ordnung der Dinge hineinzustoßen, die Welt zu verändern, zu verbessern oder ihr zum Trotz sich wenigstens einen Himmel auf Erden herauszuschneiden: das Mädchen, wie es sein soll, sich zu suchen, es zu finden und es nun den schlimmen Verwandten oder sonstigen Mißverhältnissen abzugewinnen, abzuerobern und abzutrotzen. Diese Kämpfe nun aber sind in der modernen Welt nichts Weiteres als die Lehrjahre, die Erziehung des Individuums an der vorhandenen Wirklichkeit, und erhalten dadurch ihren wahren Sinn. Denn das Ende solcher Lehrjahre besteht darin, daß sich das Subjekt die Hörner abläuft, mit seinem Wünschen und Meinen sich in die bestehenden Verhältnisse und die Vernünftigkeit derselben hineinbildet, in die Verkettung der Welt eintritt und in ihr sich einen angemessenen Standpunkt erwirbt. Mag einer auch noch soviel sich mit der Welt herumgezankt haben, umhergeschoben worden sein, zuletzt bekommt er meistens doch sein Mädchen und irgendeine Stellung, heiratet und wird ein Philister so gut wie die anderen auch; die Frau steht der Haushaltung vor, Kinder bleiben nicht aus, das angebetete Weib, das erst die Einzige, ein Engel war, nimmt sich ungefähr ebenso aus wie alle anderen, das Amt gibt Arbeit und Verdrießlichkeiten, die Ehe Hauskreuz, und so ist der ganze Katzenjammer der übrigen da. – Wir sehen hier den gleichen Charakter der Abenteuerlichkeit, nur daß dieselbe ihre rechte Bedeutung findet und das Phantastische daran die nötige Korrektion erfahren muß.

3. Die Auflösung der romantischen Kunstform

Das letzte, was wir jetzt noch näher festzustellen haben, ist der Punkt, auf welchem das Romantische, da es *an sich* schon das Prinzip der Auflösung des klassischen Ideals ist, diese Auflösung nun in der Tat als *Auflösung* klar heraustreten läßt.

Hier kommt nun vor allem sogleich die vollendete Zufälligkeit und Äußerlichkeit des Stoffs in Betracht, welchen die Kunsttätigkeit ergreift und gestaltet. In der Plastik des Klassischen ist das subjektive Innere so auf das Äußere bezogen, daß dieses Äußere die eigene Gestalt des Inneren selbst und nicht aus demselben selbständig entlassen ist. Im Romantischen dagegen, wo die Innigkeit sich in sich zurückzieht, erhält der gesamte Inhalt der *äußeren* Welt die Freiheit, sich für sich zu ergehen und sich seiner Eigentümlichkeit und Partikularität nach zu erhalten. Umgekehrt, wenn die subjektive Innigkeit des Gemüts das wesentliche Moment für die Darstellung wird, ist es von gleicher Zufälligkeit, in welchen bestimmten Inhalt der äußeren Wirklichkeit und der geistigen Welt sich das Gemüt hineinlebt. Das romantische Innere kann sich deshalb an *allen Umständen* zeigen, in tausend und aber tausend Lagen, Zuständen, Verhältnissen, Irrungen und Verwirrungen, Konflikten und Befriedigungen umherwerfen, denn es ist nur seine subjektive Gestaltung an ihm selbst, die Äußerung und Aufnahmsweise des Gemüts, nicht aber ein objektiver an und für sich gültiger Gehalt, was gesucht wird und gelten soll. In den Darstellungen der romantischen Kunst hat daher alles Platz, alle Lebenssphären und Erscheinungen, das Größte und Kleinste, Höchste und Geringste, das Sittliche, Unsittliche und Böse; und besonders haust sich die Kunst, je mehr sie sich verweltlicht, mehr und mehr in die Endlichkeiten der Welt ein, nimmt mit ihnen vorlieb, gewährt ihnen vollkommene Gültigkeit, und dem Künstler ist wohl in ihnen, wenn er sie darstellt, wie sie sind. So sehen wir z. B. in Shakespeare, weil bei ihm die Handlungen überhaupt in ihren endlichsten Zusammenhang auslaufen, sich in einen Kreis von Zufälligkeiten hinein vereinzeln und zerstreuen und alle Zustände ihr Gelten haben, neben den höchsten Regionen und wichtigsten Interessen ebenso die unbedeutendsten und nebensächlichsten: wie in *Hamlet* neben dem Königshofe die Schildwachen; in *Romeo und Julia* das Hausgesinde; in anderen Stücken außerdem Narren, Rüpel und allerhand Gemeinheiten des täglichen Lebens, Kneipen, Fuhrleute, Nachttöpfe und Flöhe, ganz ebenso wie in dem religiösen Kreise der romantischen Kunst bei der Geburt Christi und Anbetung der Könige Ochs und Esel, die Krippe und das Stroh nicht fehlen dürfen. Und so geht es durch alles hindurch, auf daß auch in der Kunst das Wort erfüllt sei, die da niedrig sind, sollen erhöht werden.

Innerhalb dieser Zufälligkeit der Gegenstände, welche teils zwar als bloße Umgebung für einen in sich selbst gewichtigeren Inhalt, teils aber auch selbständig zur Darstellung kommen, kehrt sich das *Zerfallen* der romantischen Kunst heraus, das wir oben bereits berührt haben. Auf die eine Seite nämlich stellt sich die reale Wirklichkeit in ihrer vom Standpunkt des Ideals aus betrachtet *prosaischen Objektivität*: der Inhalt des gewöhnlichen täglichen Lebens, das nicht in seiner Substanz, in welcher es Sittliches und Göttliches enthält, aufgefaßt wird, sondern in seiner Veränderlichkeit und endlichen Vergänglichkeit. Andererseits ist es die *Subjektivität*, welche mit ihrer Empfindung und Ansicht, mit dem Recht und der Macht ihres Witzes sich zum Meister der gesamten Wirklichkeit zu erheben weiß, nichts in seinem gewohnten Zusammenhange und seiner Geltung läßt, die es für das gewöhnliche Bewußtsein hat, und sich nur befriedigt, insofern alles, was in dies Bereich hineingezogen wird, sich durch die Gestalt und Stellung, welche die subjektive Meinung, Laune, Genialität ihm gibt, in sich selbst als auflösbar und für die Anschauung und Empfindung aufgelöst erweist.

Wir haben deshalb in dieser Beziehung *erstens* von dem Prinzip jener mannigfaltigen Kunstwerke zu sprechen, deren Darstellungsweise der gemeinen Gegenwart und äußerlichen Realität sich dem nähert, was wir Nachahmung der Natur zu nennen gewohnt sind;

zweitens von dem subjektiven Humor, der in der modernen Kunst eine große Rolle spielt und besonders bei vielen Dichtern den Grundtypus ihrer Werke abgibt.

Drittens bleibt uns zum Schluß nur noch übrig, den Standpunkt anzudeuten, von welchem aus die Kunst sich noch heutigentags zu betätigen imstande ist.

a. Die subjektive Kunstnachahmung des Vorhandenen

Der Kreis der Gegenstände, welche diese Sphäre umfassen kann, erweitert sich ins Unbegrenzte, da sich die Kunst nicht das in sich selbst Notwendige, dessen Bezirk in sich abgeschlossen ist, sondern die zufällige Wirklichkeit in deren schrankenloser Modifikation von Gestalten und Verhältnissen, die Natur und deren buntes Spiel vereinzelter Gebilde, das tägliche Tun und Treiben des Menschen in seiner Naturbedürftigkeit und behaglichen Befriedigung, in seinen zufälligen Gewohnheiten, Lagen, Tätigkeiten des Familienlebens, der bürgerlichen Geschäfte, überhaupt aber das unberechenbar Wechselnde in der äußeren Gegenständlichkeit zum Inhalt nimmt. Dadurch wird die Kunst nicht nur, wie es das Romantische mehr oder weniger überall ist, porträtartig, sondern sie löst sich vollständig in die Darstellung von Porträts auf, es sei in der Plastik, der Malerei oder in den Schilderungen der Poesie, und kehrt zur Nachahmung der Natur, zur absichtlichen Annäherung nämlich an die Zufälligkeit des unmittelbaren, für sich genommen unschönen und prosaischen Daseins zurück. – Es liegt deshalb die Frage nahe, ob denn dergleichen Produktionen überhaupt noch Kunstwerke zu nennen seien. Wenn wir dabei den Begriff eigentlicher Kunstwerke im Sinne des Ideals vor Augen haben, bei denen es sich einerseits um einen in sich selbst nicht zufälligen und vorübergehenden Inhalt, andererseits um die solchem Gehalt schlechthin entsprechende Gestaltungsweise handelt, so müssen die Produkte unserer gegenwärtigen Stufe im Angesichte solcher Werke allerdings zu kurz kommen. Dagegen hat die Kunst noch ein anderes Moment, das hier besonders von wesentlicher Wichtigkeit wird: die subjektive Auffassung und Ausführung des Kunstwerks, die Seite des individuellen Talents, welches dem in sich substantiellen Leben der Natur sowie den Gestaltungen des Geistes auch noch in den äußersten Enden der Zufälligkeit, zu denen dasselbe ausläuft, treu zu bleiben und das für sich Bedeutungslose selber durch diese Wahrheit wie durch die bewunderungswürdigste Geschicklichkeit der Darstellung bedeutend zu machen weiß. Hierzu kommt denn noch die subjektive Lebendigkeit, mit welcher der Künstler sich mit seinem Geiste und Gemüt ganz in das Dasein solcher Gegenstände, ihrer ganzen inneren und äußeren Gestalt und Erscheinung nach, einlebt und sie in dieser Beseelung für die Anschauung herausstellt. Nach diesen Seiten hin dürfen wir den Erzeugnissen dieses Kreises den Namen von Kunstwerken nicht vorenthalten.

Was nun das Nähere angeht, so sind es unter den besonderen Künsten hauptsächlich die Poesie und Malerei, welche sich auch auf solche Gegenstände hingewendet haben. Denn einerseits ist es das in sich selbst Partikulare, das den Inhalt abgibt, andererseits die zufällige, doch in ihrem Kreise echte Eigentümlichkeit der äußeren Erscheinung, welche hier die Form der Darstellung werden soll. Weder die Architektur noch die Skulptur und Musik eignen sich für die Erfüllung einer solchen Aufgabe.

α) In der Poesie ist es das gemeine häusliche Leben, das die Rechtschaffenheit, Weltklugheit und Moral des Tages zu seiner Substanz hat, in gewöhnlichen bürgerlichen Verwicklungen, in Szenen und Figuren aus den mittleren und niederen Ständen dargestellt. Bei den Franzosen hat besonders Diderot in diesem Sinne auf Natürlichkeit und Nachahmung des Vorhandenen gedrungen. Unter uns Deutschen waren es dagegen Goethe und Schiller, welche in höherem Sinne in ihrer Jugend einen ähnlichen Weg einschlugen, doch innerhalb dieser lebendigen Natürlichkeit und Partikularität nach tieferem Gehalte und wesentlichen interessereichen Konflikten suchten, während dann besonders Kotzebue und Iffland, der eine mit oberflächlicher Raschheit der Auffassung und Produktion, der andere mit ernsthafterer Genauigkeit und spießbürgerlicher Moralität, das Tagesleben ihrer Zeit in den prosaischen engeren Beziehungen mit wenig Sinn für eigentliche Poesie abkonterfeiten. Überhaupt aber hat unsere Kunst am liebsten, wenn auch am spätesten, diesen Ton aufgenommen und eine Virtuosität darin erreicht. Denn lange Zeit hindurch war die Kunst uns mehr oder weniger etwas Fremdes, Empfangenes, nicht aus uns selbst Hervorgegangenes. In dieser Wendung nun auf die vorliegende Wirklichkeit liegt das Bedürfnis, daß der Stoff für die Kunst immanent, heimisch, das nationale Leben des Dichters und des Publikums sei. Auf diesen Punkt der Aneignung der Kunst, die schlechthin dem Inhalt und der Darstellung nach das Unsrige und selbst mit Aufopferung der Schönheit und Idealität bei uns zu Hause sein sollte, ist der Trieb, der zu solchen Darstellungen führte, losgegangen. Andere Völker haben solche Kreise mehr verschmäht oder kommen auch jetzt erst zu dem regeren Interesse für dergleichen Stoffe des täglichen und alltäglichen Daseins.

β) Wollen wir uns jedoch das Bewunderungswürdigste vor die Anschauung bringen, was in dieser Beziehung kann geleistet werden, so müssen wir auf die Genremalerei der späteren Holländer sehen. Was in ihr, dem allgemeinen Geiste nach, die substantielle Grundlage sei, aus welcher sie hervorgegangen ist, habe ich bereits im ersten Teile bei der Betrachtung des Ideals als solchen (Bd. I, S. 222 f.) berührt. Die Befriedigung an der Gegenwart des Lebens auch im Gewöhnlichsten und Kleinsten fließt bei ihnen daraus her, daß sie sich, was anderen Völkern die Natur unmittelbarer bietet, durch schwere Kämpfe und sauren Fleiß erarbeiten müssen und bei beschränktem Lokal in der Sorge und der Wertschätzung des Geringfügigsten groß geworden sind. Andererseits sind sie ein Volk von Fischern, Schiffern, Bürgern, Bauern und dadurch schon auf den Wert des im Größten und Kleinsten Nötigen und Nützlichen, das sie sich mit emsigster Betriebsamkeit zu verschaffen wissen, von Hause aus angewiesen. Ihrer Religion nach waren die Holländer, was eine wichtige Seite ausmacht, Protestanten, und dem Protestantismus allein kommt es zu, sich auch ganz in die

Prosa des Lebens einzunisten und sie für sich, unabhängig von religiösen Beziehungen, vollständig gelten und sich in unbeschränkter Freiheit ausbilden zu lassen. Keinem anderen Volke wäre es unter anderen Verhältnissen eingefallen, Gegenstände, wie die holländische Malerei sie uns vor Augen bringt, zum vornehmlichsten Inhalt von Kunstwerken zu machen. In allen diesen Interessen aber haben die Holländer nicht etwa in der Not und Armseligkeit des Daseins und Unterdrückung des Geistes gelebt, sondern sie haben sich ihre Kirche selber reformiert, den religiösen Despotismus ebenso wie die spanische weltliche Macht und Grandezza besiegt und sind durch ihre Tätigkeit, ihren Fleiß, ihre Tapferkeit und Sparsamkeit im Gefühle einer selbsterworbenen Freiheit zu Wohlstand, Behäbigkeit, Rechtlichkeit, Mut, Fröhlichkeit und selbst zum Übermut des heiteren täglichen Daseins gekommen. Dies ist die Rechtfertigung für die Wahl ihrer Kunstgegenstände.

Einen tieferen Sinn, der auf einen in sich selbst wahrhaften Gehalt geht, können dergleichen Gegenstände nicht befriedigen; wird aber auch Gemüt und Gedanke nicht zufriedengestellt, so versöhnt doch die nähere Anschauung damit. Denn die Kunst des Malens und des Malers ist es, von der wir sollen erfreut und hingerissen werden. Und in der Tat, wenn man wissen will, was Malen ist, so muß man diese Bildchen ansehen, um von diesem oder jenem Meister zu sagen: *Der* kann malen. Es kommt deshalb dem Künstler bei seiner Produktion auch gar nicht etwa darauf an, uns durch das Kunstwerk eine Vorstellung von dem Gegenstande, den er uns vorführt, zu geben. Von Trauben, Blumen, Hirschen, Bäumen, Sandufern, vom Meer, der Sonne, dem Himmel, dem Putz und Schmuck der Gerätschaften des täglichen Lebens, von Pferden, Kriegern, Bauern, vom Rauchen, Zahnausziehen, von häuslichen Szenen der verschiedensten Art haben wir im voraus schon die vollständigste Anschauung; dergleichen gibt es in der Natur genug. Was uns reizen soll, ist nicht der Inhalt und seine Realität, sondern das in

Rücksicht auf den Gegenstand ganz interesselose Scheinen. Vom Schönen wird gleichsam das Scheinen als solches für sich fixiert, und die Kunst ist die Meisterschaft in Darstellung aller Geheimnisse des sich in sich vertiefenden Scheinens der äußeren Erscheinungen. Besonders besteht die Kunst darin, der vorhandenen Welt in ihrer partikulären und doch mit den allgemeinen Gesetzen des Scheinens zusammenstimmenden Lebendigkeit mit einem feinen Sinn die momentanen, durchaus wandelbaren Züge ihres Daseins abzulauschen und das Flüchtigste treu und wahr festzuhalten. Ein Baum, eine Landschaft ist schon etwas für sich Festes und Bleibendes. Doch das Blinken des Metalls, den Schimmer einer beleuchteten Traube, einen schwindenden Blick des Mondes, der Sonne, ein Lächeln, den Ausdruck schnell vorübereilender Gemütsaffekte, komische Bewegungen, Stellungen, Mienen – dies Vergänglichste, Vorübereilendste zu ergreifen und in seiner vollsten Lebendigkeit für die Anschauung dauernd zu machen, ist die schwere Aufgabe dieser Kunststufe. Wenn die klassische Kunst in ihrem Ideal wesentlich nur das Substantielle gestaltet, so wird uns hier die wandelnde Natur in ihren fliehenden Äußerungen, ein Strömen des Wassers, ein Wasserfall, schäumende Meereswogen, ein Stilleben mit dem zufälligen Blitzen der Gläser, Teller usf., die Außengestalt der geistigen Wirklichkeit in den besondersten Situationen, eine Frau, die beim Licht eine Nadel einfädelt, ein Halt von Räubern in zufälliger Bewegung, das Augenblicklichste einer Gebärde, die sich schnell wieder verzieht, das Lachen und Grinsen eines Bauern, worin Ostade, Teniers, Steen Meister sind, gefesselt und zur Anschauung gebracht. Es ist ein Triumph der Kunst über die Vergänglichkeit, in welchem das Substantielle gleichsam betrogen wird um seine Macht über das Zufällige und Flüchtige.

Wie nun hier das Scheinen als solches der Gegenstände den eigentlichen Inhalt hergibt, so geht die Kunst, indem sie den vorübereilenden Schein statarisch macht, noch weiter. Abgesehen nämlich von den Gegenständen, werden auch die Mittel der Darstellung für sich selber Zweck, so daß sich die subjektive Geschicklichkeit und Anwendung der Kunstmittel zum objektiven Gegenstande der Kunstwerke heraufhebt. Schon die alten Niederländer haben das Physikalische der Farben aufs gründlichste studiert; van Eyck, Memling, Scorel wußten den Glanz des Goldes, Silbers, das Leuchten der Edelsteine, Seide, Samt, Pelzwerk usf. aufs täuschendste nachzubilden. Diese Meisterschaft nun, durch die Magie der Farbe und die Geheimnisse ihres Zaubers die frappantesten Effekte zustande zu bringen, gibt sich jetzt eine selbständige Gültigkeit. Wie der Geist denkend, begreifend die Welt in Vorstellungen und Gedanken sich reproduziert, so wird die Hauptsache jetzt, unabhängig von dem Gegenstande selbst, das subjektive Wiederschaffen der Äußerlichkeit im sinnlichen Elemente der Farben und Beleuchtung. Es ist dies gleichsam eine objektive Musik, ein Tönen in Farben. Wenn nämlich in der Musik der einzelne Ton für sich nichts ist, sondern nur in seinem Verhältnis zu anderen, in seinem Entgegensetzen, Zusammenstimmen, Übergehen und Verschmelzen Wirkung hervorbringt, so ist es mit der Farbe hier dasselbe. Betrachten wir den Farbenschein, der wie Gold glänzt, wie beschienene Tressen glitzert, in der Nähe, so sehen wir nur etwa weißliche, gelbliche Striche, Punkte, gefärbte Flächen; die einzelne Farbe als solche hat nicht diesen Glanz, den sie hervorbringt; die Zusammenstellung erst macht dies Blinkern und Glinzern. Nehmen wir z. B. Terborchs Atlas, so ist jeder Fleck der Farbe für sich ein mattes Grau, mehr oder weniger weißlich, bläulich, gelblich, aber in einiger Entfernung durch die Stellung zum anderen kommt der schöne, milde Glanz hervor, der dem wirklichen Atlas eigen ist. Und so geht es mit Samt, Spiel des Lichtes, Duft der Wolken, überhaupt mit allem, was dargestellt wird. Es ist nicht der Reflex des Gemüts, der sich an den Gegenständen, wie dies bei Landschaften z. B. häufig der Fall ist, darstellen will, sondern es ist die ganz subjektive Geschicklichkeit, welche sich auf diese objektive Weise als die Geschicklichkeit der

Mittel selbst in ihrer Lebendigkeit und Wirkung durch sich selber eine Gegenständlichkeit erzeugen zu können kundtut.

γ) Dadurch wendet sich nun aber das Interesse für die dargestellten Objekte dazu um, daß es die blanke Subjektivität des Künstlers selber ist, die sich zu zeigen gedenkt und der es deshalb nicht auf die Gestaltung eines für sich fertigen und auf sich selbst beruhenden Werkes ankommt, sondern auf eine Produktion, in welcher das hervorbringende *Subjekt* nur sich selber zu sehen gibt. Insofern diese Subjektivität nicht mehr die äußeren Darstellungsmittel, sondern den *Inhalt* selbst angeht, wird die Kunst dadurch zur Kunst der Laune und des Humors.

b. Der subjektive Humor

Im Humor ist es die Person des Künstlers, die sich selbst ihren partikulären wie ihren tieferen Seiten nach produziert, so daß es sich dabei wesentlich um den geistigen Wert dieser Persönlichkeit handelt.

α) Da sich nun der Humor nicht die Aufgabe stellt, einen Inhalt seiner wesentlichen Natur gemäß sich objektiv entfalten und ausgestalten zu lassen und ihn in dieser Entwicklung aus sich selbst künstlerisch zu gliedern und abzurunden, sondern der Künstler selber es ist, der in den Stoff hereintritt, so besteht seine Haupttätigkeit darin, alles, was sich objektiv machen und eine feste Gestalt der Wirklichkeit gewinnen will oder in der Außenwelt zu haben scheint, durch die Macht subjektiver Einfälle, Gedankenblitze, frappanter Auffassungsweisen in sich zerfallen zu lassen und aufzulösen. Dadurch ist jede Selbständigkeit eines objektiven Inhalts und der in sich feste, durch die Sache gegebene Zusammenhang der Gestalt in sich vernichtet und die Darstellung nur ein Spiel mit den Gegenständen, ein Verrücken und Verkehren des Stoffs sowie ein Herüberundhinüberschweifen, ein Kreuzundquerfahren subjektiver Äußerungen, Ansichten und Benehmungen, durch welche der Autor sich selbst wie seine Gegenstände preisgibt.

β) Die natürliche Täuschung hierbei ist, es sei ganz leicht, über sich selbst und das Vorhandene Schwänke und Witze zu machen, und so wird denn häufig nach der Form des Humoristischen gegriffen; aber es geschieht auch ebenso häufig, daß der Humor platt wird, wenn sich das Subjekt in dem Zufall seiner Einfälle und Späße gehenläßt, die lose aneinandergereiht ins Unbestimmte ausschweifen und das Heterogenste oft mit absichtlicher Bizarrerie verknüpfen. Einige Nationen sind gegen solche Art des Humors nachgiebiger, andere strenger. Bei den Franzosen macht das Humoristische im allgemeinen wenig Glück, bei uns mehr, und wir sind toleranter gegen Abirrungen. So ist z. B. Jean Paul bei uns ein beliebter Humorist, und doch ist er gerade vor allen anderen auffallend in dem barocken Zusammenbringen des objektiv Entferntesten und dem kunterbuntesten Durcheinanderwürfeln von Gegenständen, deren Beziehung etwas durchaus Subjektives ist. Die Geschichte, der Inhalt und Gang der Begebenheiten ist in seinen Romanen das am wenigsten Interessante. Die Hauptsache bleiben die Hinundherzüge des Humors, der jeden Inhalt nur gebraucht, um seinen subjektiven Witz daran geltend zu machen. In diesem Beziehen und Verketten des aus allen Weltgegenden und Gebieten der Wirklichkeit zusammengerafften Stoffs kehrt das Humoristische gleichsam zurück zum Symbolischen, wo Bedeutung und Gestalt gleichfalls auseinanderliegen; nur daß es jetzt die bloße Subjektivität des Dichters ist, welche über den Stoff wie über die Bedeutung gebietet und sie in fremdartiger Ordnung aneinanderreiht. Solch eine Reihe von Einfällen ermüdet aber bald, besonders wenn es uns zugemutet wird, uns mit unserer Vorstellung in die oft kaum erratbaren Kombinationen einzuleben, welche dem Dichter zufällig vorgeschwebt haben. Besonders bei Jean Paul tötet eine Metapher, ein Witz, ein Spaß, ein Vergleich den anderen, man sieht nichts werden, alles nur verpuffen. Was sich aber auflösen soll, muß sich vorher entfaltet und vorbereitet haben. Nach der anderen Seite streift der Humor, wenn das

Subjekt in sich ohne Kern und Halt eines von wahrhafter Objektivität erfüllten Gemütes ist, gern in das Sentimentale und Empfindsame herüber, wovon Jean Paul gleichfalls ein Beispiel liefert.

γ) Zum wahren Humor, der sich von diesen Auswüchsen entfernt halten will, gehört deshalb viel Tiefe und Reichtum des Geistes, um das nur subjektiv Scheinende als wirklich ausdrucksvoll herauszuheben und aus seiner Zufälligkeit selbst, aus bloßen Einfällen das Substantielle hervorgehen zu lassen. Das Sichnachgeben des Dichters im Verlauf seiner Äußerungen muß, wie bei Sterne und Hippel, ein ganz unbefangenes, leichtes, unscheinbares Fortschlendern sein, das in seiner Unbedeutendheit gerade den höchsten Begriff von Tiefe gibt; und da es eben Einzelheiten sind, die ordnungslos emporsprudeln, muß der innere Zusammenhang um so tiefer liegen und in dem Vereinzelten als solchem den Lichtpunkt des Geistes hervortreiben.

Hiermit sind wir bei dem Schlusse der romantischen Kunst angelangt, bei dem Standpunkte der neuesten Zeit, deren Eigentümlichkeit wir darin finden können, daß die Subjektivität des Künstlers über ihrem Stoffe und ihrer Produktion steht, indem sie nicht mehr von den gegebenen Bedingungen eines an sich selbst schon bestimmten Kreises des Inhalts wie der Form beherrscht ist, sondern sowohl den Inhalt als die Gestaltungsweise desselben ganz in ihrer Gewalt und Wahl behält.

c. Das Ende der romantischen Kunstform

Die Kunst, wie sie bisher der Gegenstand unserer Betrachtungen war, hatte die Einheit von Bedeutung und Gestalt und ebenso die Einheit der Subjektivität des Künstlers mit seinem Gehalt und Werk zu ihrer Grundlage. Näher war es die bestimmte Art dieser Einigung, welche für den Inhalt und dessen entsprechende Darstellung die substantielle, alle Gebilde durchdringende Norm abgab.

In dieser Beziehung fanden wir, beim Beginn der Kunst, im

Orient den Geist noch nicht für sich selber frei; er suchte das für ihn Absolute noch im Natürlichen und faßte deshalb das Natürliche als an sich selber göttlich auf. Weiterhin stellte die Anschauung der klassischen Kunst die griechischen Götter als unbefangene, begeistete, doch ebenso wesentlich noch von der menschlichen Naturgestalt als von einem affirmativen Moment behaftete Individuen dar; und die romantische Kunst erst vertiefte den Geist in seine eigene Innigkeit, gegen welche nun das Fleisch, die äußere Realität und Weltlichkeit überhaupt, obschon das Geistige und Absolute nur in diesem Elemente zu erscheinen hatte, zunächst als Nichtiges gesetzt war, doch zuletzt sich mehr und mehr wieder in positiver Weise Geltung zu verschaffen wußte.

α) Diese Weltanschauungsweisen machen die Religion, den substantiellen Geist der Völker und Zeiten aus und ziehen sich wie durch die Kunst, so auch durch alle übrigen Gebiete der jedesmaligen lebendigen Gegenwart hindurch. Wie nun jeder Mensch in jeder Tätigkeit, sei sie politisch, religiös, künstlerisch, wissenschaftlich, ein Kind seiner Zeit ist und den wesentlichen Gehalt und die dadurch notwendige Gestalt derselben herauszuarbeiten die Aufgabe hat, so bleibt es auch die Bestimmung der Kunst, daß sie für den Geist eines Volks den künstlerisch gemäßen Ausdruck finde. Solange nun der Künstler mit der Bestimmtheit solcher Weltanschauung und Religion in unmittelbarer Identität und festem Glauben verwebt ist, so lange ist es ihm auch wahrhafter *Ernst* mit diesem Inhalt und dessen Darstellung, d. h. dieser Inhalt bleibt für ihn das Unendliche und Wahre seines eigenen Bewußtseins, ein Gehalt, mit dem er seiner innersten Subjektivität nach in ursprünglicher Einheit lebt, während die Gestalt, in welcher er denselben herausstellt, für ihn als Künstler die letzte, notwendige, höchste Art ist, sich das Absolute und die Seele der Gegenstände überhaupt zur Anschauung zu bringen. Durch die ihm selber immanente Substanz seines Stoffs wird er an die bestimmte Weise der Exposition gebunden. Denn den Stoff und damit die für denselben gehörige Form trägt dann der Künstler unmittelbar in sich, als das eigentliche Wesen seines Daseins, das er sich nicht einbildet, sondern das er selber *ist* und deshalb nur die Arbeit hat, dies wahrhaft Wesentliche sich objektiv zu machen, es lebendig aus sich vorzustellen und herauszubilden. Nur dann ist der Künstler vollständig für seinen Inhalt und für die Darstellung begeistert, und seine Erfindungen werden kein Produkt der Willkür, sondern entspringen in ihm, aus ihm, aus diesem substantiellen Boden, aus diesem Fonds, dessen Inhalt nicht eher ruht, bis er durch den Künstler zu einer seinem Begriff angemessenen individuellen Gestalt gelangt ist. Wenn wir dagegen jetzt einen griechischen Gott oder als heutige Protestanten eine Maria zum Gegenstande eines Skulpturwerks oder Gemäldes machen wollen, so ist es uns kein wahrer Ernst mit solchem Stoffe. Der innerste Glaube ist es, der uns dann abgeht, wenn auch der Künstler in Zeiten des noch vollen Glaubens nicht eben das zu sein braucht, was man gemeinhin einen frommen Mann nennt; wie denn auch überhaupt die Künstler nicht gerade jedesmal die Frömmsten gewesen sind. Die Forderung ist nur die, daß der Inhalt für den Künstler das Substantielle, die innerste Wahrheit seines Bewußtseins ausmache und ihm die Notwendigkeit für die Darstellungsweise gebe. Denn der Künstler ist in seiner Produktion zugleich Naturwesen, seine Geschicklichkeit ein *natürliches* Talent, sein Wirken nicht die reine Tätigkeit des Begreifens, die ihrem Stoff ganz gegenübertritt und sich in freien Gedanken, im reinen Denken mit demselben eint, sondern, als von der Naturseite noch nicht losgelöst, unmittelbar mit dem Gegenstande vereinigt, an ihn glaubend und dem eigensten Selbst nach mit ihm identisch. Dann liegt die Subjektivität gänzlich in dem Objekt, das Kunstwerk geht ebenso ganz aus der ungeteilten Innerlichkeit und Kraft des Genies hervor, die Produktion ist *ferme*, unwankend und die volle Intensität darin zusammengehalten. Dies ist das Grundverhältnis dafür, daß die Kunst in ihrer Ganzheit vorhanden sei.

β) Bei der Stellung dagegen, welche wir der Kunst im Verlaufe ihrer Entwicklung haben anweisen müssen, hat sich das ganze Verhältnis durchaus verändert. Dies müssen wir jedoch als kein bloßes zufälliges Unglück ansehen, von welchem die Kunst von außen her durch die Not der Zeit, den prosaischen Sinn, den Mangel an Interesse usf. betroffen wurde, sondern es ist die Wirkung und der Fortgang der Kunst selber, welche, indem sie den ihr selbst innewohnenden Stoff zur gegenständlichen Anschauung bringt, auf diesem Wege selbst durch jeden Fortschritt einen Beitrag liefert, sich selber von dem dargestellten Inhalt zu befreien. Was wir als Gegenstand durch die Kunst oder das Denken *so* vollständig vor unserem sinnlichen oder geistigen Auge haben, daß der Gehalt erschöpft, daß alles heraus ist und nichts Dunkles und Innerliches mehr übrigbleibt, daran verschwindet das absolute Interesse. Denn Interesse findet nur bei frischer Tätigkeit statt. Der Geist arbeitet sich nur so lange in den Gegenständen herum, solange noch ein Geheimes, Nichtoffenbares darin ist. Dies ist der Fall, solange der Stoff noch identisch mit uns ist. Hat nun aber die Kunst die wesentlichen Weltanschauungen, die in ihrem Begriffe liegen, sowie den Kreis des Inhalts, welcher diesen Weltanschauungen angehört, nach allen Seiten hin offenbar gemacht, so ist sie diesen jedesmal für ein besonderes Volk, eine besondere Zeit bestimmten Gehalt losgeworden, und das wahrhafte Bedürfnis, ihn wieder aufzunehmen, erwacht nur mit dem Bedürfnis, sich *gegen* den bisher allein gültigen Gehalt zu kehren; wie in Griechenland Aristophanes z. B. sich gegen seine Gegenwart und Lukian sich gegen die gesamte griechische Vergangenheit erhob und in Italien und Spanien, beim scheidenden Mittelalter, Ariosto und Cervantes sich gegen das Rittertum zu wenden anfingen.

Gegenüber der Zeit nun, in welcher der Künstler durch seine Nationalität und Zeit, seiner Substanz nach, innerhalb einer bestimmten Weltanschauung und deren Gehalt und Darstellungsformen steht, finden wir einen schlechthin entgegengesetzten Standpunkt, welcher in seiner vollständigen Ausbildung erst in der neuesten Zeit von Wichtigkeit ist. In unseren Tagen hat sich fast bei allen Völkern die Bildung der Reflexion, die Kritik und bei uns Deutschen die Freiheit des Gedankens auch der Künstler bemächtigt und sie in betreff auf den Stoff und die Gestalt ihrer Produktion, nachdem auch die notwendigen besonderen Stadien der romantischen Kunstform durchlaufen sind, sozusagen zu einer tabula rasa gemacht. Das Gebundensein an einen besonderen Gehalt und eine nur für diesen Stoff passende Art der Darstellung ist für den heutigen Künstler etwas Vergangenes und die Kunst dadurch ein freies Instrument geworden, das er nach Maßgabe seiner subjektiven Geschicklichkeit in bezug auf jeden Inhalt, welcher Art er auch sei, gleichmäßig handhaben kann. Der Künstler steht damit über den bestimmten konsekrierten Formen und Gestaltungen und bewegt sich frei für sich, unabhängig von dem Gehalt und der Anschauungsweise, in welcher sonst dem Bewußtsein das Heilige und Ewige vor Augen war. Kein Inhalt, keine Form ist mehr unmittelbar mit der Innigkeit, mit der *Natur*, dem bewußtlosen substantiellen Wesen des Künstlers identisch; jeder Stoff darf ihm gleichgültig sein, wenn er nur dem formellen Gesetz, überhaupt schön und einer künstlerischen Behandlung fähig zu sein, nicht widerspricht. Es gibt heutigentags keinen Stoff, der an und für sich über dieser Relativität stände, und wenn er auch darüber erhaben ist, so ist doch wenigstens kein absolutes Bedürfnis vorhanden, daß er von der *Kunst* zur Darstellung gebracht werde. Deshalb verhält sich der Künstler zu seinem Inhalt im ganzen gleichsam als Dramatiker, der andere, fremde Personen aufstellt und exponiert. Er legt zwar auch jetzt noch sein Genie hinein, er webt von seinem eigenen Stoffe hindurch, aber nur das Allgemeine oder das ganz Zufällige; die nähere Individualisierung hingegen ist nicht die seinige, sondern er gebraucht in dieser Rücksicht seinen Vorrat von Bildern, Gestaltungsweisen, früheren Kunstformen, die ihm, für sich genommen, gleichgültig sind und nur wichtig werden, wenn sie ihm gerade für diesen oder jenen Stoff als die passendsten erscheinen. In den meisten Künsten, besonders in den bildenden, kommt außerdem der Gegenstand dem Künstler von außen her; er arbeitet auf Bestellung und hat nun bei den heiligen oder profanen Geschichten, Szenen, Porträts, Kirchenbauten usf. nur darauf zu sehen, was daraus zu machen ist. Denn wie sehr er auch sein Gemüt in den gegebenen Inhalt hineinbildet, so bleibt ihm derselbe doch immer ein Stoff, der nicht für ihn selbst unmittelbar das Substantielle seines Bewußtseins ist. Es hilft da weiter nichts, sich vergangene Weltanschauungen wieder, sozusagen substantiell, aneignen, d. i. sich in eine dieser Anschauungsweisen fest hineinmachen zu wollen, als z. B. katholisch zu werden, wie es in neueren Zeiten der Kunst wegen viele getan, um ihr Gemüt zu fixieren und die bestimmte Begrenzung ihrer Darstellung für sich selbst zu etwas Anundfürsichseiendem werden zu lassen. Der Künstler darf nicht erst nötig haben, mit seinem Gemüt ins reine zu kommen und für sein eigenes Seelenheil sorgen zu müssen; seine große, freie Seele muß von Hause aus, ehe er ans Produzieren geht, wissen und haben, woran sie ist, und ihrer sicher und in sich zuversichtlich sein; und besonders bedarf der heutige große Künstler der freien Ausbildung des Geistes, in welcher aller Aberglauben und Glauben, der auf bestimmte Formen der Anschauung und Darstellung beschränkt bleibt, zu bloßen Seiten und Momenten herabgesetzt ist, über welche der freie Geist sich zum Meister gemacht hat, indem er in ihnen keine an und für sich geheiligten Bedingungen seiner Exposition und Gestaltungsweise sieht, sondern ihnen nur Wert durch den höheren Gehalt zuschreibt, den er wiederschaffend als ihnen gemäß in sie hineinlegt.

In dieser Weise steht dem Künstler, dessen Talent und Genie für sich von der früheren Beschränkung auf eine bestimmte Kunstform befreit ist, jetzt jede Form wie jeder Stoff zu Dienst und zu Gebot.

γ) Fragen wir nun aber endlich nach dem Inhalt und den Formen, welche dieser Stufe ihrem allgemeinen Standpunkte nach als *eigentümlich* betrachtet werden können, so ergibt sich folgendes.

Die allgemeinen Kunstformen bezogen sich vornehmlich auf die absolute Wahrheit, welche die Kunst erreicht, und fanden den Ursprung ihrer Besonderung in der bestimmten Auffassung dessen, was dem Bewußtsein als das Absolute galt und in sich selbst das Prinzip seiner Gestaltungsart trug. Wir haben in dieser Beziehung Naturbedeutungen als Inhalt, Naturdinge und menschliche Personifikationen als Form der Darstellung im Symbolischen hervortreten sehen; im Klassischen die geistige Individualität, aber als leibliche unerinnerte Gegenwart, über welcher die abstrakte Notwendigkeit des Schicksals stand; im Romantischen die Geistigkeit mit ihr selbst immanenter Subjektivität, für deren Innerlichkeit die äußere Gestalt zufällig blieb. Auch in dieser letzten Kunstform war, wie in den früheren, das Göttliche an und für sich Gegenstand der Kunst. Dies Göttliche nun aber hatte sich zu objektivieren, zu bestimmen und damit aus sich zum weltlichen Gehalt der Subjektivität fortzugehen. Zunächst lag das Unendliche der Persönlichkeit in der Ehre, Liebe, Treue, dann in der besonderen Individualität, in dem bestimmten Charakter, der sich mit dem besonderen Gehalt des menschlichen Daseins zusammenschloß. Das Verwachsensein mit solcher spezifischen Beschränktheit des Inhalts endlich hob der Humor, der alle Bestimmtheit wankend zu machen und zu lösen wußte, wieder auf und ließ die Kunst dadurch über sich selbst hinausgehen. In diesem Hinausgehen jedoch der Kunst über sich selber ist sie ebensosehr ein Zurückgehen des Menschen in sich selbst, ein Hinabsteigen in seine eigene Brust, wodurch die Kunst alle feste Beschränkung auf einen bestimmten Kreis des Inhalts und der Auffassung von sich abstreift und zu ihrem neuen Heiligen den *Humanus* macht, die Tiefen und Höhen des menschlichen Gemüts als solchen, das Allgemeinmenschliche in seinen

Freuden und Leiden, seinen Bestrebungen, Taten und Schicksalen. Hiermit erhält der Künstler seinen Inhalt an ihm selber und ist der wirklich sich selbst bestimmende, die Unendlichkeit seiner Gefühle und Situationen betrachtende, ersinnende und ausdrückende Menschengeist, dem nichts mehr fremd ist, was in der Menschenbrust lebendig werden kann. Es ist dies ein Gehalt, der nicht an und für sich künstlerisch bestimmt bleibt, sondern die Bestimmtheit des Inhalts und des Ausgestaltens der willkürlichen Erfindung überläßt, doch kein Interesse ausschließt, da die Kunst nicht mehr das nur darzustellen braucht, was auf einer ihrer bestimmten Stufen absolut zu Hause ist, sondern alles, worin der Mensch überhaupt heimisch zu sein die Befähigung hat.
Bei dieser Breite und Mannigfaltigkeit des Stoffs ist nun vor allem die Forderung zu stellen, daß sich in Rücksicht auf die Behandlungsweise überall zugleich die heutige Gegenwärtigkeit des Geistes kundgebe. Der moderne Künstler kann sich freilich alten und älteren zugesellen; Homeride, auch nur als letzter, zu sein ist schön, und auch Gebilde, welche die mittelalterliche Wendung der romantischen Kunst widerspiegeln, werden ihre Verdienste haben; aber ein anderes ist diese Allgemeingültigkeit, Tiefe und Eigentümlichkeit eines Stoffs und ein anderes seine Behandlungsweise. Kein Homer, Sophokles usf., kein Dante, Ariost oder Shakespeare können in unserer Zeit hervortreten; was so groß besungen, was so frei ausgesprochen ist, ist ausgesprochen; es sind dies Stoffe, Weisen, sie anzuschauen und aufzufassen, die ausgesungen sind. Nur die Gegenwart ist frisch, das andere fahl und fahler. – Wir müssen den Franzosen zwar einen Vorwurf in Rücksicht auf das Historische und eine Kritik in betreff auf Schönheit daraus machen, griechische und römische Helden, Chinesen und Peruaner als französische Prinzen und Prinzessinnen dargestellt und ihnen die Motive und Ansichten der Zeit Ludwigs XIV. und XV. gegeben zu haben; doch wenn nur diese Motive und Ansichten in sich selbst tiefer und schöner gewesen wären, so würde dies Herüberziehen

in die Gegenwart der Kunst nichts eben Schlimmes sein. Im Gegenteil, alle Stoffe, sie seien, aus welcher Zeit und Nation es sei, erhalten ihre Kunstwahrheit nur als diese lebendige Gegenwärtigkeit, in welcher sie die Brust des Menschen, den Reflex seiner füllt und Wahrheit uns zur Empfindung und Vorstellung bringt. Das Erscheinen und Wirken des unvergänglich Menschlichen in seiner vielseitigsten Bedeutung und unendlichen Herumbildung ist es, was in diesem Gefäß menschlicher Situationen und Empfindungen den absoluten Gehalt unserer Kunst jetzt ausmachen kann.

Blicken wir nun, nach dieser allgemeinen Feststellung des eigentümlichen Inhalts dieser Stufe auf das zurück, was wir als die Auflösungsformen der romantischen Kunst zuletzt betrachtet haben, so hoben wir vornehmlich das Zerfallen der Kunst, die Nachbildung des äußerlich Objektiven in der Zufälligkeit seiner Gestalt auf der einen Seite, auf der anderen dagegen im Humor das Freiwerden der Subjektivität ihrer inneren Zufälligkeit nach heraus. Zum Schluß können wir nun noch innerhalb des vorhin angedeuteten Stoffs ein Zusammenfassen jener Extreme der romantischen Kunst bemerklich machen. Wie wir nämlich beim Fortschritt vom Symbolischen zu der klassischen Kunst die Übergangsformen des Bildes, der Vergleichung und des Epigramms usf. betrachteten, so haben wir hier im Romantischen einer ähnlichen Form Erwähnung zu tun. In jenen Auffassungsweisen war die Hauptsache das Auseinanderfallen der inneren Bedeutung und der äußeren Gestalt, eine Scheidung, welche partiell durch die subjektive Tätigkeit des Künstlers aufgehoben und besonders im Epigramm möglichst zur Identifikation umgewandelt wurde. Die romantische Kunst nun war von Hause aus die tiefere Entzweiung der sich in sich befriedigenden Innerlichkeit, welche, da dem in sich seienden Geiste überhaupt das Objektive nicht vollkommen entspricht, gebrochen oder gleichgültig gegen dasselbe blieb. Dieser Gegensatz hat sich im Verlauf der romantischen Kunst dahin entwickelt, daß wir bei dem alleinigen Interesse für die zufällige Äußerlichkeit oder für die gleich zufällige Subjektivität anlangen mußten. Wenn sich nun aber diese Befriedigung an der Äußerlichkeit wie an der subjektiven Darstellung dem Prinzip des Romantischen gemäß zu einem Vertiefen des Gemüts in den Gegenstand steigert und es dem Humor andererseits auch auf das Objekt und dessen Gestaltung innerhalb seines subjektiven Reflexes ankommt, so erhalten wir dadurch eine Verinnigung in dem Gegenstande, einen gleichsam *objektiven* Humor. Solch eine Verinnigung jedoch kann nur partiell sein und sich etwa nur im Umfange eines Liedes oder nur als Teil eines größeren Ganzen äußern. Denn sich ausdehnend und innerhalb der Objektivität durchführend, würde es zur Handlung und Begebenheit und zu einer objektiven Darstellung derselben werden müssen. Was wir dagegen hierher rechnen dürfen, ist mehr ein empfindungsvolles Sich-Ergehen des Gemüts in dem Gegenstande, das wohl zur Entfaltung kommt, aber eine *subjektive* geistreiche Bewegung der Phantasie und des Herzens bleibt, ein Einfall, der aber nicht bloß zufällig und willkürlich, sondern eine innere Bewegung des Geistes ist, die sich ganz ihrem Gegenstande widmet und ihn zum Interesse und Inhalt behält.

Wir können in dieser Beziehung dergleichen letzte Kunstblüten dem alten griechischen Epigramm gegenüberstellen, in welchem diese Form in ihrer ersten, einfachsten Gestalt hervortrat. Die Form, die hier gemeint ist, zeigt sich erst, wenn das Besprechen des Gegenstandes nicht ein bloßes Nennen, nicht eine Inschrift oder Aufschrift ist, welche nur sagt, was überhaupt der Gegenstand sei, sondern wenn eine tiefe Empfindung, ein treffender Witz, eine sinnreiche Reflexion und geistvolle Bewegung der Phantasie hinzukommen, die das Kleinste durch die Poesie der Auffassung beleben und erweitern; dergleichen Gedichte nun aber an oder über etwas, einen Baum, Mühlbach, den Frühling usf., über Lebendige und Tote, können von der unendlichsten Mannigfaltigkeit sein und unter jedem Volke entstehen; doch bleiben sie untergeordneter Art und werden überhaupt leicht

lahm, denn besonders bei ausgebildeter Reflexion und Sprache wird jedem bei den meisten Gegenständen und Verhältnissen irgend etwas einfallen, das er nun auch, wie jeder einen Brief zu schreiben versteht, auszudrücken die Geschicklichkeit hat. Solch eines allgemeinen, oft – wenn auch mit neuen Nuancen – wiederholten Singsangs wird man bald überdrüssig. Es handelt sich deshalb auf dieser Stufe hauptsächlich darum, daß sich das Gemüt mit seiner Innigkeit, daß sich ein tiefer Geist und reiches Bewußtsein in die Zustände, Situation usf. ganz hineinlebe, darin verweile und aus dem Gegenstande dadurch etwas Neues, Schönes, in sich selbst Wertvolles mache.
Hierfür geben besonders die Perser und Araber in der morgenländischen Pracht ihrer Bilder, in der freien Seligkeit der Phantasie, welche sich ganz theoretisch mit ihren Gegenständen zu tun macht, ein glänzendes Vorbild selbst für die Gegenwart und die subjektive heutige Innigkeit ab. Auch die Spanier und Italiener haben hierin Vortreffliches geleistet. Klopstock sagt zwar von Petrarca:

Laura besang Petrarca in Liedern,
Zwar dem Bewunderer schön, aber dem Liebenden nicht,

doch Klopstocks Liebesoden sind selber nur voll moralischer Reflexionen, trübseliger Sehnsucht und heraufgeschrobener Leidenschaft für das Glück der Unsterblichkeit, während wir in Petrarca die Freiheit der in sich selbst geadelten Empfindung bewundern, welche, wie sehr sie auch das Verlangen nach der Geliebten ausdrückt, doch in sich selber befriedigt ist. Denn das Verlangen, die Begierde kann zwar bei dem Kreise dieser Gegenstände, wenn er sich auf Wein und Liebe, auf die Schenke und den Schenken beschränkt, nicht fehlen, wie denn auch die Perser z. B. von höchster Üppigkeit der Bilder sind; aber die Phantasie entfernt hier in ihrem subjektiven Interesse den Gegenstand ganz aus dem Kreise des praktischen Verlangens; sie hat ein Interesse nur in dieser phantasievollen Beschäftigung, welche sich in ihren hundert wechselnden Wendungen und Einfällen in freiester Weise genügt und mit den Freuden wie mit dem Grame aufs geistreichste spielt. Auf dem Standpunkte einer gleich geistreichen Freiheit, aber subjektiv innigeren Tiefe der Phantasie stehen unter neueren Dichtern hauptsächlich Goethe in seinem *West-östlichen Divan* und Rückert. Besonders unterscheiden sich Goethes Gedichte im *Divan* wesentlich von seinen früheren. In »Willkommen und Abschied« z. B. ist die Sprache, die Schilderung zwar schön, die Empfindung innig, aber sonst die Situation ganz gewöhnlich, der Ausgang trivial, und die Phantasie und ihre Freiheit hat nichts weiter hinzugetan. Ganz anders ist das Gedicht im *West-östlichen Divan,* »Wiederfinden« überschrieben. Hier ist die Liebe ganz in die Phantasie, deren Bewegung, Glück, Seligkeit herübergestellt. Überhaupt haben wir in den ähnlichen Produktionen dieser Art keine subjektive Sehnsucht, kein Verliebtsein, keine Begierde vor uns, sondern ein reines Gefallen an den Gegenständen, ein unerschöpfliches Sich-Ergehen der Phantasie, ein harmloses Spielen, eine Freiheit in den Tändeleien auch der Reime und künstlichen Versmaße, und dabei eine Innigkeit und Froheit des sich in sich selber bewegenden Gemütes, welche durch die Heiterkeit des Gestaltens die Seele hoch über alle peinliche Verflechtung in die Beschränkung der Wirklichkeit hinausheben.

Hiermit können wir die Betrachtung der *besonderen* Formen, zu welchen sich das Ideal der Kunst in seinem Entwicklungsgange auseinanderlegt, beschließen. Ich habe diese Formen zum Gegenstande einer weitläufigeren Untersuchung gemacht, um den Inhalt derselben, aus welchem sich auch die Darstellungsweise herleitet, anzugeben. Denn der Gehalt ist es, der, wie in allem Menschenwerk, so auch in der Kunst entscheidet. Die Kunst, ihrem Begriffe nach, hat nichts anderes zu ihrem Beruf, als das in sich selbst Gehaltvolle zu adäquater, sinnlicher Gegenwart herauszustellen, und die Philosophie der Kunst muß es sich deshalb zu ihrem Hauptgeschäft werden lassen, was dies Gehaltvolle und seine schöne Erscheinungsweise ist, denkend zu begreifen.

Dritter Teil

DAS SYSTEM DER EINZELNEN KÜNSTE

Einleitung

Der *erste* Teil unserer Wissenschaft betraf den allgemeinen Begriff und die Wirklichkeit des Schönen in Natur und Kunst: das wahre Schöne und die wahre Kunst, das Ideal in der noch unentwickelten Einheit seiner Grundbestimmungen, unabhängig von seinem besonderen Inhalt und seinen unterschiedenen Erscheinungsweisen.

Diese in sich gediegene Einheit des Kunstschönen entfaltete sich *zweitens* in sich selbst zu einer Totalität von Kunstformen, deren Bestimmtheit zugleich eine Bestimmtheit des Inhalts war, welchen der Kunstgeist aus sich selbst zu einem in sich gegliederten System schöner Weltanschauungen des Göttlichen und Menschlichen hervorzubilden hatte.

Was diesen beiden Sphären noch abgeht, ist die Wirklichkeit im Elemente des *Äußerlichen* selber. Denn obschon wir sowohl beim Ideal als solchem als bei den besonderen Formen des Symbolischen, Klassischen und Romantischen stets von der Beziehung oder vollständigen Vermittlung der Bedeutung als des Inneren und ihrer Gestaltung im Äußeren und Erscheinenden sprachen, so galt doch [als] diese Realisierung nur die selbst noch *innere* Produktion der Kunst im Kreise der allgemeinen Weltanschauungen, zu denen sie sich auseinanderbreitet. Indem es nun aber im Begriff des Schönen selber liegt, sich als Kunstwerk äußerlich für die unmittelbare Anschauung, für die Sinne und sinnliche Vorstellung objektiv zu machen, so daß das Schöne nur durch dies ihm selber zugehörige Dasein erst wahrhaft für sich selber zum Schönen und zum Ideal wird, so haben wir *drittens* noch diesen Kreis des im Elemente des Sinnlichen sich verwirklichenden Kunstwerks zu überschauen. Denn erst durch diese letzte Gestaltung ist das Kunstwerk wahrhaft konkret, ein zugleich reales, in sich abgeschlossenes, einzelnes Individuum.

Den Inhalt dieses dritten Gebietes der Ästhetik kann nur das *Ideal* ausmachen, da es die Idee des Schönen in der Gesamtheit ihrer Weltanschauungen ist, welche sich objektiviert. Das Kunstwerk ist deshalb auch jetzt noch als eine in sich gegliederte Totalität zu fassen, doch als ein Organismus, dessen Unterschiede, wenn sie im zweiten Teile schon sich zu einem Kreise wesentlich verschiedener Weltanschauungen *besonderten*, jetzt als *vereinzelte* Glieder auseinanderfallen, von denen jedes für sich zum selbständigen Ganzen wird und in dieser Einzelheit die Totalität der unterschiedenen Kunstformen zur Darstellung bringen kann. An sich, dem Begriffe nach, gehört zwar die Gesamtheit dieser neuen Wirklichkeit der Kunst zu *einer* Totalität; indem es aber das Bereich der sinnlichen Gegenwart ist, in welchem dieselbe sich real wird, so löst sich jetzt das Ideal in seine Momente auf und gibt ihnen ein für sich selbständiges Bestehen, obschon sie zueinander treten, sich wesentlich aufeinander beziehen und wechselseitig ergänzen können. Diese reale Kunstwelt ist das System der *einzelnen Künste.*

Wie nun die besonderen Kunstformen, als Totalität genommen, in sich einen Fortgang, eine Entwicklung des Symbolischen zum Klassischen und Romantischen haben, so finden wir einerseits auch in den einzelnen Künsten den ähnlichen Fortgang, insofern es eben die Kunstformen selber sind, welche durch die einzelnen Künste ihr Dasein erhalten. Andererseits jedoch haben die einzelnen Künste auch, unabhängig von den Kunstformen, welche sie objektivieren, in sich selbst ein Werden, einen Verlauf, der in dieser seiner abstrakteren Beziehung allen *gemeinschaftlich* ist. Jede Kunst hat ihre Blütezeit vollendeter Ausbildung als Kunst – und diesseits und jenseits ein Vor und Nach dieser Vollendung. Denn die Produkte sämtlicher Künste sind Geisteswerke und deshalb nicht innerhalb ihres bestimmten Bereichs unmittelbar fertig wie die Gebilde der Natur, sondern ein Anfangen, Fortschreiten, Vollenden und Endigen, ein Wachsen, Blühen und Ausarten.

Diese abstrakteren Unterschiede, deren Verlauf wir, da sich derselbe in allen Künsten geltend macht, hier gleich anfangs kurz andeuten wollen, sind das, was man gewöhnlich unter dem Namen des *strengen, idealen* und *angenehmen* Stils als die verschiedenen *Kunststile* zu bezeichnen pflegt, welche sich hauptsächlich auf die allgemeine Anschauungs- und Darstellungsweise, teils in Ansehung der äußerlichen Form und deren Unfreiheit, Freiheit, Einfachheit, Überladung in Einzelheiten usf., überhaupt auf alle Seiten beziehen, nach welchen die Bestimmtheit des Inhalts herausbricht in die äußerliche Erscheinung, teils die Seite der technischen Bearbeitung des sinnlichen Materials betreffen, in welchem die Kunst ihren Gehalt zum Dasein bringt.

Es ist ein gewöhnliches Vorurteil, daß die Kunst mit dem *Einfachen* und *Natürlichen* den Anfang gemacht habe. Man kann dies freilich in gewissem Sinne zugeben; das Rohe und Wilde nämlich ist allerdings dem echten Geist der Kunst gegenüber das Natürlichere und Einfachere. Ein anderes aber ist das Natürliche, Lebendige und Einfache der Kunst als schöner Kunst. Jene Anfänge, die einfach und natürlich sind im Sinne der Roheit, gehören noch gar nicht der Kunst und Schönheit an; wie z. B. Kinder einfache Figuren machen und mit ein paar ungestaltigen Strichen eine menschliche Gestalt, ein Pferd usf. hinzeichnen. Die Schönheit als Geisteswerk dagegen bedarf selbst für ihre Anfänge bereits einer ausgebildeten Technik, vielfacher Versuche und Übung; und das Einfache als Einfachheit des Schönen, die ideale Größe, ist vielmehr ein Resultat, das erst nach mehrseitigen Vermittlungen dahin gekommen ist, das Mannigfaltige, Bunte, Verworrene, Ausschweifende, Mühselige zu überwinden und alle Vorarbeiten und Zurüstungen eben in diesem Siege zu verstecken und zu tilgen, so daß nun die freie Schönheit ganz ungehindert wie in einem Gusse hervorgegangen zu sein scheint. Es geht damit wie mit dem Benehmen eines gebildeten Menschen, der sich in allem, was er sagt und tut, ganz einfach, frei und natürlich bewegt, doch diese einfache Freiheit nicht etwa von Hause aus besitzt, sondern sie erst als Resultat einer vollendeten Durchbildung erlangt hat.

Der Natur der Sache wie der wirklichen Geschichte nach erscheint deshalb die Kunst in ihren Anfängen vielmehr als *Künstlichkeit* und Schwerfälligkeit, ausführlich oft in Nebensachen, mühselig in Ausarbeitung der Bekleidungen und Umgebungen überhaupt; und je zusammengesetzter und mannigfaltiger dies Äußere ist, desto einfacher ist dann das eigentlich Ausdrucksvolle, d. h. desto dürftiger bleibt der wahrhaft freie, lebendige Ausdruck des Geistigen in seinen Formen und Bewegungen.

Nach dieser Seite hin geben daher die ersten, ältesten Kunstwerke in allen einzelnen Künsten den in sich *abstraktesten* Inhalt, einfache Geschichten in der Poesie, gärende Theogonien mit abstrakten Gedanken und deren unvollkommener Ausbildung, einzelne Heilige in Stein und Holz usf.; und die Darstellung bleibt ungefügig, einförmig oder verworren, steif, trocken. Besonders in der bildenden Kunst ist der Gesichtsausdruck stumpf, in der Ruhe nicht des geistigen, tiefen in sich Sinnens, sondern der tierischen Leerheit, oder umgekehrt scharf und übertrieben in charakteristischen Zügen. Ebenso sind auch die Körperformen und deren Bewegung tot, die Arme z. B. am Leibe, die Beine nicht auseinander, oder ungeschickt, winklig, scharf bewegt, auch sonst die Figuren ungestalt, kurz zusammengedrängt oder übermäßig mager und gedehnt. Auf die Außenwerke dagegen, Gewänder, Haare, Waffen und sonstigen Putz, ist meist viel Liebe und Fleiß verwandt, aber die Falten der Gewänder z. B. bleiben hölzern und selbständig, ohne sich den Körperformen zu fügen – wie wir bei Marienbildern und Heiligen aus früher Zeit oft genug sehen können –, teils in einförmiger Regelmäßigkeit nebeneinander, teils vielfach in harten Winkeln gebrochen, nicht hinfließend, sondern breit und weitläufig herumgelegt. Ebenso sind erste Poesien abgerissen, verbindungslos, monoton, nur von *einer* Vorstellung oder

Empfindung abstrakt beherrscht, oder auch wild, heftig, das Einzelne unklar verschlungen und das Ganze noch nicht zu einer festen inneren Organisation gebändigt.
Der Stil aber, wie wir ihn hier zu betrachten haben, fängt deshalb nach solchen Vorarbeiten erst mit der eigentlich schönen Kunst an. In ihr ist er zwar anfangs gleichfalls noch herb, doch schöner bereits zur *Strenge* gemildert. Dieser strenge Stil ist die höhere Abstraktion des Schönen, welche beim Gewichtigen haltmacht, dies in seinen großen Massen ausdrückt und darstellt, die Lieblichkeit und Anmut noch verschmäht, die Sache allein herrschen läßt und auf die Nebendinge vornehmlich nicht viel Fleiß und Ausbildung verwendet. Dabei hält sich der strenge Stil auch noch an die Nachbildung des Vorhandenen. Wie er nämlich einerseits dem Inhalt nach, in Rücksicht auf Vorstellungen und Darstellung, im Gegebenen, in der vorhandenen geheiligten religiösen Tradition z. B., steht, so will er auch andererseits für die äußere Form die *Sache* und nicht seine eigene Erfindung bloß gewähren lassen. Denn er begnügt sich mit der allgemeinen großartigen Wirkung, daß die Sache sei, und folgt somit auch im Ausdruck dem Seienden und Daseienden. Ebenso aber ist alles Zufällige von diesem Stile entfernt gehalten, damit nicht die Willkür und Freiheit der Subjektivität hereinzudringen scheine; die Motive sind einfach, der dargestellten Zwecke wenige, und so kommt denn auch keine große Mannigfaltigkeit im Einzelnen der Gestaltung, Muskeln, Bewegungen hervor.
Der ideale, rein schöne Stil *zweitens* schwebt in der Mitte zwischen dem nur substantiellen Ausdruck der Sache und dem gänzlichen Heraustreten zum Gefälligen. Wir können als den Charakter dieses Stils die höchste Lebendigkeit in einer schönen stillen Größe bezeichnen, wie dieselbe in Phidias' Werken oder im Homer zu bewundern ist. Es ist dies eine Lebendigkeit aller Punkte, Formen, Wendungen, Bewegungen, Glieder, in der nichts unbedeutend und ausdruckslos, sondern alles tätig und wirksam ist und die Re-

gung, den Puls des freien Lebens selber, wo das Kunstwerk nur irgend mag betrachtet werden, zeigt; eine Lebendigkeit, die aber wesentlich nur ein Ganzes darstellt, nur Ausdruck *eines* Inhalts, *einer* Individualität und Handlung ist.

In solcher wahrhaften Lebendigkeit finden wir dann weiterhin zugleich den Hauch der Grazie über das ganze Werk ausgegossen. Die Grazie ist ein Sich-Herüberwenden zum Zuhörer, Zuschauer, das der strenge Stil verschmäht. Doch wenn sich die Charis, Gratia nur auch als einen Dank, eine Gefälligkeit gegen einen anderen erweist, so bleibt sie doch in dem idealen Stile durchaus von jeder Sucht zu gefallen frei. Wir können uns dies spekulativer so erklären. Die Sache ist das konzentrierte Substantielle, für sich Abgeschlossene. Indem sie aber durch die Kunst in die Erscheinung hereintritt und sich damit sozusagen bemüht, für andere dazusein, aus ihrer Einfachheit und Gediegenheit in sich zur Partikularisation, Verteilung und Vereinzelung überzugehen, so ist diese Fortentwicklung zur Existenz für andere gleichsam als eine Gefälligkeit von seiten der Sache anzusprechen, insofern sie für sich dieses konkreteren Daseins nicht zu bedürfen scheint und sich dennoch für uns vollständig in dasselbe hineinergießt. Solch eine Anmut darf sich jedoch auf dieser Stufe nur geltend machen, wenn das Substantielle zugleich, als in sich gehalten, auch unbekümmert gegen seine Grazie der Erscheinung dasteht, welche nur nach außen, als eine erste Art von Überfluß, erblüht. Diese Gleichgültigkeit der inneren Zuversicht für sein Dasein, diese Ruhe seiner in sich selbst ist es, was die schöne Nachlässigkeit der Grazie ausmacht, welche unmittelbar keinen Wert in diese ihre Erscheinung legt. Eben hierin ist zugleich das *Hohe* des schönen Stils zu suchen. Die schöne freie Kunst ist sorglos in der äußeren Form, in der sie keine eigentümliche Reflexion, keinen Zweck, keine Absichtlichkeit merken läßt, sondern in jedem Ausdruck, jeder Wendung nur hinweist auf die Idee und Seele des Ganzen. Nur hierdurch erhält sich das Ideale des schönen Stils, der weder herb noch streng ist, sondern sich zur Heiterkeit des Schönen schon erweicht. Es ist keiner Äußerung, keinem Teile Gewalt angetan, jedes Glied erscheint für sich, erfreut sich einer eigenen Existenz, doch bescheidet sich zugleich, nur Moment des Ganzen zu sein. Dies allein gibt bei der Tiefe und Bestimmtheit der Individualität und des Charakters die Anmut der Belebung; einerseits herrscht nur die Sache; aber in der Ausführlichkeit, in der klaren und doch vollen Mannigfaltigkeit der Züge, welche die Erscheinung ganz bestimmt, deutlich, lebendig und gegenwärtig machen, wird der Zuschauer gleichsam von der Sache als solcher befreit, insofern er ihr konkretes Leben vollständig vor sich hat.

Durch diesen letzten Punkt nun aber geht der ideale Stil, sobald er diese Wendung gegen die äußere Seite der Erscheinung noch weiter verfolgt, in den *gefälligen*, angenehmen Stil über. Hier gibt sich sogleich eine andere Intention kund als die Lebendigkeit der Sache selbst. Das Gefallen, die Wirkung nach außen kündigt sich als Zweck an und wird eine Angelegenheit für sich. So gehört z. B. der berühmte Apoll von Belvedere nicht wohl selbst zum gefälligen Stil, aber wenigstens zum Übergange vom hohen Ideal zum Reizenden. Indem bei solcher Art der Gefälligkeit nicht mehr die eine Sache selbst es ist, auf welche sich die ganze äußere Erscheinung zurückführt, so werden auf diese Weise die Besonderheiten, auch wenn sie zunächst noch aus der Sache selbst hervorgehen und durch sie notwendig sind, dennoch mehr und mehr unabhängig. Man fühlt, daß sie als Verzierungen, geflissentliche Episoden angebracht, eingeschaltet sind. Doch eben weil sie Zufälligkeiten für die Sache bleiben und ihre wesentliche Bestimmung nur in der Beziehung auf den Zuschauer oder Leser haben, schmeicheln sie der Subjektivität, für welche gearbeitet ist. Vergil und Horaz z. B. erfreuen nach dieser Seite durch einen ausgebildeten Stil, dem man die Vielseitigkeit der Intentionen, die Bemühung um das Gefallen ansieht. In der Architektur, Skulptur und Malerei verschwinden durch die Gefälligkeit die einfachen, großartigen Massen, allenthalben zeigen sich kleine Bildchen für sich, Schmuck, Zierate, Grübchen in den Wangen, zierlicher Haarputz, Lächeln, mannigfaltiger Faltenwurf der Gewänder, lockende Farben und Formen, auffallende, schwierige, aber doch ungezwungen bewegte Stellungen usf. In der sogenannten gotischen oder deutschen Baukunst z. B., wo sie zum Gefälligen fortgeht, finden wir eine ins Unendliche ausgebildete Zierlichkeit, so daß das Ganze aus lauter Säulchen übereinander, mit den mannigfaltigsten Verzierungen, Türmchen, Spitzen usf., zusammengesetzt erscheint, die für sich gefallen, ohne jedoch den Eindruck der großen Verhältnisse und nicht zu überbietenden Massen zu zerstören.

Insofern nun aber diese ganze Stufe der Kunst auf die Wirkung nach außen hin durch die Darstellung des Äußeren losgeht, können wir als ihre weitere Allgemeinheit den *Effekt* angeben, der sich denn auch des Ungefälligen, Angestrengten, Kolossalen, wohin z. B. das ungeheure Genie des Michelangelo oft ausgeschweift ist, schroffer Kontraste usf. als Mittel des Eindrucks bedienen kann. Der Effekt überhaupt ist die überwiegende Richtung nach dem Publikum hin, so daß sich das Gebilde nicht mehr für sich ruhig, selbstgenügend, heiter darstellt, sondern sich herauskehrt und den Zuschauer gleichsam zu sich heranruft und sich mit ihm durch die Darstellungsweise selbst in Verhältnis zu setzen versucht. Beides, die Ruhe in sich und die Wendung gegen den Beschauer, muß zwar im Kunstwerk vorhanden sein, aber die Seiten müssen sich im reinsten Gleichgewicht befinden. Ist das Kunstwerk im strengen Stil ganz nur in sich verschlossen, ohne zum Zuschauer sprechen zu wollen, so läßt es kalt; tritt es zu sehr gegen ihn heraus, so gefällt es, aber ohne die Gediegenheit, oder nicht durch die Gediegenheit des Inhalts und die einfache Auffassung und Darstellung desselben. Dies Heraustreten fällt dann in die Zufälligkeit des Erscheinens und macht das Gebilde selbst zu solch einer Zufälligkeit, in welcher wir nicht mehr die Sache und ihre durch sich selbst begründete notwendige Form, sondern den *Dichter* und *Künstler* mit seinen subjektiven Intentionen, seinem Machwerk und seiner Geschicklichkeit der Ausführung erkennen. Dadurch wird das Publikum ganz von dem wesentlichen Inhalt der Sache frei und befindet sich durch das Werk nur mit dem Künstler in Unterhaltung, indem es nun vorzüglich darauf ankommt, daß jeder, was der Künstler gewollt, wie listig und geschickt er es angegriffen und ausgeführt habe, einsehe. In diese subjektive Gemeinschaft der Einsicht und der Beurteilung mit dem Künstler gebracht zu sein, schmeichelt am meisten, und der Leser oder Hörer bewundert den Dichter und Musiker, der Beschauer den bildenden Künstler leicht um so mehr und findet seiner eigenen Eitelkeit um so lieber Genüge getan, je mehr ihn das Kunstwerk zu dieser subjektiven Kunstrichterschaft einlädt und ihm die Intentionen und Gesichtspunkte an die Hand gibt. In dem strengen Stile dagegen ist dem Zuschauer gleichsam gar nichts eingeräumt, es ist die Substanz des Gehalts, welche in ihrer Darstellung streng und herb die Subjektivität zurückschlägt. Dies Zurückstoßende kann freilich oft auch eine bloße Hypochondrie des Künstlers sein, der eine Tiefe der Bedeutung in das Kunstwerk hineinlegt, doch zur freien, leichten, heiteren Exposition der Sache nicht fortgehen, sondern es dem Zuschauer absichtlich schwermachen will. Eine solche Geheimniskrämerei ist dann aber selbst nur wieder eine Affektation und ein falscher Gegensatz gegen jene Gefälligkeit.

Die Franzosen vornehmlich arbeiten für das Schmeichelnde, Reizende, Effektvolle und haben deshalb diese leichtfertige, gefällige Wendung gegen das Publikum als die Hauptsache ausgebildet, indem sie den eigentlichen Wert ihrer Werke in der Befriedigung der anderen suchen, welche sie interessieren, auf die sie eine Wirkung hervorbringen wollen. Besonders in ihrer dramatischen Poesie markiert sich diese Richtung. So erzählt z. B. [Jean François] Marmontel von der Aufführung seines *Denis le tyran* [1784] folgende

Anekdote. Der entscheidende Moment war eine Frage an den Tyrannen. Die Clairon nun, welche diese Frage zu tun hatte, macht, als der wichtige Augenblick herannaht, indem sie den Dionysius anredet, zugleich einen Schritt vorwärts gegen die Zuschauer, die sie damit apostrophiert, – und durch diese Aktion war der Beifall des ganzen Stücks entschieden.

Wir Deutsche dagegen fordern zu sehr einen Gehalt von Kunstwerken, in dessen Tiefe dann der Künstler sich selber befriedigt, unbekümmert um das Publikum, das selber zusehen, sich Mühe geben und helfen muß, wie es will und kann.

Einteilung

Was nun nach diesen allgemeinen Andeutungen über die allen Künsten gemeinsamen Stilunterschiede die nähere *Einteilung* unseres dritten Hauptteils angeht, so hat besonders der einseitige Verstand nach den verschiedenartigen Gründen für die Klassifikation der einzelnen Künste und Kunstarten umhergesucht. Die echte Einteilung aber kann nur aus der Natur des Kunstwerks, welche in der Totalität der Gattungen die Totalität der in ihrem eigenen Begriff liegenden Seiten und Momente expliziert, hergenommen werden. Das nächste, was sich in dieser Beziehung als wichtig darbietet, ist der Gesichtspunkt, daß die Kunst, indem ihre Gebilde jetzt in die sinnliche Realität herauszutreten die Bestimmung erhalten, dadurch nun auch für die *Sinne* sei, so daß also die Bestimmtheit dieser Sinne und der ihnen entsprechenden Materialität, in welcher sich das Kunstwerk objektiviert, die Einteilungsgründe für die einzelnen Künste abgeben müsse. Die Sinne nun, weil sie *Sinne* sind, d. i. sich auf das Materielle, das Außereinander und in sich Vielfache beziehen, sind selber verschiedene: Gefühl, Geruch, Geschmack, Gehör und Gesicht. Die innere Notwendigkeit dieser Totalität und ihrer Gliederung zu erweisen, ist hier nicht unseres Amtes, sondern Sache der Naturphilosophie; unsere Frage beschränkt sich auf die Untersuchung, ob alle diese Sinne – und wenn nicht, welche derselben sodann – ihrem Begriff nach die Fähigkeit haben, Organe für die Auffassung von Kunstwerken zu sein. Wir haben in dieser Rücksicht bereits früher (Bd. I, S. 60 f.) Gefühl, Geschmack und Geruch ausgeschlossen. Böttigers[1] Herumtatscheln an den weichen Marmorpartien der weiblichen Göttinnen gehört nicht zur Kunstbeschauung und zum Kunstgenuß. Denn durch den *Tastsinn* bezieht sich das Subjekt, als sinnlich Einzelnes, bloß auf das sinnlich Einzelne und dessen Schwere, Härte, Weiche, materiellen Widerstand; das Kunstwerk aber ist nichts bloß Sinnliches, sondern der Geist als im Sinnlichen erscheinend. Ebensowenig läßt sich ein Kunstwerk als Kunstwerk *schmekken,* weil der Geschmack den Gegenstand nicht frei für sich beläßt, sondern sich's reell praktisch mit ihm zu tun macht, ihn auflöst und verzehrt. Eine Bildung und Verfeinerung des Geschmacks ist nur in Ansehung der Speisen und ihrer Zubereitung oder der chemischen Qualitäten der Objekte möglich und erforderlich. Der Gegenstand der Kunst aber soll angeschaut werden in seiner für sich selbständigen Objektivität, die zwar für das Subjekt ist, aber nur in theoretischer, intelligenter, nicht praktischer Weise, und ohne alle Beziehung auf die Begierde und den Willen. Was den *Geruch* angeht, so kann er ebensowenig ein Organ des Kunstgenusses sein, weil sich die Dinge dem Geruch nur darbieten, insofern sie in sich selber prozessierend sind, sich auflösen durch die Luft und deren praktischen Einfluß.

Das *Gesicht* dagegen hat zu den Gegenständen ein rein theoretisches Verhältnis vermittels des Lichtes, dieser gleichsam immateriellen Materie, welche nun auch ihrerseits die Objekte frei für sich bestehen läßt, sie scheinen und erscheinen macht, sie aber nicht praktisch, wie Luft und Feuer, unvermerkt oder offen verzehrt. Für das begierdelose Sehen

1 Karl August Böttiger, 1760–1835, Altphilologe

nun ist alles, was materiell im Raume als ein Außereinander existiert, das aber, insofern es in seiner Integrität unangefochten bleibt, sich nur seiner Gestalt und Farbe nach kundgibt.

Der andere theoretische Sinn ist das *Gehör*. Hier kommt das Entgegengesetzte zum Vorschein. Das Gehör hat es statt mit der Gestalt, Farbe usf. mit dem Ton, mit dem Schwingen des Körpers zu tun, das kein Auflösungsprozeß, wie der Geruch ihn bedarf, sondern ein bloßes Erzittern des Gegenstandes ist, wobei das Objekt sich unversehrt erhält. Diese ideelle Bewegung, in welcher sich durch ihr Klingen gleichsam die einfache Subjektivität, die Seele der Körper äußert, faßt das Ohr ebenso theoretisch auf als das Auge Gestalt oder Farbe und läßt dadurch das Innere der Gegenstände für das Innere selbst werden.

Zu diesen beiden Sinnen kommt als drittes Element die sinnliche *Vorstellung*, die Erinnerung, das Aufbewahren der Bilder, welche durch die einzelne Anschauung ins Bewußtsein treten, hier unter Allgemeinheiten subsumiert, mit denselben durch die Einbildungskraft in Beziehung und Einheit gesetzt werden, so daß nun einerseits die äußere Realität selber als innerlich und geistig existiert, während das Geistige andererseits in der Vorstellung die Form des Äußerlichen annimmt und als ein Außereinander und Nebeneinander zum Bewußtsein gelangt.

Diese dreifache Auffassungsweise gibt für die Kunst die bekannte Einteilung in die *bildenden* Künste, welche ihren Inhalt zu äußerlicher objektiver Gestalt und Farbe sichtbar herausarbeiten, *zweitens* in die *tönende* Kunst, die *Musik*, und *drittens* in die *Poesie*, welche als *redende* Kunst den Ton bloß als Zeichen gebraucht, um durch ihn sich an das Innere der geistigen Anschauung, Empfindung und Vorstellung zu wenden. Will man jedoch bei dieser sinnlichen Seite als dem letzten Einteilungsgrund stehenbleiben, so gerät man sogleich in Rücksicht auf die näheren Prinzipien in Verlegenheit, da die Gründe der Einteilung, statt aus dem konkreten

Begriffe der Sache selbst, nur aus einer der abstraktesten Seiten derselben hergenommen sind. Wir haben uns deshalb nach der tiefer greifenden Einteilungsweise wieder umzusehen, die bereits in der Einleitung als die wahre systematische Gliederung dieses dritten Teils ist angegeben worden. Die Kunst hat keinen anderen Beruf, als das Wahre, wie es im Geiste ist, seiner Totalität nach mit der Objektivität und dem Sinnlichen versöhnt vor die sinnliche Anschauung zu bringen. Insofern dies nun auf dieser Stufe im Elemente der äußerlichen Realität der Kunstgebilde geschehen soll, so fällt hier die Totalität, welche das Absolute seiner Wahrheit nach ist, in ihre unterschiedenen Momente auseinander.

Die *Mitte*, das eigentlich gediegene Zentrum, bildet hier die Darstellung des *Absoluten*, des Gottes selbst als Gottes, in seiner *Selbständigkeit* für sich noch nicht zur Bewegung und Differenz entwickelt und zur Handlung und Besonderung seiner fortgehend, sondern in sich abgeschlossen in großartiger göttlicher Ruhe und Stille: das an sich selbst gemäß gestaltete Ideal, das in seinem Dasein mit sich selbst in entsprechender Identität bleibt. Um in dieser unendlichen Selbständigkeit erscheinen zu können, muß das Absolute als Geist, als Subjekt gefaßt sein, aber als Subjekt, das an sich selbst zugleich seine adäquate äußerliche Erscheinung hat.

Als göttliches Subjekt nun aber, das zur wirklichen Realität heraustritt, hat es sich gegenüber eine *äußere* umgebende Welt, welche dem Absoluten gemäß zu einer mit demselben zusammenstimmenden, von dem Absoluten durchdrungenen Erscheinung muß heraufgebildet werden. Diese umgebende Welt nun ist auf der einen Seite das *Objektive* als solches, der Boden, die Umschließung der äußeren Natur, die für sich keine geistige absolute Bedeutung, kein subjektives Inneres hat und deshalb das Geistige, als dessen zur Schönheit umgestaltete Umschließung sie erscheinen soll, auch nur andeutend auszudrücken befähigt ist.

Der äußeren Natur gegenüber steht das *subjektive Innere*, das menschliche Gemüt als Element für das Dasein und die

Erscheinung des Absoluten. Mit dieser Subjektivität tritt sogleich die Vielheit und Verschiedenheit der Individualität, Partikularisation, Differenz, Handlung und Entwicklung, überhaupt die volle und bunte Welt der Wirklichkeit des Geistes ein, in welcher das Absolute gewußt, gewollt, empfunden und betätigt wird.

Schon aus dieser Andeutung ergibt sich, daß die Unterschiede, zu denen sich der totale Inhalt der Kunst auseinanderlegt, für die Auffassung und Darstellung im wesentlichen mit dem zusammenstimmen, was wir im zweiten Teile als die symbolische, klassische und romantische Kunstform betrachtet haben. Denn das Symbolische bringt es statt zur Identität des Inhalts und der Form nur zur Verwandtschaft beider und zur bloßen Andeutung der inneren Bedeutung in ihrer sich selbst und dem Gehalt, den sie ausdrücken soll, äußerlichen Erscheinung und gibt deshalb den Grundtypus für diejenige Kunst, welche das Objektive als solches, die Naturumgebung, zu einer schönen Kunstumschließung des Geistes heraufzuarbeiten und diesem Äußeren die innere Bedeutung des Geistigen andeutend einzubilden die Aufgabe erhält. Das klassische Ideal dagegen entspricht der Darstellung des Absoluten als solchen in seiner selbständig in sich beruhenden äußeren Realität, während die romantische Kunstform die Subjektivität des Gemüts und der Empfindung in deren Unendlichkeit und endlichen Partikularität zum Inhalte wie zur Form hat.

Nach diesem Einteilungsgrunde nun gliedert sich das System der einzelnen Künste folgendermaßen:

Erstens steht als der durch die Sache selbst begründete Anfang die *Architektur* vor uns da. Sie ist der Anfang der Kunst, weil die Kunst in ihrem Beginn überhaupt für die Darstellung ihres geistigen Gehaltes weder das gemäße Material noch die entsprechenden Formen gefunden hat und sich deshalb in dem bloßen *Suchen* der wahren Angemessenheit und in der Äußerlichkeit von Inhalt und Darstellungsweise genügen muß. Das Material dieser ersten Kunst ist das an sich selbst Ungeistige, die schwere und nur nach den Gesetzen der Schwere gestaltbare Materie; ihre Form sind die Gebilde der äußeren Natur, regelmäßig und symmetrisch zu einem bloß äußeren Reflex des Geistes und zur Totalität eines Kunstwerks verbunden.

Die *zweite* Kunst ist die *Skulptur.* Zu ihrem Prinzip und Inhalt hat sie die geistige Individualität als das klassische Ideal, so daß das Innere und Geistige seinen Ausdruck in der dem Geiste immanenten leiblichen Erscheinung findet, welche die Kunst hier in wirklichem Kunstdasein darzustellen hat. Zu ihrem Material ergreift sie deshalb gleichfalls noch die schwere Materie in deren räumlicher Totalität, ohne dieselbe jedoch bloß in Rücksicht auf ihre Schwere und deren Naturbedingungen nach den Formen des Organischen oder Unorganischen regelmäßig zu formieren oder in Ansehung ihrer Sichtbarkeit zu einem bloßen Scheinen des äußerlichen Erscheinens herabzusetzen und wesentlich in sich zu partikularisieren. Die durch den Inhalt selbst bestimmte *Form* aber ist hier die reale Lebendigkeit des Geistes, die menschliche Gestalt und deren vom Geist durchatmeter objektiver Organismus, der die Selbständigkeit des Göttlichen in seiner hohen Ruhe und stillen Größe, unberührt von der Zwiespältigkeit und Beschränkung des Handelns, der Konflikte und Erduldungen, zur adäquaten Erscheinung zu gestalten hat.

Drittens müssen wir die Künste, welche die Innerlichkeit des Subjektiven zu gestalten berufen sind, zu einer letzten Totalität zusammenfassen.

Den *Anfang* dieses letzten Ganzen bildet die *Malerei,* indem sie die äußere Gestalt selber ganz zum Ausdruck des *Innern* herüberwendet, das nun innerhalb der umgebenden Welt nicht nur die ideale Beschlossenheit des Absoluten in sich darstellt, sondern dasselbe nun auch als an sich selbst subjektiv in seinem geistigen Dasein, Wollen, Empfinden, Handeln, in seiner Tätigkeit und Beziehung auf anderes und deshalb auch in Leiden, Schmerz, Tod, in dem ganzen Kreislaufe der Leidenschaften und Befriedigungen zur Anschauung bringt. Ihr Gegenstand ist daher nicht mehr Gott als solcher, als *Objekt* des menschlichen Bewußtseins, sondern dieses Bewußtsein selbst: der Gott entweder in seiner Wirklichkeit des subjektiv lebendigen Handelns und Leidens oder als Geist der Gemeine, als das sich empfindende Geistige, Gemütliche in seinem Entbehren, seiner Aufopferung, Beseligung und Freudigkeit des Lebens und Wirkens inmitten der daseienden Welt. Als Mittel für die Darstellung dieses Inhalts darf sich die Malerei, in betreff auf die *Gestalt*, der äußerlichen Erscheinung überhaupt bedienen, sowohl der Natur als solcher als auch des menschlichen Organismus, insofern derselbe das Geistige klar durch sich hindurchleuchten läßt. – Zum *Material* dagegen kann sie nicht die schwere Materialität und deren räumlich vollständige Existenz gebrauchen, sondern muß dieses Material, wie sie es mit den Gestalten tut, an sich selbst verinnerlichen. Der erste Schritt, durch welchen das Sinnliche sich in dieser Beziehung dem Geist entgegenhebt, besteht einerseits in der Aufhebung der realen sinnlichen Erscheinung, deren Sichtbarkeit zum bloßen *Schein* der Kunst verwandelt wird; andererseits in der *Farbe*, durch deren Unterschiede, Übergänge und Verschmelzungen diese Verwandlung sich zustande bringt. Die Malerei zieht deshalb für den Ausdruck des inneren Gemüts die Dreiheit der Raumdimensionen in die Fläche als die nächste Innerlichkeit des Äußeren zusammen und stellt die räumlichen Entfernungen und Gestalten durch das Scheinen der Farbe dar. Denn die Malerei hat es nicht mit dem Sichtbarmachen überhaupt, sondern mit der sich ebensosehr in sich partikularisierenden als auch innerlich gemachten Sichtbarkeit zu tun. In der Skulptur und Baukunst werden die Gestalten durch das äußerliche Licht sichtbar. In der Malerei dagegen hat die in sich selbst dunkle Materie in sich selbst ihr Inneres, Ideelles, das Licht; sie ist in sich selbst durchleuchtet und das Licht ebendeswegen in sich selbst verdunkelt. Die Einheit aber und Ineinsbildung des Lichts und Dunkels ist die Farbe.

Den Gegensatz nun *zweitens* gegen die Malerei in ein und derselben Sphäre bildet die *Musik.* Ihr eigentliches Element ist das Innere als solches, die für sich gestaltlose Empfindung, welche sich nicht im Äußeren und dessen Realität, sondern nur durch die in ihrer Äußerung schnell verschwindende und sich selber aufhebende Äußerlichkeit kundzugeben vermag. Ihren *Gehalt* macht deshalb die geistige Subjektivität in ihrer unmittelbaren, subjektiven Einheit in sich, das menschliche Gemüt, die Empfindung als solche aus, ihr *Material* der Ton, ihre *Gestaltung* die Figuration, das Zusammenstimmen, sich Trennen, Verbinden, Entgegensetzen, Widersprechen und Auflösen der Töne nach ihren quantitativen Unterschieden voneinander und ihrem künstlerisch verarbeiteten Zeitmaß.

Das *dritte* endlich zu Malerei und Musik ist die Kunst der Rede, die *Poesie* überhaupt, die absolute, wahrhafte Kunst des Geistes und seiner Äußerung als Geist. Denn alles, was das Bewußtsein konzipiert und in seinem eigenen Inneren geistig gestaltet, vermag allein die Rede aufzunehmen, auszudrücken und vor die Vorstellung zu bringen. Dem Inhalte nach ist deshalb die Poesie die reichste, unbeschränkteste Kunst. Was sie jedoch nach der geistigen Seite hin gewinnt, verliert sie ebensosehr wieder nach der sinnlichen. Indem sie nämlich weder für die sinnliche Anschauung arbeitet wie die bildenden Künste noch für die bloß ideelle Empfindung wie die Musik, sondern ihre im Innern gestalteten Bedeutungen des Geistes nur für die geistige Vorstellung und Anschauung selber machen will, so behält für sie das *Material,* durch welches sie sich kundgibt, nur noch den Wert eines wenn auch künstlerisch behandelten *Mittels* für die Äußerung des Geistes an den Geist und gilt nicht als ein sinnliches Dasein, in welchem der geistige Gehalt eine ihm entsprechende Realität zu finden imstande sei. Dies Mittel kann unter den bisher betrachteten nur der *Ton* als das dem Geist noch relativ gemäßeste sinnliche Material sein. Der Ton jedoch bewahrt hier nicht, wie in der Musik, schon für sich selber Gültigkeit, so daß sich in der Gestaltung desselben der einzig wesentliche Zweck der Kunst erschöpfen könnte, sondern erfüllt sich umgekehrt ganz mit der geistigen Welt und dem bestimmten Inhalt der Vorstellung und Anschauung und erscheint als bloße äußere Bezeichnung dieses Gehalts. Was nun die *Gestaltungsweise* der Poesie angeht, so zeigt sie sich in dieser Rücksicht als die totale Kunst dadurch, daß sie, was in der Malerei und Musik nur relativ der Fall ist, in ihrem Felde die Darstellungsweise der übrigen Künste wiederholt.

Auf der *einen* Seite nämlich gibt sie ihrem Inhalte als *epische* Poesie die Form der *Objektivität*, welche hier zwar nicht wie in den bildenden Künsten auch zu einer äußerlichen Existenz gelangt, aber doch eine von der Vorstellung in Form des Objektiven aufgefaßte und für die innere Vorstellung als objektiv dargestellte Welt ist. Dies macht die eigentliche Rede als solche aus, die sich in ihrem Inhalt selbst und dessen Äußerung durch die Rede genügt.

Andererseits jedoch ist die Poesie umgekehrt ebensosehr *subjektive* Rede, das Innere, das sich als *Inneres* hervorkehrt, die *Lyrik*, welche die Musik zu ihrer Hilfe herzuruft, um tiefer in die Empfindung und das Gemüt hineinzudringen.

Drittens endlich geht die Poesie auch zur Rede innerhalb einer in sich beschlossenen *Handlung* fort, die sich ebenso objektiv darstellt, als sie das Innere dieser objektiven Wirklichkeit äußert und deshalb mit Musik und Gebärde, Mimik, Tanz usf. verschwistert werden kann. Dies ist die *dramatische* Kunst, in welcher der ganze Mensch das vom Menschen produzierte Kunstwerk reproduzierend darstellt.

Diese fünf Künste bilden das in sich selbst bestimmte und gegliederte System der realen wirklichen Kunst. Außer ihnen gibt es freilich noch andere unvollkommene Künste, Gartenbaukunst, Tanz usf., deren wir jedoch nur gelegentlich werden Erwähnung tun können. Denn die philosophische Betrachtung hat sich nur an die Begriffsunterschiede zu halten und die denselben gemäßen wahrhaften Gestaltungen zu entwickeln und zu begreifen. Die Natur und die Wirklichkeit überhaupt bleibt zwar nicht bei diesen bestimmten Abgrenzungen, sondern weicht in weiterer Freiheit davon ab, und man kann es in dieser Rücksicht oft genug rühmen hören, daß sich die genialischen Produktionen gerade über dergleichen Abscheidungen erheben müssen; aber wie in der Natur die Zwitterarten, Amphibien, Übergänge statt der Vortrefflichkeit und Freiheit der Natur nur ihre Ohnmacht bekunden, die in der Sache selbst begründeten, wesentlichen Unterschiede nicht festhalten zu können und dieselben durch äußere Bedingungen und Einwirkungen verkümmern zu lassen, so steht es auch in der Kunst mit solchen Mittelgattungen, obschon dieselben noch manches Erfreuliche, Anmutige und Verdienstliche, wenn auch nicht schlechthin Vollendetes leisten können.

Wollen wir uns jetzt nach diesen einleitenden Bemerkungen und Übersichten zur spezielleren Betrachtung der einzelnen Künste selbst hinüberwenden, so geraten wir sogleich nach einer anderen Seite hin in Verlegenheit. Denn nachdem wir uns bisher mit der Kunst als solcher, dem Ideal und den allgemeinen Formen, zu denen dasselbe sich seinem *Begriffe* nach entwickelt, beschäftigt haben, müssen wir jetzt in das konkrete Dasein der Kunst und damit in das Empirische herübertreten. Hier nun geht es fast wie in der Natur, deren allgemeine Kreise sich wohl in ihrer Notwendigkeit begreifen lassen, in deren wirklichem sinnlichen Dasein aber die einzelnen Gebilde und deren Arten – sowohl in ihren Seiten, die sie der Betrachtung darbieten, als auch in ihrer Gestalt, in der sie existieren – von solchem Reichtum der Mannigfaltigkeit sind, daß teils die vielfachste Weise sich dazu zu verhalten möglich wird, teils der philosophische Begriff, wenn wir den Maßstab seiner einfachen Unterschiede anwenden wollen, nicht auszureichen und das begreifende Denken vor dieser Fülle nicht zu Atem kommen zu können scheint. Begnügen wir uns aber mit bloßer Beschreibung und äußerlichen Reflexionen, so stimmt dies wiederum mit unserem Zwecke einer wissenschaftlich-systematischen Entwicklung nicht zusammen. Zu alle diesem gesellt sich dann noch die Schwierigkeit, daß jede einzelne Kunst jetzt für sich schon eine eigene Wissenschaft erfordert, da mit der stets wachsenden Liebhaberei zur Kunstkenntnis der Umfang derselben immer reicher und breiter geworden ist. Diese Liebhaberei der Dilettanten aber ist in unserer Zeit einerseits durch die Philosophie selber zur Mode gemacht, seitdem man hat behaupten wollen, in der Kunst sei die eigentliche Religion, das Wahre und Absolute zu finden und sie stehe höher als die Philosophie, weil sie nicht abstrakt sei, sondern die Idee zugleich in Realität und für die konkrete Anschauung und Empfindung enthalte. Andererseits gehört es heutigentags zum vornehmen Wesen in der Kunst, sich mit solchem Überfluß des unendlichsten Details zu befassen, für welches von jedem gefordert wird, daß er etwas Neues solle bemerkt haben. Solche kunstkennerische Beschäftigung ist eine Art gelehrten Müßiggangs, der sich's nicht allzu sauer braucht werden zu lassen. Denn es ist etwas sehr Angenehmes, Kunstwerke zu besehen, die Gedanken und Reflexionen, welche dabei vorkommen können, aufzufassen, die Gesichtspunkte sich geläufig zu machen, die andere dabei gehabt haben, und so selber Urteiler und Kenner zu werden und zu sein. Je reicher nun dadurch, daß jeder doch zugleich auch etwas Eigentümliches und Eigenes will herausgefunden haben, die Kenntnisse und Reflexionen geworden sind, desto mehr erheischt jetzt jede besondere Kunst, ja jeder einzelne Zweig derselben, die Vollständigkeit einer eigenen Abhandlung. Daneben macht dann vollends das Geschichtliche, das notwendig hereinkommt, bei Betrachtung und Würdigung von Kunstwerken die Sache noch gelehrter und weitläufiger. Endlich muß man vieles, sehr vieles gesehen und wiedergesehen haben, um über die Einzelheiten eines Kunstfaches mitsprechen zu können. Nun habe ich zwar mehreres gesehen, aber doch nicht das alles, was, um mit vollständigem

Detail die Materie abzuhandeln, notwendig wäre. – Allen diesen Schwierigkeiten wollen wir durch die einfache Erklärung begegnen, daß es innerhalb unseres Zwecks gar nicht darum zu tun ist, Kunstkenntnisse zu lehren und historische Gelehrsamkeiten vorzubringen, sondern nur darum, die wesentlichen allgemeinen Gesichtspunkte der Sache und deren Beziehung auf die Idee des Schönen in ihrer Realisation im Sinnlichen der Kunst philosophisch zu erkennen. Und in diesem Zweck darf uns die vorhin angedeutete Vielseitigkeit der Kunstgebilde letztlich nicht stören, denn auch hier ist trotz dieser Mannigfaltigkeit das begriffsgemäße Wesen der Sache selbst das Leitende; und wenn dasselbe auch durch das Element seiner Realisation sich vielfach in Zufälligkeiten verliert, so gibt es doch Punkte, an denen es ebensosehr klar heraustritt, und diese Seiten aufzufassen und philosophisch zu entwickeln ist die Aufgabe, welche die Philosophie zu erfüllen hat.

Erster Abschnitt
Die Architektur

Die Kunst, indem sie ihren Gehalt in das wirkliche Dasein zu bestimmter Existenz heraustreten läßt, wird zu einer *besonderen* Kunst, und wir können deshalb jetzt erst von einer realen Kunst und damit von dem *wirklichen* Anfange der Kunst sprechen. Mit der Besonderheit aber, insofern sie die Objektivität der Idee des Schönen und der Kunst zuwege bringen soll, ist sogleich dem Begriffe nach eine *Totalität* des Besonderen vorhanden. Wenn daher hier in dem Kreise der besonderen Künste zuerst von der Baukunst gehandelt wird, so muß dies nicht nur den Sinn haben, daß sich die Architektur als diejenige Kunst hinstelle, welche sich durch die Begriffsbestimmung als die zuerst zu betrachtende ergebe, sondern es muß sich ebensosehr zeigen, daß sie auch als die der *Existenz* nach erste Kunst abzuhandeln sei. Bei der Beantwortung der Frage jedoch, welchen Anfang die schöne Kunst dem Begriffe und der Realität zufolge genommen habe, dürfen wir sowohl das empirisch Geschichtliche als auch die äußerlichen Reflexionen, Vermutungen und natürlichen Vorstellungen, die man sich so leicht und vielfältig hierüber machen kann, durchweg ausschließen.

Man hat nämlich gewöhnlich den Trieb, eine Sache sich in ihrem Anfange vor Augen zu führen, weil der Anfang die einfachste Weise ist, in der sie sich zeigt. Dabei behält man im Hintergrunde die dunkle Vorstellung, diese einfache Weise gebe die Sache in ihrem Begriffe und Ursprunge kund, und die Ausbildung solch eines Beginnes bis zu der Stufe hin, um welche es eigentlich zu tun ist, faßt sich dann weiter ebensoleicht durch die triviale Kategorie, daß dieser Fortgang die Kunst *nach und nach* auf jene Stufe gebracht habe. Der einfache Anfang aber ist seinem Gehalte nach etwas für sich so Unbedeutendes, daß er für das philosophische Denken als durchaus zufällig erscheinen muß, wenn auch gerade deshalb die Entstehung auf diese Weise für das gewöhnliche Bewußtsein für um so begreiflicher genommen wird. So erzählt man z. B., um den Ursprung der Malerei zu erklären, die Geschichte von einem Mädchen, die den Schattenumriß ihres schlummernden Geliebten nachgezogen habe; für den Anfang der Baukunst wird ebenso bald eine Höhle, bald ein Klotz usf. angeführt. Dergleichen Anfänge sind für sich so verständlich, daß die Entstehung keiner weiteren Erklärung zu bedürfen scheint. Die Griechen insbesondere haben sich für die Anfänge nicht nur der schönen Kunst, sondern auch der sittlichen Institutionen und sonstigen Lebensverhältnisse viel anmutige Geschichten erfunden, bei denen sich das Bedürfnis, die erste Entstehung *vorzustellen*, befriedigte. Historisch sind solche Anfänge nicht, und doch sollen sie nicht den Zweck haben, die Entstehungsweise aus dem *Begriffe* verständlich zu machen, sondern die Erklärungsweise soll innerhalb des geschichtlichen Weges stehenbleiben.

Wir nun haben den Anfang aus dem Begriff der Kunst so festzustellen, daß die erste Aufgabe der Kunst darin bestehe, das an sich selbst Objektive, den Boden der Natur, die äußere Umgebung des Geistes zu gestalten und somit dem Innerlichkeitslosen eine Bedeutung und Form einzubilden, welche demselben äußerlich bleibt, da sie nicht die dem Objektiven selber immanente Form und Bedeutung ist. Die Kunst, der diese Aufgabe gestellt wird, ist, wie wir sahen, die Architektur, welche ihre erste Ausbildung früher gefunden hat als die Skulptur oder Malerei und Musik.

Wenden wir uns nun zu den frühesten Anfängen der Baukunst hin, so liegt die Hütte als Wohnung des Menschen, der Tempel als Umschließung des Gottes und seiner Gemeine als das Nächste da, was sich als das Anfängliche annehmen ließe. Zur näheren Bestimmung dieses Anfangs hat man dann nach dem Unterschiede des *Materials* gegriffen, mit welchem konnte gebaut werden, und sich gestritten, ob die Architektur vom Holzbau ausgegangen (wie Vitruv meint, welchen auch Hirt bei der gleichen Behauptung vor Augen hat) oder vom Steinbau. Dieser Gegensatz ist allerdings von Wichtigkeit, denn er betrifft nicht nur, wie es beim ersten Blick scheinen kann, das äußere Material, sondern mit diesem äußerlichen Material stehen wesentlich auch die architektonischen Grundformen wie die Art der Ausschmückung derselben in Zusammenhang. Dennoch aber können wir diesen ganzen Unterschied als eine nur untergeordnete Seite, welche das mehr Empirische und Zufällige angeht, liegenlassen und uns auf einen wichtigeren Punkt hinwenden.

Bei dem Hause und Tempel und sonstigen Gebäuden nämlich ist das wesentliche Moment, auf welches es hier ankommt, daß dergleichen Gebäulichkeiten bloße *Mittel* sind, welche einen äußerlichen Zweck voraussetzen. Hütte und Gotteshaus setzen Bewohner, den Menschen, Götterbilder usf., voraus, für welche sie aufgeführt werden. Zunächst also ist ein Bedürfnis, und zwar ein außerhalb der Kunst liegendes Bedürfnis vorhanden, dessen zweckmäßige Befriedigung die schöne Kunst nichts angeht und noch keine Kunstwerke hervorruft. Der Mensch hat auch Lust zum Springen, Singen, er bedarf der sprachlichen Mitteilung, aber Sprechen, Hüpfen, Schreien und Singen ist darum noch nicht Poesie, Tanz und Musik. Wenn sich nun aber auch innerhalb der architektonischen Zweckmäßigkeit zur Befriedigung bestimmter Bedürfnisse, teils des täglichen Lebens, teils des religiösen Kultus oder des Staats, der Drang nach künstlerischer Gestalt und Schönheit hervortut, so haben wir bei dieser Art der Baukunst doch sogleich eine *Teilung*. Auf der einen Seite steht der Mensch, das Subjekt, oder das Bild des Gottes als der wesentliche *Zweck*, für welchen auf der anderen Seite die Architektur nur das *Mittel* der Umgebung, der Hülle usf. liefert. Mit solch einer Teilung in sich können wir den Anfang, der seiner Natur nach das *Unmittelbare*, Einfache und nicht solche Relativität und wesentliche Beziehung ist, nicht machen, sondern wir müssen einen Punkt aufsuchen, wo solch ein Unterschied noch nicht hervortritt.

In dieser Rücksicht habe ich bereits früher gesagt, daß die Baukunst der *symbolischen* Kunstform entspreche und das Prinzip derselben als besondere Kunst am eigentümlichsten realisiere, weil die Architektur überhaupt die ihr eingepflanzten Bedeutungen nur im Äußerlichen der Umgebung anzudeuten befähigt sei. Soll nun der Unterschied des für sich im Menschen oder Tempelbilde vorhandenen Zwecks der Umschließung und des Gebäudes als der Erfüllung dieses Zwecks im Anfange noch nicht stattfinden, so werden wir uns nach Bauwerken umzusehen haben, die gleichsam wie Skulpturwerke *für sich selbständig* dastehen und ihre Bedeutung nicht in einem *anderen* Zweck und Bedürfnis, sondern *in sich selber* tragen. Dies ist ein Punkt von höchster Wichtigkeit, den ich noch nirgend herausgehoben gefunden habe, obschon er im Begriff der Sache liegt und allein Aufschluß über die mannigfaltigen äußerlichen Gestaltungen und einen Faden durch das Irrgewinde architektonischer Formen geben kann. Solch eine selbständige Baukunst wird sich nun aber ebensosehr auch von der Skulptur wieder dadurch unterscheiden, daß sie als Architektur nicht Gebilde produziert, deren Bedeutung das in sich selbst Geistige und Subjektive ist und an sich selbst das Prinzip seiner dem Innern durchaus gemäßen Erscheinung hat, sondern Werke, die in ihrer äußeren Gestalt die Bedeutung nur symbolisch ausprägen können. Dadurch ist denn diese Art der Architektur sowohl ihrem Inhalte als ihrer Darstellung nach *eigentlich symbolischer* Art.

Wie mit dem Prinzip dieser Stufe geht es nun auch mit ihrer *Darstellungsweise*. Auch hier will der bloße Unterschied des Holz- und Steinbaus nicht ausreichen, insofern derselbe auf Abgrenzung und Umschließung eines zu besonderen religiösen oder sonstigen menschlichen Zwecken bestimmten Raumes hindeutet, wie dies bei Häusern, Palästen, Tempeln usf. der Fall ist. Ein solcher Raum kann entweder durch Aushöhlung in sich schon fester, gediegener Massen oder umgekehrt durch Verfertigen umschließender Wände und Decken geschehen. Mit keinem von beidem darf die selbständige Baukunst beginnen, die wir deshalb als eine unorganische Skulptur bezeichnen können, indem sie zwar für sich selbst daseiende Gebilde auftürmt, doch dabei nicht etwa den Zweck freier Schönheit und Erscheinung des Geistes in seiner ihm adäquaten leiblichen Gestalt verfolgt, sondern überhaupt nur eine symbolische Form hinstellt, welche an sich selbst eine Vorstellung anzeigen und ausdrücken soll.

Bei diesem Ausgangspunkt jedoch kann die Architektur nicht stehenbleiben. Denn ihr Beruf liegt eben darin, dem für sich schon vorhandenen Geist, dem Menschen oder seinen objektiv von ihm herausgestalteten und aufgestellten Götterbildern die äußere Natur als eine aus dem Geiste selbst durch die Kunst zur Schönheit gestaltete Umschließung heraufzubilden, die ihre Bedeutung nicht mehr in sich selbst trägt, sondern dieselbe in einem anderen, dem Menschen und dessen Bedürfnissen und Zwecken des Familienlebens, des Staats, Kultus usf. findet und deshalb die Selbständigkeit der Bauwerke aufgibt.

Nach dieser Seite können wir den *Fortgang* der Architektur darein setzen, daß sie den oben bereits angedeuteten Unterschied von Zweck und Mittel gesondert hervortreten läßt und für den Menschen oder die objektiv durch die Skulptur verarbeitete individuelle Menschengestalt der Götter ein der Bedeutung derselben analoges architektonisches Gehäuse, Paläste, Tempel usw., erbaut.

Das *Ende* drittens vereinigt beide Momente und erscheint daher innerhalb dieser Trennung zugleich als für sich selbständig.

Diese Gesichtspunkte geben uns als Einteilung der gesamten Baukunst folgende Gliederung, welche ebenso die Begriffsunterschiede der Sache selbst als auch die historische Entwicklung derselben in sich faßt:

erstens die eigentlich *symbolische* oder *selbständige* Architektur;

zweitens die *klassische*, welche das individuell Geistige für sich gestaltet, die Baukunst dagegen ihrer Selbständigkeit entkleidet und sie dazu herabsetzt, für die nun ihrerseits selbständig realisierten geistigen Bedeutungen eine künstlerisch geformte unorganische Umgebung umherzustellen;
drittens die *romantische* Architektur als sogenannte maurische, gotische oder deutsche, in der zwar Häuser, Kirchen und Paläste gleichfalls nur die Wohnungen und Sammlungsorte für die bürgerlichen und religiösen Bedürfnisse und Beschäftigungen des Geistes sind, sich umgekehrt aber auch, gleichsam unbekümmert um diesen Zweck, für sich selbständig gestalten und erheben.
Wenn daher die Architektur ihrem Grundcharakter nach durchweg symbolischer Art bleibt, so machen dennoch die Kunstformen des eigentlich Symbolischen, Klassischen und Romantischen in ihr das näher Bestimmende aus und sind hier von größerer Wichtigkeit als in den übrigen Künsten. Denn in der Skulptur greift das Klassische, in Musik und Malerei das Romantische so tief durch das ganze Prinzip dieser Künste hindurch, daß für die Ausbildung des Typus der anderen Kunstformen nur ein mehr oder weniger enger Spielraum übrigbleibt. In der Poesie endlich, obschon sie am vollständigsten die ganze Stufenfolge der Kunstformen zu Kunstwerken auszuprägen vermag, werden wir die Einteilung dennoch nicht nach dem Unterschiede der symbolischen, klassischen und romantischen Poesie zu machen haben, sondern nach der für die Poesie als besonderer Kunst spezifischen Gliederung in epische, lyrische und dramatische Dichtkunst. Die Architektur hingegen ist die Kunst am Äußerlichen, so daß hier die wesentlichen Unterschiede darin bestehen, ob dies Äußerliche an sich selbst seine Bedeutung erhält oder als Mittel behandelt wird für einen ihm anderen Zweck oder sich in dieser Dienstbarkeit zugleich als selbständig zeigt. Der erste Fall stimmt mit dem Symbolischen als solchem, der zweite mit dem Klassischen zusammen, indem hier die eigentliche Bedeutung für sich zur

Darstellung gelangt und somit das Symbolische als bloß äußerliche Umgebung hinzugefügt ist, wie dies im Prinzip der klassischen Kunst liegt; die Einigung von beiden aber geht mit dem Romantischen parallel, insofern die romantische Kunst sich zwar des Äußerlichen zum Ausdrucksmittel bedient, sich jedoch aus dieser Realität in sich zurückzieht und das objektive Dasein deshalb auch zu selbständiger Gestaltung wieder freilassen kann.

Erstes Kapitel
Die selbständige, symbolische Architektur

Das erste, ursprüngliche Bedürfnis der Kunst ist, daß eine Vorstellung, ein Gedanke aus dem Geiste hervorgebracht, durch den Menschen als sein Werk produziert und von ihm hingestellt werde, wie es in der Sprache Vorstellungen als solche sind, welche der Mensch mitteilt und für andere verständlich macht. In der Sprache jedoch ist das Mitteilungsmittel nichts als ein Zeichen und daher eine ganz willkürliche Äußerlichkeit. Die Kunst dagegen darf sich nicht nur bloßer Zeichen bedienen, sie muß im Gegenteil den Bedeutungen eine entsprechende sinnliche Gegenwart geben. Einerseits also soll das sinnlich vorhandene Werk der Kunst einen inneren Gehalt beherbergen, andererseits hat sie diesen Gehalt so darzustellen, daß sich erkennen läßt, sowohl er selbst als seine Gestalt sei nicht nur eine Realität der unmittelbaren Wirklichkeit, sondern ein Produkt der Vorstellung und ihrer geistigen Kunsttätigkeit. Sehe ich z. B. einen wirklichen lebendigen Löwen, so gibt mir die einzelne Gestalt desselben die Vorstellung »Löwe« ganz ebenso wie ein abgebildeter. In der Abbildung jedoch liegt noch mehr: sie zeigt, daß die Gestalt in der Vorstellung gewesen sei und den Ursprung ihres Daseins im Menschengeist und dessen produktiver Tätigkeit gefunden habe, so daß wir nun nicht mehr die Vorstellung von einem Gegenstande, sondern die

Vorstellung von einer menschlichen Vorstellung erhalten. Daß nun aber ein Löwe, ein Baum als solcher oder irgendein anderes einzelnes Objekt zu dieser Reproduktion gelange, [danach] ist kein ursprüngliches Bedürfnis für die Kunst vorhanden; im Gegenteil haben wir gesehen, daß die Kunst, und vornehmlich die bildende Kunst, gerade mit Darstellung solcher Gegenstände, um an ihnen die subjektive Geschicklichkeit des Scheinenmachens zu bekunden, schließt. Das ursprüngliche Interesse geht darauf, die ursprünglichen objektiven Anschauungen, die *allgemeinen* wesentlichen Gedanken sich und anderen vor Augen zu bringen. Dergleichen Völkeranschauungen jedoch sind zunächst abstrakt und in sich selber unbestimmt, so daß nun der Mensch, um sie sich vorstellig zu machen, nach dem in sich ebenso Abstrakten, dem Materiellen als solchem, dem Massenhaften und Schweren greift, das zwar einer bestimmten, aber nicht einer in sich konkreten und wahrhaft geistigen Gestalt fähig ist. Das Verhältnis des Inhalts und der sinnlichen Realität, durch welche derselbe aus der Vorstellung in die Vorstellung eingehen soll, wird hierdurch bloß symbolischer Art sein können. Zugleich aber steht nun ein Bauwerk, das eine allgemeine Bedeutung für andere kundtun soll, aus keinem anderen Zwecke da, als um dies Höhere in sich auszudrücken, und ist deshalb ein selbständiges Symbol eines schlechthin wesentlichen, allgemeingültigen Gedankens, eine um ihrer selbst willen vorhandene, wenn auch lautlose Sprache für die Geister. Die Produktionen dieser Architektur sollen also durch sich selbst zu denken geben, allgemeine Vorstellungen erwecken, ohne eine bloße Einhüllung und Umgebung sonst schon für sich gestalteter Bedeutungen zu sein. Deshalb darf denn aber die Form, die solch einen Gehalt durch sich hindurchscheinen läßt, nicht nur als Zeichen gelten können, wie man z. B. bei uns Verstorbenen Kreuze errichtet oder Steine zur Erinnerung an Schlachten zusammenhäuft. Denn Zeichen dieser Art sind wohl geeignet, Vorstellungen zu erregen, aber ein Kreuz, ein Steinhaufen deuten nicht durch sich selbst auf die Vorstellung hin, welche zu erwecken der Zweck ist, sondern können ebensogut an vieles andere erinnern. Dies macht den allgemeinen Begriff dieser Stufe aus.

Man kann in dieser Hinsicht sagen, daß ganze Nationen sich ihre Religion, ihre tiefsten Bedürfnisse nicht anders als bauend oder doch vornehmlich architektonisch auszusprechen gewußt haben. Wesentlich jedoch, wie aus dem erhellt, was wir schon bei Gelegenheit der symbolischen Kunstform gesehen haben, wird dies nur im Orient der Fall sein; und besonders tragen die Konstruktionen der älteren Kunst Babyloniens, Indiens und Ägyptens, welche teils nur in Ruinen vorhanden sind, die allen Zeiten und Revolutionen zu trotzen vermochten und die uns ebenso wegen des bloß Phantastischen als wegen des Ungeheuren und Massenhaften in Verwunderung und Staunen setzen, entweder vollständig diesen Charakter oder sind zum großen Teil aus demselben hervorgegangen. Es sind Werke, deren Erbauung das ganze Wirken und Leben der Nationen zu bestimmten Zeiten ausmacht.

Fragen wir jedoch nach einer näheren *Gliederung* dieses Kapitels und der Hauptgebilde, welche hierher gehören, so kann bei dieser Architektur nicht wie bei der klassischen und romantischen von bestimmten Formen, von der des Hauses z. B., ausgegangen werden; denn es läßt sich hier kein für sich fester Inhalt und damit auch keine feste Gestaltungsweise als das Prinzip angeben, das sich dann in seiner Fortentwicklung auf den Kreis der verschiedenen Werke bezöge. Die Bedeutungen nämlich, welche zum Inhalt genommen werden, bleiben, wie im Symbolischen überhaupt, gleichsam unförmliche allgemeine Vorstellungen, elementarische, vielfach gesonderte und durcheinandergeworfene Abstraktionen des Naturlebens, mit Gedanken der geistigen Wirklichkeit gemischt, ohne als Momente *eines* Subjektes ideell zusammengefaßt zu sein. Diese Losgebundenheit macht sie höchst mannigfaltig und wechselnd, und der Zweck der Architektur besteht nur darin, bald diese, bald jene Seite für die Anschauung sichtbar herauszusetzen, sie zu symbolisieren und durch Menschenarbeit vorstellig werden zu lassen. Bei dieser Vielfachheit des Inhalts kann deshalb hier weder erschöpfend noch systematisch davon zu sprechen die Meinung sein, und ich muß mich deshalb darauf beschränken, nur das Wichtigste, soweit es möglich ist, in den Zusammenhang einer vernünftigen Gliederung zu bringen.

Die leitenden Gesichtspunkte sind kurz folgende.

Als Inhalt forderten wir schlechthin allgemeine Anschauungen, in welchen die Individuen und Völker einen inneren Halt, einen Einheitspunkt ihres Bewußtseins haben. So ist denn der *nächste* Zweck solcher für sich selbständigen Bauten auch nur der, ein Werk zu errichten, welches eine *Vereinigung* sei der Nation oder Nationen, ein Ort, um den her sie sich sammeln. Damit kann sich jedoch auch näher der Zweck verbinden, durch die Gestaltungsweise selbst darzutun, was überhaupt das Vereinigende der Menschen sei: die religiösen Vorstellungen der Völker, wodurch dergleichen Werke dann zugleich einen bestimmteren Inhalt für ihren symbolischen Ausdruck erhalten.

Weiterhin *zweitens* aber kann sich die Architektur nicht in dieser anfänglichen *totalen* Bestimmung halten, sondern die symbolischen Gebilde *vereinzeln* sich, der symbolische Gehalt ihrer Bedeutungen bestimmt sich näher und läßt dadurch auch ihre Formen sich fester voneinander unterscheiden, wie z. B. bei den Lingam-Säulen, Obelisken usf. Auf der anderen Seite drängt sich die Baukunst in solcher vereinzelnden Selbständigkeit an ihr selbst dazu fort, zur *Skulptur* überzugehen, organische Formen von Tiergestalten, menschlichen Figuren anzunehmen, sie jedoch ins Kolossale hin massenhaft auszudehnen, aneinanderzureihen, Wände, Mauern, Tore, Gänge hinzuzufügen und dadurch das Skulpturartige an ihnen schlechthin architektonisch zu behandeln. Die ägyptischen Sphinxe, Memnonen und großen Tempelbauten z. B. gehören hierher.

Drittens beginnt die symbolische Baukunst den Übergang

zur klassischen zu zeigen, indem sie die Skulptur von sich ausschließt und sich zu einem Gehäuse für andere, nicht unmittelbar selber architektonisch ausgedrückte Bedeutungen zu machen anfängt.
Zur näheren Verdeutlichung dieses Stufenganges will ich an einige bekannte Hauptwerke erinnern.

1. Architekturwerke, zur Vereinigung der Völker erbaut

»Was ist heilig?« fragt Goethe einmal in einem Distichon und antwortet: »Das ist's, was viele Seelen zusammenbindet.« In diesem Sinne können wir sagen, das Heilige mit dem Zweck dieses Zusammenhalts und als dieser Zusammenhalt habe den ersten Inhalt der selbständigen Baukunst ausgemacht. Das nächste Beispiel hierfür liefert uns die Sage vom babylonischen Turmbau. In den weiten Ebenen des Euphrat errichtet der Mensch ein ungeheures Werk der Architektur; gemeinsam erbaut er es, und die Gemeinsamkeit der Konstruktion wird zugleich der Zweck und Inhalt des Werkes selbst. Und zwar bleibt diese Stiftung eines gesellschaftlichen Verbandes keine bloß patriarchalische Vereinigung; im Gegenteil hat die bloße Familieneinheit sich gerade aufgehoben, und der in die Wolken sich erhebende Bau ist das Sich-objektiv-Werden dieser aufgelösten früheren und die Realisation einer neuen erweiterten Einigung. Die Gesamtheit der damaligen Völker hat daran gearbeitet, und wie sie alle zueinandertraten, um dies eine unermeßliche Werk zustande zu bringen, sollte das Produkt ihrer Tätigkeit das Band sein, das sie durch den aufgewühlten Grund und Boden, durch die zusammengefügte Steinmasse und die gleichsam architektonische Bebauung des Landes – wie bei uns es Sitte, Gewohnheit und die gesetzliche Verfassung des Staats tun – aneinanderknüpfte. Ein solcher Bau ist dann zugleich symbolisch, indem er das Band, das er ist, nur andeutet, weil er in seiner Form und Gestalt das Heilige, an und für sich die Menschen Vereinigende nur in äußerlicher Weise auszudrücken imstande ist. Daß von dem Mittelpunkt der Vereinigung zu solch einem Werke die Völkerschaften wieder auseinandergegangen, ist dann in dieser Tradition gleichfalls ausgesprochen.

Ein anderes wichtigeres Bauwerk, das schon einen sichereren historischen Boden hat, ist der Turm des *Belus*, von welchem Herodot uns (I, 181) Kunde gibt. In welchem Verhältnis derselbe zu dem der Bibel stehe, wollen wir hier nicht untersuchen. Einen Tempel in unserem Sinne des Worts dürfen wir diesen ganzen Bau nicht nennen, eher einen Tempelbezirk, in Quadratform, von jeder Seite zu zwei Stadien Länge, mit ehernen Pforten als Eingang. In der Mitte dieses Heiligtums, erzählt Herodot, der dies kolossale Werk noch gesehen, war ein dichtgemauerter Turm (nicht hohl inwendig, sondern massiv, ein πύργος στερεός) erbaut, von der Länge und Breite eines Stadiums, auf diesem steht noch ein anderer und wieder ein anderer auf diesem und so fort bis auf acht Türme. Außenherum geht ein Weg bis ganz hinauf; und ziemlich in der Mitte der Höhe ist ein Rastort mit Bänken zum Ausruhen für die Hinaufsteigenden. Auf dem letzten Turm aber ist ein großer Tempel, und in dem Tempel liegt ein großes, wohlgebettetes Lagerpolster, und davor steht ein goldener Tisch. Ein Standbild jedoch ist nicht im Tempel errichtet, auch hält sich bei Nacht kein Mensch dort auf, ausgenommen eine von den einheimischen Frauen, die der Gott von allen sich auserwählt, wie die Chaldäer, die Priester dieses Gottes, sagen. Auch behaupten die Priester (c. 182), der Gott selbst besuche den Tempel und ruhe auf dem Lager aus. Herodot erzählt nun zwar (c. 183), daß auch unten in dem Heiligtum noch ein anderer Tempel sei, worin ein großes Bild des Gottes von Gold sitze, mit einem großen Tische von Golde vor sich, und spricht zugleich von zwei großen Altären außerhalb des Tempels, an welchen die Opfer dargebracht wurden; dessenungeachtet aber können wir diesen Riesenbau nicht mit Tempeln in griechischem oder modernem Sinne gleichstellen. Denn die sieben ersten Würfel sind ganz massiv und nur der oberste, achte ein Aufenthalt für den unsichtbaren Gott, der dort oben keiner Anbetung von seiten der Priester oder der Gemeinde genoß. Das Standbild war unten, außerhalb des Baues, so daß sich also das ganze Werk eigentlich selbständig für sich erhebt und nicht gottesdienstlichen Zwecken dient, obschon es kein bloßer abstrakter Vereinigungspunkt mehr ist, sondern ein Heiligtum. Die Form bleibt hier zwar noch der Zufälligkeit überlassen oder wird nur durch den materiellen Grund der Festigkeit als Würfel bestimmt, zugleich aber tritt die Forderung ein, nach einer Bedeutung zu suchen, welche für das Werk als Ganzes genommen eine nähere symbolische Bestimmung abgeben kann. Wir müssen dieselbe, obschon dies von Herodot nicht ausdrücklich angeführt wird, in der Zahl der massiven Stockwerke finden. Es sind ihrer sieben, mit dem achten für den nächtlichen Aufenthalt des Gottes darüber. Die Siebenzahl aber symbolisiert wahrscheinlich die sieben Planeten und Himmelssphären.

Auch in Medien gab es in solcher Symbolik erbaute Städte, wie z. B. Ekbatana mit seinen sieben Ringmauern, von denen Herodot (I, 98) anführt, daß jede, teils durch die Anhöhe, an deren Abhang sie erbaut worden, teils aber aus Absicht und Kunst, höher sei als die andere und die Schutzwehren verschiedenartig gefärbt: weiß an der ersten, an der zweiten schwarz, an der dritten Ringmauer purpurfarben, an der vierten blau und an der fünften rot; an der sechsten aber mit Silber, an der siebenten mit Gold überzogen; innerhalb dieser letzten stand die Königsburg und der Schatz. »Ekbatana«, sagt Creuzer in seiner *Symbolik*[1] über diese Bauart (I, S. 469), »die Mederstadt, mit der Königsburg in der Mitte, stellt mit ihren sieben Mauerkreisen und mit den Zinnen darauf, von sieben verschiedenen Farben, die Sphären des Himmels dar, die die Sonnenburg umschließen.«

---

1 Siehe Fn. 2, S. 45

2. *Architekturwerke, zwischen Baukunst und Skulptur schwankend*

Das nächste, wozu wir jetzt fortschreiten müssen, liegt darin, daß die Architektur sich zu ihrem Inhalt *konkretere* Bedeutungen nimmt und zu deren mehr symbolischer Darstellung auch nach *konkreteren Formen* greift, welche sie jedoch, mag sie dieselben vereinzeln oder zu großen Bauten zusammenstellen, nicht in der Weise der Skulptur, sondern in ihrem eigenen selbständigen Gebiete architektonisch benutzt. Für diese Stufe nun müssen wir schon ins Speziellere gehen, obschon hier weder von Vollständigkeit noch von einer Entwicklung a priori die Rede sein kann, da die Kunst, insofern sie in ihren Werken zur Breite der wirklichen historischen Weltanschauungen und religiösen Vorstellungen fortgeht, sich auch ins Zufällige hinein verliert. Die Grundbestimmung ist nur die, daß sich Skulptur und Architektur vermischen, wenn auch die Baukunst das Durchgreifende bleibt.

a. Phallussäulen usf.

Es ist schon früher bei Gelegenheit der symbolischen Kunstform erwähnt worden, daß im Orient vielfach die allgemeine Lebenskraft der Natur, nicht die Geistigkeit und Macht des Bewußtseins, sondern die produktive Gewalt der Zeugung herausgehoben und verehrt wurde. Besonders in Indien war dieser Dienst allgemein, auch nach Phrygien und Syrien zog er sich unter dem Bilde der großen Göttin, der Befruchtenden, hin – eine Vorstellung, welche selbst die Griechen aufnahmen. Näher nun wurde die Anschauung der allgemeinen produktiven Naturkraft in der Gestalt der animalischen Zeugungsglieder, Phallus und Lingam, dargestellt und heiliggehalten. Dieser Kultus fand hauptsächlich in Indien seine Ausbreitung, doch auch die Ägypter waren, wie Herodot erzählt (II, 48), demselben nicht fremd. Bei den Dionysosfesten wenigstens kommt Ähnliches vor; »anstatt der Phallen aber«, sagt Herodot, »haben sie andere Bilder von der Länge einer Elle erfunden, mit einem Faden zum Ziehen, welche die Weiber herumtragen, wobei sich das Schamglied immer hebt, das nicht viel kleiner ist als der übrige Leib«. Die Griechen nahmen den ähnlichen Dienst gleichfalls an, und Herodot berichtet ausdrücklich (c. 49), daß Melampos, mit dem ägyptischen Opferfest des Dionysos nicht unbekannt, den Phallus, der dem Gotte zu Ehren umgetragen wird, eingeführt habe. Hauptsächlich in Indien nun gingen von dieser Art der Verehrung der Zeugungskraft in der Form der Zeugungsglieder auch Bauwerke in dieser Gestalt und Bedeutung aus; ungeheure säulenartige Gebilde, aus Stein, wie Türme massiv aufgerichtet, unten breiter als oben. Sie waren ursprünglich für sich selber Zweck, Gegenstände der Verehrung, und erst später fing man an, Öffnungen und Aushöhlungen darin zu machen und Götterbilder hineinzustellen, was sich noch in den griechischen Hermen, portativen Tempelhäuschen, erhalten hat. Den Ausgangspunkt aber bilden in Indien die unausgehöhlten Phallussäulen, die sich später erst in Schale und Kern teilten und zu Pagoden wurden. Denn die echt indischen Pagoden, welche man wesentlich von späteren mohammedanischen und sonstigen Nachahmungen unterscheiden muß, gehen in ihrer Konstruktion nicht von der Form des Hauses aus, sondern sind schmal und hoch und haben ihre erste Grundform von jenen säulenmäßigen Bauten. Die gleiche Bedeutung und Form findet sich auch in der von der Phantasie erweiterten Anschauung des Berges Meru wieder, der als Quirl in dem Milchmeer vorgestellt ist, woraus die Welt erzeugt wird. Ähnlicher Säulen erwähnt auch Herodot; teils in Form des männlichen Gliedes, teils mit dem weiblichen Schamteile. Er schreibt die Errichtung derselben dem Sesostris zu (II, 162), der sie überall auf seinen Kriegszügen bei allen Völkern, welche er überwunden hatte, aufstellte. Doch zu Herodots Zeit standen die meisten dieser Säulen nicht mehr; nur in Syrien hat Herodot (c. 106) deren selber gesehen. Daß er sie jedoch sämtlich dem Sesostris zuteilt, hat wohl seinen Grund nur in der Tradition, der er folgt; außerdem erklärt er sie ganz in griechischem Sinne, indem er die natürliche Bedeutung in eine das Sittliche betreffende umwandelt und deshalb erzählt: »Wo Sesostris während seines Kriegszuges auf Völker stieß, welche tapfer waren im Kampf, da setzte er in ihrem Lande Säulen mit Inschriften, die seinen Namen und den seines Landes, und daß er diese Völker sich unterworfen habe, anzeigten. Wo er dagegen ohne Widerstand siegte, da zeichnete er außer dieser Inschrift auf die Säulen auch noch ein weibliches Schamglied hin, um kundzugeben, daß diese Völker feig im Kampfe gewesen seien.«

b. Obelisken usf.

Ähnliche Werke, welche zwischen der Architektur und Skulptur stehen, finden sich ferner hauptsächlich in Ägypten. Hierher gehören z. B. die *Obelisken*, welche ihre Form zwar nicht aus der organisch-lebendigen Natur, von Pflanzen, Tieren oder der Menschengestalt hernehmen, sondern von ganz regelmäßiger Gestalt sind, doch gleichfalls noch nicht mit dem Zweck, zu Häusern oder Tempeln zu dienen, sondern frei für sich selbständig dastehen und die symbolische Bedeutung von Sonnenstrahlen haben. »Mithras«, sagt Creuzer (*Symbolik*, Bd. I, S. 469), »der Meder oder Perser, regiert in der Sonnenstadt Ägyptens (zu On-Heliopolis) und wird dort von einem Traume erinnert, Obelisken zu bauen, sozusagen Sonnenstrahlen in Stein, und Buchstaben darauf einzugraben, die man die ägyptischen nennt.« Schon Plinius gibt diese Bedeutung der Obelisken an ([*Naturalis historia*] XXXVI, 14 und XXXVII, 8). Sie waren der Gottheit der Sonne geweiht, deren Strahlen sie auffangen und zugleich darstellen sollten. Auch in persischen Bildwerken kommen Feuerstrahlen vor, die aus Säulen aufsteigen (Creuzer, Bd. I, S. 778).

Nächst den Obelisken müssen wir hauptsächlich der *Memnonen* Erwähnung tun. Die großen Memnonsstatuen zu

Theben, von welchen noch Strabo die eine ganz erhalten und aus *einem* Steine sah, während die andere, welche beim Sonnenaufgang erklang, schon zu seiner Zeit verstümmelt war, hatten menschliche Gestalt. Es waren zwei sitzende kolossale menschliche Figuren, durch ihre Grandiosität und Massenhaftigkeit mehr unorganisch und architektonisch als skulpturartig, wie denn auch Memnonssäulen reihenweise vorkommen und dadurch, daß sie nur in solcher gleichen Ordnung und Größe Gültigkeit haben, von dem Zwecke der Skulptur ganz zu dem der Baukunst heruntertreten. Hirt (*Geschichte der Baukunst*, Bd. I, S. 69)[2] deutet die kolossale Klangstatue, von welcher Pausanias sagt, daß die Ägypter sie als das Bild des Phamenoph ansähen, nicht auf eine Gottheit, sondern eher auf einen König, der hier, wie Osymandyas und andere, sein Denkmal hatte. Doch sollen diese großartigen Bildwerke wohl eine bestimmtere oder unbestimmtere Vorstellung von etwas Allgemeinem geben. Die Ägypter und Äthiopier verehrten den Memnon, den Sohn der Morgenröte, und opferten ihm, wenn die Sonne ihre ersten Strahlen sendet, wodurch das Bildnis mit seiner Stimme die Anbetenden begrüßte. So ist es als tönend und stimmegebend nicht bloß nach seiner Gestalt von Wichtigkeit und Interesse, sondern durch sein Sein lebendig, bedeutsam, offenbarend, wenn auch zugleich nur symbolisch andeutend.

Ebenso wie mit den kolossalen Memnonsstatuen verhält es sich mit den *Sphinxen*, die ich in Rücksicht auf ihre symbolische Bedeutung schon früher besprochen habe. Man findet die Sphinxe in Ägypten nicht nur in ungeheurer Anzahl, sondern auch von der stupendesten Größe. Eine der berühmtesten Sphinxe ist diejenige, welche in der Nähe der Pyramidengruppe von Kairo steht. Ihre Länge beträgt 148′, ihre Höhe von den Klauen bis zum Kopf 65′, die vorn hinge-

---

2 Aloys Hirt, *Geschichte der Baukunst bei den Alten*, 3 Bde., Berlin 1820–27

lagerten Füße von der Brust bis zur Spitze der Klauen 57′ und die Höhe der Klauen 8′. Doch diese ungeheure Masse ist nicht etwa erst ausgehauen und dann nach dem Ort, den sie jetzt noch einnimmt, hingebracht worden, sondern als man bis zu ihrer Basis grub, fand man, daß der Boden aus Kalkstein bestehe, so daß sich zeigte, das ganze immense Werk sei aus einem Felsen ausgehauen, von welchem es noch einen Teil bildet. Dies immense Gebilde nähert sich zwar mehr der eigentlichen Skulptur in deren kolossalstem Maßstabe; ebensosehr jedoch wurden die Sphinxe auch zu Gängen reihenweise nebeneinandergestellt, wodurch sie sogleich einen vollständig architektonischen Charakter erhalten.

c. Ägyptische Tempelbauten

Solche selbständige Gestaltungen bleiben nun überhaupt nicht nur vereinzelt stehen, sondern werden zu großen tempelartigen Bauten, Labyrinthen, unterirdischen Exkavationen vervielfältigt, in Massen benutzt, mit Mauern umschlossen usf.

Was nun *erstlich* die *ägyptischen* Tempelbezirke angeht, so besteht der Hauptcharakter dieser großen Architektur, mit der wir neuerdings hauptsächlich durch die Franzosen näher sind bekannt gemacht worden, darin, daß es offene Konstruktionen sind, ohne Bedachung, Tore, Gänge zwischen Wandungen, vornehmlich zwischen Säulenhallen und ganzen Wäldern von Säulen, Werke vom größten Umfange und innerer Vielseitigkeit, die für sich in selbständiger Wirkung, ohne zur Behausung und Umschließung eines Gottes oder der anbetenden Gemeine zu dienen, ebensosehr durch das Kolossale ihrer Maße und Massen die Vorstellung in Erstaunen setzen, als die einzelnen Formen und Gestalten für sich das ganze Interesse in Anspruch nehmen, indem sie als Symbole für schlechthin allgemeine Bedeutungen aufgerichtet sind oder auch die Stelle der Bücher vertreten, insofern sie die Bedeutungen nicht durch deren Gestaltungsweise kundgeben, sondern durch Schriften, Bildwerke, die in die

Flächen eingegraben sind. Einesteils kann man diese riesenhaften Bauten eine Sammlung von Skulpturbildern nennen, doch kommen dieselben meist in solcher Anzahl und Wiederholung ein und derselben Gestalt vor, daß sie zu Reihen werden und eben ihre dadurch architektonische Bestimmung nur in dieser Reihe und Ordnung erhalten, die dann aber wiederum ein Zweck für sich ist und nicht etwa nur Gebälke und Bedachungen trägt.

Die größeren Bauten dieser Art fingen an mit einem gepflasterten Wege, hundert Fuß breit – wie Strabo erzählt – und drei- bis viermal so lang. Zu jeder Seite dieses Ganges (δρόμος) standen Sphinxe, in Reihen von fünfzig bis hundert, in der Höhe von zwanzig bis dreißig Fuß. Nun folgt ein großartiges Prachttor (πρόπυλον), oben schmäler als unten, mit Pylonen, Pfeilern von ungeheurer Masse, zehn- bis zwanzigmal höher als die Höhe eines Menschen; teils frei und selbständig, teils in Mauern, Prachtwänden, die ebenfalls frei für sich bis zu der Höhe von fünfzig bis sechzig Fuß, unten breiter als oben, schief hinaufsteigen, ohne in Verbindung mit Quermauern zu stehen, Balken zu tragen und so ein Haus zu bilden. Im Gegenteil zeigen sie im Unterschiede senkrechter Mauern, welche mehr auf die Bestimmung des Tragens hindeuten, daß sie zur selbständigen Architektur gehören. Hin und wieder lehnen sich Memnonen an solche Mauern, welche auch Gänge bilden und ganz mit Hieroglyphen oder ungeheuren Steingemälden bedeckt sind, so daß sie den Franzosen, die sie neuerdings sahen, wie gedruckter Kattun vorkamen. Man kann sie wie Bücherblätter betrachten, welche durch diese räumliche Umgrenzung wie Glockentöne Geist und Gemüt zum Staunen, Sinnen, Denken unbestimmt erwecken. Die Tore folgen mehrfach aufeinander und wechseln mit Reihen von Sphinxen; oder ein offener Platz, von der allgemeinen Mauer umschlossen, tut sich auf, mit Säulengängen an diesen Mauern. Dann kommt ein bedeckter Platz, der nicht zur Wohnung dient, sondern ein Säulenwald ist, dessen Säulen keine Wölbung, sondern

Steinplatten tragen. Nach diesen Sphinxgängen, Säulenreihen, Wandungen, mit Hieroglyphen übersät, nach einem Vorbau mit Flügeln, vor denen sich Obelisken aufgerichtet finden und Löwen hinlagern, oder auch wieder erst nach Vorhöfen oder mit schmäleren Gängen umgeben, schließt sich dem Ganzen der eigentliche Tempel, das Heiligtum (σηκός) an, nach Strabo von mäßiger Größe, das entweder ein Bild des Gottes in sich hatte oder nur eine Tiergestalt. Dies Gehäuse für die Gottheit war hin und wieder ein Monolith, wie Herodot z. B. (II, 155) vom Tempel zu Buto erzählt, er sei aus einem Stück in die Höhe und Länge gearbeitet, das bei gleichen Wänden überall vierzig Ellen messe, und auch als Schlußdecke liege wieder ein Stein darauf mit einem vier Ellen breiten Gesimse. Im allgemeinen aber sind die Heiligtümer so klein, daß eine Gemeine nicht Platz darin hat; eine Gemeine aber gehört zum Tempel, sonst ist derselbe nur eine Büchse, eine Schatzkammer, ein Aufbewahrungsort heiliger Bildnisse usf.

In solcher Weise gehen solche Bauten mit Reihen von Tiergestaltungen, Memnonen, immensen Toren, Mauern, Kolonnaden von den stupendesten Dimensionen, bald weiter, bald enger, mit einzelnen Obelisken usf. stundenweit fort, auf daß man zwischen so großen staunenswürdigen menschlichen Werken, die zum Teil nur einen spezielleren Zweck in den verschiedenen Akten des Kultus haben, herumwandle und sich von diesen aufgetürmten Steinmassen, was das Göttliche sei, sagen und offenbaren lasse. Denn näher sind zugleich diesen Gebäulichkeiten überall symbolische Bedeutungen eingewebt, so daß sich die Anzahl der Sphinxe, Memnonen, die Stellung der Säulen und Gänge auf die Tage des Jahres, die zwölf himmlischen Zeichen, die sieben Planeten, die großen Perioden des Mondlaufes usf. beziehen. Teils hat sich die Skulptur hier noch nicht von der Architektur losgemacht, teils ist wiederum das eigentlich Architektonische, die Maße, Abstände, Anzahl der Säulen, Mauern, Stufen usf., so behandelt, daß diese Verhältnisse nicht ihren eigentlichen Zweck in sich selbst, ihrer Symmetrie, Eurhythmie und Schönheit finden, sondern symbolisch bestimmt werden. Dadurch zeigt sich dies Bauen und Schaffen als Zweck für sich, als selber ein Kultus, zu welchem sich Volk und König vereinen. Viele Werke, wie Kanäle, der See des Möris, überhaupt Wasserbauten, bezogen sich zwar auf den Ackerbau und die Überschwemmungen des Nils. So ließ z. B. Sesostris, wie Herodot (II, 108) berichtet, das ganze Land, das bisher beritten und befahren worden, des Trinkwassers wegen mit Kanälen durchschneiden und machte dadurch Pferde und Wagen unnütz. Die Hauptwerke aber blieben jene religiösen Bauten, welche die Ägypter instinktartig, wie die Bienen ihre Zellen bauen, emportürmten. Ihr Eigentum war reguliert, die übrigen Verhältnisse gleichfalls, der Boden unendlich fruchtbar und bedurfte keiner mühsamen Kultur, so daß die Arbeit fast nur in Säen und Ernten bestand. Andere Interessen und Taten, wie sie sonst die Völker vollbringen, kommen wenige vor; außer den Erzählungen der Priester von Sesostris' Unternehmungen zur See finden sich keine Nachrichten von Seefahrten; im ganzen blieben die Ägypter auf dieses Bauen und Konstruieren in ihrem eigenen Lande beschränkt. Die selbständige *symbolische* Architektur aber gibt den Haupttypus ihrer großartigsten Werke ab, weil sich hier das menschliche Innere, das Geistige in seinen Zwecken, Außengestalten noch nicht selbst erfaßt und zum Objekt und Produkt seiner freien Tätigkeit gemacht hat. Das Selbstbewußtsein ist noch nicht zur Frucht gereift, noch nicht fertig für sich, sondern treibend, suchend, ahnend, fort und fort produzierend, ohne absolute Befriedigung und deshalb ohne Rast. Denn erst in der dem Geiste gemäßen Gestalt befriedigt sich der in sich fertige Geist und begrenzt sich in seinem Hervorbringen. Das symbolische Kunstwerk dagegen bleibt mehr oder weniger grenzenlos.

Zu solchen Gebilden der ägyptischen Baukunst gehören nun auch die sogenannten *Labyrinthe*, Höfe mit Säulengängen, umher Wege zwischen Wandungen, rätselhaft verschlungen, doch nicht zu der läppischen Aufgabe, den Ausgang zu finden, durcheinandergewirrt, sondern zu einem sinnvollen Umherwandeln unter symbolischen Rätseln. Denn diese Wege sollten, wie ich schon früher angedeutet habe, in ihrem Laufe den Lauf der Himmelskörper nachbilden und vorstellig machen. Sie sind teils über, teils unter der Erde gebaut, außer den Gängen mit ungeheueren Kammern und Sälen versehen, deren Wände mit Hieroglyphen bedeckt sind. Das größte Labyrinth, das Herodot selber gesehen hat, war das unweit des Sees Möris. Er sagt (II, 148), er habe es größer gefunden, als es mit Worten zu beschreiben sei, und es übertreffe selbst die Pyramiden. Den Bau schreibt er den zwölf Königen zu und schildert ihn folgendermaßen. Das ganze Gebäude, von ein und derselben Mauer umgeben, bestehe aus zwei Stockwerken, einem unter und einem über der Erde. Zusammen enthielten sie dreitausend Gemächer, fünfzehnhundert jedes. Das obere Stockwerk, das Herodot allein besichtigen durfte, war in zwölf nebeneinanderliegende Höfe geteilt, mit gegenüberstehenden Toren, sechs gegen Norden und sechs gegen Süden, und jeder Hof war mit einem Säulengang umgeben aus weißem, genau behauenem Gestein. Aus den Höfen, sagt Herodot ferner, geht es in die Gemächer, aus den Gemächern in die Säle, aus den Sälen in andere Räume und aus den Gemächern in die Höfe. Diese letztere Angabe, meint Hirt (*Geschichte der Baukunst,* Bd. I, S. 75), mache Herodot nur zur näheren Bestimmung, daß die Gemächer zunächst an den Hofräumen anlagen. Von den labyrinthischen Gängen sagt Herodot, daß die vielen Gänge durch die bedeckten Räume und die mannigfaltigen Krümmungen zwischen den Gehöften ihn mit tausendfachem Staunen erfüllt hätten. Plinius beschreibt (XXXVI, 19) sie als dunkel, für den Fremdling durch ihre Windungen ermüdend, und beim Öffnen der Türen entstände in ihnen ein donnerähnliches Getöse, und aus Strabo, der als Augenzeuge wie Herodot von Wichtigkeit ist, erhellt gleichfalls, daß sich die Irrwege um die Hofräume umherzogen. Vorzüglich die Ägypter bauten dergleichen Labyrinthe, doch findet sich auch als Nachahmung des ägyptischen auf Kreta ein ähnliches, obschon kleineres, auch auf Morea und Malta.

Indem nun aber diese Baukunst einerseits durch die Kammern und Säle schon dem Hausartigen zustrebt, während andererseits nach Herodots Angabe der unterirdische Teil des Labyrinths, zu welchem ihm der Eingang nicht gestattet wurde, die Bestimmung von Begräbnissen der Erbauer sowie heiliger Krokodile hatte, so daß hier das eigentlich selbständig Symbolische allein die Irrgewinde ausmachen, so können wir in diesen Werken einen Übergang zu der Form der symbolischen Architektur finden, welche aus sich selbst schon der klassischen Baukunst sich zu nähern anfängt.

3. Übergang aus der selbständigen Architektur zur klassischen

Wie stupend auch die soeben betrachteten Konstruktionen sind, so wird uns dennoch die den orientalischen Völkern vielfach gemeinschaftliche unterirdische Architektur der Inder und Ägypter noch ungeheurer und erstaunenswürdiger erscheinen müssen. Was wir in dieser Beziehung Großes und Herrliches über der Erde finden, kommt dem nicht gleich, was in Indien in Salsette, Bombay gegenüber, und in Ellora, in Oberägypten und Nubien unter der Erde vorhanden ist. In diesen bewundernswerten Exkavationen zeigt sich zuerst das nähere Bedürfnis einer *Umschließung*. – Daß die Menschen in Höhlen Schutz gesucht, da gewohnt, daß ganze Völkerschaften keine andere Wohnung gehabt haben, kommt von der Not des Bedürfnisses her. Solche Höhlungen gab es in Gebirgen des jüdischen Landes, wo in vielen Stockwerken Tausende Platz hatten. So waren auch im Harz bei Goslar im Rammelsberg noch Kammern, wohinein die Menschen sich verkrochen und ihre Vorräte geflüchtet haben.

a. Unterirdische indische und ägyptische Bauten

Ganz anderer Art aber sind die angeführten indischen und ägyptischen unterirdischen Bauwerke. Einesteils dienten sie zu Versammlungsplätzen, unterirdischen Domen und sind Konstruktionen zum Zweck des religiösen Staunens und der Sammlung des Geistes, mit Anlagen, Andeutungen symbolischer Art, Säulengängen, Sphinxen, Memnonen, Elefanten, kolossalen Götzenbildern, die, aus dem Felsen gehauen, mit dem unförmlichen Ganzen des Gesteins ebenso zusammengewachsen gelassen wurden, wie man die Säulen in den Aushöhlungen aussparte. Vorn an der Felsenwandung waren diese Bauten hin und wieder ganz geöffnet, andere zum Teil ganz finster und nur durch Fackeln erleuchtbar, zum Teil etwa oben offen.

Im Verhältnis zu den Bauten über der Erde erscheinen dergleichen Aushöhlungen als das Ursprünglichere, so daß man die ungeheuren Anlagen über dem Erdboden nur als Nachahmung und überirdische Erblühungen aus dem Unterirdischen ansehen kann. Denn es ist da nicht positiv gebaut, sondern nur negativ weggenommen worden. Sich einzunisten, einzugraben ist natürlicher, als auszugraben, das Material erst zu suchen, zusammenzutürmen und zu gestalten. Man kann in dieser Rücksicht die Höhle sich als früher entstehend vorstellen als die Hütte. Die Höhlen sind ein Ausweiten statt Begrenzen oder ein Ausweiten, das ein Begrenzen und Umschließen wird, bei welchem die Umschließung schon vorhanden ist. Das unterirdische Bauen fängt deshalb mehr von dem Vorhandenen an und erhebt sich, insofern es die Hauptmasse läßt, wie sie ist, noch nicht so frei als das Gestalten über dem Boden. Für uns aber gehören diese Bauten, wie symbolischer Art sie auch sein mögen, schon zu einer weiteren Stufe, da sie nicht mehr so selbständig symbolisch dastehen, sondern bereits den Zweck der Umschließung, Wandung, Decke haben, innerhalb welcher die mehr symbolischen Gebilde als solche aufgestellt

sind. Das Tempelartige, Hausartige im griechischen und neueren Sinne zeigt sich hier in seiner natürlichsten Form.
Hierher sind ferner die *Mithrashöhlen* zu rechnen, obschon sie sich in einer ganz anderen Gegend vorfinden. Die Verehrung und der Dienst des Mithras stammt aus Persien her, doch ist der ähnliche Kultus auch im römischen Reiche verbreitet gewesen. In dem Museum zu Paris z. B. gibt es ein sehr berühmtes Basrelief, das einen Jüngling darstellt, wie er dem Stier einen Stahl in den Hals stößt; es ist im Kapitol in einer tiefen Grotte unter dem Tempel des Jupiter gefunden worden. Auch in diesen Mithrashöhlen finden sich Wölbungen, Gänge, die einerseits den Lauf der Gestirne, andererseits auch (wie noch heutzutage in den Freimaurerlogen, wo man in viele Gänge geführt wird, Schauspiele sehen muß usf.) die Wege symbolisch anzudeuten bestimmt scheinen, welche die Seele in ihrer Reinigung durchzumachen hat, wenn auch diese Bedeutung wohl mehr in Skulpturen und anderer Arbeit als so ausgedrückt ist, daß die Architektur die Hauptsache ausgemacht hätte.
In der ähnlichen Beziehung können wir auch noch der römischen Katakomben Erwähnung tun, denen gewiß ursprünglich ein ganz anderer Begriff zugrunde lag als der, zu Wasserleitungen, Begräbnissen oder Kloaken zu dienen.

b. Totenbehausungen, Pyramiden usf.

Einen bestimmteren Übergang *zweitens* aus der selbständigen Architektur zur dienenden können wir in den Bauwerken suchen, welche als *Totenbehausungen* teils in die Erde gegraben, teils über dem Boden errichtet worden sind.
Besonders bei den Ägyptern verknüpft sich das unterirdische und überirdische Bauwesen mit einem Totenreiche, wie sich überhaupt in Ägypten zuerst ein Reich des Unsichtbaren einhaust und vorfindet. Der Inder verbrennt seine Toten oder läßt sonst ihre Gebeine liegen und an der Erde verwesen; die Menschen nach indischer Anschauung sind oder

werden Gott oder Götter, wie man sagen will, und zu dieser festen Unterscheidung der Lebendigen von den Toten als Toten kommt es nicht. Die indischen Bauten, wenn sie nicht dem Mohammedanismus ihren Ursprung verdanken, sind deshalb keine Behausungen für Tote und scheinen überhaupt, wie jene wundersamen Aushöhlungen, einer früheren Periode anzugehören. Bei den Ägyptern aber tritt der Gegensatz des Lebendigen und Toten mit Macht hervor; das Geistige fängt an, sich vom Ungeistigen zu scheiden. Es ist die Aufstehung des konkreten individuellen Geistes, die im Werden ist. Die Toten werden daher als ein Individuelles festgehalten und damit gegen die Vorstellung des Hinüberfließens in das Natürliche, in die allgemeine Verschwebung, Verschwemmung und Auflösung befestigt und aufbewahrt. Die Einzelheit ist das Prinzip der selbständigen Vorstellung des Geistigen, weil der Geist nur als Individuum, als Persönlichkeit zu existieren vermag. Deshalb muß uns diese Ehre und Aufbewahrung der Toten als ein erstes wichtiges Moment für das Existieren geistiger Individualität gelten, da es hier die Einzelheit ist, die, statt aufgegeben zu werden, erhalten erscheint, indem wenigstens der Körper als diese natürliche unmittelbare Individualität geschätzt und geachtet wird. Herodot, wie schon früher erwähnt worden, berichtet, die Ägypter seien die ersten gewesen, welche gesagt hätten, daß die Seelen der Menschen unsterblich seien, und so unvollkommen hier auch noch das Festhalten an der geistigen Individualität ist, insofern der Gestorbene dreitausend Jahre lang den ganzen Kreis der Land-, Wasser- und Lufttiere durchlaufen und dann erst wieder in einen menschlichen Körper einwandern soll, so liegt doch in dieser Vorstellung und in dem Einbalsamieren des Körpers ein Fixieren der leiblichen Individualität und des vom Körper abgeschiedenen Fürsichseins.

So ist es denn auch in der Baukunst von Wichtigkeit, daß hier die Abtrennung gleichsam des Geistigen als der inneren Bedeutung erfolgt, die für sich zur Darstellung gebracht wird, während die leibliche Hülle als bloß architektonische Umschließung umhergestellt ist. Die Totenbehausungen der Ägypter bilden dadurch in diesem Sinne die frühsten Tempel; das Wesentliche, der Mittelpunkt der Verehrung ist ein Subjekt, ein individueller Gegenstand, der für sich selbst bedeutend erscheint und sich selber ausdrückt, unterschieden von seiner Behausung, die somit als bloß dienende Hülle konstruiert wird. Und zwar ist es nicht ein wirklicher Mensch, für dessen Bedürfnis ein Haus oder Palast erbaut wäre, sondern bedürfnislose Tote sind es, Könige, heilige Tiere, um welche unermeßliche Konstruktionen sich umherschließen.

Wie der Ackerbau das nomadische Umherschweifen zum Eigentum fester Sitze fixiert, so vereinigen überhaupt Gräber, Grabmäler und Totendienst die Menschen und geben auch denen, welche sonst keine Stätte, kein begrenztes Eigentum besitzen, einen Sammelplatz, heilige Örter, die sie verteidigen und sich nicht wollen entreißen lassen. So wichen die Skythen z. B., dies flüchtige Volk, vor Darius, wie Herodot (II, 126 f.) erzählt, überall zurück, und als Darius ihrem Könige die Botschaft zusendete: wenn der König sich für stark genug halte, Widerstand zu leisten, so solle er sich stellen zur Schlacht; wenn nicht, so solle er den Darius für seinen Herrn anerkennen, entgegnete Idanthyrsus: sie hätten keine Städte und Äcker und nichts zu verteidigen, da ihnen Darius nichts verwüsten könne; wenn es aber dem Darius um eine Schlacht zu tun sei, so hätten sie die Gräber ihrer Väter, zu diesen möge Darius herankommen und sie zu beschädigen wagen, dann werde er sehen, ob sie um die Gräber kämpfen würden oder nicht.

Die ältesten grandiosen Grabmäler nun finden wir in Ägypten als die *Pyramiden*. Was zunächst beim Anblick dieser staunenswerten Konstruktionen in Verwunderung setzen kann, ist ihre unermeßliche Größe, die sogleich zu der Reflexion über die Dauer der Zeit und die Mannigfaltigkeit, Menge und Ausdauer menschlicher Kräfte führt, welche dazu gehörten, dergleichen kolossale Bauten zu vollenden. Von seiten ihrer Form dagegen bieten sie sonst nichts Fesselndes dar; in wenigen Minuten ist das Ganze überschaut und festgehalten. Bei dieser Einfachheit und Regelmäßigkeit der Gestalt hat man denn lange über ihren Zweck gestritten. Die Alten geben zwar schon, wie z. B. Herodot und Strabo, den Zweck, zu welchem sie wirklich dienten, an, doch ebenso haben auch ältere wie neuere Reisende und Schriftsteller viel Fabelhaftes und Unhaltbares ausgesonnen. Die Araber suchten mit Gewalt einen Eingang, indem sie im Innern der Pyramide Schätze zu finden hofften; doch haben diese Erbrechungen, statt ihr Ziel zu erreichen, nur vieles zerstört, ohne zu den wirklichen Gängen und Kammern hinzugelangen. Den neueren Europäern, unter denen sich besonders Belzoni, ein Römer, und dann der Genueser Caviglia auszeichneten, ist es endlich gelungen, das Innere der Pyramiden genauer kennenzulernen. Belzoni[3] entdeckte das Königsgrab in der Pyramide des Chephren. Die Eingänge in die Pyramiden waren aufs festeste mit Quadersteinen verschlossen, und es scheint, die Ägypter suchten es beim Bau schon so einzurichten, daß der Eingang, wenn er auch bekannt war, doch nur mit großer Schwierigkeit konnte wieder aufgefunden und eröffnet werden. Dies beweist, daß die Pyramiden verschlossen bleiben und nicht wieder gebraucht werden sollten. In ihrem Inneren nun hat man Kammern gefunden, Gänge, die sich auf die Wege deuten lassen, welche die Seele nach dem Tode bei ihrem Umlauf und Gestaltenwechsel macht, große Säle, Kanäle unter der Erde, bald sich senkend, bald steigend. Das Königsgrab des Belzoni läuft in dieser Weise z. B., in den Felsen gehauen, eine Stunde lang fort; in dem Hauptsaal stand ein Sarg von Granit, in den Fußboden eingesenkt, doch man fand nur einen Rest von Tierknochen einer Mumie, eines Apis wahrscheinlich. Das Ganze aber zeigte unbezweifelbar den

3 Giovanni Battista Belzoni, 1778–1823, Ägyptologe

Zweck, zu einer Totenbehausung zu dienen. – Im Alter, in der Größe und Gestalt sind die Pyramiden verschieden. Die ältesten scheinen mehr nur pyramidenartig aufeinandergehäufte Steine zu sein; die späteren sind regelmäßig gebaut; einige oben etwas abgeplattet, andere ganz zu einer Spitze auslaufend; an noch anderen findet man Absätze, die man nach der Beschreibung Herodots von der Pyramide des Cheops (II, 125) aus der Art und Weise, wie die Ägypter beim Bau verfuhren, erklären kann, so daß Hirt auch diese Pyramide zu den nicht vollendeten rechnet (*Geschichte der Baukunst*, Bd. I, S. 55). In den älteren Pyramiden sind nach neueren französischen Berichten die Kammern und Gänge verschlungener, in den jüngeren einfacher, aber ganz mit Hieroglyphen bedeckt, so daß eine vollständige Abschrift derselben mehrere Jahre dauern würde.

In dieser Weise werden die Pyramiden, staunenswürdig für sich, doch nur zu einfachen Kristallen, zu Schalen, die einen Kern, einen abgeschiedenen Geist einschließen und zur Aufbewahrung seiner dauernden Leiblichkeit und Gestalt dienen. In diesen abgeschiedenen Toten, der für sich zur Darstellung gelangt, fällt deshalb alle Bedeutung; die Architektur aber, die bisher selbständig ihre Bedeutung in sich selbst als Architektur hatte, trennt sich jetzt ab und wird in dieser Scheidung *dienend*, während die Skulptur die Aufgabe erhält, das eigentliche Innere zu gestalten, obschon zunächst noch das individuelle Gebilde in seiner eigenen unmittelbaren Naturgestalt als Mumie festgehalten wird. Wir finden daher, wenn wir die ägyptische Baukunst im ganzen betrachten, auf der einen Seite die selbständigen symbolischen Bauten; auf der anderen jedoch, besonders in allem, was sich auf Grabmäler bezieht, tritt schon die spezielle Bestimmung der Architektur, bloße Umschließung zu sein, deutlich hervor. Dazu gehört nun wesentlich, daß die Architektur sich nicht nur eingrabe und Höhlen bilde, sondern sich als eine unorganische Natur zeige, von Menschenhänden da hingebaut, wo man ihrer, um ihres Zweckes willen, nötig hat.

Auch andere Völker haben dergleichen Totenmäler errichtet, heilige Bauten als Wohnorte eines toten Leichnams, über den hin sie sich erheben. Das Grabmal des Mausolus in Karien z. B., später das Grabmal Hadrians, die jetzige Engelsburg in Rom, ein Palast von sorgfältiger Struktur für einen Toten, waren schon im Altertum berühmte Werke. Auch gehören nach *Uhdens*[4] Beschreibung (Wolfs und Buttmanns *Museum*[5], Bd. I, S. 536) hierher noch eine Gattung von Totendenkmälern, die in ihrer Einrichtung und ihren Umgebungen göttergeweihte Tempel in kleineren Verhältnissen nachahmten. Solch ein Tempel hatte einen Garten, Lauben, einen Brunnen, Weingarten und dann Kapellen, in welchen die Porträtstatuen in Göttergestalten aufgerichtet waren. Besonders zur Kaiserzeit wurden dergleichen Denkmäler mit Götterstatuen der Verstorbenen in Gestalt des Apoll, der Venus, Minerva erbaut. Diese Figuren sowie das ganze Bauwerk erhielten dadurch zu gleicher Zeit die Bedeutung einer Apotheose und eines Tempels des Verstorbenen, wie auch bei den Ägyptern das Einbalsamieren, die Embleme und der Kasten anzeigen, daß der Tote osiriert werde.

Die ebenso grandiosen als einfachsten Konstruktionen dieser Art nun aber sind die ägyptischen Pyramiden. Hier tritt die der Baukunst eigentümliche und wesentliche Linie – die gerade nämlich – und überhaupt die Regelmäßigkeit und Abstraktion der Formen ein. Denn die Architektur als bloße Umschließung und unorganische, nicht an sich selbst individuell von dem ihr innewohnenden Geist lebendig beseelte Natur kann die Gestalt nur als eine ihr selber äußerliche haben; die äußerliche Form aber ist nicht organisch, sondern abstrakt und verständig. Wie sehr aber die Pyramide schon anfängt, die Bestimmung des Hauses zu erhalten, so ist bei ihr doch das Rechtwinklige noch nicht durch und durch herrschend wie bei dem eigentlichen Hause, sondern sie hat

4 Wilhelm Uhden, 1763–1835, preußischer Beamter und Kunstkenner
5 *Museum der Altertumswissenschaft,* hrsg. von Karl Philipp Buttmann und Friedrich August Wolf, 2 Bde., Berlin 1807/10

noch eine Bestimmung für sich, welche nicht der bloßen Zweckmäßigkeit dienstbar ist, und schließt sich daher in sich selber unmittelbar von der Basis an allmählich zur Spitze zusammen.

c. Übergang zur dienenden Baukunst

Von hier aus können wir den Übergang aus der selbständigen zu der eigentlichen, dienenden Baukunst machen.

Für die letztere lassen sich zweierlei Ausgänge angeben, auf der einen [Seite] die *symbolische* Architektur, auf der anderen das Bedürfnis und die demselben dienstbare *Zweckmäßigkeit*. Bei den symbolischen Gestaltungen, wie wir sie vorher betrachtet haben, ist die architektonische Zweckmäßigkeit bloße Nebensache und eine nur äußerliche Ordnung. Das Extrem hiergegen bildet das Haus, wie das nächste Bedürfnis dasselbe fordert: Holzsäulen oder gerade aufstehende Wände mit Balken, die im rechten Winkel darübergelegt sind, und eine Bedachung. Daß sich das Bedürfnis dieser eigentlichen Zweckmäßigkeit durch sich selber einstellt, ist keine Frage; der Unterschied aber, ob die eigentliche Architektur, wie wir sie sogleich werden als klassische Baukunst zu betrachten haben, nur vom Bedürfnis anfängt oder aus jenen selbständigen symbolischen Werken, die uns durch sich selber auf die dienenden Bauten führten, herzuleiten sei, dies gibt den wesentlichen Punkt der Frage ab.

α) Das Bedürfnis bringt in der Architektur Formen hervor, die ganz nur zweckmäßig sind und dem Verstande angehören: das Geradlinige, Rechtwinklige, die Ebenheit der Flächen. Denn in der dienenden Architektur ist das, was den eigentlichen Zweck ausmacht, für sich, als Statue oder näher als menschliche Individuen da, als Gemeinde, Volk, – zu allgemeinen, nicht mehr auf Befriedigung physischer Bedürfnisse ausgehenden, sondern zu religiösen oder politischen Zwecken versammelt. Besonders ist es das nächste Bedürfnis, für das Bild, die Statue der Götter oder des für sich dargestellten und gegenwärtig vorhandenen Heiligen überhaupt eine Umschließung zu gestalten. Memnonen z. B., Sphinxe usf. stehen auf freien Plätzen oder in einem Hain, in der äußeren Umgebung der Natur. Dergleichen Gebilde aber und mehr noch die menschlichen Götterfiguren sind aus einem anderen Bereich, als das der unmittelbaren Natur ist, hergenommen; sie gehören dem Reiche der Vorstellung an und sind durch menschliche künstlerische Tätigkeit ins Dasein gerufen. Ihnen genügt deshalb die bloß natürliche Umgebung nicht, sondern sie bedürfen zu ihrer Äußerlichkeit einen Boden und eine Umschließung, die den gleichen Ursprung haben, d. h. die gleichfalls aus der Vorstellung hervorgegangen und durch künstlerische Produktion herausgestaltet sind. Erst in einer von der Kunst herkommenden Umgebung finden die Götter ihr angemessenes Element. Dies Äußere hat dann aber hier nicht seinen Zweck in sich selbst, sondern dient einem anderen als seinem wesentlichen Zweck und fällt dadurch der Zweckmäßigkeit anheim.

Sollen sich jedoch diese zunächst bloß zweckdienlichen Formen zur Schönheit erheben, so dürfen sie bei ihrer ersten Abstraktion nicht stehenbleiben, sondern müssen außer der Symmetrie und Eurhythmie dem Organischen, Konkreten, in sich selbst Abgeschlossenen und Mannigfaltigen zugehen. Dadurch tritt dann gleichsam eine Reflexion über Unterschiede und Bestimmungen sowie das ausdrückliche Hervorheben und Formieren von Seiten ein, das für die bloße Zweckmäßigkeit ganz überflüssig ist. Ein Balken z. B. ist einerseits geradlinig fortgehend, doch er hört zugleich an beiden Enden auf; ebenso steht ein Pfosten, welcher Balken oder eine Decke zu tragen hat, auf der Erde und erreicht oben, wo der Balken auf ihm ruht, seine Endschaft. Solche Unterschiede stellt die dienende Architektur heraus und gestaltet sie durch die Kunst, wogegen ein organisches Gebilde, wie eine Pflanze, ein Mensch, zwar auch sein Oben und Unten, aber selbst von Hause aus organisch gestaltet hat und sich dadurch in Füße und Kopf – oder bei der Pflanze in Wurzel und Krone – unterscheidet.

β) Die symbolische Architektur umgekehrt nimmt mehr oder weniger von solchen organischen Gestaltungen ihren Ausgangspunkt, wie in den Sphinxen, Memnonen usf., doch kann sie sich auch des Geradlinigen und Regelmäßigen bei den Mauern, Toren, Balken, Obelisken usf. nicht ganz entschlagen und muß überhaupt, wenn sie jene skulpturartigen Kolosse irgend architektonisch aufstellen und nebeneinanderreihen will, dabei die Gleichheit der Größe, des Voneinanderabstehens, die Geradlinigkeit der Reihen, überhaupt die Ordnung und Regelmäßigkeit der eigentlichen Baukunst zu Hilfe nehmen. Damit hat sie die beiden Prinzipien in sich, deren Einigung die in ihrer Zweckmäßigkeit ebenso schöne Architektur zustande bringt, nur daß diese zwei Seiten im Symbolischen, statt in eins gebildet zu sein, noch auseinanderliegen.

γ) Wir können deshalb den Übergang so fassen, daß auf der einen Seite die bisher selbständige Baukunst die Formen des Organischen zur Regelmäßigkeit verständig modifizieren und zur Zweckmäßigkeit herüberschreiten müsse, während sich umgekehrt die bloße Zweckmäßigkeit der Formen dem Prinzip des Organischen entgegenzubewegen habe. Wo diese beiden Extreme zusammentreffen und sich wechselseitig ergreifen, entsteht sodann die eigentlich schöne, klassische Architektur.

Diese Einigung nun läßt sich, in ihrem wirklichen Entstehen gleichsam, deutlich an der eintretenden Umgestaltung dessen erkennen, was wir in der bisherigen Architektur bereits als Säule sahen. Zu einer Umschließung sind nämlich einerseits zwar Mauern nötig; Mauern aber können auch selbständig, wie schon früher an Beispielen gezeigt ist, dastehen, ohne die Umschließung vollständig zu machen, zu welcher wesentlich eine Bedeckung von oben und nicht nur ein Umschließen der Seitenräume gehört. Eine solche Bedeckung nun aber muß getragen werden. Das Einfachste hierfür sind Säulen, deren wesentliche und zugleich strenge Bestimmung in dieser Rücksicht in dem *Tragen* als solchem besteht. Deshalb sind

Mauern, wo es aufs bloße Tragen ankommt, eigentlich ein Überfluß. Denn das Tragen ist ein mechanisches Verhältnis und gehört ins Gebiet der Schwere und ihrer Gesetze. Hier konzentriert sich nun die Schwere, das Gewicht eines Körpers, in seinem Schwerpunkt und ist in diesem, damit er waagerecht, ohne zu fallen, ruhe, zu unterstützen. Dies tut die Säule, so daß bei ihr die Kraft des Tragens auf das Minimum der äußerlichen Mittel reduziert erscheint. Was eine Mauer mit großem Aufwande zustande bringt, dasselbe tun wenige Säulen, und es ist eine große Schönheit der klassischen Architektur, nicht mehr Säulen hinzustellen, als in der Tat zum Tragen einer Balkenlast und dessen, was auf ihr ruht, nötig sind. Säulen zum bloßen Schmuck gehören in der eigentlichen Architektur nicht zur wahren Schönheit. Deshalb erfüllt auch die Säule, wo sie rein für sich selber dasteht, ihren Beruf nicht. Man hat zwar auch Triumphsäulen aufgerichtet, wie die berühmten des Trajan und Napoleon, aber auch diese sind gleichsam nur ein Postament für Statuen und außerdem, mit Bildwerken bekleidet, zum Gedächtnis und zur Feier des Helden, dessen Standbild sie trugen.

Bei der Säule nun ist es besonders merkwürdig, wie sie im Verlauf der architektonischen Entwicklung sich erst der konkreten Naturgestalt entwinden muß, um ihre abstraktere, ebenso zweckmäßige als schöne Gestalt zu gewinnen.

αα) Indem die selbständige Architektur von organischen Gebilden anfängt, kann sie menschliche Gestalten ergreifen; wie in Ägypten z. B. zum Teil noch menschliche Figuren, Memnonen z. B., zu Säulen gebraucht werden. Dies jedoch ist ein bloßer Überfluß, insofern ihre Bestimmung nicht das eigentliche Tragen ist. Bei den Griechen kommen in anderer Weise in dem strengeren Dienste, Lasten auf sich ruhen zu lassen, Karyatiden vor, die aber nur im kleinen können angebracht werden. Außerdem ist es als ein Mißbrauch der menschlichen Gestalt anzusehen, sie unter solcher Bürde zusammenzupressen, und so haben denn die Karyatiden auch diesen Charakter des Gedrückten, und ihr Kostüm deutet auf Sklaverei hin, der es eine Last ist, dergleichen Lasten zu tragen.

ββ) Die naturgemäßere organische Gestalt für Pfosten und Stützen, die etwas tragen sollen, ist deshalb der Baum, die Pflanze überhaupt, ein Stamm, ein schwanker Stengel, der senkrecht in die Höhe strebt. Der Stamm des Baumes trägt an und für sich schon seine Krone, der Halm die Ähre, der Stengel die Blume. Diese Formen nimmt nun auch die ägyptische Baukunst, die sich noch nicht zur Abstraktion ihrer Intentionen befreit hat, aus der Natur unmittelbar heraus. In dieser Beziehung hat das Grandiose im Stil der ägyptischen Paläste oder Tempel, das Kolossale der Säulenreihen, die Menge derselben und dann die großartigen Verhältnisse des Ganzen die Beschauer von jeher in Erstaunen und Verwunderung gesetzt. In der größten Mannigfaltigkeit sieht man hier die Säulen aus Pflanzenbildungen hervorgehen, Lotospflanzen und andere Bäume zu Säulen hinaufgestreckt und auseinandergezogen werden. In den Kolonnaden z. B. haben nicht alle Säulen dieselbe Gestalt, sondern wechseln zu ein, zwei oder dreien ab. Denon hat in seinem Werke über die ägyptische Expedition[6] eine große Menge solcher Formen zusammengestellt. Das Ganze ist noch keine verständig regelmäßige Form, sondern die Basis ist eine Zwiebelgestalt, ein schilfartiges Herausgehen des Blattes aus der Wurzel oder sonst eine Zusammendrängung von Wurzelblättern nach der Weise verschiedener Pflanzen. Aus dieser Basis ragt dann der schwanke Stengel in die Höhe oder steigt verschlungen emporgewunden als Säule auf, und das Kapitell ist auch ein blumenartiges Auseinandergehen von Blättern und Zweigen. Die Nachahmung ist jedoch nicht naturgetreu, sondern die Pflanzenformen werden architektonisch verzogen, dem Kreisrunden, Verständigen, Regelmäßigen, Ge-

---

6 Dominique Vivant Denon, *Voyage dans la Basse et Haute Egypte*, 2 Bde., Paris 1802

radlinigen nähergebracht, so daß diese ganzen Säulen dem ähnlich sehen, was gewöhnlich die Arabeske genannt wird.

γγ) Hier ist nun der Ort, zugleich von der *Arabeske* überhaupt zu reden, denn sie fällt ihrem Begriff nach eben in den Übergang aus einer natürlichen, für die Architektur gebrauchten organischen Gestalt zu der strengeren Regelmäßigkeit des eigentlich Architektonischen. Wenn aber die Baukunst frei in ihrer Bestimmung geworden ist, setzt sie die Arabeskenformen zu Schmuck und Zierat herunter. Sie sind dann vornehmlich verzogene Pflanzengestalten und aus Pflanzen erwachsende und damit verschlungene Tier- und Menschenformen oder in Pflanzen übergehende Tiergebilde. Sollen sie eine symbolische Bedeutung bewahren, so kann dafür der Übergang der verschiedenen Naturreiche gelten; ohne solchen Sinn sind sie nur Spiele der Phantasie in Zusammenstellung, Verbindung, Verzweigung der unterschiedensten Naturgestaltungen. Für dergleichen architektonischen Zierat, in dessen Erfindung die Phantasie in die mannigfaltigsten Einfassungen aller Art, auch an Gerätschaften und Kleidung, in Holz, Stein usf. übergehen kann, ist die Hauptbestimmung und Grundform, daß die Pflanzen, Blätter, Blumen, Tiere dem Verständigen, Unorganischen nähergebracht werden. Deshalb findet man die Arabesken oft steif und dem Organischen untreu geworden, weshalb man sie häufig getadelt und der Kunst über den Gebrauch derselben einen Vorwurf gemacht hat; besonders der Malerei, obschon Raffael selber Arabesken in großer Ausdehnung und von höchster Anmut, Geistreichigkeit, Mannigfaltigkeit und Grazie zu malen unternahm. Allerdings sind die Arabesken sowohl in Rücksicht auf die Formen des Organischen als auch in betreff der Gesetze der Mechanik naturwidrig, doch diese Art der Naturwidrigkeit ist nicht nur ein Recht der Kunst überhaupt, sondern sogar eine Pflicht der Architektur, denn dadurch allein werden die sonst für die Baukunst ungeeigneten lebendigen Formen dem wahrhaft architektonischen Stile anpassend und in Einklang mit demselben

gesetzt. Dieser Angemessenheit steht nun besonders die vegetabilische Natur, welche auch im Orient verschwenderisch zu Arabesken verwandt wird, am nächsten; denn die Pflanzen sind noch nicht empfindende Individuen, sondern bieten sich von selbst zu architektonischen Zwecken dar, indem sie gegen Regen, Sonnenschein und Wind schützende Bedachungen und Beschattungen bilden und im ganzen nicht die freie, der verständigen Gesetzmäßigkeit entwundene Schwingung der Linien haben. Architektonisch gebraucht, werden nun ihre sonst schon regelmäßigen Blätter zu noch bestimmterer Rundung oder Geradlinigkeit geregelt, so daß dadurch alles, was man als Verzerrung, Unnatur und Steifigkeit der Pflanzenformen ansehen könnte, wesentlich als eine angemessene Umbildung zum eigentlich Architektonischen zu betrachten ist.
In solcher Weise tritt in der Säule die eigentliche Baukunst aus dem bloß Organischen in die verständige Zweckmäßigkeit und aus dieser in die Annäherung an das Organische herüber. Dieses gedoppelten Ausgangspunktes von dem eigentlichen Bedürfnisse und der zweckmäßigkeitslosen Selbständigkeit der Architektur ist hier zu erwähnen nötig gewesen, denn das Wahrhafte ist das Vereinen beider Prinzipien. Die schöne Säule geht von der Naturform aus, die sodann zum Pfosten, zur Regelmäßigkeit und Verständigkeit der Form umgestaltet wird.

Zweites Kapitel
Die klassische Architektur

Die Baukunst, wenn sie ihre eigentümliche begriffsgemäße Stellung erhält, dient in ihrem Werke einem Zweck und einer Bedeutung, die sie nicht in sich selbst hat. Sie wird eine unorganische Umgebung, ein den Gesetzen der Schwere nach geordnetes und gebautes Ganzes, dessen Formen dem streng Regelmäßigen, Geraden, Rechtwinkligen, Kreisförmigen, den Verhältnissen bestimmter Zahl und Anzahl, dem in sich selbst begrenzten Maß und der festen Gesetzmäßigkeit anheimfallen. Ihre Schönheit besteht in dieser Zweckmäßigkeit selber, welche, von der unmittelbaren Vermischung mit dem Organischen, Geistigen, Symbolischen befreit, obschon sie dienend ist, dennoch eine in sich geschlossene Totalität zusammenfügt, die ihren einen Zweck klar durch alle ihre Formen hindurchscheinen läßt und in der Musik ihrer Verhältnisse das bloß Zweckmäßige zur Schönheit heraufgestaltet. Ihrem eigentlichen Begriff aber entspricht die Architektur auf dieser Stufe, weil sie an und für sich das Geistige zu seinem gemäßen Dasein zu bringen nicht imstande ist und deshalb nur das Äußerliche und Geistlose zum Widerschein des Geistigen umzubilden vermag.

In der Betrachtung dieser in ihrer Schönheit ebenso dienstbaren Baukunst wollen wir folgenden Gang nehmen:

Erstens haben wir den *allgemeinen* Begriff und Charakter derselben näher festzustellen;

zweitens die *besonderen* Grundbestimmungen der architektonischen Formen anzugeben, welche aus dem Zweck hervorgehen, für den das klassische Kunstwerk erbaut wird.

Drittens können wir einen Blick auf die konkrete Wirklichkeit werfen, zu der sich die klassische Architektur entwickelt hat.

Auf ein Detail jedoch will ich mich in keiner dieser Beziehungen einlassen, sondern mich nur auf das Allgemeinste beschränken, das hier einfacher ist als bei der symbolischen Baukunst.

1. Allgemeiner Charakter der klassischen Architektur

a. Dienstbarkeit für einen bestimmten Zweck

Demgemäß, was ich mehrmals bereits angeführt habe, besteht der Grundbegriff der eigentlichen Baukunst darin, daß die geistige Bedeutung nicht ausschließlich in das Bauwerk selbst hineingelegt ist, das dadurch zu einem selbständigen Symbol des Innern wird, sondern daß diese Bedeutung umgekehrt außerhalb der Architektur schon ihr freies Dasein gewonnen hat. Dies Dasein kann zwiefacher Art sein, je nachdem nämlich eine andere, weiterreichende Kunst – und hauptsächlich im eigentlich Klassischen die Skulptur – die Bedeutung für sich gestaltet und herausstellt oder der Mensch dieselbe in seiner unmittelbaren Wirklichkeit lebendig in sich enthält und betätigt. Außerdem können sodann diese beiden Seiten noch zusammentreten. Wenn also die orientalische Architektur der Babylonier, Inder, Ägypter einerseits, was diesen Völkern als das Absolute und Wahrhaftige galt, symbolisch zu durch sich selber gültigen Gebilden gestaltete oder andererseits das dem Tode zum Trotz seiner äußeren Naturgestalt nach Erhaltene umschloß, so ist jetzt das Geistige, sei es durch die Kunst, sei es in unmittelbar lebendiger Existenz, *abgesondert* von dem Bauwerk *für sich selber* da, und die Architektur begibt sich in den *Dienst* dieses Geistigen, das die eigentliche Bedeutung und den bestimmenden Zweck ausmacht. Dieser Zweck wird dadurch jetzt das Regierende, das die Gesamtheit des Werks beherrscht, die Grundgestalt desselben, das Knochengerüst gleichsam, bestimmt und weder dem materiellen Stoffe noch der Phantasie und Willkür gestattet, sich für sich selbständig zu ergehen wie in der symbolischen Architektur oder, wie in der romantischen, über die Zweckmäßigkeit hinaus noch einen Überfluß mannigfaltiger Teile und Formen zu entwickeln.

b. Angemessenheit des Gebäudes für seinen Zweck

Die erste Frage nun bei einem Bauwerk dieser Art ist die Frage nach seinem Zweck und Bestimmung sowie nach den Umständen, unter denen es zu errichten ist. Diesen angemessen seine Konstruktion zu machen, auf Klima, Lage, landschaftliche Naturumgebung zu achten und in der zweckmäßigen Berücksichtigung aller dieser Punkte ein zugleich zu freier Einheit verbundenes Ganzes hervorzubringen: das ist die allgemeine Aufgabe, in deren vollständiger Erfüllung sich der Sinn und Geist des Baukünstlers zu zeigen hat. Bei den Griechen sind die öffentlichen Gebäude, Tempel, Säulengänge und Hallen zum Aufenthalte und Herumgehen bei Tage, Zugänge, wie z. B. der berühmte Hinaufweg zur Akropolis in Athen, vornehmlich Gegenstände der Baukunst gewesen; die Privatwohnungen dagegen waren sehr einfach. Bei den Römern umgekehrt kommt der Luxus der Privathäuser, der Villen hauptsächlich, hervor; ebenso die Pracht der Kaiserpaläste, öffentlichen Bäder, Theater, Zirkus, Amphitheater, Wasserleitungen, Brunnen usf. Solche Bauten aber, bei denen die Nützlichkeit das durchaus Vorwaltende und Herrschende bleibt, können der Schönheit mehr oder weniger nur als Schmuck Raum geben. Der freieste Zweck ist deshalb in dieser Sphäre der Zweck der Religion, das Tempelhaus als Umschließung für ein Subjekt, das selbst der schönen Kunst angehört und von der Skulptur als Statue des Gottes hingestellt wird.

c. Das Haus als Grundtypus

Bei diesen Zwecken nun scheint die eigentliche Architektur freier zu sein als die symbolische der vorigen Stufe, welche die organischen Formen aus der Natur her ergreift, ja freier als die Skulptur, die genötigt ist, die vorgefundene menschliche Gestalt aufzunehmen, und sich an sie und ihre gegebenen allgemeinen Verhältnisse bindet, während die klassische Architektur ihre Form und deren Figuration dem Inhalt nach aus geistigen Zwecken und in betreff der Gestalt aus dem menschlichen Verstande ohne direktes Vorbild erfindet. Diese größere Freiheit ist relativ zuzugeben, doch ihr Gebiet bleibt beschränkt und die Abhandlung der klassischen Baukunst, der Verständigkeit ihrer Formen wegen, im ganzen etwas Abstraktes und Trockenes. Friedrich von Schlegel hat die Architektur eine gefrorene Musik genannt, und in der Tat beruhen beide Künste auf einer Harmonie von Verhältnissen, die sich auf Zahlen zurückführen lassen und in ihren Grundzügen deswegen leicht auffaßbar sind. Die Hauptbestimmung gibt für diese Grundzüge und deren einfache, ernstere, großartige oder anmutigere und zierliche Verhältnisse, wie gesagt, das Haus ab: Mauern, Säulen, Balken, in ganz verständigen kristallinischen Formen zusammengesetzt. Welches nun die Verhältnisse seien, läßt sich nicht auf genaue Zahlbestimmungen und Maße reduzieren. Aber ein längliches Viereck z. B. mit rechten Winkeln ist gefälliger als ein Quadrat, weil beim Oblongum in der Gleichheit auch Ungleichheit ist. Die eine Dimension, die Breite, halb so groß als die andere, die Länge, gibt ein gefälliges Verhältnis; lang und schmal dagegen ist ungefällig. Dabei müssen dann zugleich die mechanischen Verhältnisse des Tragens und Getragenwerdens in ihrem echten Maß und Gesetz erhalten sein; schweres Gebälk z. B. darf nicht auf dünnen, zierlichen Säulen ruhen, oder umgekehrt große Anstalten zum Tragen gemacht werden, um am Ende nur etwas ganz Leichtes aufzulegen. In allen diesen Beziehungen, in dem Verhältnis der Breite zur Länge und Höhe des Gebäudes, der Höhe der Säulen zu ihrer Dicke, der Abstände, Zahl der Säulen, Art und Mannigfaltigkeit oder Einfachheit der Verzierungen, Größe der vielen Leisten, Einfassungen usf., herrscht bei den Alten eine geheime Eurhythmie, welche der richtige Sinn der Griechen vornehmlich herausgefunden hat und wovon sie im einzelnen wohl hin und wieder abweichen, im ganzen aber die Grundverhältnisse beibehalten müssen, um nicht aus der Schönheit herauszutreten.

2. Die besonderen Grundbestimmungen der architektonischen Formen

a. Über Holz- und Steinbau

Es ist schon früher erwähnt worden, daß man sich lange gestritten habe, ob der Holzbau oder Steinbau als Ausgangspunkt zu bezeichnen sei und ob von diesem Unterschiede des Materials auch die architektonischen Formen herrührten. Für die eigentliche Baukunst nun, insoweit sie die Seite der Zweckmäßigkeit geltend macht und den Grundtypus des Hauses zur Schönheit ausbildet, läßt sich der Holzbau als das Ursprünglichere annehmen.

Dies hat Hirt, indem er dem Vitruv folgte, getan und ist vielfach deshalb angegriffen worden. Ich will in wenigen Worten meine Ansicht über diese Streitfrage abgeben. Es ist die gewöhnliche Betrachtungsweise, zu einem vorausgesetzten vorgefundenen Konkreten das abstrakte einfache Gesetz zu finden. In diesem Sinne sucht auch Hirt zu den griechischen Gebäuden das Grundmodell auf, gleichsam die Theorie, das anatomische Gerüst, und findet es, der Form und dem damit zusammenhängenden Material nach, im Hause und Holzbau. Nun wird zwar ein Haus als solches hauptsächlich zur Wohnung, zum Schutz gegen Sturm, Regen, Witterung, Tiere, Menschen gebaut und fordert eine totale Umschließung, damit eine Familie oder größere Gemeinschaft von Menschen sich abgeschlossen für sich versammeln und ihren Bedürfnissen und Tätigkeiten in dieser Abgeschlossenheit nachgehen könne. Das Haus ist ein schlechthin zweckmäßiges Gefüge, vom Menschen zu menschlichen Zwecken hervorgebracht. So zeigt er sich vielgeschäftig daran, vielzweckig, und das Gefüge detailliert sich zu einem Zusammenhange mancherlei mechanischen Ineinanderpassens und Schiebens für den Halt und die Festigkeit, nach Bedingungen der Schwere, des Bedürfnisses, dem Aufgerichteten Halt zu geben, es zu sperren, das Liegende zu unterstützen und nicht nur überhaupt zu tragen, sondern, wo es horizontal ruht, es horizontal, eben zu erhalten, das unter Winkeln und Ecken Zusammenstoßende zu verbinden usf. Nun fordert zwar das Haus auch eine totale Umschließung, für welche die Mauern das Dienlichste und Sicherste sind, und nach dieser Seite hin scheint der Steinbau das Zweckmäßigere; eine Wand aber läßt sich ebensogut auch aus nebeneinanderstehenden Pfosten errichten, auf denen sodann Balken ruhen, welche zugleich die senkrechten Pfosten, von denen sie gestützt und getragen werden, verbinden und festigen. Hierzu kommt dann endlich die Decke und das Dach. In dem Tempelhause ist nun außerdem die Umschließung nicht der Hauptpunkt, auf welchen es ankommt, sondern das Tragen und Getragenwerden. Für dies mechanische Verhalten erweist sich der Holzbau als das Nächste und Naturgemäßeste. Denn der Pfosten als das Tragende, das zugleich einer Verbindung bedarf und diese als den Querbalken auf sich lasten läßt, macht hier die Grundbestimmungen aus. Dies Insichgeteiltsein und Verbinden sowie die zweckmäßige Zusammenfügung dieser Seiten gehört aber wesentlich dem Holzbau an, der unmittelbar im Baume das nötige Material dazu vorfindet. Ein Baum bietet sich, ohne weitläufige und schwierige Bearbeitung nötig zu machen, ebensosehr zum Pfosten als zum Balken dar, insofern das Holz für sich schon eine bestimmte Formation hat, aus vereinzelten linearen, mehr oder weniger geradlinigen Stücken besteht, welche unmittelbar können in rechten wie in spitzen und stumpfen Winkeln zusammengesetzt werden und so Eckpfeiler, Stützen, Querbalken und Dach liefern. Der Stein dagegen hat von Hause aus keine so fest bestimmte Gestalt, sondern ist mit dem Baum verglichen eine formlose Masse, die erst, zweckmäßig vereinzelt, bearbeitet sein muß, um nebeneinander- und aufeinandergebracht und wieder zusammengefügt werden zu können. Er fordert mehrfache Operationen, ehe er die Gestaltung und Brauchbarkeit erhält, welche das Holz schon an und für sich hat. Außerdem laden Steine, wo sie große Massen bilden, mehr zum Aushöhlen ein und sind überhaupt, als von Hause aus relativ formlos, jeder Gestalt fähig, wodurch sie sich sowohl für die symbolische als auch für die romantische Baukunst und deren phantastischere Formen als gefügiges Material hergeben, während sich das Holz durch seine Naturform geradliniger Stämme für jene strengere Zweckmäßigkeit und Verständigkeit, von der die klassische Architektur ausgeht, unmittelbar als brauchbarer erweist. In dieser Rücksicht ist der Steinbau hauptsächlich bei der selbständigen Baukunst vorherrschend, obschon auch bei den Ägyptern z. B. in ihren mit Platten belegten Säulengängen Bedürfnisse eintreten, welche der Holzbau leichter und ursprünglicher zu befriedigen imstande ist. Umgekehrt bleibt aber die klassische Architektur nicht etwa beim Holzbau stehen, sondern führt im Gegenteil, wo sie sich zur Schönheit heraufbildet, ihre Bauwerke in Stein aus, so jedoch, daß einerseits in den architektonischen Formen sich immer noch das ursprüngliche Prinzip des Holzbaues erkennen läßt, wenn auch andererseits Bestimmungen hinzukommen, welche nicht dem Holzbau als solchem angehören.

b. Die besonderen Formen des Tempelhauses

Was nun die *besonderen* Hauptpunkte betrifft, welche in dem Hause als Grundtypus auch des Tempelhauses liegen, so beschränkt sich das Wesentlichste, das hier zu erwähnen ist, kurz auf folgendes.

Nehmen wir das Haus näher in seinem mechanischen Verhältnis zu sich selbst, so erhalten wir nach dem eben Gesagten auf der einen Seite *tragende*, architektonisch gestaltete Massen, auf der anderen Seite *getragene*, beide aber zu Halt und Festigkeit verbunden. Hierzu kommt drittens die Bestimmung des *Umschließens* und Abgrenzens nach den drei Dimensionen der Länge, Breite und Höhe. Eine Konstruktion nun, die, als eine Ineinanderfügung unterschiedener Bestimmungen, ein konkretes Ganzes ist, hat dies auch an ihr selber zu zeigen. So entstehen hier wesentliche Unterschiede, die ebensosehr in ihrer Besonderung und spezifischen Ausbildung als in ihrer verständigen Zusammenfügung zu erscheinen haben.

α) Das nächste, was in dieser Beziehung von Wichtigkeit wird, betrifft das *Tragen*. Sobald von tragenden Massen die Rede ist, fällt uns gewöhnlich nach unserem heutigen Bedürfnis die Wand ein, als das Festeste, Sicherste zum Tragen.

Die Wand aber hat, wie wir bereits sahen, nicht das Tragen als solches zu ihrem alleinigen Prinzip, sondern dient wesentlich zur Umschließung und Verbindung und macht deshalb in der romantischen Baukunst ein überwiegendes Moment aus. Das Eigentümliche der griechischen Architektur besteht nun sogleich darin, daß sie dies Tragen als solches gestaltet und hierfür die *Säule* als ein Grundelement architektonischer Zweckmäßigkeit und Schönheit verwendet.

αα) Die Säule hat keine andere Bestimmung als die des Tragens, und obschon eine Reihe von Säulen, in gerader Linie nebeneinandergestellt, eine Abgrenzung markiert, so umschließt sie doch nicht wie eine feste Mauer oder Wand, sondern wird ausdrücklich von der eigentlichen Wand fortgerückt und frei für sich hingestellt. Bei diesem alleinigen Zweck des Tragens kommt es nun vor allem darauf an, daß die Säule im Verhältnis zu der Last, die auf ihr ruht, den Anblick der Zweckmäßigkeit gewähre und deshalb weder zu stark noch zu schwach sei, weder zusammengedrückt erscheine, noch so hoch und leicht in die Höhe steige, als ob sie mit ihrer Last nur spiele.

ββ) Wie von der umschließenden Mauer und Wand auf der einen Seite unterscheidet sich nun aber die Säule auf der anderen auch vom bloßen *Pfosten.* Der Pfosten nämlich ist unmittelbar in die Erde gesteckt und hört ebenso unmittelbar da auf, wo eine Last über ihn hingelegt ist. Dadurch erscheint seine bestimmte Länge, sein Anfangen und Aussein gleichsam nur als eine negative Begrenzung durch Anderes, als eine zufällige Bestimmtheit, die ihm nicht für sich selber zukommt. Anzufangen aber und sich zu endigen sind Bestimmungen, die im Begriff der tragenden Säule selbst liegen und deshalb auch an ihr selbst als ihre eigenen Momente müssen zum Vorschein kommen. Dies ist der Grund dafür, daß die ausgebildete schöne Architektur der Säule eine Basis und ein Kapitell zuteilt. Bei der toskanischen Ordnung findet sich zwar keine Basis, so daß die Säule also unmittelbar aus der Erde hervorkommt; dann aber ist ihre Länge für das Auge etwas Zufälliges; man weiß nicht, ob die Säule nicht durch das Gewicht der getragenen Masse so oder so tief sei in den Boden hineingedrückt worden. Damit ihr Anfang nicht als unbestimmt und zufällig erscheine, muß sie einen ihr absichtlich gegebenen Fuß haben, auf dem sie steht und der ihren Anfang ausdrücklich als Anfang zu erkennen gibt. Die Kunst will einesteils dadurch sagen: hier fängt die Säule an; anderenteils will sie die Festigkeit, das sichere Dastehen fürs Auge bemerkbar machen und das Auge in dieser Rücksicht gleichsam beruhigen. Aus dem gleichen Grunde läßt sie die Säule mit einem Kapitell aufhören, das ebensosehr die eigentliche Bestimmung des Tragens anzeigt als auch sagen soll: hier hört die Säule auf. Diese Reflexion eines mit Absicht gemachten Anfangs und Schlusses gibt den eigentlichen tieferen Grund für Basis und Kapitell ab. Es ist wie in der Musik mit einer Kadenz, welche eines festen Abschlusses bedarf, oder wie mit einem Buch, das auch ohne Punktum aus ist und ohne Heraushebung des ersten Buchstabens anfängt, bei welchem man aber doch, besonders im Mittelalter, große verzierte Buchstaben anbrachte und ebenso Verzierungen am Ende, um die Vorstellung, daß es anfange und aus sei, objektiv zu machen. Wie sehr deshalb Basis und Kapitell über das bloße Bedürfnis hinausgehen, so darf man sie doch nicht als einen überflüssigen Schmuck ansehen oder nur aus dem Muster ägyptischer Säulen, welche noch den Typus der Pflanzenwelt nachbilden, herleiten wollen. – Organische Gebilde, wie die Skulptur sie in der tierischen und menschlichen Gestalt darstellt, haben ihren Anfang und ihr Ende in freien Konturen in sich selbst, indem es der vernünftige Organismus selber ist, der die Begrenzung der Gestalt von innen heraus macht; die Architektur dagegen hat für die Säule und deren Gestalt nichts anderes als die mechanische Bestimmung des Tragens und der räumlichen Entfernung vom Boden ab bis zu dem Punkt hin, wo die getragene Last die Säule endigt. Die besonderen Seiten aber, welche in dieser Bestimmung liegen, muß die Kunst, weil sie der Säule angehören, auch heraustreten lassen und gestalten. Ihre bestimmte Länge und deren zweifache Grenze nach unten und oben sowie ihr Tragen darf deshalb nicht als nur zufällig und durch anderes in sie hineinkommend erscheinen, sondern muß auch als ihr selber immanent dargestellt sein.

Was die weitere Gestalt der Säule außer der Basis und dem Kapitell angeht, so ist die Säule *erstens* rund, kreisförmig, denn sie soll frei für sich abgeschlossen dastehen. Die in sich einfachste, fest abgeschlossene, verständig bestimmte, regelmäßigste Linie aber ist der Kreis. Dadurch erweist die Säule in ihrer Gestalt schon, daß sie nicht dazu bestimmt ist, dicht aneinandergereiht eine ebene Fläche zu bilden – wie in rechtem Winkel geschnittene Pfosten, nebeneinandergestellt, Mauern und Wände geben –, sondern daß sie nur den Zweck hat, in sich selber begrenzt zu tragen. In seinem Aufsteigen ferner ist der Säulenschaft gewöhnlich vom dritten Teil der Höhe ab leise verjüngt, er nimmt an Umfang und Dicke ab, weil die unteren Teile wieder den oberen zu tragen haben und sich auch dieses mechanische Verhältnis der Säule an ihr selbst herausstellen und bemerkbar machen muß. – Endlich werden die Säulen häufig senkrecht kanneliert, einerseits um die einfache Gestalt in sich selbst zu vermannigfachen, andererseits um die Säulen, wo es nötig ist, durch solche Teilung dicker erscheinen zu lassen.

γγ) Obschon nun die Säule vereinzelt für sich hingestellt ist, so hat sie dennoch zu zeigen, daß sie nicht ihrer selbst wegen, sondern um der Masse willen da ist, die sie tragen soll. Insofern nun das Haus einer Begrenzung nach allen Seiten bedarf, so genügt die einzelne Säule nicht, sondern stellt andere neben sich, wodurch es zur wesentlichen Bestimmung wird, daß die Säule sich zu einer *Reihe* vervielfältige. Wenn nun mehrere Säulen dasselbe tragen, so ist dies gemeinschaftliche Tragen zugleich das, was ihre gemeinschaftliche gleiche Höhe bestimmt und sie miteinander verbindet, der Balken. Dies führt uns von dem Tragen als solchem zu dem entgegengesetzten Bestandteil, -dem Getragenen.

β) Was die Säulen tragen, ist das aufgelegte *Gebälk*. Das nächste Verhältnis, das in dieser Beziehung eintritt, ist die *Rechtwinkligkeit*. Sowohl gegen den Boden als gegen das Gebälk muß der Träger einen rechten Winkel bilden. Denn die waagerechte Lage ist, dem Gesetz der Schwere nach, die allein in sich selbst sichere und gemäße und der rechte Winkel der einzig fest bestimmte; der spitze und stumpfe dagegen sind unbestimmt und in ihrem Maß wechselnd und zufällig.

Näher nun gliedern sich die Bestandteile des Gebälks folgendermaßen.

αα) Auf den gleich hohen, in gerader Linie nebeneinandergestellten Säulen ruht unmittelbar der *Architrav*, der Hauptbalken, welcher die Säulen miteinander verbindet und auf ihnen gemeinschaftlich lastet. Als einfacher Balken bedarf derselbe nur der Gestalt von vier ebenen, in allen Dimensionen rechtwinklig aneinandergefügten Flächen und deren abstrakter Regelmäßigkeit. Indem aber der Architrav einesteils von den Säulen getragen wird, anderenteils das übrige Gebälk auf ihm ruht und ihm selbst wieder die Aufgabe des Tragens gibt, so kehrt die weiterschreitende Architektur auch diese gedoppelte Bestimmung an dem Hauptbalken heraus, indem sie an dem oberen Teile das Tragen durch vorspringende Leisten usf. bezeichnet. In dieser Rücksicht bezieht sich also der Hauptbalken nicht allein auf die tragenden Säulen, sondern ebensosehr auf andere Lasten, die auf ihm ruhen.

ββ) Diese bilden zunächst den *Fries*. Der Borten oder Fries besteht einerseits aus den Köpfen der Deckenbalken, die sich auf den Hauptbalken legen, andererseits aus den Zwischenräumen derselben. Dadurch erhält der Fries schon wesentlichere Unterschiede in sich als der Architrav und hat sie deshalb auch in schärferer Bezeichnung hauptsächlich dann herauszuheben, wenn die Architektur, obschon sie ihre

Werke in Stein ausführt, doch dem Grundtypus des Holzbaus noch strenger folgt. Dies gibt den Unterschied der *Triglyphen* und *Metopen.* Triglyphen nämlich sind die Balkenköpfe, welche dreifach eingeschnitten wurden, Metopen die viereckigen Räume zwischen den einzelnen Triglyphen. In frühester Zeit wurden sie wahrscheinlich leer gelassen, in späterer jedoch ausgefüllt, ja selbst mit Reliefs überkleidet und geschmückt.

γγ) Der Fries nun, der auf dem Hauptbalken ruht, trägt wiederum den *Kranz* oder *Karnies.* Dieser hat die Bestimmung, die Eindachung zu stützen, welche dem Ganzen in der Höhe den Abschluß gibt. Hier entsteht nun sogleich die Frage, von welcher Art diese letzte Abgrenzung sein müsse. Denn es kann in dieser Beziehung eine doppelte Art der Abgrenzung vorkommen, die rechtwinklig-horizontale und die in spitzem oder stumpfem Winkel geneigte. Sehen wir nur auf das Bedürfnis, so scheint es, daß Südländer, die wenig vom Regen und vom Sturmwind zu leiden haben, nur Schutz gegen die Sonne brauchen, so daß ihnen eine horizontale, rechtwinklige Bedeckung des Hauses genügen kann. Nordländer dagegen haben sich gegen den Regen, der ablaufen muß, gegen den Schnee, der nicht allzu schwer lasten darf, zu schützen und bedürfen geneigter Dächer. Doch kann bei der schönen Baukunst das Bedürfnis allein nicht entscheiden, sondern als Kunst hat sie auch die tieferen Forderungen der Schönheit und Gefälligkeit zu befriedigen. Was vom Boden aus in die Höhe steigt, muß vorgestellt werden mit einer Basis, einem Fuß, auf dem es steht und der ihm zur Stütze dient; außerdem geben uns die Säulen und Wände der eigentlichen Architektur die materielle Anschauung des *Tragens.* Das Obere dagegen, die Bedeckung, muß nicht mehr tragen, sondern nur *getragen* werden und diese Bestimmung, nicht mehr zu tragen, an ihm selber zeigen; d. h. es muß so beschaffen sein, daß es nicht mehr tragen *kann,* und deshalb auf einen Winkel, sei er spitz oder stumpf, ausgehen. Die alten Tempel haben daher auch keine horizontale

Dachung, sondern zwei in stumpfem Winkel zusammentreffende Dachflächen, und es ist der Schönheit gemäß, daß sich das Gebäude so abschließt. Denn horizontale Dachflächen gewähren nicht den Anblick eines in sich fertigen Ganzen, indem eine horizontale Ebene in der Höhe immer noch tragen kann – was aber der Linie, zu welcher geneigte Dachflächen sich zusammenschließen, nicht mehr möglich ist. So befriedigt uns z. B. in dieser Beziehung auch in der Malerei für ihre Gruppierung der Figuren die Pyramidalform.

γ) Die letzte Bestimmung, nach welcher wir uns umzusehen haben, betrifft die *Umschließung*, die *Mauern* und *Wände*. Säulen tragen und umgrenzen wohl, aber sie umschließen nicht, sondern sind gerade das Entgegengesetzte des von Wänden rings eingeschlossenen Inneren. Soll deshalb solch eine vollständige Einschließung nicht fehlen, so müssen auch dichte, solide Wände aufgeführt werden. Dies ist beim Tempelbau wirklich der Fall.

αα) In Ansehung dieser Wände ist nichts Weiteres anzugeben, als daß sie geradlinig, eben und perpendikular hingestellt werden müssen, weil schiefe, in spitzen und stumpfen Winkeln aufsteigende Mauern fürs Auge den drohenden Anblick des Einstürzens geben und keine ein für allemal festbestimmte Richtung haben, da es als zufällig erscheinen kann, daß sie gerade in diesem oder jenem spitzeren und stumpferen Winkel in die Höhe ragen. Die verständige Regelmäßigkeit und Zweckmäßigkeit fordert auch hier wieder den rechten Winkel.

ββ) Indem nun Wände ebensosehr umschließen, als sie auch tragen können, während wir das eigentliche Geschäft des bloßen Tragens auf die Säulen beschränkten, so liegt die Vorstellung nahe, daß da, wo die beiden unterschiedenen Bedürfnisse des Tragens und Umschließens zu befriedigen sind, Säulen könnten hingestellt und miteinander durch dichte Mauern zu Wänden vereinigt werden, woraus dann *Halbsäulen* entstehen. So fängt z. B. Hirt nach Vitruv seine ursprüngliche Konstruktion mit vier Eckpfosten an. Soll nun der Notwendigkeit einer Umschließung Genüge geschehen, so müssen dann allerdings, wenn man zugleich Säulen fordert, die Säulen eingemauert werden, und es läßt sich auch aufzeigen, daß es Halbsäulen von sehr hohem Alter gibt. Hirt z. B. (*Die Baukunst nach den Grundsätzen der Alten*, Berlin 1809, S. 111) sagt, der Gebrauch der Halbsäulen sei so alt als die Baukunst selbst, und leitet ihre Entstehung daraus her, daß Säulen und Pfeiler die Deckenwerke und die Dachung stützten und trügen, doch nun auch zum Schutz gegen Sonne und Unwetter Zwischenwände nötig machten. Da nun aber die Säulen bereits den Bau an sich selbst hinreichend stützten, so wäre es nicht nötig, die Wände so dick noch von so festem Material zu errichten als die Säulen, weshalb diese in der Regel nach außen hervorragten. – Dieser Entstehungsgrund mag richtig sein, dennoch aber sind Halbsäulen schlechthin widerlich, weil dadurch zweierlei *entgegengesetzte* Zwecke ohne innere Notwendigkeit nebeneinanderstehen und sich miteinander *vermischen*. Man kann die Halbsäulen freilich verteidigen, wenn man auch bei der Säule so streng vom Holzbau ausgeht, daß man sie selbst für die Umschließung zum Fundamentalen macht. Bei dichten Mauern jedoch hat die Säule keinen Sinn mehr, sondern wird zum Pfosten herabgesetzt. Denn die eigentliche Säule ist wesentlich rund, fertig in sich und drückt gerade durch diese Abgeschlossenheit sichtlich aus, daß sie jeder Fortsetzung zu einer ebenen Fläche und deshalb jeder Ausmauerung widerstrebe. Will man deshalb bei Mauern Stützen haben, so müssen sie eben sein, nicht runde Säulen, sondern Flächen, welche sich als eben zu einer Wand verlängern können.

So ruft schon Goethe in seinem Jugendaufsatz *Von deutscher Baukunst* im Jahre 1773 eifrig aus: »Was soll uns das, du neufranzösischer philosophierender Kenner, daß der erste zum Bedürfnis erfindsame Mensch vier Stämme einrammelte, vier Stangen drüber verband und Äste und Moos draufdeckte? . . . Und es ist noch dazu falsch, daß deine Hütte die erstgeborene der Welt ist. Zwei an ihrem Gipfel sich kreuzende Stangen vornen, zwei hinten und eine Stange querüber zum First ist und bleibt, wie du alltäglich an Hütten der Felder und Weinberge erkennen kannst, eine weit primärere Erfindung, von der du nicht einmal Principium für deine Schweineställe abstrahieren könntest.« Goethe will nämlich beweisen, daß eingemauerte Säulen bei Gebäuden, welche den wesentlichen Zweck der bloßen Umschließung hätten, ein Unding seien. Nicht als ob er nicht die Schönheit der Säule anerkennen wollte. Im Gegenteil, er rühmt sie sehr. »Nur hütet euch«, fügt er hinzu, »sie ungehörig zu brauchen! ihre Natur ist, *freizustehn*. Wehe den Elenden, die ihren schlanken Wuchs an plumpe Mauern geschmiedet haben!« Von hier aus geht er dann zu der eigentlich mittelalterlichen und heutigen Baukunst fort und sagt: »Säule ist mitnichten ein Bestandteil unsrer Wohnungen; sie widerspricht vielmehr dem Wesen all unsrer Gebäude. Unsre Häuser entstehen nicht aus *vier Säulen* in vier Ecken; sie entstehen aus *vier Mauern* auf vier Seiten, die *statt aller Säulen* sind, alle Säulen ausschließen, und wo ihr sie anflickt, sind sie belastender Überfluß. Ebendas gilt von unseren Palästen, Kirchen, wenige Fälle ausgenommen, auf die ich nicht zu achten brauche.« Hier ist in dieser aus freier sachgemäßer Anschauung hervorgegangenen Äußerung das richtige Prinzip der Säule ausgesprochen. Die Säule muß ihren Fuß vor die Wand setzen und von ihr unabhängig für sich heraustreten. In der neueren Architektur finden wir zwar häufig die Anwendung von Pilastern; diese hat man aber als wiederholende Abschattung von vorderen Säulen angesehen und sie nicht rund, sondern eben gemacht.

γγ) Hieraus erhellt nun, daß die Wände zwar auch tragen können, daß sie jedoch, indem der Dienst des Tragens für sich schon durch die Säulen geleistet wird, ihrerseits wesentlich in der ausgebildeten klassischen Architektur nur die Umschließung zu ihrem Zweck zu nehmen haben. Tragen sie gleich den Säulen, so werden diese an sich unterschiedenen

Bestimmungen nicht, wie zu fordern ist, auch als unterschiedene Teile ausgeführt, und die Vorstellung dessen, was die Wände leisten sollen, trübt und verwirrt sich. Wir finden deshalb auch in dem Tempelbau die mittlere Halle, wo das Bildnis des Gottes stand, das zu umschließen der Hauptzweck bleibt, häufig oben offen. Wenn aber eine Überdachung erheischt wird, so gehört es zur höheren Schönheit, daß dieselbe für sich getragen sei. Denn das direkte Aufsetzen des Gebälks und Dachs auf die umschließenden Wände ist nur die Sache der Not und des Bedürfnisses, nicht aber der freien architektonischen Schönheit, weil es in der klassischen Baukunst zum Tragen keiner Wände und Mauern bedarf – die vielmehr unzweckmäßig sein würden, insofern sie, wie wir schon oben sahen, mehr Anstalten und einen größeren Aufwand zum Tragen machen, als nötig ist.
Dies wären die Hauptbestimmungen, welche in der klassischen Architektur in ihrer Besonderung auseinanderzutreten haben.

c. Der klassische Tempel als Ganzes

Obschon wir nun auf der einen Seite als ein Grundgesetz feststellen können, daß die Unterschiede, die soeben kurz angedeutet sind, auch in ihrer *Unterscheidung* zum Vorschein kommen müssen, so ist es andererseits ebensosehr notwendig, daß sie sich zu einem *Ganzen vereinen.* Auf diese Einigung, welche in der Architektur mehr nur ein Nebeneinandertreten und Zusammenfügen und eine durchgängige Eurhythmie des Maßes sein kann, wollen wir kurz noch zum Schluß einen Blick werfen.
Im allgemeinen geben die griechischen Tempelbauten einen befriedigenden, sozusagen sättigenden Anblick.
α) Nichts strebt empor, sondern das Ganze streckt sich geradeaus breit hin und weitet sich aus, ohne sich zu erheben. Um die Front zu überschauen, braucht sich das Auge kaum absichtlich in die Höhe zu richten, es findet sich im Gegenteil in die Breite gelockt, während die mittelalterliche deutsche

Baukunst maßlos fast hinaufstrebt und sich aufwärts hebt. Bei den Alten bleibt die Breite, als feste, bequeme Begründung auf der Erde, die Hauptsache; die Höhe ist mehr von der menschlichen Höhe genommen und vermehrt sich nur nach der vermehrten Breite und Weite des Gebäudes.

β) Ferner sind die Verzierungen so angebracht, daß sie dem Eindruck der Einfachheit nicht Schaden tun. Denn auch auf die Verzierungsweise kommt viel an. Die Alten, hauptsächlich die Griechen, halten hierin das schönste Maß. Ganz einfache große Flächen und Linien z. B. erscheinen in dieser ungeteilten Einfachheit nicht so groß, als wenn einige Mannigfaltigkeit, eine Unterbrechung darauf angebracht wird, durch welche nun erst ein bestimmteres Maß fürs Auge da ist. Wird diese Teilung aber und deren Ausschmückung ganz ins Kleinliche ausgebildet, so daß man nichts als eine Vielheit und deren Kleinlichkeiten vor sich hat, so erscheinen auch die großartigsten Verhältnisse und Dimensionen zerbröckelt und zerstört. Die Alten nun arbeiten im ganzen weder darauf hin, ihre Bauten und deren Maße durch solche Mittel schlechthin größer erscheinen zu lassen, als sie in der Tat sind, noch zerteilen sie das Ganze durch Unterbrechungen und Verzierungen so, daß, weil alle Teile klein sind und eine alles wieder zusammenfassende durchgreifende Einheit fehlt, nun auch das Ganze gleichfalls klein erscheint. Ebensowenig liegen ihre vollendet schönen Werke bloß massig und gedrückt am Boden oder türmen sich gegen ihre Breite übermäßig in die Höhe, sondern halten auch in dieser Beziehung eine schöne Mitte und geben zugleich in ihrer Einfachheit einer maßvollen Mannigfaltigkeit den nötigen Spielraum. Vor allem aber scheint der Grundzug des Ganzen und seiner einfachen Besonderheiten aufs klarste durch alles und jedes hindurch und bewältigt die Individualität der Gestaltung ganz ebenso, wie in dem klassischen Ideal die allgemeine Substanz das Zufällige und Partikuläre, worin dieselbe ihre Lebendigkeit erhält, zu beherrschen und mit sich in Einklang zu bringen mächtig bleibt.

γ) Was nun die Anordnung und Gliederung des Tempels angeht, so ist in dieser Beziehung einerseits ein großer Stufengang der Ausbildung zu bemerken, andererseits blieb vieles traditionell. Die Hauptbestimmungen, die für uns hier von Interesse sein können, beschränken sich auf die von Mauern umschlossene Tempelzelle (ναός) mit dem Götterbilde, ferner auf das Vorhaus (πρόναος), das Hinterhaus (ὀπισθόδομος) und die um das ganze Gebäude herlaufenden Säulengänge. Ein Vor- und Hinterhaus mit einer vortretenden Säulenreihe hatte zuerst die Gattung, welche Vitruv ἀμφιπρόστυλος nennt, wozu sodann beim περίπτερος noch die Säulenreihe zu jeder Seite tritt, bis endlich in höchster Steigerung sich beim δίπτερος diese Säulenreihe um den ganzen Tempel verdoppelt und beim ὕπαιθρος auch im Innern des ναός Säulengänge mit doppelter Säulenstellung übereinander, von den Wänden abstehend, zum Umhergehen wie bei den äußeren Säulengängen hinzukommen: eine Tempelart, für welche Vitruv als Muster den achtsäuligen Tempel der Minerva in Athen und den zehnsäuligen des olympischen Jupiter angibt. (Hirt, *Geschichte der Baukunst*, Bd. III, S. 14–18; und Bd. II, S. 151.)
Die näheren Unterschiede in Rücksicht auf die Anzahl der Säulen sowie die Abstände derselben voneinander und von den Wänden wollen wir hier übergehen und nur auf die eigentümliche Bedeutung aufmerksam machen, welche die Säulenreihen, Vorhallen usf. für den griechischen Tempelbau überhaupt haben.
In diesen Prostylen und Amphiprostylen, diesen einfachen und doppelten Säulengängen, die unmittelbar ins Freie führen, sehen wir die Menschen offen, frei umherwandeln, zerstreut, zufällig sich gruppieren; denn die Säulen überhaupt sind nichts Einschließendes, sondern eine Begrenzung, die schlechthin durchgängig bleibt, so daß man halb innen, halb außen ist und wenigstens überall unmittelbar ins Freie treten kann. In derselben Weise lassen auch die langen Wände hinter den Säulen kein Gedränge nach einem Mittel-

punkte zu, wohin der Blick, wenn die Gänge voll sind, sich richten könnte; im Gegenteil wird vielmehr das Auge von solchem Einheitspunkte ab nach allen Seiten hingelenkt, und statt der Vorstellung einer Versammlung zu einem Zweck sehen wir die Richtung nach außen und erhalten nur die Vorstellung eines ernstlosen, heiteren, müßigen, geschwätzigen Verweilens. Im Innern der Umschließung ist zwar ein tieferer Ernst zu vermuten, doch auch hier finden wir eine mehr oder weniger und besonders in den ausgebildetsten Bauten ganz nach außen offene Umgebung, welche darauf hindeutet, daß es auch mit diesem Ernst so streng nicht gemeint sein müsse. Und so bleibt denn auch der Eindruck dieser Tempel zwar einfach und großartig, zugleich aber heiter, offen und behaglich, indem der ganze Bau mehr auf ein Umherstehen, Hin- und Wiederwandeln, Kommen und Gehen als auf die konzentrierte innere Sammlung einer ringsum eingeschlossenen, vom Äußeren losgelösten Versammlung eingerichtet ist.

3. Die verschiedenen Bauarten der klassischen Architektur

Werfen wir zum Schluß noch einen Blick auf die verschiedenen Bauformen, die in der klassischen Architektur den durchgreifenden Typus abgeben, so können wir folgende Unterschiede als die wichtigeren hervorheben.

a. Die dorische, ionische und korinthische Säulenordnung

Das nächste, was sich in dieser Rücksicht bemerklich macht, sind diejenigen Bauarten, deren Verschiedenheit am auffallendsten an den *Säulen* hervortritt, weshalb ich mich auch darauf beschränken will, hier nur die vornehmlich charakteristischen Kennzeichen der Säulenarten anzugeben.

Die bekanntesten *Säulenordnungen* sind die *dorische, ionische* und *korinthische,* über deren architektonische Schönheit und Zweckmäßigkeit hinaus früher und später nichts mehr erfunden ist. Denn die toskanische oder nach Hirt (*Geschichte der Baukunst*, Bd. I, S. 251) auch altgriechische Bauart gehört in ihrer schmucklosen Dürftigkeit wohl dem ursprünglich einfachen Holzbau, doch nicht der schönen Architektur an, und die sogenannte römische Säulenordnung ist, als eine bloß vermehrte Verzierung der korinthischen, unwesentlich.

Die Hauptpunkte nun, auf welche es ankommt, betreffen das Verhältnis der Höhe der Säulen zu ihrer Dicke, die verschiedene Art der Basis und des Kapitells und endlich die größeren oder geringeren Abstände der Säulen voneinander. Was den ersten Punkt angeht, so erscheint die Säule plump und gedrückt, wenn sie nicht die vierfache Höhe ihres Durchmessers erreicht; übersteigt sie indessen die zehnfache Höhe desselben, so erscheint sie dem Auge zu dünn und schlank für die Zweckmäßigkeit des Tragens. Hiermit aber steht die Entfernung der Säulen voneinander in engem Verhältnis; denn sollen die Säulen dicker erscheinen, so müssen sie einander näher gestellt werden, sollen sie dagegen schmächtiger und schmaler aussehen, so können die Abstände weiter sein. Von gleicher Wichtigkeit ist es, ob die Säule ein Fußgestell hat oder nicht, ob das Kapitell höher ist oder niedriger, schmucklos oder verzierter, indem sich dadurch ihr ganzer Charakter verändert. In Ansehung des Schaftes aber gilt die Regel, daß derselbe glatt und unverziert gelassen werden muß, obschon er nicht in durchgängig gleicher Dicke aufsteigt, sondern nach oben hin um ein weniges schmaler wird als unten und in der Mitte, so daß dadurch eine Schwellung entsteht, die, wenn auch fast unmerklich, dennoch vorhanden sein muß. Nun hat man zwar später, zur Zeit des scheidenden Mittelalters, bei der Wiederanwendung der alten Säulenformen auf die christliche Architektur die glatten Säulenschäfte zu kahl gefunden und deshalb Blumenkränze umhergeschlungen oder die Säulen auch wohl spiralförmig sich heraufwinden lassen; doch dies ist unstatthaft und gegen den wahren Geschmack, weil die Säule nichts erfüllen soll als das Geschäft des Tragens und in diesem Geschäft fest, gerade und selbständig emporzusteigen hat. Das einzige, was die Alten beim Säulenschaft anbrachten, war die Kannelierung, wodurch die Säulen, wie schon Vitruv sagt, breiter erscheinen, als wenn sie ganz glatt gehalten sind. Solche Kannelierungen finden sich im größten Maßstabe.

Von den näheren Unterschieden nun der dorischen, ionischen und korinthischen Säulenordnung und Bauart will ich nur folgende Hauptpunkte anführen.

α) In den ersten Konstruktionen ist die *Sicherheit* des Baues die Grundbestimmung, bei welcher die Architektur stehenbleibt und deshalb noch keine schlanken Verhältnisse und deren kühnere Leichtigkeit wagt, sondern sich mit schwerfälligen Formen zufrieden erweist. Dies ist in der *dorischen* Bauart der Fall. In ihr behält das Materielle in seiner lastenden Schwere noch die meiste Einwirkung und kommt besonders in dem Verhältnis der Breite und Höhe zum Vorschein. Erhebt sich ein Gebäude leicht und frei, so scheint das Lasten schwerer Massen überwunden, lagert es sich dagegen breiter und niedriger hin, so gibt sich, wie im dorischen Baustil, die Festigkeit und Solidität, welche unter der Herrschaft der Schwere steht, als die Hauptsache zu erkennen.

In diesem Charakter sind die dorischen Säulen, den übrigen Ordnungen gegenüber, die breitesten und niedrigsten. Die älteren reichen nicht über die sechsfache Höhe ihres unteren Durchmessers hinaus und sind häufig nur vierfach so hoch als ihr Diameter, wodurch sie in ihrer Schwerfälligkeit den Anblick einer ernsten, einfachen, zierdelosen Männlichkeit gewähren, wie die Tempel zu Pästum und Korinth sie zeigen. Doch bringen es die späteren dorischen Säulen bis auf die Höhe von sieben Durchmessern, und für andere Gebäude als Tempel gibt Vitruv noch einen halben Diameter zu. Überhaupt aber zeichnet sich die dorische Bauart dadurch aus, daß sie der ursprünglichen Einfachheit des Holzbaues

noch nähersteht, obschon sie empfänglicher für Zieraten und Ausschmückungen ist als die toskanische. Die Säulen haben jedoch fast durchgängig keine Basis, sondern stehen unmittelbar auf dem Unterbau, und das Kapitell ist in einfachster Weise nur aus Wulst und Platte zusammengesetzt. Der Schaft wurde bald glatt gelassen, bald mit zwanzig Streifen kanneliert, die häufig im unteren Drittel flach, in den oberen aber ausgehöhlt waren. (Hirt, *Die Baukunst nach den Grundsätzen der Alten*, S. 54.) Was den Abstand der Säulen anbelangt, so beträgt derselbe bei den älteren Denkmälern die Weite der zweifachen Säulendicke, und nur wenige haben die Weite zwischen zwei und zweieinhalb Durchmesser.
Eine andere Eigentümlichkeit der dorischen Bauart, in welcher sie sich dem Typus des Holzbaues nähert, besteht in den Triglyphen und Metopen. Die Triglyphen nämlich deuten im Fries die auf dem Architrav aufliegenden Balkenköpfe des Dachgebälks durch prismatische Einschnitte an, während die Metopen die Raumausfüllung von einem Balken zum anderen bilden und in der dorischen Bauweise noch die Form des Quadrats behalten. Zur Auszierung wurden sie häufig mit Reliefs bedeckt, während unter den Triglyphen am Architrav und oberwärts auf der Unterfläche der Kranzleiste sechs kleine konische Körperchen, die Tropfen, als Schmuck dienten.
β) Wenn nun bereits der dorische Stil bis zum Charakter einer gefälligen Solidität fortgeht, so steigert sich die *ionische* Architektur zum Typus der wenn auch noch einfachen Schlankheit, Anmut und Zierlichkeit. Die Höhe der Säulen schwankt zwischen dem siebenfachen bis zehnfachen Maß ihres unteren Diameters und bestimmt sich nach Vitruvs Annahme vornehmlich aus den Zwischenweiten der Abstände, indem bei größeren Zwischenräumen die Säulen dünner und dadurch schlanker, bei engeren aber dicker und niedriger erscheinen und der Architekt deshalb, um das allzu Dünne oder Schwerfällige zu vermeiden, genötigt wird, in dem ersten Falle die Höhe zu verringern, im zweiten

aber zu vermehren. Wenn deshalb die Säulenabstände mehr als drei Diameter übersteigen, so soll die Höhe der Säulen nur deren acht betragen, achteinhalb Durchmesser dagegen bei einer Zwischenweite von zweieinviertel bis drei Diametern; stehen die Säulen aber nur in der Weite von zwei Diametern auseinander, so erhebt sich die Höhe auf neuneinhalb Durchmesser und auf zehn sogar bei dem engsten Abstande von anderthalb Diametern. Doch kamen diese letzteren Fälle wohl nur sehr selten vor, und nach den Monumenten, die uns von ionischer Bauart erhalten sind, zu urteilen, haben sich die Alten der höheren Säulenverhältnisse nur wenig bedient.

Fernere Unterschiede des ionischen vom dorischen Stil sind darin zu finden, daß die ionischen Säulen nicht wie die dorischen unmittelbar mit dem Schaft aus dem Unterbau herausgehoben, sondern auf eine vielgegliederte Basis gestellt wurden und nun mit tieferer Aushöhlung und einer breiten vierundzwanzigstreifigen Kannelierung in leiser Verjüngung leicht in schlanker Höhe zum Kapitell emporstiegen. Hierin zeichnete sich besonders der ionische Tempel zu Ephesos dem dorischen zu Pästum gegenüber aus. In derselben Weise gewinnt das ionische Kapitell an Mannigfaltigkeit und Anmut. Es hat nicht nur einen geschnittenen Wulst, Stäbchen und Platte, sondern erhält noch rechts und links eine schneckenförmige Windung und an den Seiten eine polsterähnliche Zierde, von welcher es auch die Benennung des Polsterkapitells trägt. Die Schneckenwindungen am Polster deuten das Ende der Säule an, die aber noch höher steigen könnte, doch sich in diesem möglichen Weitergehen hier in sich selber krümmt.

Bei dieser schlanken Gefälligkeit und Ausschmückung der Säulen fordert die ionische Bauart nun auch ein weniger schwerfällig lastendes Gebälk und befleißigt sich auch in dieser Rücksicht einer vermehrten Anmut. In derselben Weise bezeichnet sie nicht mehr wie die dorische die Herkunft vom Holzbau und läßt deshalb in dem glatten Fries die Triglyphen und Metopen fortfallen, wogegen als Hauptverzierungen Schädel von Opfertieren, durch Blumengewinde verbunden, eintreten und statt der hängenden Dielenköpfe die Zahnschnitte eingeführt werden. (Hirt, *Geschichte der Baukunst*, Bd. I, S. 254.)

γ) Was endlich die *korinthische* Bauart angeht, so behält sie die Grundlage der ionischen bei, die sich jetzt bei der gleichen Schlankheit zu geschmackvoller Pracht herausarbeitet und den letzten Reichtum des Schmucks und der Auszierung entfaltet. Gleichsam zufrieden, vom Holzbau die bestimmten, vielfachen Teilungen erhalten zu haben, hebt sie dieselben, ohne den ersten Ursprung vom Holzbau hindurchscheinen zu lassen, durch Zieraten hervor und drückt in den mannigfaltigen Leisten und Leistchen an Gesimsen und Balken, in Traufgesimsen, Rinnleisten, vielfältig gegliederten Basen und reicheren Kapitellen eine Vielgeschäftigkeit in gefälligen Unterschieden aus.

Die korinthische Säule übersteigt zwar die Höhe der ionischen nicht, indem sie sich gewöhnlich bei gleichartiger Kannelierung nur achtmal oder neuneinhalbmal so hoch als die untere Säulendicke erhebt, doch erscheint sie durch ein höheres Kapitell schlanker und vor allem reicher. Denn das Kapitell beträgt ein und ein Achtel des unteren Diameters und hat auf allen vier Ecken schlankere Schnecken mit Hinweglassung der Polster, während der untere Teil mit Akanthusblättern geziert ist. Die Griechen haben hierüber eine anmutige Geschichte. Ein Mädchen von besonderer Schönheit, so wird erzählt, sei gestorben; da habe die Amme in ein Körbchen das Spielzeug gesammelt und aufs Grab gesetzt, wo eine Akanthuspflanze emporsproßte. Die Blätter hätten sich bald um das Körbchen umhergezogen, und daher sei der Gedanke zum Kapitell einer Säule genommen.

Von anderweitigen Unterschieden des korinthischen Stils vom ionischen und dorischen will ich nur noch die zierlich geschweiften Sparrenköpfe unter der Kranzleiste anführen sowie den Vorsprung der Traufe und die Zahneinschnitte und Kragsteine am Hauptgesims.

b. Die römische Konstruktion der Bogenwölbung

Als eine Mittelform nun *zweitens* zwischen der griechischen und christlichen Baukunst kann man die *römische* ansehen, insofern in ihr hauptsächlich die Anwendung von *Bogen* und *Wölbungen* beginnt.

Die Zeit, in welcher die Bogenkonstruktion zuerst ist erfunden worden, läßt sich mit Bestimmtheit nicht angeben; doch scheint es gewiß zu sein, daß weder die Ägypter, wie weit sie es auch in der Kunst des Bauens gebracht haben, den Kreisbogen und das Überwölben kannten noch auch die Babylonier, Israeliten und Phönizier. Die Denkmäler ägyptischer Architektur wenigstens zeigen nur, daß die Ägypter, wenn es darauf ankam, im Innern der Gebäude Decken tragen zu lassen, nichts als massenhafte Säulen aufzuwenden wußten, auf welche sodann Steinplatten als Balken waagerecht gelegt wurden. Sollten aber breite Eingänge oder Brückenbogen zugewölbt werden, so verstanden sie keine andere Aushilfe, als von beiden Seiten einen Stein hervorragen zu lassen, der wieder einen vorgerückteren trug, so daß sich nach oben hin die Seitenwände mehr und mehr verengten, bis es endlich nur noch eines Steines bedurfte, um die letzte Öffnung zu schließen. Wo sie sich dieses Auskunftsmittels nicht bedienten, überdeckten sie die Räume mit großen Steinen, welche sie sparrenähnlich gegeneinanderrichteten.

Bei den Griechen finden sich wohl Monumente, in welchen die Bogenkonstruktion schon angewendet ist, doch selten; und Hirt, der über die Baukunst und Geschichte der Baukunst bei den Alten das Bedeutendste geschrieben hat, gibt an, daß unter diesen Denkmälern keines sei, welches man als vor dem Zeitalter des Perikles erbaut mit Sicherheit annehmen könnte. In der griechischen Architektur nämlich ist die Säule und das waagerecht aufliegende Gebälk das Charakteristische und Ausgebildete, so daß hier die Säule außerhalb ihrer eigentlichen Bedeutung, Balken zu tragen, wenig gebraucht wird. Der über zwei Pfeiler oder Säulen hingewölbte Kreisbogen aber und das Kuppenförmige enthält bereits etwas Weiteres, indem die Säule schon anfängt, die Bestimmung des bloßen Tragens zu verlassen. Denn der Kreisbogen in seinem Aufsteigen, seiner Krümmung und Senkung bezieht sich auf einen Mittelpunkt, der nichts mit der Säule und deren Tragen zu tun hat. Die verschiedenen Teile des Kreises tragen sich gegenseitig, stützen und setzen sich fort, so daß sie sich der Hilfe der Säule weit mehr als ein aufgelegter Balken entziehen.

In der *römischen* Architektur nun ist, wie gesagt, die Bogenkonstruktion und das Wölben sehr gewöhnlich, ja es gibt einige Überreste, welche man, wenn den späteren Zeugnissen vollkommen Glauben zu schenken wäre, schon in die Zeit der römischen Könige setzen müßte. Von dieser Art sind die Katakomben, Kloaken, die Wölbungen hatten, doch wohl als Werke einer späteren Restauration angesehen werden müssen.

Die Erfindung des Wölbens schreibt man am wahrscheinlichsten dem Demokritos (Seneca, *Epistolae*, 90[7]) zu, der sich auch vielfach mit mathematischen Gegenständen beschäftigte und für den Erfinder des Steinschnitts gehalten wird.

Als eins der vornehmlichsten Gebäude der römischen Baukunst, in welchem die Kreisform als Haupttypus erscheint, ist das dem Jupiter Ultor geweihte Pantheon des Agrippa anzuführen, das außer der Statue des Jupiter noch in sechs anderen Nischen kolossale Götterbilder enthalten sollte: Mars, Venus und den vergötterten Julius Cäsar sowie drei andere, die sich nicht genau bestimmen lassen. Zu jeder Seite dieser Nischen standen je zwei korinthische Säulen, und über das Ganze hin wölbte sich die majestätische Decke in Form einer Halbkugel, als Nachbildung des Himmelsgewölbes. In Rücksicht auf das Technische ist zu be-

7 *Briefe an Lucilius*, Brief 90, 32 f.

merken, daß diese Decke nicht aus Stein gewölbt ist. Die Römer nämlich machten bei den meisten ihrer Gewölbe erst eine Holzkonstruktion in Form der Wölbung, die sie bauen wollten, und darüber hin gossen sie nun eine Mischung von Kalk und Puzzolanmörtel, der aus Bruchsteinen einer leichten Tuffart und aus geschlagenen Ziegelstücken bestand. Wenn diese Mischung getrocknet war, bildete das Ganze *eine* Masse, so daß die Holzrüstung konnte fortgenommen werden und das Gewölbe, bei der Leichtigkeit des Materials und der Festigkeit des Zusammenhangs, auf die Wände nur einen geringen Druck ausübte.

c. Allgemeiner Charakter der römischen Architektur

Die Baukunst der Römer hatte nun, abgesehen von dieser neuen Bogenkonstruktion, überhaupt eine ganz andere Ausdehnung und einen anderen Charakter als die griechische. Die Griechen zeichneten sich bei durchgängiger Zweckmäßigkeit dennoch durch künstlerische Vollendung in dem Adel, der Einfachheit sowie in der leichten Zierlichkeit ihrer Zieraten aus; die Römer dagegen sind künstlich zwar im Mechanischen, doch reicher, prunkender und von geringerem Adel und Anmutigkeit. Außerdem tritt für ihre Architektur eine Mannigfaltigkeit von Zwecken ein, welche die Griechen nicht kannten. Denn wie ich schon anfangs sagte, verwendeten die Griechen die Pracht und Schönheit der Kunst nur für das Öffentliche; ihre Privatwohnungen blieben unbedeutend. Bei den Römern aber vermehrt sich nicht nur der Kreis der öffentlichen Bauten, deren Zweckmäßigkeit der Konstruktion sich mit grandioser Pracht in Theatern, Räumen zu Tiergefechten und anderen Lustbarkeiten verband, sondern die Architektur nimmt auch eine Richtung gegen die Privatseite hin. Besonders nach den bürgerlichen Kriegen wurden Villen, Bäder, Gänge, Treppen usw. mit dem höchsten Luxus einer großartigen Verschwendung gebaut und dadurch ein neues Gebiet für die Baukunst eröffnet, das auch die Gartenkunst in sich hineinzog und in

sehr geistreicher und geschmackvoller Weise vervollkommnet ward. Die Villa des Lucullus ist hierfür ein glänzendes Beispiel.
Dieser Typus der römischen Architektur hat vielfach den späteren Italienern und Franzosen zum Vorbilde gedient. Bei uns ist man lange teils den Italienern, teils den Franzosen gefolgt, bis man sich endlich den Griechen wieder zugewendet und sich die Antike in ihrer reineren Form zum Muster genommen hat.

Drittes Kapitel
Die romantische Architektur

Die gotische Baukunst des Mittelalters, welche hier den charakteristischen Mittelpunkt des eigentlich Romantischen bildet, ist lange Zeit hindurch, besonders seit der Verbreitung und Herrschaft des französischen Kunstgeschmackes, für etwas Rohes und Barbarisches gehalten worden. In neuerer Zeit hat sie hauptsächlich Goethe zuerst in der Jugendfrische seiner den Franzosen und ihren Prinzipien entgegenstrebenden Natur- und Kunstanschauung wieder zu Ehren gebracht, und man ist nun mehr und mehr bemüht gewesen, in diesen großartigen Werken das eigentümlich Zweckmäßige für den christlichen Kultus sowie das Zusammenstimmen der architektonischen Gestaltung mit dem inneren Geist des Christentums schätzen zu lernen.

1. Allgemeiner Charakter

Was den allgemeinen Charakter dieser Bauten betrifft, in welchen die religiöse Architektur das besonders Hervorzuhebende ist, so sahen wir schon in der Einleitung, daß sich hier die *selbständige* und die *dienende* Baukunst *vereinige*. Doch besteht die Vereinigung nicht etwa in einer Verschmelzung der architektonischen Formen des Orientalischen und

Griechischen, sondern ist nur darin zu suchen, daß auf der einen Seite mehr noch als im griechischen Tempelbau das Haus, die *Umschließung* den Grundtypus abgibt, während auf der anderen Seite die bloße *Dienstbarkeit* und Zweckmäßigkeit sich ebensosehr *aufhebt* und das Haus sich unabhängig davon *frei für sich* erhebt. So erweisen sich denn diese Gotteshäuser und Bauwerke überhaupt für den Kultus und anderweitigen Gebrauch, wie schon gesagt ist, als schlechthin zweckgemäß, aber ihr eigentlicher Charakter liegt gerade darin, über jeden bestimmten Zweck fortzugehen und als in sich abgeschlossen für sich selber dazusein. Das Werk steht da für sich, fest und ewig. Deshalb gibt kein bloß verständiges Verhältnis mehr dem Ganzen seinen Charakter; im Inneren fällt das Schachtelwesen unserer protestantischen Kirchen fort, die nur erbaut sind, um von Menschen ausgefüllt zu werden, und nichts als Kirchenstühle – wie Ställe – haben; und im Äußeren steigt und gipfelt sich der Bau frei empor, so daß die Zweckmäßigkeit, wie sehr sie auch vorhanden ist, dennoch wieder verschwindet und dem Ganzen den Anblick einer selbständigen Existenz läßt. Durch nichts wird solches Gebäude vollständig ausgefüllt, alles geht in die Großheit des Ganzen auf; es hat und zeigt einen bestimmten Zweck, aber es erhebt sich in seiner Grandiosität und erhabenen Ruhe über das bloß Zweckdienliche zur Unendlichkeit in sich selber hinaus. Diese Erhebung über das Endliche und die einfache Festigkeit macht die *eine* charakteristische Seite aus. Auf der anderen gewinnt gerade hier erst die höchste *Partikularisation,* Zerstreuung und Mannigfaltigkeit den vollsten Spielraum, ohne jedoch die Totalität zu bloßen Besonderheiten und zufälligen Einzelheiten zerfallen zu lassen. Die Großartigkeit der Kunst nimmt hier im Gegenteil dies Geteilte, Zerstückelte durchgängig wieder in jene Einfachheit zurück. Es ist die Substanz des Ganzen, welche sich in unendliche Teilungen einer Welt individueller Mannigfaltigkeiten auseinanderstellt und zerschlägt, aber diese unübersehbare Vielheit einfach sondert, regelmäßig gliedert, symmetrisch verteilt, zu befriedigendster Eurhythmie ebenso bewegt als fest hinstellt und diese Weite und Breite bunter Einzelheiten zu sicherster Einheit und klarstem Fürsichsein ungehindert zusammenfaßt.

2. Besondere architektonische Gestaltungsweise

Gehen wir nun zu den besonderen Formen über, in welchen die romantische Baukunst ihren spezifischen Charakter ausbildet, so haben wir hier, wie schon oben ist berührt worden, nur von der eigentlich gotischen Architektur und hauptsächlich von dem christlichen Kirchenbau im Unterschiede vom griechischen Tempel zu sprechen.

a. Das ganz geschlossene Haus als Grundform

Als Hauptform liegt hier das *ganz geschlossene* Haus zugrunde.

α) Wie nämlich der christliche Geist sich in die Innerlichkeit zusammenzieht, so wird das Gebäude der in sich allseitig begrenzte Ort für die Versammlung der christlichen Gemeinde und deren innere Sammlung. Es ist die Sammlung des Gemüts in sich, welche sich räumlich abschließt. Die Andacht des christlichen Herzens aber ist ebensosehr zugleich eine Erhebung über das Endliche, so daß nun diese Erhebung den Charakter des Gotteshauses bestimmt. Die Baukunst gewinnt dadurch die Erhebung in das Unendliche zu ihrer von der bloßen Zweckmäßigkeit unabhängigen Bedeutung, welche sie durch räumliche architektonische Formen auszudrücken sich getrieben findet. Der Eindruck, welchen deshalb die Kunst jetzt hervorzubringen hat, ist im Unterschiede der heiteren Offenheit griechischer Tempel einerseits der Eindruck dieser Stille des Gemüts, das, losgelöst von der äußeren Natur und Weltlichkeit überhaupt, sich in sich zusammenschließt, andererseits der Eindruck einer feierlichen Erhabenheit, die über das verständig Begrenzte hinausstrebt und hinwegragt. Wenn daher die Bauten der klassischen

Architektur im ganzen sich breit hinlagern, so besteht der entgegengesetzte romantische Charakter christlicher Kirchen in dem Herauswachsen aus dem Boden und Emporsteigen in die Höhe.

β) Bei diesem Vergessen der äußeren Natur und der zerstreuenden Betriebsamkeiten und Interessen der Endlichkeit, das durch die Abschließung bewirkt werden soll, fallen nun ferner die offenen Vorhallen, Säulengänge usw., die mit der Welt zusammenhängen, notwendig fort und erhalten statt dessen in ganz veränderter Weise ihre Stelle im Innern der Gebäude. Ebenso wird das Licht der Sonne abgehalten oder schimmert nur getrübter durch die Glasmalereien der Fenster, welche um der vollständigen Abscheidung vom Äußeren willen notwendig sind. Was der Mensch hier bedarf, ist nicht durch die äußere Natur gegeben, sondern eine durch ihn und für ihn allein, für seine Andacht und die Beschäftigung des Inneren gemachte Welt.

γ) Als den durchgreifenden Typus aber, den das Gotteshaus im allgemeinen und seinen besonderen Teilen nach annimmt, können wir das freie Emporsteigen und Auslaufen in *Spitzen*, seien dieselben durch Bogen oder gerade Linien gebildet, feststellen. Die klassische Architektur, in welcher die Säulen oder Pfosten mit übergelegten Balken die Grundform abgeben, macht die Rechtwinkligkeit und damit das Tragen zur Hauptsache. Denn die im rechten Winkel ruhende Überlage zeigt bestimmt an, daß sie getragen werde. Und wenn nun auch die Balken selbst wieder die Bedachung tragen, so neigen sich doch die Flächen derselben in einem stumpfen Winkel zueinander. Von einem eigentlichen Sichzuspitzen und Emporsteigen ist hier nicht zu sprechen, sondern von Ruhen und Tragen. Ebenso ruht auch ein Rundbogen, der in einer fortgesetzten, gleichmäßig gekrümmten Linie von einer Säule zur anderen geht und aus ein und demselben Mittelpunkte beschrieben wird, auf seinen tragenden Unterlagen. In der romantischen Baukunst aber gibt das Tragen als solches und damit die Rechtwinkligkeit nicht mehr die Grundform ab, sondern hebt sich im Gegenteil dadurch auf, daß die Umschließungen im Inneren und Äußeren für sich emporschießen und ohne den festen, ausdrücklichen Unterschied des Lastens und Tragens in eine Spitze zusammengehen. Dies überwiegend freie Aufstreben und gipfelnde Zueinanderneigen macht hier die wesentliche Bestimmung aus, durch welche teils spitzwinklige Dreiecke mit schmalerer oder breiterer Basis, teils Spitzbogen entstehen, die am auffallendsten den Charakter der gotischen Bauart bezeichnen.

b. Die Gestalt des Inneren und Äußeren

Das Geschäft nun der inneren Andacht und Erhebung hat als Kultus eine Mannigfaltigkeit besonderer Momente und Seiten, die nicht mehr außen in offenen Hallen oder vor den Tempeln können vollbracht werden, sondern ihre Stelle im Innern des Gotteshauses finden. Wenn daher bei dem Tempel der klassischen Architektur die äußere Gestalt die Hauptsache ist und durch die Säulengänge unabhängiger von der Konstruktion des Inneren bleibt, so erhält dagegen in der romantischen Architektur das Innere der Gebäude nicht nur eine wesentlichere Wichtigkeit, da das Ganze nur eine Umschließung sein soll, sondern das Innere scheint auch durch die Gestalt des Äußeren hindurch und bestimmt die speziellere Form und Gliederung desselben.

In dieser Beziehung wollen wir für die nähere Betrachtung erst in das Innere hineintreten und daraus uns die äußere Gestalt klarmachen.

α) Als die vornehmlichste Bestimmung für das *Innere* der Kirche habe ich schon angegeben, daß sie den Ort für die Gemeinde und die innerliche Andacht nach allen Seiten hin, teils gegen die Unbilden der Witterung, teils gegen die Störungen der Außenwelt, abschließen soll. Der Raum des Inneren wird deshalb zu einer totalen Umschließung, während die griechischen Tempel, außer den offenen Gängen und Hallen umher, häufig auch offene Zellen hatten.

Indem nun aber die christliche Andacht eine *Erhebung* des

Gemüts über die Beschränktheit des Daseins und eine Versöhnung des Subjekts mit Gott ist, so liegt hierin wesentlich eine Vermittlung *unterschiedener* Seiten zu ein und derselben in sich konkret gewordenen Einheit. Zugleich erhält die romantische Architektur das Geschäft, in der Gestalt und Anordnung ihres Gebäudes den Inhalt des Geistes, als dessen Umschließung das Bauwerk dasteht, soweit dies architektonisch möglich ist, hindurchscheinen und die Form des Äußeren und Inneren bestimmen zu lassen. Aus dieser Aufgabe ergibt sich folgendes.

αα) Der Raum des Inneren muß nicht ein abstrakt gleicher, leerer Raum sein, der gar keine Unterschiede und deren Vermittlungen in sich hat, sondern bedarf einer konkreten und deshalb auch einer in Rücksicht auf Länge, Breite, Höhe und Form dieser Dimensionen unterschiedenen Gestalt. Die Kreisform, das Quadrat, Oblongum mit ihrer Gleichheit der einschließenden Wände und Bedachung würden nicht passend sein. Die Bewegung, Unterscheidung, Vermittlung des Gemüts in seiner Erhebung vom Irdischen zum Unendlichen, zum Jenseits und Höheren wäre in dieser leeren Gleichheit eines Vierecks architektonisch nicht ausgedrückt.

ββ) Hiermit hängt sogleich zusammen, daß im Gotischen die *Zweckmäßigkeit* des Hauses sowohl in betreff auf die Umschließung durch Seitenwände und Dach als auch in Rücksicht auf die Säulen und Balken für die *Gestalt* des Ganzen und der Teile zur Nebensache wird. Dadurch geht, wie dies schon oben ausgeführt ist, auf der einen Seite der strenge Unterschied des Lastens und Tragens verloren, auf der anderen hebt sich die nicht mehr bloß zweckmäßige Form der Rechtwinkligkeit auf und geht wieder zu einer analogen Naturform zurück, welche eine Form sein muß der frei emporsteigenden feierlichen Sammlung und Umschließung. Betritt man das Innere eines mittelalterlichen Domes, so wird man weniger an die Festigkeit und mechanische Zweckmäßigkeit tragender Pfeiler und eines darauf ruhenden Gewölbes als an die Wölbungen eines Waldes erinnert, dessen

Baumreihen ihre Zweige zueinander neigen und zusammenschießen. Ein Querbalken bedarf eines festen Stützpunktes und der waagerechten Lage; im Gotischen aber steigen die Wände selbständig und frei empor, ebenso die Pfeiler, die sich dann oben nach mehreren Richtungen auseinanderbreiten und wie zufällig zusammentreffen; d. h. die Bestimmung, das Gewölbe zu tragen, ist, obschon dasselbe in der Tat auf den Pfeilern ruht, nicht ausdrücklich hervorgehoben und für sich hingestellt. Es ist, als trügen sie nicht, wie an dem Baume die Äste nicht als vom Stamm getragen, sondern in ihrer Form mehr in leichter Krümmung als eine Fortsetzung des Stammes erscheinen und mit den Zweigen anderer Bäume ein Laubdach bilden. Solches Gewölbe, das für die Innerlichkeit bestimmt ist, dies Schauerliche, das zur Betrachtung einlädt, stellt der Dom dar, insofern die Wände und darunter der Wald von Pfeilern frei in der Spitze zusammenkommen. Doch soll damit nicht gesagt sein, daß die gotische Architektur sich Bäume und Wälder zum wirklichen Vorbild ihrer Formen genommen habe.

Wenn nun das Zuspitzen überhaupt eine Grundform im Gotischen abgibt, so nimmt dieselbe im Innern der Kirchen die speziellere Form des *Spitzbogens* an. Dadurch erhalten hauptsächlich die *Säulen* eine ganz andere Bestimmung und Gestalt.

Die weiten gotischen Kirchen bedürfen als totale Umschließung einer Bedachung, die bei der Breite der Gebäude schwer lastet und eine Unterstützung nötig macht. Hier scheinen also die Säulen recht am Platze zu sein. Weil nun aber das Emporstreben gerade das Tragen in den Schein des freien Aufsteigens verwandelt, so können hier nicht Säulen im Sinne der klassischen Baukunst vorkommen. Sie werden im Gegenteil zu Pfeilern, die, statt des Querbalkens, Bogen in einer Weise tragen, in welcher die Bogen als eine bloße Fortsetzung des Pfeilers erscheinen und sich gleichsam absichtslos in einer Spitze zusammenfinden. Man kann sich zwar die nötige Endigung zweier voneinander abstehender

Pfeiler in eine Spitze so vorstellen, wie etwa ein Giebeldach auf Eckpfosten ruhen kann; aber in Rücksicht auf die Seitenflächen, wenn sie auch in ganz stumpfen Winkeln auf die Pfeiler gesetzt werden und sich in einem spitzen Winkel gegeneinander neigen, träte in diesem Falle dennoch die Vorstellung des Lastens einerseits und des Stützens andererseits hervor. Der Spitzbogen dagegen, der scheinbar zunächst geradlinig vom Pfeiler aufsteigt und sich nur unmerkbar und langsam krümmt, um zu dem gegenüberstehenden hinüberzuneigen, gibt erst die vollständige Vorstellung, als sei er eben nichts als die wirkliche Fortsetzung des Pfeilers selber, der mit einem anderen sich zusammenwölbt. Pfeiler und Gewölbe erscheinen im Gegensatz der Säule und des Balkens als ein und dasselbe Gebilde, obschon die Bogen auf Kapitellen, von denen sie sich emporheben, ruhen. Doch bleiben auch die Kapitelle, wie z. B. in vielen niederländischen Kirchen, ganz fort, so daß jene ungetrennte Einheit dadurch ausdrücklich sichtbar gemacht ist.

Da nun ferner das Aufstreben sich als der Hauptcharakter bekunden soll, so übersteigt die Höhe der Pfeiler die Breite ihrer Basis in einer fürs Auge nicht mehr berechenbaren Weise. Die Pfeiler werden mager, schlank und ragen so hinauf, daß der Blick die ganze Form nicht mit einem Male überschauen kann, sondern umherzuschweifen, emporzufliegen getrieben wird, bis er bei der sanft geneigten Wölbung der zusammentreffenden Bogen beruhigt anlangt – wie das Gemüt in seiner Andacht unruhig, bewegt vom Boden der Endlichkeit ab sich erhebt und in Gott allein Ruhe findet.

Der letzte Unterschied der Pfeiler von den Säulen besteht darin, daß die eigentümlich gotischen Pfeiler, wo sie in ihrem spezifischen Charakter ausgebildet sind, nicht wie die Säulen kreisrund, in sich fest, ein und derselbe Zylinder bleiben, sondern schon in ihrer Basis schilfartiger ein Konvolut, ein Bündel von Fasern ausmachen, das sich dann oben in der Höhe mannigfaltig auseinanderschlägt und zu vielfachen Fortsetzungen nach allen Seiten hin ausstrahlt. Und wenn schon in der klassischen Baukunst die Säule den Fortgang zeigt vom Schwerfälligen, Soliden, Einfachen zum Schlanken und Geschmückteren, so kommt das Ähnliche auch beim Pfeiler wieder zum Vorschein, der sich in diesem schlankeren Aufsteigen dem Tragen immer mehr entzieht und frei, aber oben geschlossen, emporschwebt.

Dieselbe Form von Pfeilern und Spitzbögen wiederholt sich an den Fenstern und Türen. Besonders sind die Fenster, sowohl die unteren der Seitengänge als auch mehr noch die oberen des Mittelschiffs und Chors, von kolossaler Größe, damit der Blick, der auf ihrem unteren Teile ruht, nicht sogleich auch den oberen umfaßt und nun, wie bei den Wölbungen, hinaufgeführt wird. Dies erzeugt eben die Unruhe des Emporfliegens, welche dem Beschauer soll mitgeteilt werden. Außerdem sind die Scheiben der Fenster durch die Glasmalereien, wie schon gesagt, nur halb durchsichtig. Teils stellen sie heilige Geschichten dar, teils sind sie nur überhaupt farbig, um Dämmerung zu verbreiten und den Glanz der Kerzen leuchten zu lassen. Denn hier soll ein anderer Tag Licht geben als der Tag der äußeren Natur.

γγ) Was nun endlich die *totale Gliederung* im Innern der gotischen Kirchen betrifft, so sahen wir schon, daß die besonderen Teile an Höhe, Breite, Länge verschiedenartig sein müßten. Das Nächste ist hier der Unterschied des *Chors,* der *Kreuzflügel* und des *langen Schiffs* von den umherlaufenden *Nebengängen.*

Diese *letzteren* werden nach der äußeren Seite hin durch die das Gebäude einschließenden Mauern, vor denen Pfeiler und Bogen vorspringen, und von der inneren her durch Pfeiler und Spitzbogen gebildet, die gegen das Schiff hin geöffnet sind, indem sie keine Mauern zwischen sich haben. Sie erhalten dadurch die umgekehrte Stellung der Säulengänge in griechischen Tempeln, die nach außen offen, nach innen aber geschlossen sind, während die Seitengänge in gotischen Kirchen dagegen nach dem Mittelschiff zu zwischen den Pfeilern freie Durchgänge offenlassen. Zuweilen stehen je zwei solcher Seitenschiffe nebeneinander, ja die Kathedrale zu Antwerpen z. B. hat deren drei zu jeder Seite des Mittelschiffs.

Das *Hauptschiff* selbst ragt nun, durch Mauern von jeder Seite zugeschlossen, noch einmal so hoch oder auch niedriger in wechselnden Verhältnissen über die Nebenschiffe hinauf, durch lange, kolossale Fenster durchbrochen, so daß die Mauern dadurch selbst gleichsam zu schlanken Pfeilern werden, die überall zu Spitzbögen auseinandergehen und Wölbungen bilden. Doch gibt es auch Kirchen, in denen die Seitenschiffe die gleiche Höhe des Hauptschiffs haben, wie z. B. in dem späteren Chore der Sebalduskirche von Nürnberg, was dem Ganzen den Charakter einer großartigen, freien, offenen Schlankheit und Zierlichkeit gibt. In dieser Weise ist das Ganze durch Pfeilerreihen, die als ein Wald oben in auffliegenden Bogenzweigen zusammenlaufen, abgeteilt und gegliedert. In der *Anzahl* dieser Pfeiler und überhaupt in den Zahlenverhältnissen hat man viel *mystische* Bedeutung finden wollen. Allerdings ist zur Zeit der schönsten Blüte der gotischen Baukunst, zur Zeit z. B. des Kölner Dombaues, auf dergleichen Zahlensymbole eine große Wichtigkeit gelegt worden, indem die noch trübere Ahnung des Vernünftigen leicht auf diese Äußerlichkeiten fällt; doch werden die Kunstwerke der Architektur durch solcherlei immer mehr oder weniger willkürliche Spiele einer untergeordneten Symbolik weder von tieferer Bedeutung noch von erhöhterer Schönheit, da ihr eigentlicher Sinn und Geist sich in ganz anderen Formen und Gestaltungen ausspricht als in der mystischen Bedeutung von Zahlenunterschieden. Man muß sich deshalb sehr hüten, in Aufsuchung solcher Bedeutungen nicht zu weit zu gehen, denn allzu gründlich sein und überall einen tieferen Sinn deuten wollen, macht ebensosehr kleinlich und ungründlich als die blinde Gelehrsamkeit, die auch an der klar ausgesprochenen und dargestellten Tiefe, ohne sie zu fassen, vorübergeht.

In Rücksicht auf den näheren Unterschied von *Chor* und

Hauptschiff endlich will ich nur folgendes erwähnen. Der Hochaltar, dieser eigentliche Mittelpunkt für den Kultus, erhebt sich im Chor und weiht denselben zum Lokal für die Geistlichkeit, im Gegensatze der Gemeinde, welche ihren Platz im Hauptschiff findet, wo auch die Kanzel für die Predigt steht. Zum Chor führen Stufen bald mehr, bald weniger hoch hinauf, so daß dieser ganze Teil, und was in ihm vor sich geht, überall sichtbar wird. Ebenso erscheint der Chorteil in Rücksicht auf Verzierungen geschmückter und doch im Unterschiede des längeren Schiffs, selbst bei gleicher Höhe der Wölbungen, ernster, feierlicher, erhabener; vor allem aber findet hier das ganze Gebäude mit dichteren, gedrängteren Pfeilerstellungen, durch welche die Breite immer mehr schwindet und alles sich stiller und höher zu erheben scheint, einen letzten Abschluß, während die Kreuzflügel und das Mittelschiff durch Türen zum Ein- und Ausgang noch einen Zusammenhang mit der Außenwelt freilassen. – Der Himmelsgegend nach liegt der Chorteil nach Osten, das Hauptschiff ist nach Westen gewendet, die Kreuzflügel stehen nach Norden und Süden hin; doch gibt es auch Kirchen mit einem Doppelchor, wo sich dann gegen Morgen und Abend ein Chor befindet und die Haupttüren an den Kreuzflügeln angebracht sind. – Der Stein für die Taufe, für diese Heiligung des *Eintritts* des Menschen in die Gemeinde, ist in einer Vorhalle beim Haupt*eingange* in die Kirche errichtet. Für die speziellere Andacht endlich stellen sich um das ganze Gebäude, hauptsächlich um Chor und Hauptschiff, noch kleinere Kapellen her, die gleichsam jede für sich eine neue Kirche bilden.

Soviel in Rücksicht auf die Gliederung des Ganzen.

In solchem Dom nun ist Raum für ein ganzes Volk. Denn hier soll sich die Gemeinde einer Stadt und Umgegend nicht um das Gebäude her, sondern im Innern desselben versammeln. Und so haben auch alle mannigfaltigen Interessen des Lebens, die nur irgend an das Religiöse anstreifen, hier nebeneinander Platz. Keine festen Abteilungen von reihenweisen Bänken zerteilen und verengen den weiten Raum, sondern ungestört kommt und geht jeder, mietet sich, ergreift für den augenblicklichen Gebrauch einen Stuhl, kniet nieder, verrichtet sein Gebet und entfernt sich wieder. Ist nicht die Stunde der großen Messe, so geschieht das Verschiedenste störungslos zu gleicher Zeit. Hier wird gepredigt, dort ein Kranker gebracht; dazwischen hindurch zieht eine Prozession langsam weiter; hier wird getauft, dort ein Toter durch die Kirche getragen; wieder an einem anderen Orte liest ein Priester Messe oder segnet ein Paar zur Ehe ein, und überall liegt das Volk nomadenmäßig auf den Knien vor Altären und Heiligenbildern. All dies Vielfache schließt ein und dasselbe Gebäude ein. Aber diese Mannigfaltigkeit und Vereinzelung verschwindet in ihrem steten Wechsel ebensosehr gegen die Weite und Größe des Gebäudes; nichts füllt das Ganze aus, alles eilt vorüber, die Individuen mit ihrem Treiben verlieren sich und zerstäuben wie Punkte in diesem Grandiosen, das Momentane wird nur in seinem Vorüberfliehen sichtbar, und darüberhin erheben sich die ungeheuren, unendlichen Räume in ihrer festen, immer gleichen Form und Konstruktion.

Dies sind die Hauptbestimmungen für das Innere gotischer Kirchen. Wir haben hier keine Zweckmäßigkeit als solche zu suchen, sondern eine Zweckmäßigkeit für die subjektive Andacht des Gemüts in seiner Vertiefung in die innerste Partikularität und in seiner Erhebung über alles Einzelne und Endliche. So sind diese Bauten im Inneren abgesondert von der Natur durch rings umschlossene Räume, düster und ebensosehr ins kleinste ausgeführt als erhaben und ungemessen emporstrebend.

β) Wenden wir uns jetzt zur Betrachtung des *Äußeren*, so ist bereits oben gesagt worden, daß im Unterschiede des griechischen Tempels in der gotischen Architektur die äußere Gestalt, die Verzierung und Anordnung der Wände usf. von innen heraus bestimmt wird, indem das Äußere nur als eine Umschließung des Inneren erscheinen soll.

In diesem Zusammenhange sind besonders folgende Punkte herauszuheben.

αα) *Erstens* läßt schon die ganze äußere Kreuzgestalt in ihrem Grundriß die gleiche Konstruktion des Inneren erkennen, indem sie Chor und Schiff von den Seitenflügeln durchschneiden läßt, und gibt außerdem auch die unterschiedene Höhe der Nebengänge und des Hauptschiffs und Chors deutlich an.

Näher sodann entspricht die *Hauptfassade,* als das Äußere des Mittelschiffs und der Seitengänge, der Konstruktion des Inneren in den *Portalen.* Eine höhere Haupttür, welche in das Schiff führt, steht zwischen den kleineren Eingängen in die Nebenschiffe und deutet durch die perspektivische Verengerung darauf hin, daß das Äußere zusammengehen, schmal werden, verschwinden soll, um den Eingang zu bilden. Das Innere ist der schon sichtbare Hintergrund, zu welchem hin sich das Äußere vertieft, wie das Gemüt beim Eintreten in sich selbst als Innerlichkeit sich vertiefen muß. Über den Seitentüren sodann erheben sich gleichfalls im unmittelbarsten Zusammenhange mit dem Inneren kolossale Fenster, wie die Portale zu ähnlichen Spitzbogen emporgetragen, wie sie als die spezielle Form für die Wölbung des Inneren gebräuchlich sind. Dazwischen über dem Hauptportal öffnet sich ein großes Kreisrund, die Rose, eine Form, welche ebenfalls dieser Bauart ganz eigentümlich angehört und nur für sie passend ist. Wo dergleichen Rosen fehlen, sind sie durch ein noch kolossaleres Fenster mit Spitzbogen ersetzt. – Die ähnliche Gliederung haben die Fassaden der Kreuzflügel, während die Mauern des Hauptschiffs, des Chors, der Seitengänge in den Fenstern und deren Form sowie in den dazwischenliegenden festen Mauern ganz der Gestalt des Inneren folgen und dieselbe nach außen herausstellen.

ββ) *Zweitens* nun aber beginnt das Äußere in diesem engen Verbundensein mit der Form und Einteilung des Inneren sich, weil es eigentümliche Aufgaben zu erfüllen hat, ebensosehr zu verselbständigen. In dieser Beziehung können wir der *Strebepfeiler* Erwähnung tun. Sie treten an die Stelle der vielfachen Pfeiler im Inneren und sind als befestigende Anhaltspunkte für das Aufsteigen und Feststehen des Ganzen notwendig. Zugleich machen sie wiederum nach außen hin in Entfernung, Anzahl usf. die Einteilung der inneren Pfeilerreihen deutlich, obschon sie nicht die eigentliche Gestalt der inneren Pfeiler nachbilden, sondern, je höher sie steigen, in Absätzen an Stärke sich verringern.

γγ) Indem aber *drittens* nur das Innere eine in sich totale Umschließung sein soll, so geht dieser Charakter in der Gestalt des Äußeren verloren und macht dem alleinigen Typus des Hinaufragens vollständig Platz. Dadurch erhält das Äußere eine ebenso vom Inneren unabhängige Form, die sich hauptsächlich in dem allseitigen, zackigen, sich gipfelnden Emporstreben und Ausschlagen in Spitzen über Spitzen kundgibt.

Zu diesem Aufwärtsstreben gehören die hoch aufsteigenden Dreiecke, die, unabhängig von den Spitzbogen, über den Portalen, vorzüglich der Hauptfassade, und auch über den kolossalen Fenstern des Mittelschiffs und Chors emporgehen; ebenso die schmal sich zuspitzende Form des Dachs, dessen Giebel hauptsächlich in den Fassaden der Kreuzflügel zum Vorschein kommt; sodann die Strebepfeiler, die überall zu spitzen Türmchen auslaufen und dadurch, wie innen die Pfeilerreihen einen Wald von Stämmen, Zweigen und Wölbungen bilden, so hier im Äußeren einen Wald von Spitzen in die Höhe strecken.

Am selbständigsten aber erheben sich die *Türme* als diese erhabensten Gipfel. In ihnen nämlich konzentriert sich gleichsam die ganze Masse des Gebäudes, um in ihren Haupttürmen zu einer fürs Auge unberechenbaren Höhe sich schrankenlos hinaufzuheben, ohne dadurch den Charakter der Ruhe und Festigkeit zu verlieren. Dergleichen Türme stehen entweder in der Hauptfassade über den beiden Seitengängen, während ein dritter, dickerer Hauptturm von daher aufsteigt, wo die Wölbung der Kreuzflügel, des Chors und Schiffs zusammentreffen, oder ein einziger Turm macht die Hauptfassade aus und erhebt sich über der ganzen Breite des Mittelschiffs. Dies wenigstens sind die Stellungen, welche am häufigsten vorkommen. In Rücksicht auf den Kultus geben die Türme Glockenhäuser ab, insofern das Geläut der Glocken dem christlichen Gottesdienst eigentümlich angehört. Dies bloße unbestimmte Tönen ist eine feierliche Erregung des Inneren als solchen, doch eine zunächst noch von außen kommende Vorbereitung. Das artikulierte Tönen dagegen, worin ein bestimmter Inhalt der Empfindungen und Vorstellungen sich ausdrückt, ist der Gesang, welcher erst im Innern der Kirche erklingt. Das unartikulierte Läuten aber kann nur im Äußeren des Gebäudes seinen Platz finden und ertönt, weil es wie aus reiner Höhe weit ins Land hinein erschallen soll, von den Türmen hernieder.

c. Die Verzierungsweise

In Rücksicht auf die Verzierungsweise *drittens* habe ich die Hauptbestimmungen gleich anfangs angedeutet.

α) Der *erste* Punkt, der herauszuheben wäre, betrifft die Wichtigkeit der Zierate überhaupt für die gotische Architektur. Die klassische Baukunst hält im ganzen ein weises Maß in Ausschmückung ihrer Gebäude. Indem es aber der gotischen Architektur hauptsächlich darauf ankommt, die Massen, die sie hinlagert, größer und vornehmlich höher erscheinen zu lassen, als sie in der Tat sind, so begnügt sie sich nicht mit einfachen Flächen, sondern zerteilt dieselben durchgängig, und zwar in Formen, welche selbst wieder auf ein Emporstreben deuten. Pfeiler, Spitzbogen und darüber hinausragende spitze Dreiecke z. B. kommen auch in den Zieraten wieder. In dieser Weise ist die einfache Einheit der großen Massen zerstreut und bis in die letzte Endlichkeit und Partikularität ausgearbeitet, das Ganze nun aber in sich selbst in dem ungeheuersten Gegensatz. Einerseits sieht das Auge die faßlichsten Grundlinien in zwar maßlosen Dimensionen, doch in klarer Gliederung, andererseits eine unüberschauliche Fülle und Mannigfaltigkeit zierlicher Ausschmükkungen, so daß dem Allgemeinsten und Einfachsten die bunteste Besonderheit gegenübersteht, wie das Gemüt, im Gegensatze der christlichen Andacht, sich ebensosehr auch in die Endlichkeit vertieft und selbst in das Kleine und Kleinliche einlebt. Diese Entzweitheit soll zur Betrachtung aufregen, dies Emporstreben ladet ein zum Erheben. Denn die Hauptsache liegt bei dieser Verzierungsart darin, die Grundlinien nicht durch die Menge und Abwechslung des Schmucks zu zerstören oder zu verdecken, sondern vollständig durch die Mannigfaltigkeit als das Wesentliche, worauf es ankommt, hindurchgreifen zu lassen. Nur in diesem Falle ist besonders den gotischen Gebäuden die Feierlichkeit ihres grandiosen Ernstes bewahrt. Wie die religiöse Andacht durch alle Partikularitäten des Gemüts, der Lebensverhältnisse aller Individuen sich hindurchziehen und die allgemeinen festen Vorstellungen ins Herz unzerstörbar eingraben soll, so müssen auch die einfachen architektonischen Grundtypen die verschiedenartigsten Abteilungen, Unterbrechungen, Auszierungen immer wieder in jene Hauptlinien zurücknehmen und dagegen verschwinden lassen.

β) Eine *zweite* Seite in den Zieraten hängt in gleicher Weise mit der romantischen Kunstform überhaupt zusammen. Das Romantische hat auf der einen Seite das Prinzip der Innerlichkeit, der Rückkehr des Ideellen in sich; andererseits soll das Innere im Äußerlichen widerscheinen und aus demselben sich zu sich zurückziehen. In der Architektur nun ist es die sinnliche, materiell räumliche Masse, an welcher das Innerlichste selbst, soweit es möglich ist, zur Anschauung gebracht wird. Da bleibt bei solchem Material der Darstellung nichts anderes zu tun übrig, als das Materielle, Massige nicht in seiner Materialität gelten zu lassen, sondern es überall zu durchbrechen, zu zerstückeln, demselben den Schein seines unmittelbaren Zusammenhalts und seiner Selbständigkeit zu nehmen. In dieser Beziehung erhalten die Zierate, besonders im Äußeren, das nicht das Umschließen als solches zu zeigen hat, den Charakter des überall Durchbrochenen oder über die Flächen Hingeflochtenen, und es gibt keine Architektur, welche bei so ungeheuren, schwerlastenden Steinmassen und deren fester Zusammenfügung dennoch den Typus des Leichten und Zierlichen so vollständig bewahrte.

γ) Was *drittens* die Gestaltungsweise der Zierate anbetrifft, so ist darüber nur zu bemerken, daß außer den Spitzbogen, Pfeilern und Kreisen die Formen wieder an das eigentlich Organische erinnern. Schon das Durchbrechen und Aus-der-Masse-Herausarbeiten deutet darauf hin. Näher aber kommen ausdrücklich Blätter, Blumenrosetten und in arabeskenartiger Verschlingung teils wirkliche, teils phantastisch zusammengesetzte Tier- und Menschengestalten vor, und die romantische Phantasie zeigt dadurch auch in der Architektur ihren Reichtum an Erfindungen und seltsamen Verknüpfungen heterogener Elemente, obschon andererseits, wenigstens zur Zeit der reinsten gotischen Baukunst, auch in den Zieraten, wie z. B. in den Spitzbogen der Fenster, eine stete Wiederkehr derselben einfachen Formen ist beobachtet worden.

3. Verschiedene Bauarten der romantischen Architektur

Das letzte, worüber ich noch einiges hinzufügen will, geht die Hauptformen an, zu welchen sich die romantische Baukunst in den verschiedenen Zeiten entwickelt hat, obschon es hier in keiner Weise darum zu tun sein kann, eine Geschichte dieses Zweiges der Kunst zu liefern.

a. Die vorgotische Baukunst

Von der gotischen Architektur, wie ich sie soeben geschildert habe, ist sehr wohl die sogenannte *vorgotische* zu unterscheiden, welche sich aus der römischen hervorgebildet hat. – Die älteste Form der christlichen Kirchen ist *basilikenartig*, indem dieselben aus öffentlichen kaiserlichen Gebäuden entstanden, großen oblongen Sälen mit hölzernem Dachstuhl, wie Konstantin sie den Christen einräumte. In solchen Sälen befand sich eine Tribuna, auf welche bei gottesdienstlichen Versammlungen der Priester zum Gesang und zur Rede oder zum Vorlesen trat, woraus sich dann die Vorstellung des Chors mag gebildet haben. In derselben Weise nahm nun auch die christliche Architektur ihre anderweitigen Formen, wie z. B. den Gebrauch der Säulen mit Rundbogen, die Rotunden und die ganze Verzierungsweise von der klassischen Baukunst besonders im weströmischen Reiche, an, während man auch im oströmischen Kaisertum bis auf Justinians Zeit derselben Bauart scheint treu geblieben zu sein. Selbst was die Ostgoten und Langobarden in Italien bauten, behielt im wesentlichen den römischen Grundcharakter. – In der späteren Architektur jedoch des byzantinischen Kaiserreichs treten mehrfache Veränderungen ein. Den Mittelpunkt bildet eine Rotunde auf vier großen Pfeilern, woran sich dann verschiedenartige Konstruktionen zu den besonderen Zwecken des griechischen, vom römischen unterschiedenen, Kultus anfügten. Mit dieser eigentlichen Baukunst des byzantinischen Reichs ist nun aber diejenige nicht zu verwechseln, welche man in allgemeiner Beziehung byzantinisch nennt und die in Italien, Frankreich, England, Deutschland usf. bis gegen das Ende des zwölften Jahrhunderts gebräuchlich war.

b. Die eigentlich gotische Baukunst

In dem dreizehnten Jahrhundert entwickelte sich sodann die gotische Baukunst in der eigentümlichen Form, deren Hauptkennzeichen ich oben näher angegeben habe. Heutigentags ist sie den Goten abgesprochen worden, und man hat sie die *deutsche* oder *germanische* Baukunst genannt. Wir können jedoch die geläufigere ältere Benennung beibehalten. In Spanien nämlich finden sich sehr alte Spuren dieser Bauart, die auf einen Zusammenhang mit geschichtlichen Umständen deuten, indem sich gotische Könige, bis in die Gebirge

Asturiens und Galiciens zurückgedrängt, dort unabhängig erhielten. Dadurch scheint nun zwar eine nähere Verwandtschaft der gotischen und *arabischen* Architektur wahrscheinlich zu sein, doch sind beide wesentlich zu trennen. Denn das Charakteristische in der arabischen Baukunst des Mittelalters ist nicht der Spitzbogen, sondern die sogenannte *Hufeisenform,* und außerdem zeigen die Gebäude, die für einen ganz anderen Kultus bestimmt sind, orientalischen Reichtum und Pracht, pflanzenähnliche Verzierungen und sonstige Zierate, die Römisches und Mittelalterliches äußerlich vermischen.

c. Die Zivilbaukunst des Mittelalters

Parallel mit dieser Entwicklung der religiösen Architektur geht nun auch die *Zivilbaukunst,* welche von ihrem Standpunkte aus den Charakter der Kirchenbauten wiederholt und modifiziert. In der bürgerlichen Architektur aber hat die Kunst noch weniger Spielraum, da hier beschränktere Zwecke mit einer Mannigfaltigkeit von Bedürfnissen eine strengere Befriedigung fordern und für die Schönheit nur den Raum einer bloßen Zierde übriglassen. Außer der allgemeinen Eurhythmie der Formen und Maße wird sich die Kunst hauptsächlich nur in Auszierung der Fassaden, Treppen, Treppenhallen, Fenster, Türen, Giebel, Türme usf. zeigen können, so jedoch, daß die Zweckmäßigkeit das eigentlich Bestimmende und Durchgreifende bleibt. Im Mittelalter ist es vornehmlich das *Burgartige* befestigter Wohnungen, was sich als Grundtypus sowohl auf einzelnen Bergabhängen und Spitzen als auch in den Städten hervortut, wo jeder Palast, jedes Familienhaus – in Italien z. B. – die Gestalt einer kleinen Festung oder Burg annahm. Mauern, Tore, Türme, Brücken und dergleichen sind hier durch das Bedürfnis herbeigeführt und werden durch die Kunst geschmückt und verschönert. Festigkeit, Sicherheit, bei grandioser Pracht und lebendiger Individualität der einzelnen Formen und ihres Zusammenhangs, machen die wesentliche

Bestimmung aus, deren nähere Auseinandersetzung uns jedoch hier zu weit führen würde.

Anhangsweise nun endlich können wir noch kurz der *Gartenbaukunst* Erwähnung tun, welche nicht nur für den Geist eine Umgebung, als eine zweite äußere Natur, von Hause aus ganz neu erschafft, sondern das Landschaftliche der Natur selbst in ihre Umgestaltung hineinzieht und als Umgebung der Bauten architektonisch behandelt. Als bekanntes Beispiel brauche ich hierfür nur die höchst großartige Terrasse von Sanssouci anzuführen.

In betreff der eigentlichen *Gartenkunst* haben wir das *Malerische* derselben vom *Architektonischen* sehr wohl zu unterscheiden. Das Parkartige nämlich ist nicht eigentlich architektonisch, kein Bauen mit freien Naturgegenständen, sondern ein Malen, das die Gegenstände in ihrer Natürlichkeit beläßt und die große freie Natur nachzubilden strebt, indem die wechselnde Andeutung an alles, was in einer Landschaft erfreut, an Felsen und deren große rohe Massen, an Täler, Waldungen, Wiesen, Gras, schlängelnde Bäche, an breite Ströme mit belebten Ufern, stille Seen, umkränzt mit Bäumen, an rauschende Wasserfälle, und was dergleichen mehr ist, zu einem Ganzen zusammengedrängt erscheint. In dieser Weise umfaßt schon die Gartenkunst der Chinesen ganze Landschaften mit Seen und Inseln, Flüssen, Aussichten, Felspartien usf.

In solch einem Park, besonders in neuerer Zeit, soll nun einerseits alles die Freiheit der Natur selber beibehalten, während es doch andererseits künstlich bearbeitet und gemacht und von einer vorhandenen Gegend bedingt ist, wodurch ein Zwiespalt hereinkommt, der keine vollständige Lösung findet. Es gibt in dieser Rücksicht zum größten Teil nichts Abgeschmackteres als solche überall sichtbare Absichtlichkeit des Absichtslosen, solchen Zwang des Ungezwungenen. Außerdem aber geht hier der eigentliche Charakter des Gartenmäßigen verloren, insofern ein Garten die Bestimmung hat, zum Lustwandeln, zur Unterhaltung in einem Lokale zu dienen, das nicht mehr die Natur als solche ist, sondern die vom Menschen für sein Bedürfnis einer selbstgemachten Umgebung umgestaltete Natur. Ein großer Park dagegen, besonders wenn er mit chinesischen Tempelchen, türkischen Moscheen, Schweizerhäusern, Brücken, Einsiedeleien und wer weiß mit was für anderen Fremdartigkeiten ausstaffiert ist, macht für sich selber schon einen Anspruch auf Betrachtung; er soll für sich selber etwas sein und bedeuten. Doch dieser Reiz, der sogleich befriedigt ist, verschwindet bald, und man kann dergleichen nicht zweimal ansehen; denn diese Zutat bietet dem Anblick nichts Unendliches, keine in sich seiende Seele dar und ist außerdem für die Unterhaltung, das Gespräch beim Umhergehen nur langweilig und lästig.

Ein Garten als solcher soll nur eine heitere Umgebung und bloße Umgebung sein, die nichts für sich gelten und den Menschen nicht vom Menschlichen und Inneren abziehen will. Hier hat die Architektur mit verständigen Linien, mit Ordnung, Regelmäßigkeit, Symmetrie ihren Platz und ordnet die Naturgegenstände selber architektonisch. Die Gartenkunst der Mongolen jenseits der Großen Mauer, in Tibet, die Paradiese der Perser folgen schon mehr diesem Typus. Es sind keine englischen Parks, sondern Säle mit Blumen, Brunnen, Springbrunnen, Höfe, Paläste zum Aufenthalt in der Natur, prächtig, grandios, verschwenderisch für menschliches Bedürfnis und menschliche Bequemlichkeit eingerichtet. Am meisten durchgeführt aber ist das architektonische Prinzip in der französischen Gartenkunst, die sich gewöhnlich auch an große Paläste anschließt, die Bäume in strenger Ordnung zu großen Alleen nebeneinanderpflanzt, sie beschneidet, gerade Wände aus geschnittenen Hecken bildet und so die Natur selbst zu einer weiten Wohnung unter freiem Himmel umwandelt.

Zweiter Abschnitt
Die Skulptur

Der unorganischen Natur des Geistes, wie sie durch die Architektur ihre kunstgemäße Gestalt gewinnt, tritt das Geistige selbst gegenüber, so daß nun das Kunstwerk die Geistigkeit zu seinem Inhalt erhält und darstellt. Die Notwendigkeit dieses Fortgangs haben wir bereits gesehen; sie liegt in dem Begriffe des Geistes, der sich in sein subjektives Fürsichsein und seine Objektivität als solche unterscheidet. In diese Äußerlichkeit scheint zwar durch die architektonische Behandlung das Innere hinein, ohne jedoch das Objektive total durchdringen und dasselbe zu der schlechthin adäquaten Äußerung des Geistes, die nur ihn selber erscheinen läßt, machen zu können. Die Kunst zieht sich deshalb aus dem Unorganischen, das die Baukunst in ihrem Gebundensein an die Gesetze der Schwere dem Ausdruck des Geistes näherzubringen bemüht ist, in das Innere zurück, das nun in seiner höheren Wahrheit, unvermischt mit dem Unorganischen, für sich auftritt. Auf diesem Wege der Rückkehr des Geistes in sich aus dem Massenhaften und Materiellen ist es, daß wir der *Skulptur* begegnen.

Die erste Stufe nun aber auf diesem neuen Gebiete ist noch kein Zurückgehen des Geistes in seine *innerliche* Subjektivität als solche, so daß die Darstellung des Inneren einer selbst nur *ideellen* Äußerungsweise bedürftig wäre, sondern der Geist erfaßt sich zunächst nur insoweit, als er sich noch im *Körperlichen* ausdrückt und darin sein homogenes Dasein hat. Die Kunst, welche sich diesen Standpunkt der Geistigkeit zum Inhalt nimmt, wird die geistige Individualität daher als Erscheinung im Materiellen, und zwar im unmittelbaren Eigentlich-Materiellen, zu gestalten berufen sein. Denn auch die Rede, Sprache ist ein Sichzeigen des Geistes in der Äußerlichkeit, doch in einer Objektivität, die, statt als unmittelbares Konkret-Materielles Gültigkeit zu haben, nur als Ton, als Bewegung, Erzitterung eines totalen Körpers und des abstrakten Elementes, der Luft, eine Mitteilung des Geistes wird. Die unmittelbare Körperlichkeit dagegen ist die räumliche Materialität: Stein z. B., Holz, Metall, Ton, in vollständiger Räumlichkeit der drei Dimensionen; die dem Geiste angemessene Gestalt aber, wie wir schon sahen, ist seine eigene Leiblichkeit, durch welche die Skulptur das Geistige in räumlicher Totalität wirklich macht.

Nach dieser Seite hin steht die Skulptur mit der *Baukunst* insofern noch auf der gleichen Stufe, als sie das Sinnliche als solches, das Materielle seiner *materiellen* räumlichen Form nach gestaltet; sie unterscheidet sich jedoch ebensosehr von der Architektur dadurch, daß sie nicht das Unorganische, als das Andere des Geistes, zu einer von ihm gemachten zweckmäßigen Umgebung in Formen umschafft, die ihren Zweck außerhalb ihrer haben, sondern die Geistigkeit selbst, diese Zweckmäßigkeit und Selbständigkeit für sich, in die dem Geiste und seiner Individualität dem Begriff nach zugehörige leibliche Gestalt hineinstellt und beides, Körper und Geist, als ein und dasselbe Ganze unscheidbar vor die Anschauung bringt. Die Gestalt der Skulptur reißt sich deshalb von der architektonischen Bestimmung, dem Geiste als eine bloß äußere Natur und Umgebung zu dienen, los und ist ihrer selbst wegen da. Dieser Abtrennung zum Trotz bleibt aber das Skulpturbild dennoch in wesentlichem Verhältnis zu seiner Umgebung. Eine Statue oder Gruppe und mehr noch ein Relief kann nicht gemacht werden, ohne daß der Ort in Betracht kommt, an welchem das Kunstwerk stehen soll. Man darf ein Skulpturwerk nicht erst vollenden und dann zusehen, wo man es hinbringt, sondern es muß bei der Konzeption schon in Zusammenhang mit einer bestimmten Außenwelt und deren räumlicher Form und örtlicher Lage stehen. In dieser Rücksicht behält die Skulptur einen dauernden Bezug besonders auf architektonische Räume. Denn der nächste Zweck von Statuen ist der, Tempelbilder zu sein und im Innern der Zelle aufgestellt zu werden; wie in christlichen Kirchen die Malerei ihrerseits die Altarbilder liefert und auch die gotische Architektur den gleichen Zusammenhang der Skulpturwerke und ihres Ortes zeigt. Doch sind Tempel und Kirchen nicht der einzige Raum für Statuen, Gruppen und Reliefs, sondern ebenso werden auch Säle, Treppen, Gärten, öffentliche Plätze, Tore, einzelne Säulen, Triumphbogen usf. mit Skulpturbildern belebt und gleichsam bevölkert, und selbst unabhängig von solcher weiteren Umgebung fordert jede Statue zu ihrem Ort und Boden ein eigenes Postament. Soviel von dem Zusammenhange und Unterschiede der Skulptur und Architektur.

Vergleichen wir nun ferner die Skulptur mit den übrigen Künsten, so sind es besonders *Poesie* und *Malerei*, die in Betracht kommen. Sowohl einzelne Statuen als Gruppen geben uns die geistige Gestalt in vollständiger Leiblichkeit, den Menschen, wie er *ist*. Die Skulptur scheint daher die der Natur getreuste Weise für die Darstellung des Geistigen zu haben und die Malerei wie die Poesie dagegen unnatürlich zu sein, weil die Malerei statt der sinnlichen Totalität des Raums, welche die menschliche Gestalt und die sonstigen Naturdinge wirklich einnehmen, sich nur der Ebene bedient und die Rede noch weniger das Leibliche ausdrückt, sondern nur die Vorstellungen von demselben durch den Ton mitzuteilen vermag.

Dennoch verhält sich die Sache gerade umgekehrt. Wenn das Skulpturbild wohl die Natürlichkeit für sich vorauszuhaben scheint, so ist doch gerade diese durch die schwere Materie dargestellte leibliche Äußerlichkeit und Natürlichkeit nicht die Natur des Geistes als Geistes. Als solcher ist im Gegenteil seine eigentümliche Existenz die Äußerung in Reden, Taten, Handlungen, die sein Inneres entwickeln und ihn zeigen, wie er ist.

In dieser Rücksicht wird die Skulptur hauptsächlich gegen die *Poesie* zurücktreten müssen. Zwar überwiegt in der bildenden Kunst die plastische Deutlichkeit, in der das Leibliche vor unseren Augen steht, aber auch die Poesie kann die äußere Figur des Menschen beschreiben, sein Haar, Stirne, Wange, Wuchs, Kleidung, Stellung usf., freilich nicht mit der Präzision und Genauigkeit der Skulptur; doch was ihr hierin abgeht, ergänzt die Phantasie, die außerdem für die bloße Vorstellung nicht solcher festen und ausgeführten Bestimmtheit bedarf und uns den Menschen vor allem *handelnd*, mit allen seinen Motiven, Verwicklungen des Schicksals, der Umstände, mit allen seinen Empfindungen, Reden, Aufdeckungen seines Inneren und äußeren Begebenheiten vorführt. Dies vermag die Skulptur entweder gar nicht oder nur in sehr unvollkommener Weise, da sie weder das subjektive Innere in seiner partikularen Innigkeit und Leidenschaft noch wie die Poesie eine Folge von Äußerungen darstellen kann, sondern nur das Allgemeine der Individualität, soweit der Körper es ausdrückt, und etwas Sukzessionsloses in einem bestimmten Moment und dieses bewegungslos ohne lebendige fortschreitende Handlung gibt.

Sie steht in diesen Beziehungen auch der *Malerei* nach. Denn der Ausdruck des Geistes erhält in der Malerei durch die Farbe des Gesichts und dessen Licht und Schatten nicht nur im natürlichen Sinne der materiellen Genauigkeit überhaupt, sondern vornehmlich der physiognomischen und pathognomischen Erscheinung eine überwiegende, bestimmtere Richtigkeit und Lebendigkeit. Man könnte daher zunächst wohl meinen, die Skulptur brauche, um vollkommener zu werden, ja nur mit dem Vorteil ihrer räumlichen Totalität noch die übrigen Vorteile der Malerei zu verbinden, und es sei eine Willkürlichkeit, sich zu dem Weglassen der malerischen Färbung entschlossen zu haben, oder eine Dürftigkeit und ein Ungeschick der Exekution, sich nur auf die eine Seite der Wirklichkeit, auf die materielle *Form* nämlich, zu beschränken und von der anderen zu abstrahieren, wie etwa die Silhouette und der Kupferstich ein bloßer Notbehelf sind. Von solch einer Willkür darf jedoch in der wahren Kunst nicht gesprochen werden. Die Gestalt, wie sie Gegenstand der Skulptur ist, bleibt in der Tat nur eine *abstrakte* Seite der konkreten menschlichen Leiblichkeit; ihre Formen erhalten keine Mannigfaltigkeit von partikularisierten Farben und Bewegungen. Dies ist aber kein zufälliger Mangel, sondern eine durch den Begriff der Kunst selbst gesetzte Beschränkung des Materials und der Darstellungsweise. Denn die Kunst ist ein Produkt des Geistes, und zwar des höheren, denkenden Geistes, und solch ein Werk macht sich einen bestimmten Inhalt und deshalb auch eine von anderen Seiten abstrahierende Weise der künstlerischen Realisierung zu ihrem Vorwurf. Es geht hier mit der Kunst wie mit den verschiedenen Wissenschaften, von denen die Geometrie nur den Raum, die Rechtswissenschaft nur das Recht, die Philosophie nur die Explikation der ewigen Idee und deren Dasein und Fürsichsein in den Dingen zum Objekt hat und diese Gegenstände nach ihrer Verschiedenheit auch verschiedenartig entwickelt, ohne daß eine der angeführten Wissenschaften das vollständig zur Vorstellung bringt, was man das konkrete wirkliche Dasein im Sinne des gewöhnlichen Bewußtseins nennt.

Die Kunst nun, als aus dem Geiste heraus gestaltendes Schaffen, geht schrittweise und trennt, was im Begriffe, in der Natur der Sache selbst, obgleich nicht im Dasein getrennt ist. Solche Stufe hält sie daher für sich fest, um sie ihrer bestimmten Eigentümlichkeit nach auszubilden. So im Begriffe zu unterscheiden und voneinander zu trennen sind in dem Räumlich-Materiellen, welches das Element der bildenden Kunst ausmacht, die Leiblichkeit als räumliche Totalität und deren abstrakte Form, die Körper*gestalt* als solche, und die nähere lebendige Partikularisation derselben in Rücksicht auf die Mannigfaltigkeit der *Färbung*. An jene erste Stufe hält sich die Kunst der Skulptur in betreff der menschlichen Gestalt, welche sie gleichsam wie einen stereometrischen Körper bloß nach seiner Form, die er in den räumlichen Dimensionen hat, behandelt. Nun muß zwar das Kunstwerk, das sich im Elemente des Sinnlichen ergeht, ein

Sein für Anderes haben, mit dem sogleich die Partikularisation beginnt; die erste Kunst aber, welche es sich mit der menschlichen Körperform als Ausdruck des Geistes zu tun macht, geht in diesem Sein für Anderes nur bis zur ersten, selbst noch allgemeinen Weise des natürlichen Daseins, zur bloßen *Sichtbarkeit* und Existenz im Lichte überhaupt fort, ohne dessen Beziehung auf das Dunkle, woran sich das Sichtbare in sich materiell partikularisiert und zur Farbe wird, mit in die Darstellung aufzunehmen. Auf diesen Standpunkt stellt sich, dem notwendigen Verlauf der Kunst nach, die Skulptur. Denn die bildende Kunst, welche nicht wie die Poesie die Totalität des Erscheinenden in das eine gleiche Element der Vorstellung zusammenfassen kann, muß diese Totalität auseinanderfallen lassen.

Dadurch erhalten wir auf der einen Seite die *Objektivität,* welche, insofern sie nicht die eigene Gestalt des Geistes ist, demselben gegenüber als die unorganische Natur dasteht. Dies Objektive verwandelt die Architektur zu einem bloß andeutenden Symbol, das seine geistige Bedeutung nicht in sich selber hat. Zur Objektivität als solcher bildet das entgegengesetzte Extrem die *Subjektivität,* das Gemüt, die Empfindung in der ganzen Partikularisation aller ihrer Regungen, Stimmungen, Leidenschaften, inneren und äußeren Bewegungen und Taten. Zwischen beiden begegnen wir der zwar bestimmten, aber noch nicht bis zur Innerlichkeit des *subjektiven* Gemüts vertieften geistigen Individualität, in welcher statt der subjektiven Einzelheit noch die *substantielle* Allgemeinheit des Geistes und seiner Zwecke und Charakterzüge überwiegt. Sie ist in ihrer Allgemeinheit noch nicht in sich als nur geistiges Eins absolut zurückgegangen, denn sie kommt als diese Mitte noch vom Objektiven, von der unorganischen Natur her und hat so selbst die Körperlichkeit als solche an ihr, als das eigene Dasein des Geistes in seinem ihm ebenso zugehörigen als ihn kundgebenden Leibe. In dieser Äußerlichkeit, welche dem Innern kein bloßes Gegenüber mehr bleibt, soll die geistige Indi-

vidualität dargestellt werden, doch nicht als lebendige, d. h. als stets auf den Einheitspunkt geistiger Einzelheit zurückgeführte Körperlichkeit, sondern als äußerlich vor- und dargestellte Form, in welche der Geist zwar ergossen ist, ohne jedoch aus diesem Außereinander in seiner Zurücknahme in sich als Inneres zur Erscheinung zu kommen.
Hieraus bestimmen sich die beiden oben bereits angegebenen Punkte: die Skulptur ergreift, statt sich zu ihrem Ausdrucke symbolischer, die Geistigkeit bloß *andeutender* Erscheinungsweisen zu bedienen, die menschliche Gestalt, welche die *wirkliche* Existenz des Geistes ist. Ebensosehr aber ist sie als Darstellung der nicht empfindenden Subjektivität und des in sich unpartikularisierten Gemüts mit der *Gestalt als solcher* zufrieden, in welche der Punkt der Subjektivität auseinanderfährt. Dies ist auch der Grund, weshalb die Skulptur den Geist einerseits nicht in Handlung, in einer Reihe von Bewegungen, die einen Zweck haben und hervorbringen, nicht in Unternehmungen und Taten vorstellt, woraus ein Charakter zum Vorschein kommt, sondern als gleichsam objektiv bleibend und deshalb vornehmlich in der Ruhe der Gestalt, an welcher die Bewegung und Gruppierung nur ein erster und leichter Beginn von Handlung, nicht aber eine volle Darstellung der in alle Konflikte der inneren und äußeren Kämpfe hineingerissenen oder mit der Äußerlichkeit bunt sich verwickelnden Subjektivität ist. Daher fehlt denn aber auch der Skulpturgestalt, da sie den in die Körperlichkeit eingesenkten Geist vor die Anschauung bringt, der sich in der *ganzen* Gestalt sichtbar zeigen muß, der erscheinende Punkt der Subjektivität, der konzentrierte Ausdruck der Seele als Seele, der Blick des Auges; wie sich späterhin ausführlicher noch ergeben wird. Nach der anderen Seite bedarf die noch nicht mannigfaltig in sich besonderte und vereinzelte Individualität als Gegenstand der Skulptur zu ihrer Erscheinungsweise noch nicht des malerischen Farbenzaubers, welcher durch die Feinheit und Vielfältigkeit seiner Nuancen auch die ganze Fülle besonderer

Charakterzüge und das ganze Heraustreten des Geistes als Innerlichkeit sowie die volle Zusammenfassung des Gemüts in sich durch den Seelenblick des Auges sichtbar zu machen befähigt ist. Die Skulptur muß das Material nicht aufnehmen, dessen sie ihrem bestimmten Standpunkte nach nicht nötig hat. Sie bedient sich deshalb nur der räumlichen Formen der menschlichen Gestalt und nicht der malerischen Färbung. Das Skulpturbild ist im ganzen einfarbig, aus weißem Marmor gefertigt, nicht aus vielfarbig buntem; ebenso stehen der Skulptur Metalle als Material zu Gebote, diese Urmaterie, identisch mit sich, in sich undifferenziert, ein sozusagen geronnenes Licht ohne Gegensatz und Harmonie verschiedener Farben.

Es ist der große geistige Sinn der Griechen, diesen Standpunkt ergriffen und festgehalten zu haben. Zwar kommen auch in der griechischen Skulptur, an welche wir uns vornehmlich halten müssen, Beispiele von mehrfarbigen Statuen vor, doch ist in dieser Beziehung sogleich der Anfang und das Ende der Kunst von dem zu unterscheiden, was sie auf ihrer echten Höhe geleistet hat. In gleicher Weise müssen wir das abrechnen, was sich durch das Traditionelle der Religion in die Kunst, ohne ihr eigentlich anzugehören, hineindrängt. Wie wir schon bei der klassischen Kunstform sahen, daß sie nicht unmittelbar das Ideal, in welchem sie ihre Grundbestimmung zu finden hat, sogleich fertig hinstellt, sondern erst viel Ungehöriges und Fremdes von demselben abstreift, so geht es auch mit der Skulptur. Sie muß manche Vorstufe durchmachen, ehe sie zur Vollendung kommt, und dieser Anfang ist von dem erreichten Gipfelpunkte sehr verschieden. Die ältesten Skulpturwerke sind bemaltes Holz, wie die ägyptischen Idole, und ähnliches gibt es auch bei den Griechen. Dergleichen aber müssen wir von der eigentlichen Skulptur, wenn es darauf ankommt, den Grundbegriff derselben festzustellen, ausschließen. Es soll deshalb hier keineswegs geleugnet werden, daß viele Beispiele von bemalten Statuen vorkommen; je mehr sich aber der Kunstgeschmack läuterte, um so mehr »entlud sich die Skulptur des ihr nicht zusagenden Farbenprunks; mit weisem Bedacht benutzte sie hingegen Licht und Schatten, um größere Weichheit, Ruhe, Deutlichkeit und Wohlgefälligkeit für das Auge des Beschauers zu erzielen« (Meyer, *Geschichte der bildenden Künste bei den Griechen*, Bd. I, S. 119[1]). Gegen die bloße Einfarbigkeit des Marmors lassen sich freilich nicht nur die vielen Statuen aus Erz, sondern mehr noch die größten und vortrefflichsten Werke anführen, welche, wie z. B. der Zeus des Phidias, mehrfarbig waren. Doch von solcher äußersten Abstraktion der Farblosigkeit ist auch nicht die Rede; Elfenbein und Gold aber sind immer noch kein malerischer Gebrauch von Farben, und überhaupt halten die verschiedenen Werke einer bestimmten Kunst in der Wirklichkeit nicht jedesmal den Grundbegriff in so abstrakter Unabänderlichkeit fest; denn sie treten in lebendige Verhältnisse mit mannigfaltigen Zwecken ein, erhalten ein verschiedenartiges Lokal und kommen dadurch mit äußeren Umständen in Zusammenhang, welche den eigentlichen Grundtypus auch wieder modifizieren. So wurden z. B. Skulpturbilder öfters auch aus reichen Stoffen, wie Gold und Elfenbein, gefertigt; sie saßen auf prächtigen Stühlen oder standen auf Postamenten voll Kunst und verschwenderischem Luxus und erhielten köstliche Verzierungen, damit das Volk im Anschauen solcher prachtvollen Werke zugleich den Genuß seiner Macht und seines Reichtums habe. Besonders die Skulptur, weil sie an und für sich schon eine abstraktere Kunst ist, hält sich nicht immer in dieser Abstraktion, sondern bringt einerseits mancherlei Beiwesen des Traditionellen, Statarischen, Lokalen aus ihrem Ursprung mit, andererseits gibt sie sich den lebendigen Bedürfnissen des Volkes hin; denn der regsame Mensch fordert eine ergötzliche Mannigfaltigkeit und will nach vielen Richtungen

1 Johann Heinrich Meyer, *Geschichte der bildenden Künste bei den Griechen* (fortgesetzt von Fr. W. Riemer), 3 Bde., Dresden 1824–36

hin mit seiner Anschauung und Vorstellung beschäftigt sein. Es geht damit wie mit dem Lesen griechischer Tragödien, welches uns auch das Kunstwerk nur in seiner abstrakteren Gestalt gibt. In der weiteren äußerlichen Existenz kommt noch die Aufführung durch lebende Personen, Kostüm, Ausschmückung der Bühne, Tanz und Musik hinzu. In der gleichen Weise ist auch das Skulpturbild in seiner äußeren Realität nicht von mannigfaltigem Beiwerk entblößt; wir aber haben es hier nur mit dem eigentlichen Skulpturwerk als solchem zu tun, denn jene äußeren Seiten dürfen uns nicht hindern, den innersten Begriff dei Sache selbst uns in seiner Bestimmtheit und Abstraktion zum Bewußtsein zu bringen.

Gehen wir jetzt zur näheren *Einteilung* dieses Abschnittes fort, so bildet die Skulptur so sehr den Mittelpunkt der *klassischen* Kunstform überhaupt, daß wir hier nicht, wie bei Betrachtung der Architektur, das Symbolische, Klassische und Romantische als die durchgreifenden Unterschiede und als Grund der Einteilung annehmen dürfen. Die Skulptur ist die eigentliche Kunst des klassischen Ideals als solchen. Zwar hat die Skulptur auch Stadien, auf welchen sie von der *symbolischen* Kunstform ergriffen wird, wie in Ägypten z. B. Doch sind dies mehr nur historische Vorstufen und keine Unterschiede, welche den eigentlichen Begriff der Skulptur seinem Wesen nach angingen, insofern diese Gebilde durch die Art ihrer Aufstellung und ihres Gebrauchs eher der Architektur anheimfallen, als sie dem eigentlichen Zwecke der Skulptur angehören. In gleicher Weise geht, wenn die *romantische* Kunstform in ihr sich ausdrückt, die Skulptur über sich selbst hinaus und erhält erst mit der Nachbildung der griechischen Skulptur ihren eigentümlich plastischen Typus wieder. Wir haben uns deshalb nach einer anderweitigen Einteilung umzusehen.

Den Mittelpunkt unserer Betrachtung wird nach dem Gesagten die Art und Weise abgeben, in welcher das *klassische Ideal* durch die Skulptur zu seiner angemessensten Wirklichkeit gelangt. Ehe wir aber an diese Entwicklung des idealen Skulpturbildes herantreten können, haben wir vorerst zu zeigen, welcher *Inhalt* und welche *Form* dem Standpunkte der Skulptur als besonderer Kunst *eigens* zukomme und sie deshalb dahin führe, das klassische Ideal in der geistdurchdrungenen menschlichen Gestalt und deren abstrakt-räumlicher Form darzustellen. – Nach der anderen Seite hin beruht das klassische Ideal auf der zwar substantiellen, ebensosehr aber auch in sich besonderten Individualität, so daß die Skulptur nicht das Ideal der menschlichen Gestalt *überhaupt* zum Inhalt nimmt, sondern das *bestimmte* Ideal, und dadurch zu unterschiedenen Darstellungsweisen auseinandertritt. Diese Unterschiede betreffen teils die Auffassung und *Darstellung* als solche, teils aber das *Material*, in welchem dieselbe wirklich wird und das nun seiner verschiedenen Beschaffenheit nach in die Kunst selbst wieder neue Besonderungen hereinbringt, woran sich sodann, als letzter Unterschied, die Stadien im *historischen* Entwicklungsgange der Skulptur anschließen.

Nach diesen Rücksichten wollen wir unserer Betrachtung folgenden Verlauf geben:

Erstens haben wir es nur mit den *allgemeinen* Bestimmungen für die wesentliche Natur *des Inhalts und der Form* zu tun, die sich aus dem Begriff der Skulptur ergeben;

zweitens dagegen handelt es sich um die nähere Auseinandersetzung des klassischen Ideals, insoweit es durch die Skulptur zu seinem kunstgemäßesten Dasein kommt;

drittens endlich tut sich die Skulptur zu besonderen Arten der Darstellung und des Materials auf und breitet sich zu einer Welt von Werken auseinander, in welchen sich nach der einen und anderen Seite hin auch die symbolische und romantische Kunstform geltend machen, während die klassische die echt plastische Mitte bildet.

Erstes Kapitel

Das Prinzip der eigentlichen Skulptur

Die Skulptur im allgemeinen faßt das Wunder auf, daß der Geist dem ganz Materiellen sich einbildet und diese Äußerlichkeit so formiert, daß er in ihr sich selber gegenwärtig wird und die gemäße Gestalt seines eigenen Inneren darin erkennt. Was wir in dieser Rücksicht zu betrachten haben, betrifft

erstens die Frage, welche Weise der *Geistigkeit* fähig ist, in diesem Material der bloß sinnlich räumlichen Gestalt sich darzustellen;

zweitens, wie die *Formen* der Räumlichkeit gestaltet sein müssen, um das Geistige in schöner leiblicher Gestalt zu erkennen zu geben.

Was wir überhaupt zu sehen haben, ist die Einheit des *ordo rerum extensarum* und des *ordo rerum idearum,* die erste schöne Einigung von Seele und Leib, insofern sich das geistige Innere in der Skulptur nur in seinem körperlichen Dasein ausdrückt.

Diese Einigung *drittens* entspricht dem, was wir bereits als das Ideal der klassischen Kunstform haben kennenlernen, so daß sich die Plastik der Skulptur als die eigentliche Kunst des klassischen Ideals ergeben wird.

1. Der wesentliche Inhalt der Skulptur

Das Element, in welchem die Skulptur ihre Gebilde realisiert, ist, wie wir sahen, das erste, noch allgemeine Dasein der räumlichen Materie, an welcher noch keine weiteren Partikularitäten zum Kunstgebrauch verwendet werden als die allgemeinen räumlichen Dimensionen und die näheren räumlichen Formen, deren jene Dimensionen zu ihrer schönsten Gestaltung fähig sind. Dieser abstrakteren Seite des sinnlichen Materials entspricht nun als Inhalt am meisten die in sich beruhende *Objektivität* des Geistes, insofern sich der Geist weder gegen seine allgemeine Substanz noch gegen sein Dasein in seiner Körperlichkeit unterschieden hat und deshalb zum Fürsichsein in seiner eigenen Subjektivität noch nicht zurückgegangen ist. Hierin liegt zweierlei.

a) Der Geist als Geist ist zwar immer Subjektivität, inneres Wesen seiner Selbst, Ich. Dies Ich nun aber kann sich von dem, was im Wissen, Wollen, Vorstellen, Empfinden, Handeln und Vollbringen den *allgemeinen* und ewigen Gehalt des Geistes ausmacht, losscheiden und sich in seiner *besonderen Eigentümlichkeit* und Zufälligkeit festhalten. Dann ist es die *Subjektivität als solche*, welche zum Vorschein kommt, indem sie den objektiven, wahrhaften Inhalt des Geistes hat fahrenlassen und sich nur formell als Geist gehaltlos auf sich selbst bezieht. Bei der Selbstgefälligkeit z. B. kann ich mich einerseits zwar ganz objektiv verhalten und einer sittlichen Handlung wegen mit mir zufrieden sein. Dennoch aber ziehe ich mich, als selbstgefällig, aus dem Inhalte der Handlung schon heraus, trenne mich als Einzelnen, als dieses Ich, von der Allgemeinheit des Geistes ab, um mich mit ihr zu vergleichen. Die Zustimmung meiner zu mir selber bei dieser Vergleichung gibt die Selbstgefälligkeit, in welcher sich dieses bestimmte Ich, gerade als dieses Eine, über sich selber freut. So ist zwar das eigene Ich bei allem, was der Mensch weiß, will und ausführt; aber es macht einen großen Unterschied, ob es ihm bei seinem Wissen und Handeln auf sein eigenes partikulares Ich oder auf das ankommt, was den wesentlichen Inhalt des Bewußtseins ausmacht; ob der Mensch sich mit seinem Ich in diesen Inhalt unzerschieden einsenkt oder in der steten Bezogenheit auf seine subjektive Persönlichkeit lebt.

α) Das Subjektive als solches verfällt bei dieser Überhebung über das Substantielle in die abstrakte Besonderheit der Neigung, in die Willkür und Zufälligkeit der Empfindungen und Triebe, wodurch es bei der Beweglichkeit in bestimmten Taten und Handlungen der Abhängigkeit von bestimmten Umständen und deren Wechsel anheimfällt und sich überhaupt der Beziehbarkeit auf anderes nicht zu entschlagen vermag. Das Subjekt steht damit als die bloße *endliche* Subjektivität der wahrhaften Geistigkeit gegenüber. Hält es nun in diesem Gegensatze mit dem Bewußtsein desselben in seinem Wollen und Wissen dennoch nur an sich selber fest, so gerät es, außer der Leerheit der Einbildungen und Selbstbespiegelung, weiterhin in die Häßlichkeit der Leidenschaften und des Charakters, in Lasterhaftigkeit und Sünde, in Tücke, Bosheit, Grausamkeit, Trotz, Neid, Hochmut, Hoffart und alle die anderen Kehrseiten der menschlichen Natur und deren gehaltlose Endlichkeit.

β) Diese ganze Sphäre des Subjektiven ist aus dem Inhalte der Skulptur sogleich auszuschließen, die nur der Objektivität des Geistes angehört. Unter Objektivität nämlich ist hier das Substantielle, Echte, Unvergängliche zu verstehen, die wesentliche Natur des Geistes, ohne das Ergehen ins Akzidentelle und Vergängliche, dem sich das Subjekt in seiner bloßen Beziehung auf sich selbst überantwortet.

γ) Dennoch kann auch die objektive Geistigkeit als Geist nicht ohne *Fürsichsein* zur Realität gelangen. Denn der Geist ist nur als Subjekt. Die Stellung aber des Subjektiven in dem geistigen Inhalte der Skulptur ist von der Art, daß dies Subjektive nicht für sich zum Ausdrucke kommt, sondern sich ganz von jener Substanz durchdrungen und aus ihr nicht formell in sich zurückreflektiert erweist. Die Objektivität hat deshalb wohl ein Fürsichsein, doch ein Sichwissen und -wollen, das sich nicht von dem Gehalt, der es erfüllt, losmacht, sondern mit demselben eine untrennbare Einheit bildet.

Das Geistige in dieser vollendet selbständigen Beschlossenheit des in sich selber Substantiellen und Wahren, dies störungslose unpartikularisierte Sein des Geistes ist das, was wir die Göttlichkeit nennen, im Gegensatz gegen die Endlichkeit, als das Auseinandergehen in das zufällige Dasein, in die Unterscheidung und veränderliche Bewegung. Die Skulptur hat nach dieser Seite hin das Göttliche als solches darzustellen in seiner unendlichen Ruhe und Erhabenheit, zeitlos, bewegungslos, ohne schlechthin subjektive Persönlichkeit und Zwiespalt der Handlung oder Situation. Und geht sie nun auch zur näheren Bestimmtheit des Menschlichen in Gestalt und Charakter fort, so muß sie auch hierin nur das Unveränderliche und Bleibende, die Substanz dieser Bestimmtheit auffassen und nur diese, nicht aber das Zufällige und Vorübereilende sich zum Inhalt wählen; denn zu dieser wechselnden, flüchtigen Besonderheit, welche durch die als Einzelheit sich fassende Subjektivität hereinkommt, geht die objektive Geistigkeit noch nicht fort. In einer Lebensbeschreibung z. B., welche die bunten Zufälle, Begebenheiten und Taten eines Individuums erzählt, wird dieser Verlauf mannigfaltiger Verwicklungen und Willkürlichkeiten gewöhnlich mit einer Charakterschilderung geschlossen, die dies breite Detail in allgemeine Eigenschaften, wie »gütig, gerecht, tapfer, von großem Verstande« usw., zusammenfaßt. Dergleichen Prädikate sind das Bleibende eines Individuums, während die anderweitigen Partikularitäten nur seiner akzidentellen Erscheinung angehören. Dieses Beständige nun ist es, was auch die Skulptur, als das alleinige Sein und Dasein der Individualität, darzustellen hat. Doch macht sie nicht etwa aus solchen allgemeinen Qualitäten bloße Allegorien, sondern bildet Individuen, die sie in ihrer objektiven Geistigkeit als in sich fertig und beschlossen, in selbständiger Ruhe, dem Verhalten gegen Anderes entnommen, auffaßt und gestaltet. Bei jeder Individualität ist in der Skulptur immer das Substantielle die wesentliche Grundlage, und weder das subjektive Sichwissen und -empfinden noch die oberflächliche und veränderliche Besonderheit darf irgendwie die Oberhand gewinnen, sondern das Ewige in den Göttern und Menschen, der Willkür und zufälligen Selbstischkeit entrückt, muß seiner ungetrübten Klarheit nach zur Vorstellung gebracht werden.

b) Der andere Punkt, dessen wir zu erwähnen haben, liegt darin, daß der Inhalt der Skulptur, da das Material eine äußerliche Darstellung in den drei ausgefüllten Raumdimensionen erfordert, auch nicht das *Geistige als solches,* die nur mit sich selbst sich zusammenschließende und in sich vertiefte Innerlichkeit sein kann, sondern das Geistige, das nur erst in seinem Anderen, dem *Leiblichen für sich ist.* Die Negation des Äußerlichen gehört schon der inneren Subjektivität zu und kann deshalb hier, wo Göttliches und Menschliches seinem objektiven Charakter nach zum Inhalt genommen wird, nicht eintreten. Und nur dies in sich versenkte Objektive, ohne innere Subjektivität als solche, läßt der Äußerlichkeit nach allen ihren Dimensionen freien Lauf und ist mit dieser Totalität des Räumlichen verbunden. Deshalb muß nun aber die Skulptur von dem objektiven Gehalte des Geistes nur das sich zum Gegenstand machen, was sich im Äußerlichen und Leiblichen vollständig ausdrücken läßt, weil sie sonst einen Inhalt erwählt, den ihr Material in sich aufzunehmen und in gemäßer Weise zur Erscheinung zu bringen nicht mehr imstande ist.

2. *Die schöne Skulpturgestalt*

Bei solch einem Inhalte nun fragt es sich *zweitens* nach den *Formen* der leiblichen Gestalt, welche berufen sind, denselben auszuprägen.

Wie bei der klassischen Architektur das Haus gleichsam das vorgefundene anatomische Knochengerüst ist, das die Kunst näher zu formieren hat, so findet die Skulptur ihrerseits die *menschliche Gestalt* als den Grundtypus für ihre Gebilde vor. Ist nun aber das Haus selber schon eine menschliche, wenn auch noch nicht künstlerische Erfindung, so erscheint dagegen die Struktur der menschlichen Gestalt als ein vom Menschen unabhängiges Naturprodukt. Der Grundtypus ist deshalb der Skulptur *gegeben* und nicht von ihr ausgesonnen. Daß die menschliche Gestalt der Natur angehöre, ist jedoch ein sehr unbestimmter Ausdruck, über den wir uns näher verständigen müssen.

In der Natur ist es die Idee, welche sich, wie wir schon beim Naturschönen sahen, ihr erstes unmittelbares Dasein gibt und in der tierischen Lebendigkeit und deren vollständigem Organismus die ihr gemäße *Natur*existenz erhält. So ist also die Organisation des tierischen Körpers ein Erzeugnis des in sich totalen Begriffs, der in diesem leiblichen Dasein als die Seele existiert, doch als bloße tierische Lebendigkeit den tierischen Körper zu höchst mannigfaltiger Besonderheit modifiziert, wenn auch jeder bestimmte Typus immer durch den Begriff geregelt bleibt. Daß nun aber der Begriff und die leibliche Gestalt, oder näher, daß Seele und Leib einander entsprechen, dies zu begreifen ist die Sache der Naturphilosophie. In ihr wäre zu zeigen, daß die verschiedenen Systeme des animalischen Körpers in ihrer inneren Struktur und Gestalt wie in ihrem Zusammenhange miteinander und die bestimmteren Organe, zu denen sich das leibliche Dasein unterscheidet, mit den Begriffsmomenten zusammenstimmen, so daß klar würde, inwiefern es nur die notwendigen besonderen Seiten der Seele selbst sind, welche hier real werden. Dies Zusammenstimmen jedoch zu erweisen ist unseres Amtes an dieser Stelle nicht.

Die menschliche Gestalt nun aber ist nicht wie die tierische die Leiblichkeit nur der Seele, sondern des *Geistes.* Geist und Seele nämlich sind wesentlich zu unterscheiden. Denn die Seele ist nur dieses ideelle einfache Fürsichsein des Leiblichen als *Leiblichen,* der Geist aber das Fürsichsein des bewußten und *selbstbewußten* Lebens mit allen Empfindungen, Vorstellungen und Zwecken dieses bewußten Daseins. Bei diesem enormen Unterschiede von bloß tierischer Lebendigkeit und von geistigem Bewußtsein kann es befremdlich erscheinen, daß sich die *geistige* Leiblichkeit, der menschliche Körper, dennoch dem tierischen so homogen erweist. Der Verwunderung über solche Gleichartigkeit können wir dadurch begegnen, daß wir an die Bestimmung erinnern, welche den Geist, seinem eigenen Begriffe nach, sich entschließen läßt, lebendig und an sich selbst deshalb zugleich *Seele* und

*Natur*existenz zu sein. Als lebendige Seele nun gibt sich die Geistigkeit durch denselben Begriff, welcher der tierischen Seele innewohnt, einen Körper, der, dem Grundcharakter nach, dem lebendigen tierischen Organismus überhaupt gleichkommt. Wie hoch deshalb der Geist auch über dem bloß Lebendigen steht, so macht er sich doch seinen Leib, welcher mit dem tierischen durch ein und denselben Begriff gegliedert und beseelt erscheint. Indem nun aber ferner der Geist nicht nur die *daseiende* Idee, die Idee als Natürlichkeit und tierisches Leben ist, sondern die Idee, die für sich selbst in ihrem eigenen freien Elemente des Inneren als Idee ist, so erarbeitet sich die Geistigkeit auch jenseits des sinnlich Lebendigen ihre eigentümliche Objektivität – die Wissenschaft, die keine andere Realität als die des Denkens selber an ihr hat. Außer dem Denken und dessen philosophischer systematischer Tätigkeit führt der Geist jedoch noch ein volles Leben der Empfindung, Neigung, Vorstellung, Phantasie usf., das in näherem oder weiterem Zusammenhange mit seinem Dasein als Seele und Leiblichkeit steht und daher auch am menschlichen Körper eine Realität hat. In dieser ihm selber angehörigen Realität macht sich der Geist gleichfalls lebendig, scheint in sie hinein, durchdringt sie und wird durch sie für andere offenbar. Insofern bleibt daher der menschliche Körper keine bloße Naturexistenz, sondern hat sich in seiner Gestalt und Struktur gleichfalls als das sinnliche und natürliche Dasein des Geistes kundzugeben, doch als Ausdruck eines höheren Inneren sich dennoch von der tierischen Leiblichkeit, wie sehr auch der menschliche Körper im allgemeinen mit derselben übereinstimmt, ebensosehr zu unterscheiden. Indem aber der Geist selber Seele und Leben, animalischer Leib ist, sind es und können es nur Modifikationen sein, welche der einem lebendigen Leibe innewohnende Geist in diese Leiblichkeit bringt. Als Erscheinung des Geistes daher ist die menschliche Gestalt diesen Modifikationen nach von der tierischen verschieden, obschon die Unterschiede des menschlichen Organismus vom tierischen ebenso dem bewußtlosen Schaffen des Geistes angehören, wie die animalische Seele sich in bewußtloser Tätigkeit ihren Leib bildet.

Hiervon haben wir an dieser Stelle auszugehen. Die menschliche Gestalt als Ausdruck des Geistes ist dem Künstler gegeben, und zwar findet er sie nicht nur überhaupt vor, sondern auch im besonderen und einzelnen ist der Typus für die Abspiegelung des geistigen Inneren in der Gestalt, in den Zügen, der Stellung und dem Habitus des Körpers vorausgesetzt.

Was nun den näheren Zusammenhang des Geistes und Leibes in betreff auf die besonderen Empfindungen, Leidenschaften und Zustände des Geistes angeht, so ist derselbe auf feste Gedankenbestimmungen schwer zurückzuführen. Man hat zwar in der *Pathognomik* und *Physiognomik* diesen Zusammenhang wissenschaftlich darzustellen versucht, doch bis jetzt ohne den rechten Erfolg. Für uns kann die Physiognomik allein von Wichtigkeit werden, indem sich die Pathognomik nur mit der Art und Weise beschäftigt, wie bestimmte Gefühle und Leidenschaften sich in gewissen Organen leiblich machen. So heißt es z. B., der Zorn sitze in der Galle, der Mut im Blute. Dies ist, beiläufig gesagt, sogleich ein falscher Ausdruck. Denn wenn auch besonderen Leidenschaften die Tätigkeit besonderer Organe entspricht, so *sitzt* doch der Zorn nicht in der Galle, sondern insofern der Zorn leiblich wird, ist es vornehmlich die Galle, an welcher die Erscheinung seiner Wirksamkeit vor sich geht. Dies Pathognomische, wie gesagt, geht uns hier nichts an, da es die Skulptur nur mit dem zu tun hat, was von geistigem Inneren in das Äußere der *Gestalt* übergeht und dort den Geist leiblich und sichtbar werden läßt. Das sympathetische Mitoszillieren des inneren Organismus mit dem empfindenden Gemüt ist nicht Gegenstand der Skulptur, welche auch vieles, was in die äußere Gestalt hinaustritt, das Zittern z. B. der Hand und des ganzen Körpers beim Ausbruch der Wut, das Zucken der Lippen usf., nicht aufzunehmen vermag.

In Rücksicht auf die Physiognomik will ich hier nur so viel

erwähnen, daß, wenn das Skulpturwerk, welches die menschliche Gestalt zu seiner Grundlage hat, zeigen soll, wie die Leiblichkeit schon ihrer leiblichen Form nach nicht nur das göttlich und menschlich Substantielle des Geistes überhaupt, sondern auch den besonderen Charakter bestimmter Individualität in dieser Göttlichkeit darstelle, so hätte man zu einer vollständigen Erörterung darzutun, welche Teile, Züge und Gestaltungen des Körpers einer bestimmten Innerlichkeit vollkommen gemäß sind. Zu solchem Studium werden wir durch die Skulpturwerke der Alten veranlaßt, denen wir den Ausdruck des Göttlichen und der besonderen Göttercharaktere in der Tat zugestehen müssen, ohne daß sich behaupten läßt, das Zusammenstimmen des geistigen Ausdrucks mit der sinnlichen Form sei statt etwas Anundfürsichseiendes nur eine Sache der Zufälligkeit und Willkür. Jedes Organ muß in dieser Beziehung überhaupt nach zwei Gesichtspunkten betrachtet werden, nach der bloß physischen und nach der Seite des geistigen Ausdrucks. Freilich darf dabei nicht in der Weise Galls[2] verfahren werden, der den Geist zu einer bloßen Schädelstätte macht.

a. Ausscheidung der Partikularität der Erscheinung

Für die Skulptur nun müßte, dem Gehalte nach, den sie darzustellen berufen ist, nur dazu fortgeschritten werden, zu untersuchen, wie die ebenso substantielle als in dieser Allgemeinheit zugleich individuelle Geistigkeit sich ins Leibliche einlebt und darin Dasein und Gestalt gewinnt. Durch den der echten Skulptur adäquaten Inhalt nämlich ist einerseits, wie im Geistigen so auch im Körperlichen, die zufällige *Partikularität der äußeren Erscheinung* ausgeschlossen. Nur das Bleibende, Allgemeine, Gesetzmäßige in der menschlichen Körperform hat das Skulpturwerk darzustellen, wenn auch die Forderung eintritt, dies Allgemeine so zu indivi-

---

2 Franz Joseph Gall, 1758–1828, Arzt und Anatom, Begründer der Phrenologie

dualisieren, daß uns nicht nur das abstrakte Gesetz, sondern eine aufs engste damit verschmolzene individuelle Form vor Augen gestellt werde.

b. Ausscheidung des Mienenhaften

Nach der anderen Seite hin muß sich, wie wir sahen, die Skulptur von der zufälligen *Subjektivität* und vom Ausdruck derselben in ihrem für sich seienden Inneren freihalten. Dadurch ist es dem Künstler verboten, in betreff auf das Physiognomische zum *Mienenhaften* fortgehen zu wollen. Denn Miene ist nichts anderes als eben das Sichtbarwerden der subjektiven inneren Eigentümlichkeit und deren Partikularität des Empfindens, Vorstellens und Wollens. In seinen Mienen drückt der Mensch nur aus, wie er sich in sich, gerade als dieses zufällige Subjekt, empfindet, sei es, daß er es sich nur mit sich zu tun macht oder sich in Beziehung gegen äußere Gegenstände oder andere Subjekte in sich reflektiert. So sieht man es z. B. auf der Straße, in kleinen Städten besonders, vielen, ja den meisten Menschen in ihren Gebärden und Mienen an, daß sie nur mit sich selbst, ihrem Putz und Kleidung, überhaupt mit ihrer subjektiven Besonderheit oder aber mit den anderen Vorbeigehenden und deren etwaigen Seltsamkeiten und Auffälligkeiten beschäftigt sind. Die Mienen des Hochmutes, Neides, der Selbstzufriedenheit, Geringschätzung usf. gehören z. B. hierher. Weiter kann dann aber den Mienen auch die Empfindung und Vergleichung des substantiellen Seins mit meiner Besonderheit zugrunde liegen. Demut, Trotz, Drohung, Furcht sind Mienen dieser Art. Bei solcher Vergleichung tritt schon eine Trennung des Subjekts als solchen und des Allgemeinen ein, und die Reflexion auf das Substantielle biegt sich immer zur Einkehr ins Subjekt zurück, so daß dieses und nicht die Substanz der überwiegende Inhalt bleibt. Weder aber jene Trennung noch dies Überwiegen des Subjektiven darf die dem Prinzip der Skulptur in strenger Weise treu bleibende Gestalt ausdrücken.

Außer den eigentlichen Mienen endlich enthält der physiognomische Ausdruck noch vieles, was bloß flüchtig über das Gesicht und die Stellung des Menschen hinspielt: ein augenblickliches Lächeln, ein plötzlich auflodernndes Augenrollen des Zorns, ein schnell verwischter Zug des Spottes usf. Besonders haben Mund und Auge in dieser Rücksicht die meiste Beweglichkeit und Fähigkeit, jede Nuance der Gemütsstimmung in sich aufzunehmen und erscheinen zu machen. Solche Veränderlichkeit, welche einen gemäßen Gegenstand der Malerei abgibt, hat die Skulpturgestalt von sich abzulehnen; sie muß sich im Gegenteil auf die bleibenden Züge des geistigen Ausdrucks hinrichten und diese sowohl im Antlitz als auch in Stellung und Körperformen festhalten und wiedergeben.

c. Die substantielle Individualität

So besteht denn also die Aufgabe der Skulpturgestalt im wesentlichen darin, daß sie das substantiell Geistige in seiner noch nicht in sich subjektiv partikularisierten Individualität in eine menschliche Gestalt einsenkt und mit derselben in einen solchen Einklang setzt, an welchem nun auch nur das Allgemeine und Bleibende der dem Geistigen entsprechenden *Körperformen* herausgehoben, das Zufällige aber und Wechselnde abgestreift erscheint, obschon es auch der Gestalt an Individualität nicht fehlen darf.

Ein so vollständiges Zusammenstimmen des Inneren und Äußeren, wie die Skulptur es zu erreichen hat, führt uns nun zu dem *dritten* Punkt herüber, der noch zu berühren ist.

3. Die Skulptur als Kunst des klassischen Ideals

Das Nächste, was aus den bisherigen Betrachtungen folgt, ist, daß die Skulptur mehr als jede andere Kunst eigentümlich an das Ideale gewiesen bleibt. Einerseits nämlich ist sie aus dem Symbolischen sowohl in Rücksicht auf die Klarheit ihres sich selbst als Geist erfassenden Inhalts heraus als auch in betreff auf die vollkommene Gemäßheit ihrer Darstellung mit diesem Gehalte; andererseits geht sie in die Subjektivität des Innerlichen, für welche die Außengestalt gleichgültig wird, noch nicht über. Sie bildet deswegen den Mittelpunkt der klassischen Kunst. Zwar zeigte sich auch das Symbolische und Romantische der Architektur und Malerei für die klassische Idealität geeignet; doch ist das Ideal in seiner eigentlichen Sphäre nicht das höchste Gesetz dieser Kunstformen und Künste, insofern sie nicht, wie die Skulptur, die an und für sich seiende Individualität, den ganz objektiven Charakter, die schöne freie Notwendigkeit zu ihrem Gegenstande haben. Die Gestalt der Skulptur aber muß durchweg aus dem reinen Geiste der von aller Zufälligkeit der geistigen Subjektivität und Körperform abstrahierenden denkenden Einbildungskraft hervorgehen, ohne subjektive Vorliebe für Eigentümlichkeiten, ohne die Empfindung, Lust, Mannigfaltigkeit der Regungen und Witzigkeit der Einfälle. Denn was dem Künstler zu Gebote steht, ist, wie wir sahen, für seine höchsten Gebilde nur die Körperlichkeit des Geistigen in den selbst nur allgemeinen Formen des Baues und Organismus der menschlichen Gestalt; und seine Erfindung beschränkt sich teils auf die ebenso allgemeine Übereinstimmung des Inneren und Äußeren, teils auf die nur leise an das Substantielle sich anschmiegende und sich damit verwebende Individualität der Erscheinung. Die Skulptur muß gestalten, wie die Götter in ihrem eigenen Bereich nach ewigen Ideen schaffen, in der sonstigen Wirklichkeit aber das übrige der Freiheit und Selbstischkeit des Geschöpfes überlassen. Die Theologen machen gleichfalls einen Unterschied zwischen dem, was Gott tue, und dem, was der Mensch in seinem Wahn und seiner Willkür vollbringt; das plastische Ideal jedoch ist erhaben über solche Fragen, indem es in der Mitte dieser Seligkeit und freien Notwendigkeit steht, für welche weder die Abstraktion des Allgemeinen noch die Willkür des Besonderen Gültigkeit und Bedeutung behält.

Dieser Sinn für die vollendete Plastik des Göttlichen und Menschlichen war vornehmlich in Griechenland heimisch. In seinen Dichtern und Rednern, Geschichtsschreibern und Philosophen ist Griechenland noch nicht in seinem Mittelpunkte gefaßt, wenn man nicht als Schlüssel zum Verständnis die Einsicht in die Ideale der Skulptur mitbringt und von diesem Standpunkt der Plastik aus sowohl die Gestalten der epischen und dramatischen Helden als auch der wirklichen Staatsmänner und Philosophen betrachtet. Denn auch die handelnden Charaktere, wie die dichtenden und denkenden, haben in Griechenlands schönen Tagen diesen plastischen, allgemeinen und doch individuellen, nach außen wie nach innen gleichen Charakter. Sie sind groß und frei, selbständig auf dem Boden ihrer in sich selber substantiellen Besonderheit erwachsen, sich aus sich erzeugend und zu dem bildend, was sie waren und sein wollten. Besonders die Zeit des Perikles war reich an solchen Charakteren: Perikles selber, Phidias, Platon und vornehmlich Sophokles, so auch Thukydides, Xenophon, Sokrates, jeder in seiner Art, ohne daß der eine durch die Art des anderen geringer würde; sondern alle schlechthin sind diese hohen Künstlernaturen ideale Künstler ihrer selbst, Individuen aus *einem* Guß, Kunstwerke, die wie unsterbliche todlose Götterbilder dastehen, an welchen nichts Zeitliches und Todeswürdiges ist. Von gleicher Plastik sind die körperlichen Kunstwerke der Sieger in den olympischen Spielen, ja selbst die Erscheinung der Phryne, die als das schönste Weib vor ganz Griechenland nackt aus dem Wasser emporstieg.

Zweites Kapitel
Das Ideal der Skulptur

Bei dem Übergange zur Betrachtung des eigentlich idealen Stils der Skulptur müssen wir uns noch einmal daran wieder erinnern, daß der vollkommenen Kunst notwendig die unvollkommene voranzugehen hat, und zwar nicht bloß der Technik nach, welche uns zunächst hier nichts angeht, sondern der allgemeinen Idee, der Konzeption und Art und Weise nach, dieselbe idealisch darzustellen. Die suchende Kunst haben wir überhaupt die symbolische genannt, und so hat auch die reine Skulptur eine Stufe des Symbolischen zu ihrer Voraussetzung und nicht etwa eine Stufe der symbolischen Kunst überhaupt, d. h. der Architektur, sondern eine Skulptur, der noch der Charakter des Symbolischen innewohnt. Daß dies in der ägyptischen Skulptur der Fall sei, werden wir noch später im dritten Kapitel zu sehen Gelegenheit finden.

Als das Symbolische einer Kunst können wir hier vom Standpunkt des Ideals aus, schon ganz abstrakt und formell, die *Unvollkommenheit* jeder bestimmten Kunst überhaupt annehmen: den Versuch z. B., den Kinder machen, indem sie eine menschliche Figur zeichnen oder aus Wachs und Ton kneten. Was sie herausbringen, ist insofern ein bloßes Symbol, als es das Lebendige, das es darstellen soll, nur *andeutet*, dem Gegenstande und dessen Bedeutung gegenüber aber vollkommen ungetreu bleibt. So ist die Kunst zunächst hieroglyphisch, kein zufälliges und willkürliches Zeichen, sondern eine ungefähre Zeichnung des Gegenstandes für die Vorstellung. Hierzu ist eine schlechte Figur hinreichend, wenn sie nur an die Gestalt erinnert, die sie bedeuten soll. In der gleichen Weise begnügt sich auch die Frömmigkeit mit schlechten Bildern und verehrt in dem gesudeltesten Konterfei immer noch Christus, Maria oder irgendeinen Heiligen, obschon dergleichen Gestalten nur durch besondere Attribute, wie z. B. eine Laterne, einen Rost, einen Mühlstein usw., individualisiert sind. Denn die Frömmigkeit will nur überhaupt an den Gegenstand erinnert sein; das übrige tut das Gemüt hinzu, welches durch das wenn auch ungetreue Abbild dennoch von der Vorstellung des Gegenstandes erfüllt werden soll. Es ist nicht der lebendige Ausdruck der Gegenwart, der gefordert ist, es ist nicht das Gegenwärtige, das durch sich selbst uns entzünden soll, sondern das Kunstwerk ist schon zufrieden, durch seine wenn auch nicht entsprechenden Gestalten die allgemeine Vorstellung der Gegenstände anzuregen. Nun ist aber die Vorstellung immer schon abstrahierend. Bekanntes, wie ein Haus, einen Baum, einen Menschen z. B., kann ich mir wohl leicht vorstellen, aber die Vorstellung bleibt, obschon sie hier in ganz Bestimmtem versiert, doch bei den ganz allgemeinen Zügen stehen und ist überhaupt erst dann eigentlich *Vorstellung*, wenn sie von der konkreten Anschauung die ganz unmittelbare Einzelheit der Gegenstände getilgt und dieselbe vereinfacht hat. Ist nun die Vorstellung, welche das Kunstgebilde zu erwecken bestimmt ist, die Vorstellung vom Göttlichen, und soll dieselbe für alle, für ein ganzes Volk erkennbar sein, so wird dieser Zweck vorzugsweise dadurch erreicht, daß in der Darstellungsweise gar keine *Veränderung* eintritt. Dadurch wird dann die Kunst einerseits konventionell, andererseits statarisch, wie dies nicht nur bei der älteren ägyptischen, sondern auch bei der älteren griechischen und christlichen Kunst der Fall ist. Der Künstler hatte sich an bestimmte Formen zu halten und deren Typus zu wiederholen.

Den großen Übergang zum Erwachen der schönen Kunst können wir deshalb erst da suchen, wo der Künstler frei nach seiner Idee bildet, wo der Blitz des Genius in das Hergebrachte einschlägt und der Darstellung Frische und Lebendigkeit erteilt. Erst dann verbreitet sich der geistige Ton über das Kunstwerk, das sich nicht mehr darauf beschränkt, nur überhaupt eine Vorstellung ins Bewußtsein zu rufen und an eine tiefere Bedeutung, welche der Beschauer sonst schon in sich trägt, zu erinnern, sondern dazu fortgeht, diese Bedeutung als ganz in einer individuellen Gestalt lebendig vergegenwärtigt darzustellen, und deshalb weder bei der bloßen oberflächlichen Allgemeinheit der Formen stehenbleibt, noch sich andererseits in Rücksicht auf die nähere Bestimmtheit an die Züge der gemeinen vorgefundenen Wirklichkeit hält.

Das Hindurchdringen zu dieser Stufe ist nun auch die notwendige Voraussetzung für das Entstehen der idealen Skulptur.

Was wir in Rücksicht auf sie hier festzustellen haben, betrifft die folgenden Gesichtspunkte:

Erstens handelt es sich, den soeben besprochenen Stufen gegenüber, um den allgemeinen Charakter der idealen Gestalt und ihrer Formen.

Zweitens müssen wir die besonderen Seiten angeben, welche von Wichtigkeit werden, die Art der Gesichtsbildung, Gewandung, Stellung usf.

Drittens ist die ideale Gestalt nicht eine nur allgemeine Form der Schönheit überhaupt, sondern befaßt durch das Prinzip der Individualität, das zum echten lebendigen Ideal gehört, wesentlich auch die Seite der Besonderung und deren Bestimmtheit in sich, wodurch sich der Kreis der Skulptur zu einem Zyklus einzelner Götterbilder, Heroen usf. erweitert.

1. Allgemeiner Charakter der idealen Skulpturgestalt

Was das allgemeine Prinzip des klassischen Ideals sei, haben wir früher bereits ausführlicher gesehen. Hier fragt es sich deshalb nur nach der Art und Weise, in welcher dies Prinzip durch die Skulptur in Form der menschlichen Gestalt zur Wirklichkeit kommt. Einen höheren Vergleichungspunkt kann in dieser Beziehung der Unterschied der menschlichen, Geist ausdrückenden Physiognomie und Haltung von der tierischen abgeben, welche über den bloßen Ausdruck beseelter Naturlebendigkeit in stetem Zusammenhange mit Naturbedürfnissen und der zweckmäßigen Struktur des tierischen Organismus zur Befriedigung derselben nicht hinausgeht. Doch bleibt auch dieser Maßstab noch unbestimmt, weil die menschliche Gestalt als solche, weder als Körperform noch als geistiger Ausdruck, von Hause aus schon schlechthin idealer Art ist. Näher dagegen können wir uns aus den schönen Meisterwerken der griechischen Skulptur die Wahrnehmung dessen erwerben, was das Skulpturideal in dem geistig schönen Ausdruck seiner Gestalten zu leisten hat. In Rücksicht auf diese Kenntnis und Lebendigkeit der Liebe und Einsicht war es vornehmlich *Winckelmann*, welcher mit ebensoviel Begeisterung seiner reproduktiven Anschauung als mit Verstand und Besonnenheit das unbestimmte Gerede vom Ideal der griechischen Schönheit dadurch verbannte, daß er die Formen der Teile einzeln und bestimmt charakterisiert hat – ein Unternehmen, das allein lehrreich war. Zu dem, was er als Resultat gewonnen hat, lassen sich freilich noch viele einzelne scharfsinnige Bemerkungen, Ausnahmen und dergleichen mehr hinzufügen, aber man muß sich hüten, um eines solchen weiteren Details und um einzelner Irrtümer willen, in die er verfallen ist, die Hauptsache, die durch ihn ist festgestellt worden, in Vergessenheit zu bringen. Bei aller Erweiterung der Kenntnisse muß immer jenes als das Wesentliche vorausgegangen sein. Dessenungeachtet läßt sich nicht leugnen, daß seit Winckelmanns Tode sich die Bekanntschaft mit antiken Skulpturwerken nicht nur in betreff auf die Anzahl wesentlich vermehrt, sondern auch in Rücksicht auf den Stil dieser Werke und die Würdigung ihrer Schönheit auf einen festeren Standpunkt gestellt hat. Winckelmann hatte zwar einen großen Kreis ägyptischer und griechischer Statuen vor Augen; in neuerer Zeit aber ist noch die nähere Anschauung der äginetischen Skulpturen sowie der Meisterwerke hinzugekommen, die man teils dem Phidias zuschreibt, teils als aus seiner Zeit und unter ihm gearbeitet anerkennen muß. Kurz, wir sind jetzt zu der bestimmteren Vertrautheit mit einer Anzahl von Skulpturen, Statuen und Reliefs gelangt, welche in Hinsicht auf die Strenge des idealischen Stils in die Zeit der allerhöchsten Blüte der griechischen Kunst hineinzusetzen sind. Diese bewunderungswürdigen Denkmäler der griechischen Skulptur verdanken wir bekanntlich den Bemühungen des Lord Elgin, welcher als englischer Gesandter in der Türkei aus dem Parthenon zu Athen und auch sonst aus anderen griechischen Städten Statuen und Reliefs von größter Schönheit nach England herüberbrachte. Man hat diese Erwerbungen als Tempelraub bezeichnet und scharf getadelt, in der Tat aber hat Graf Elgin diese Kunstwerke für Europa eigentlich gerettet und sie vor dem gänzlichen Untergange bewahrt – ein Unternehmen, welches jedesmal Anerkennung verdient. Außerdem ist bei dieser Gelegenheit das Interesse aller Kenner und Freunde der Kunst auf eine Epoche und Darstellungsweise der griechischen Skulptur hingelenkt worden, welche in der noch gediegeneren Strenge ihres Stils die eigentliche Größe und Höhe des Ideals ausmacht. Was die öffentliche Stimme an den Werken dieser Epoche gewürdigt hat, ist nicht der Reiz und die Grazie der Formen und der Stellung, nicht die Anmut des Ausdrucks, die schon, wie zur Zeit nach Phidias, nach außen geht und das Wohlgefallen von seiten des Beschauers zum Zweck hat, auch nicht die Zierlichkeit und Keckheit der Ausarbeitung, sondern das allgemeine Lob betrifft den Ausdruck der Selbständigkeit, des Beruhens-auf-sich in diesen Gestalten; und besonders hat sich die Bewunderung zu der größten Höhe durch die freie Lebendigkeit gesteigert, durch die gänzliche Durchdringung und Überwältigung des Natürlichen und Materiellen, in welcher hier der Künstler den Marmor erweicht, belebt und mit einer Seele begabt hat. Besonders kommt jedes Lob, wenn es sich erschöpft hat, dennoch immer wieder auf die Gestalt des liegenden Flußgottes zurück, die zum Schönsten gehört, was uns aus dem Altertum erhalten ist.

a) Die Lebendigkeit dieser Werke liegt darin, daß sie frei aus dem Geiste des Künstlers erzeugt sind. Der Künstler begnügt sich auf dieser Stufe weder damit, durch allgemeine ungefähre Konturen, Andeutungen und Ausdrückungen eine gleichfalls allgemeine Vorstellung von dem zu geben, was er darstellen will, noch nimmt er andererseits in betreff auf das Individuelle und Einzelne die Formen auf, wie er sie von außen her zufällig empfangen hat. Deshalb gibt er sie nun auch nicht mit der Treue für dies Zufällige wieder, sondern er weiß in freier eigener Schöpfung das empirisch Einzelne partikularer Vorkommenheiten mit den allgemeinen Formen der menschlichen Gestalt in einen selbst wieder individuellen Einklang zu setzen, welcher sich ebensosehr von dem geistigen Gehalt dessen, was er zur Erscheinung zu bringen berufen ist, vollständig durchdrungen zeigt, als er die eigene Lebendigkeit, Konzeption und Beseelung von seiten des Künstlers bekundet. Das Allgemeine des Inhalts ist vom Künstler unerschaffen; es ist ihm durch die Mythologie und Sage ganz so gegeben, wie er auch das Allgemeine und die Einzelheiten der menschlichen Gestalt vorfindet; aber die freie lebendige Individualisierung, die er durch alle Partien durchführt, ist seine eigene Anschauung, sein Werk und Verdienst.

b) Der Effekt und Zauber dieser Lebendigkeit und Freiheit wird nur durch die Genauigkeit, die redliche Treue der Ausarbeitung aller einzelnen Teile bewirkt, zu welcher die bestimmteste Kenntnis und Anschauung der Beschaffenheit dieser Teile gehört, sowohl in ihrem ruhigen Zustande als auch in ihrer Bewegung. Die Art und Weise, wie die verschiedenen Glieder in jedem Zustande der Ruhe und Bewegung sich stellen, legen, runden, abplatten usf., muß aufs genaueste ausgedrückt sein. Diese gründliche Durcharbeitung und Herausstellung aller einzelnen Teile finden wir in allen antiken Werken, und die Beseelung wird nur durch die unendliche Sorgfalt und Wahrheit erreicht. Das Auge, indem es solche Werke anschaut, kann zunächst eine Menge Unterschiede nicht deutlich erkennen, und erst bei gewisser Beleuchtung kommen dieselben durch einen stärkeren Gegensatz von Licht und Schatten zur Evidenz oder werden erst dem Tasten erkennbar. Allein obgleich diese feinen Nuancen sich beim nächsten Anblick nicht bemerken lassen, so ist der allgemeine Eindruck, den sie hervorbringen, doch nicht verloren; sie kommen teils bei einer anderen Stellung des Beschauers zum Vorschein, teils ergibt sich daraus wesentlich das Gefühl der organischen Flüssigkeit aller Glieder und ihrer Formen. Dieser Duft der Belebung, diese Seele materieller Formen liegt allein darin, daß jeder Teil für sich in seiner Besonderheit vollständig da ist, ebensosehr aber durch den vollsten Reichtum der Übergänge in stetem Zusammenhange nicht nur mit den zunächstliegenden, sondern mit dem Ganzen bleibt. Dadurch ist die Gestalt auf jedem Punkte vollkommen belebt; auch das Einzelnste ist zweckmäßig, alles hat seinen Unterschied, seine Eigentümlichkeit und Auszeichnung und bleibt doch in durchgängigem Fluß, gilt und lebt nur im Ganzen, so daß sich selbst in Fragmenten das Ganze erkennen läßt und solch ein abgesonderter Teil die Anschauung und den Genuß einer ungestörten Totalität gewährt. Die Haut, obschon jetzt die meisten Statuen schadhaft und von der Witterung in ihrer Oberfläche angefressen sind, scheint weich und elastisch, und durch den Marmor selbst glüht noch in jenem unübertrefflichen Pferdekopf z. B. die feurige Lebenskraft. – Dies leise Ineinanderfließen der organischen Umrisse, das sich mit der gewissenhaftesten Ausarbeitung, ohne regelmaßige Flächen oder etwas nur Kreisrundes, Konvexes zu bilden, verbindet, gibt erst jenen Duft der Lebendigkeit, jene Weiche und Idealität aller Teile, jenes Zusammenstimmen, das als der geistige Hauch der Beseelung sich über das Ganze breitet.

c) Wie treu nun aber auch die Formen im einzelnen und allgemeinen ausgedrückt sind, so ist diese Treue doch kein Kopieren des Natürlichen als solchen. Denn die Skulptur hat es immer nur mit der Abstraktion der Form zu tun und muß deshalb einerseits das vom Leiblichen fortlassen, was das eigentlich Natürliche darin ist, d. h. was auf die bloßen Naturfunktionen hindeutet; andererseits darf sie nicht zu der äußersten Partikularisation fortgehen, sondern, wie z. B. beim Haar, nur das Allgemeinere der Formen auffassen und darstellen. In dieser Weise allein zeigt sich die menschliche Gestalt, wie sie es in der Skulptur soll, statt als bloße Naturform, als Gestalt und Ausdruck des Geistes. Hiermit hängt dann auch näher die Seite zusammen, daß sich zwar der geistige Gehalt durch die Skulptur im *Leiblichen* ausdrückt, doch beim echten Ideal nicht *so sehr* in das Äußere heraustritt, daß dieses Äußere als solches in seiner Anmut und Grazie allein schon, oder in überwiegendem Maße, das Wohlgefallen des Beschauers zu sich heranziehen könnte. Im Gegenteil muß das echte strengere Ideal die Geistigkeit wohl verkörpern und nur durch die Gestalt und deren Ausdruck gegenwärtig machen, aber die Gestalt dennoch immer von diesem ihrem geistigen Inhalt allein zusammengehalten, getragen und vollständig durchdrungen zeigen. Das Schwellen des Lebens, die Weiche und Lieblichkeit oder sinnliche Fülle und Schönheit des leiblichen Organismus muß ebensowenig für sich den Zweck der Darstellung abgeben, als das Individuelle der Geistigkeit schon zum Ausdruck des dem Zuschauer seiner eigenen Partikularität nach verwandteren und angenäherten Subjektiven fortgehen darf.

2. Die besonderen Seiten der idealen Skulpturgestalt als solcher

Wenden wir uns jetzt zur bestimmteren Betrachtung der Hauptmomente, auf welche es bei der idealen Skulpturgestalt ankommt, so wollen wir hier im wesentlichen Winckelmann folgen, der mit größtem Sinn und Glück die besonderen Formen und die Art und Weise angegeben hat, in welcher dieselben von den griechischen Künstlern behandelt und gebildet worden sind, um als Ideal der Skulptur gelten zu können. Die Lebendigkeit, dies Zerfließende, entflieht zwar den Bestimmungen des Verstandes, der hier das Besondere nicht so festzuhalten und zu durchdringen vermag als in der Architektur; im ganzen aber, wie wir schon sahen, läßt sich doch ein Zusammenhang der freien Geistigkeit und der körperlichen Formen angeben.

Der nächste allgemeine Unterschied, den wir in dieser Rücksicht machen können, betrifft die Bestimmung des Skulptur-

werks überhaupt, nach welcher die menschliche Gestalt *Geistiges* auszudrücken hat. Der geistige Ausdruck nun, obschon er über die ganze leibliche Erscheinung ausgegossen sein muß, faßt sich am meisten in der *Gesichtsbildung* zusammen, wogegen die übrigen Glieder nur durch ihre *Stellung*, insofern dieselbe aus dem in sich freien Geiste herkommt, Geistiges in sich widerzuspiegeln imstande sind.
Mit der Betrachtung der idealen Formen *erstens* des Kopfes wollen wir beginnen, sodann *zweitens* von der Stellung des Körpers sprechen, woran sich dann *drittens* das Prinzip für die Bekleidung schließt.

a. Das griechische Profil

In der idealen Bildung des menschlichen Hauptes begegnet uns vor allem das sogenannte *griechische Profil.*
α) Dies Profil liegt in der spezifischen Verbindung der Stirn und Nase; in der fast geraden oder nur sanft gebogenen Linie nämlich, in welcher die Stirn sich zur Nase ohne Unterbrechung fortsetzt, sowie näher in der senkrechten Richtung dieser Linie auf eine zweite hin, welche, wenn man sie von der Nasenwurzel nach dem Kanal des Ohres zieht, mit jener ersten Stirn- und Nasenlinie einen rechten Winkel macht. In solcher Linie stehen Nase und Stirn durchgängig in der idealen schönen Skulptur zueinander, und es fragt sich daher, ob dies eine bloß nationale und künstlerische Zufälligkeit oder physiologische Notwendigkeit ist.
Camper[3], der holländische bekannte Physiologe, hat besonders diese Linie näher als die Schönheitslinie des Gesichts charakterisiert, indem er in ihr den Hauptunterschied der menschlichen Gesichtsbildung und des tierischen Profils findet und die Modifikationen dieser Linie deshalb auch durch die verschiedenen Menschenrassen verfolgt, worin ihm freilich *Blumenbach* (*De varietate nativa*, § 60[4]) widerspricht. Im

3 Petrus Camper, 1722–1789, holländischer Anatom
4 Johann Friedrich Blumenbach, *De generis humani varietate nativa*, Göttingen 1775

allgemeinen aber ist die angedeutete Linie in der Tat eine sehr bezeichnende Unterscheidung des menschlichen und tierischen Aussehens. Bei den Tieren bilden Maul und Nasenknochen zwar auch eine mehr oder weniger gerade Linie, aber das spezifische Hervortreten der tierischen Schnauze, die sich als gleichsam nächste praktische Beziehung zu den Gegenständen nach vorne drängt, bestimmt sich wesentlich durch das Verhältnis zum Schädel, an welchem das Ohr weiter herauf- oder herabgestellt ist, so daß nun die zur Nasenwurzel oder zum Oberkiefer – dahin, wo die Zähne einsitzen – fortgezogene Linie mit dem Schädel, statt wie beim Menschen einen rechten, hier einen spitzen Winkel bildet. Jeder Mensch hat für sich ein allgemeines Gefühl von diesem Unterschiede, der sich allerdings auf bestimmtere Gedanken zurückführen läßt.

αα) In der Kopfbildung der Tiere ist das Hervorragende das Maul, als Freßwerkzeug, mit dem Ober- und Unterkiefer, den Zähnen und Kaumuskeln. Diesem Hauptorgan sind die übrigen Organe nur als dienend und behilflich beigegeben. Vornehmlich die Nase, zum Herumschnuppern nach Nahrung; untergeordneter das Auge zum Spähen. Das ausdrückliche Hervortreten dieser dem Naturbedürfnis und den Befriedigungen desselben ausschließlich gewidmeten Formationen gibt dem tierischen Kopf den Ausdruck bloßer Zweckmäßigkeit für die Naturfunktionen, ohne alle geistige Idealität. So kann man denn auch von den Freßwerkzeugen aus den gesamten tierischen Organismus verstehen. Die bestimmte Art der Nahrung nämlich fordert eine bestimmte Struktur des Mauls, eine besondere Art der Zähne, mit denen dann wieder der Bau der Kiefer, Kaumuskeln, Backenknochen und weiterhin der Rückenwirbel, die Schenkelknochen, Klauen usf. im engsten Zusammenhange stehen. Der tierische Körper dient bloßen Naturzwecken und erhält durch diese Abhängigkeit von dem nur Sinnlichen der Ernährung den Ausdruck der Geistlosigkeit. – Soll nun das menschliche Antlitz schon seiner leiblichen Gestalt nach ein geistiges Gepräge haben, so müssen diejenigen Organe, welche beim Tier als die bedeutendsten erscheinen, beim Menschen zurücktreten und denen Platz machen, die nicht auf ein praktisches, sondern auf ein *theoretisches*, ideelles Verhältnis deuten.

ββ) Das menschliche Gesicht hat deshalb einen *zweiten* Mittelpunkt, in welchem sich das seelenvolle, geistige Verhalten zu den Dingen kundgibt. Dies ist in der *oberen* Partie des Gesichts der Fall, in der sinnenden Stirn und dem darunterliegenden seelendurchgängigen Auge mit seiner Umgebung. Mit der Stirn hängt nämlich das Sinnen, die Reflexion, das Insichgehen des Geistes zusammen, dessen Inneres sodann aus dem Auge in klarer Konzentration herausschaut. Durch das Hervortreten nun der Stirn, während der Mund und die Backenknochen zurückstehen, erhält das menschliche Angesicht den *geistigen* Charakter. Dies Vorwärtsgehen der Stirn wird dadurch notwendig das Bestimmende für den ganzen Bau des Schädels, der nun nicht mehr zurückfällt und den Schenkel eines spitzen Winkels bildet, als dessen äußerste Spitze das Maul sich hervordrängt, sondern von der Stirn aus läßt sich durch die Nase zur Spitze des Kinns eine Linie ziehen, welche mit einer zweiten über den Hinterschädel gegen die Spitze der Stirn hingezogenen einen rechten oder dem rechten sich annähernden Winkel bildet.

γγ) Den Übergang *drittens* und die Verbindung des unteren und oberen Teils des Gesichts, der nur theoretischen geistigen Stirn und des praktischen Organs für die Ernährung, macht die *Nase*, welche auch ihrer natürlichen Funktion nach als Riechorgan in der Mitte steht zwischen dem praktischen und theoretischen Verhalten zur Außenwelt. Sie gehört zwar in dieser Mitte noch dem tierischen Bedürfnis an, denn das Riechen hängt wesentlich mit dem Geschmack zusammen, weshalb denn auch beim Tier die Nase im Dienste des Mauls und der Ernährung steht; aber das Riechen selbst ist noch kein wirkliches praktisches Verzehren der Gegenstände wie das Fressen und Schmecken, sondern nimmt nur das Resultat des Prozesses auf, in welchen die Gegenstände mit der Luft und deren unsichtbarem, heimlichem Auflösen eingehen. Wird nun der Übergang von Stirn und Nase so gemacht, daß sich die Stirn für sich herauswölbt und gegen die Nase hin zurückzieht, während diese ihrerseits gegen die Stirn hin eingedrückt bleibt und dann erst wieder sich hervorhebt, so bilden beide Teile des Gesichts, der theoretische der Stirn und der aufs Praktische hindeutende der Nase und des Mundes, einen markierten Gegensatz, durch welchen die gleichsam zu beiden Systemen gehörige Nase von der Stirn ab zum System des Mundes hingezogen wird. Dann erhält die Stirn in ihrer isolierten Stellung einen Ausdruck der Härte und der eigensinnigen geistigen Konzentration in sich gegen die beredte Mitteilung des Mundes, der zum Organ der Ernährung wird und sogleich die Nase als Werkzeug für den Beginn der Begierde, für den Vorsatz des Riechens in ihren Dienst nimmt und sie auf das physische Bedürfnis hin ausgerichtet zeigt. Hiermit hängt dann ferner die Zufälligkeit der Form zusammen, zu deren undeterminierbaren Modifikationen sodann Nase und Stirn fortgehen können. Die Art der Wölbung, das Hervor- und Zurücktreten der Stirn verliert die feste Bestimmtheit, und die Nase kann platt oder scharf, herabhängend, gebogen, tiefer eingedrückt und aufgestülpt sein.

Bei der Milderung und Ausgleichung dagegen, bei der schönen Harmonie, welche das griechische Profil in dem sanften ununterbrochenen Zusammenhang der geistigen Stirn und der Nase zwischen den oberen und unteren Gesichtsteilen hervorbringt, erscheint die Nase, eben durch diesen Zusammenhang, mehr der Stirne angeeignet und erhält dadurch, als zum System des Geistigen herübergezogen, selber einen geistigen Ausdruck und Charakter. Das Riechen wird gleichsam zu einem theoretischen Riechen, zu einer feinen Nase fürs Geistige; wie sich denn auch die Nase in der Tat durch Rümpfen usf., wie unbedeutend diese Bewegungen auch sein mögen, dennoch höchst regsam für den Ausdruck geistiger Beurteilungen und Empfindungsweisen zeigt. So sagen wir z. B. von einem stolzen Menschen, er trage die Nase hoch, oder schreiben einem jungen Mädchen mit aufgeworfenem Näschen Schnippischkeit zu.

Ähnliches gilt auch vom *Munde*. Er hat zwar einerseits die Bestimmung, das Werkzeug für die Befriedigung des Hungers und Durstes zu sein, drückt aber andererseits auch geistige Zustände, Gesinnungen und Leidenschaften aus. Schon beim Tiere dient er in dieser Beziehung zum Schreien, beim Menschen zum Sprechen, Lachen, Seufzen usf., wobei die Züge des Mundes selbst schon einen charakteristischen Zusammenhang mit den geistigen Zuständen beredter Mitteilung oder der Freude, des Schmerzes usf. haben.

Man sagt nun freilich, eine solche Gesichtsbildung sei eben den *Griechen* nur als die eigentlich schöne vorgekommen; Chinesen, Juden, Ägypter dagegen hielten ganz andere, ja entgegengesetzte Bildungen für ebenso schön oder für schöner noch, so daß, Instanz gegen Instanz genommen, das griechische Profil darum noch nicht als der Typus der echten Schönheit erwiesen sei. Dies ist jedoch nur ein oberflächliches Gerede. Das griechische Profil darf als keine nur äußerliche und zufällige Form angesehen werden, sondern kommt dem Ideal der Schönheit an und für sich zu, weil es erstens diejenige Gesichtsbildung ist, in welcher der Ausdruck des Geistigen das bloß Natürliche ganz in den Hintergrund stellt, und zweitens am meisten sich der Zufälligkeit der Form entzieht, ohne doch eine bloße Gesetzmäßigkeit zu zeigen und alle und jede Individualität zu verbannen.

β) Was ferner die einzelnen Formen näher angeht, so will ich aus dem breiten Detail dessen, was hier zu erwähnen wäre, nur einige Hauptpunkte herausheben. Wir können in dieser Rücksicht *zuerst* von der Stirn, dem Auge und Ohr, als dem mehr auf das Theoretische und Geistige bezüglichen Teile des Gesichts, sprechen, dem sich *zweitens* Nase, Mund und Kinn als die relativ mehr dem Praktischen zugehörigen Bildungen anschließen. *Drittens* haben wir vom *Haar* als äußerlicher Umgebung zu reden, durch welche sich der Kopf zu einem schönen Oval in sich abrundet.

αα) Die *Stirn* ist in den Idealen der klassischen Skulpturgestalt weder herausgewölbt noch überhaupt hoch, denn obschon das Geistige in der Gesichtsbildung heraustreten soll, so ist es doch nicht die Geistigkeit als solche, welche die Skulptur darzustellen hat, sondern die noch ganz im Leiblichen sich ausdrückende Individualität. In Herkulesköpfen z. B. ist deshalb die Stirn vorzugsweise niedrig, weil Herkules mehr die muskelvoll nach außen gerichtete körperliche als die nach innen gewendete geistige Kräftigkeit hat. Im übrigen erscheint die Stirn vielfach modifiziert, niedriger bei weiblichen, reizenden und jugendlichen, höher bei würdevollen und geistig sinnenderen Gestalten. Gegen die Schläfe hin fällt sie nicht in scharfem Winkel ab und senkt sich an den Schläfen nicht ein, sondern rundet sich eiförmig in sanfter Wölbung und ist haarbewachsen. Denn die scharfen unbehaarten Winkel und eingesunkenen Vertiefungen an den Schläfen kommen nur der Hinfälligkeit des zunehmenden Alters, nicht aber der ewig blühenden Jugend der idealen Götter und Helden zu.

In Rücksicht auf das *Auge* müssen wir sogleich feststellen, daß der idealen Skulpturgestalt außer der eigentlich malerischen Farbe auch noch der *Blick* des Auges abgeht. Man kann zwar historisch erweisen wollen, daß die Alten an einigen Tempelbildern der Minerva und anderer Götter das Auge gemalt haben, weil man an einigen Statuen noch Farbspuren auffindet, bei heiligen Bildern jedoch haben sich die Künstler oft gegen den guten Geschmack soviel als möglich an das Traditionelle gehalten. Bei anderen zeigt sich's, daß sie müssen eingesetzte Augen von Edelsteinen gehabt haben. Dies geht dann aber aus der bereits oben angedeuteten Lust hervor, die Götterbilder so reich und prächtig als möglich auszuschmücken. Und im ganzen sind dies entweder Anfänge oder religiöse Traditionen und Ausnahmen, und außerdem gibt die Färbung dem Auge noch immer nicht den

in sich konzentrierten Blick, der dem Auge erst einen vollständigen Ausdruck verleiht. Wir können es deshalb hier als ausgemacht ansehen, daß an den wahrhaft klassischen und freien Statuen und Büsten, die aus dem Altertum auf uns gekommen sind, der Augenstern sowie der geistige Ausdruck des Blicks fehlt. Denn obschon häufig in den Augapfel auch der Augenstern eingezeichnet oder durch eine konische Vertiefung und eine Wendung angedeutet ist, welche den Glanzpunkt des Augensterns und dadurch eine Art von Blick ausdrückt, so bleibt dies dennoch wieder nur die ganz äußerliche Gestalt des Auges und ist nicht seine Belebung, nicht der Blick als solcher, der Blick der inneren Seele.
Da liegt die Vorstellung nahe, es müsse den Künstler viel kosten, das Auge, diese einfache Beseelung, aufzuopfern. Blickt man doch jedem Menschen zuerst vor allem ins Auge, um einen Anhalt, einen Erklärungspunkt und Grund für seine gesamte Erscheinung zu finden, die sich aus dem Einheitspunkt des Blickes in ihrer einfachsten Weise fassen läßt. Der Blick ist das Seelenvollste, die Konzentration der Innigkeit und empfindenden Subjektivität; wie durch einen Händedruck und schneller noch setzt der Mensch sich durch den Blick des Auges mit dem Menschen in Einheit. Und dieses Seelenvollste muß die Skulptur entbehren. In der Malerei dagegen tritt dieser Ausdruck des Subjektiven entweder in seiner ganzen Innigkeit oder in mannigfaltiger Berührung mit den Außendingen und den dadurch hervorgerufenen besonderen Interessen, Empfindungen und Leidenschaften durch die Nuancen der Färbung hervor. Aber die Sphäre des Künstlers ist in der Skulptur weder die Innigkeit der Seele in sich, die Zusammenfassung des ganzen Menschen in das einfache Ich, das im Blick als diesem letzten Lichtpunkt erscheint, noch die zerstreute, mit der Außenwelt verwickelte Subjektivität. Die Skulptur hat die Totalität der äußerlichen Gestalt zum Zweck, in welche sie die Seele auseinanderschlagen und sie durch diese Mannigfaltigkeit darstellen muß, so daß ihr die Zurückführung auf den einen einfachen

Seelenpunkt und die Augenblicklichkeit des Blicks nicht erlaubt ist. Das Skulpturwerk hat nicht eine Innerlichkeit als solche, welche sich nun auch für sich als dieses Ideelle des Blicks, den anderen Körperteilen gegenüber, kundgeben und in den Gegensatz von Auge und Leib treten dürfte; sondern was das Individuum als inneres, geistiges ist, bleibt ganz in der Totalität der Gestalt ergossen, welche nur der betrachtende Geist, der Beschauer, zusammenfaßt. Ebenso *zweitens* blickt das Auge in die Außenwelt hinaus; es sieht wesentlich auf etwas und zeigt dadurch den Menschen in seiner Beziehung auf eine mannigfaltige Äußerlichkeit sowie in der Empfindung für das, was ihn umgibt und um ihn vorgeht. Das echte Skulpturbild aber ist gerade dieser Verbindung mit den Außendingen entzogen und – versenkt in das Substantielle seines geistigen Gehalts – selbständig in sich, ohne Zerstreuung und Verwicklung. *Drittens* erhält der Blick des Auges seine entwickelte Bedeutung durch den Ausdruck der übrigen Gestalt, in deren Gebärde und Rede, obschon er sich gegen diese Entwicklung als der nur formelle Punkt der Subjektivität abscheidet, in welchen sich die ganze Mannigfaltigkeit der Gestalt und ihrer Umgebung zusammennimmt. Solche partikuläre Breite nun aber ist dem Plastischen fremd, und so wäre der speziellere Ausdruck im Blick, der nicht zugleich im Ganzen der Gestalt seine weitere entsprechende Entfaltung fände, nur eine zufällige Besonderheit, welche das Skulpturbild von sich fernzuhalten hat. Aus diesen Gründen entbehrt die Skulptur nicht nur nichts durch die Blicklosigkeit ihrer Gestalten, sondern sie *muß* ihrem ganzen Standpunkte nach diese Art des Seelenausdrucks fehlen lassen. Und so war es wieder der große Sinn der Alten, daß sie fest die Beschränkung und Umgrenzung der Skulptur erkannten und streng dieser Abstraktion treu blieben. Dies ist ihr hoher *Verstand* in der Fülle ihrer Vernunft und der Totalität ihrer Anschauung. – Es kommen zwar auch in der alten Skulptur Fälle vor, in welchen das Auge nach einem bestimmten Punkte sieht, wie

z. B. in der schon mehrerwähnten Statue des Faun, der zum jungen Bacchus hinschaut; dies Hinlächeln ist seelenvoll ausgedrückt, doch auch hier ist das Auge nicht sehend, und die eigentlichen Götterstatuen in ihren einfachen Situationen sind nicht in so speziellen Bezügen in betreff auf die Wendung des Auges und Blicks dargestellt.

Was nun näher die *Gestalt* des Auges in idealen Skulpturwerken angeht, so ist es seiner Form nach groß, offen, oval, seiner Stellung nach gegen die Linie der Stirn und Nase im rechten Winkel und tiefliegend. – Die Größe des Auges rechnet schon Winckelmann (Winckelmann, *Werke*, Bd. IV, 5. Buch, Kap. 5, § 20, S. 198[5]) so zur Schönheit, wie ein großes Licht schöner sei als ein kleines. »Die Größe aber«, fährt er fort, »ist dem Augenknochen oder dessen Kasten gemäß und äußert sich in dem Schnitt und in der Öffnung der Augenlider, von denen das obere gegen den inneren Winkel einen runderen Bogen als das untere an schönen Augen beschreibt.« Bei Profilköpfen von erhabener Arbeit bildet der Augapfel selbst ein Profil und erhält gerade durch diese abgeschnittene Öffnung eine Großartigkeit und einen offenen Blick, dessen Licht zugleich, nach Winckelmanns Bemerkung, auf Münzen durch einen erhabenen Punkt auf dem Augapfel sichtbar gemacht ist. Doch sind nicht alle großen Augen schön, denn sie werden es einerseits erst durch den Schwung der Augenlider, andererseits durch die tiefere Lage. Das Auge nämlich darf sich nicht vordrängen und in die Äußerlichkeit gleichsam herauswerfen, denn eben dies Verhältnis zur Außenwelt ist für das Ideal entfernt und mit dem Sichzurückziehen auf sich, auf das substantielle Insichsein des Individuums vertauscht. Das Vorliegen der Augen aber mahnt sogleich daran, daß der Augapfel bald herausgetrieben, bald wieder zurückgezogen wird und besonders beim Glotzen nur anzeigt, der Mensch sei aus sich heraus, entweder in Gedankenlosigkeit hinstierend oder

5 *Werke*, 9 Bde., Dresden 1808–20

ganz ebenso geistlos in den Anblick irgendeines sinnlichen Gegenstandes versenkt. In dem Skulpturideal der Alten liegt das Auge sogar tiefer als in der Natur (Winckelmann, l. c., § 21). Winckelmann gibt hierfür den Grund an, daß bei größeren Statuen, welche dem Blick des Beschauers ferner standen, das Auge ohne diese tiefere Lage, da außerdem der Augapfel mehrenteils glatt war, ohne Bedeutung und gleichsam erstorben gewesen sein würde, wenn nicht eben durch Erhabenheit der Augenknochen das dadurch vermehrte Spiel des Lichts und Schattens das Auge wirksamer gemacht hätte. Doch hat diese Vertiefung des Auges noch eine andere Bedeutung. Tritt nämlich die Stirn dadurch weiter hervor als in der Natur, so überwiegt der sinnende Teil des Gesichts und der geistige Ausdruck springt schärfer heraus, während nun auch der verstärkte Schatten in den Augenhöhlen seinerseits selbst eine Tiefe und unzerstreute Innerlichkeit zu empfinden gibt, ein Erblinden nach außen und eine Zurückgezogenheit auf das Wesentliche der Individualität, deren Tiefe sich über die ganze Gestalt ergießt. Auch auf den Münzen aus bester Zeit liegen die Augen tief, und die Augenknochen sind erhöht. Dagegen werden die Augenbrauen nicht durch einen breiteren Bogen kleiner Härchen ausgedrückt, sondern nur durch die schneidende Schärfe der Augenknochen angedeutet, welche, ohne die Stirn in ihrer fortlaufenden Form – wie dies die Brauen durch ihre Farbe und relative Erhabenheit tun – zu unterbrechen, sich wie ein elliptischer Kranz um die Augen hinziehen. Die höhere und dadurch selbständigere Wölbung der Augenbrauen ist nie für schön gehalten worden.

Von den *Ohren* drittens sagt Winckelmann (l. c., § 29), daß die Alten auf deren Ausarbeitung den größten Fleiß verwendeten, so daß z. B. bei geschnittenen Steinen die geringe Sorgfalt in der Ausführung des Ohrs ein untrügliches Kennzeichen für die Unechtheit des Kunstwerks sei. Besonders Porträtstatuen gäben oft die eigentümlich individuelle Gestalt des Ohres wieder. Man könne deshalb aus der Form des

Ohrs häufig die dargestellte Person selbst, wenn dieselbe bekannt sei, erraten und aus einem Ohre mit einer ungewöhnlich großen inneren Öffnung z. B. auf einen Marcus Aurelius schließen. Ja das Unförmliche selbst hätten die Alten angedeutet. – Als eine eigene Art von Ohren an idealen Köpfen, an einigen des Herkules z. B., führt Winckelmann plattgeschlagene und an den knorpeligen Flügeln geschwollene Ohren an. Sie deuten auf Ringer und Pankratiasten, wie denn auch Herkules (l. c., § 34) in den Spielen dem Pelops zu Ehren zu Elis den Preis als Pankratiast davontrug.

ββ) In Rücksicht auf den Teil des Gesichts, welcher sich von seiten der natürlichen Funktion mehr auf das Praktische der Sinne bezieht, haben wir *zweitens* noch von der bestimmteren Form der Nase, des Mundes und des Kinns zu sprechen.

Die Verschiedenheit in der Form der *Nase* gibt dem Gesicht die mannigfachste Gestalt und die vielseitigsten Unterschiede des Ausdrucks. Eine scharfe Nase mit dünnen Flügeln sind wir z. B. mit einem scharfen Verstande in Zusammenhang zu bringen gewohnt, während uns eine breite und herabhängende oder tierisch aufgestülpte auf Sinnlichkeit, Dummheit und Brutalität überhaupt deutet. Sowohl von solchen Extremen als auch von deren partikulären Mittelstufen in Form und Ausdruck hat aber die Skulptur sich frei zu halten und vermeidet deshalb, wie wir bereits beim griechischen Profil sahen, nicht nur die Abtrennung von der Stirn, sondern auch das Herauf- und Herunterbiegen, die scharfe Spitze und breitere Rundung, die Hebung in der Mitte und Senkung nach der Stirn und dem Munde, überhaupt die Schärfe und Dicke der Nase, indem sie an die Stelle dieser vielfältigen Modifikationen gleichsam eine indifferente, wenn auch immer noch von Individualität leise belebte Form setzt.

Nächst dem Auge gehört der *Mund* zu dem schönsten Teile des Gesichts, wenn er nicht seiner natürlichen Zweckmäßigkeit, zum Werkzeug für das Essen und Trinken zu dienen, sondern seiner geistigen Bedeutsamkeit nach gestaltet ist. In dieser Beziehung steht er in Mannigfaltigkeit und Reichtum des Ausdrucks nur dem Auge nach, obschon er die feinsten Nuancen des Spottes, der Verachtung, des Neides, die ganze Gradation der Schmerzen und der Freude durch die leisesten Bewegungen und das regsamste Spiel derselben lebendig darzustellen vermag und ebenso in seiner ruhenden Gestalt Liebreiz, Ernst, Sinnlichkeit, Sprödigkeit, Hingebung usf. bezeichnet. Für die partikulären Nuancen nun aber des geistigen Ausdrucks gebraucht ihn die Skulptur weniger und hat vornehmlich das bloß Sinnliche, das auf Naturbedürfnisse hindeutet, aus der Gestalt und dem Schnitt der Lippen zu entfernen. Sie bildet deshalb den Mund überhaupt weder übervoll noch karg, denn allzu dünne Lippen deuten auch auf Kargheit des Empfindens; die Unterlippe voller als die obere, was auch bei Schiller der Fall war, in dessen Bildung des Mundes jene Bedeutsamkeit und Fülle des Gemüts zu lesen war. Diese idealere Form der Lippen gibt dem tierischen Maul gegenüber den Anblick einer gewissen Bedürfnislosigkeit, während man beim Tier, wenn der obere Teil sich vordrängt, sogleich an das Losfahren auf die Speise und das Ergreifen derselben erinnert wird. Beim Menschen ist der Mund, der geistigen Beziehung nach, hauptsächlich der Sitz der Rede, das Organ für die freie Mitteilung des bewußten Inneren, wie das Auge der Ausdruck der empfindenden Seele. Die Ideale der Skulptur nun haben ferner die Lippen nicht fest geschlossen, sondern bei den Werken aus der Blütezeit der Kunst (Winckelmann, l. c., § 25, S. 206) steht der Mund etwas offen, ohne jedoch die Zähne sichtbar zu machen, die mit dem Ausdruck des Geistigen nichts zu schaffen haben. Man kann dies dadurch erklären, daß bei der Tätigkeit der Sinne, besonders beim strengen, festen Hinblicken auf bestimmte Gegenstände, der Mund sich schließt, bei dem blicklosen freien Versunkensein dagegen leise sich öffnet und die Mundwinkel sich nur um ein weniges herunterneigen.

Das *Kinn* endlich drittens vervollständigt in seiner idealen Gestalt den geistigen Ausdruck des Mundes, wenn es nicht wie beim Tier ganz fehlt oder wie in den ägyptischen Skulpturwerken zurückgedrängt und mager bleibt, sondern tiefer selbst als gewöhnlich heruntergezogen ist und nun in der rundlichen Völligkeit seiner gewölbten Form, besonders bei kürzeren Unterlippen, noch mehr Großheit erhält. Ein volles Kinn nämlich bringt den Eindruck einer gewissen Sattheit und Ruhe hervor. Alte rührige Weiber dagegen wackeln mit dem dürren Kinn und mageren Muskeln, und Goethe z. B. vergleicht die Kiefer mit zwei Zangen, die greifen wollen. All diese Unruhe geht bei einem vollen Kinn verloren. Das Grübchen jedoch, das man jetzt für etwas Schönes hält, ist als ein zufälliger Liebreiz nichts zur Schönheit selbst wesentlich Gehöriges; statt dessen aber gilt ein großes rundes Kinn für ein untrügliches Merkmal antiker Köpfe. Bei der Mediceischen Venus z. B. ist es kleiner, doch hat man ausgefunden, daß es gelitten habe.

γγ) Zum Schluß bleibt uns jetzt nur noch vom *Haar* zu sprechen übrig. Das Haar überhaupt hat mehr den Charakter eines vegetabilischen als eines animalischen Gebildes und beweist weniger die Stärke des Organismus, als es vielmehr ein Zeichen der Schwäche ist. Die Barbaren lassen die Haare platt hängen oder tragen sie rund abgeschnitten, nicht wallend oder gelockt. Die Alten dagegen wendeten in ihren idealen Skulpturwerken auf die Ausarbeitung des Haares große Sorgfalt, worin die Neueren weniger fleißig und geschickt sind. Freilich ließen auch die Alten, wenn sie in allzu hartem Stein arbeiteten, das Haupthaar nicht in frei hängenden Locken wallen, sondern stellten es (Winckelmann, l. c., § 37, S. 218) wie kurz geschnitten und hernach fein gekämmt dar. Bei Statuen aus Marmor aber sind in der guten Zeit die Haare lockig und groß bei männlichen Köpfen gehalten, und bei weiblichen, wo die Haare hinaufgestrichen und oben zusammengebunden dargestellt wurden, sieht man sie wenigstens, wie Winckelmann sagt, schlangenweise und mit nachdrücklichen Vertiefungen gezogen, um ihnen Mannigfaltigkeit nebst Licht und Schatten zu geben, was durch niedrige Furchen nicht geschehen kann. Außerdem ist bei den besonderen Göttern der Wurf und die Anordnung des Haars verschieden. In ähnlicher Weise macht auch die christliche Malerei Christus durch eine bestimmte Art des Scheitels und der Locken kenntlich, nach welchem Vorbilde sich denn jetzigerzeit manche auch ein Aussehen wie Herr Christus geben.

γ) Diese besonderen Teile nun haben sich der Form nach zum Kopf, als einem Ganzen, zusammenzuschließen. Die schöne Gestalt wird hier durch eine Linie bestimmt, welche dem Eirund am nächsten kommt und alles Scharfe, Spitze, Winklige dadurch zur Harmonie und einem fortlaufenden milden Zusammenhange der Form auflöst, ohne doch bloß regelmäßig und abstrakt-symmetrisch zu sein oder in die vielseitige Verschiedenheit der Linien und ihrer Wendung und Biegung wie bei den übrigen Körperteilen auszulaufen. Zur Bildung dieses in sich zurückkehrenden Ovals gehört besonders für den vorderen Anblick des Gesichts der schöne freie Schwung vom Kinn zum Ohr sowie die schon erwähnte Linie, welche die Stirn die Augenknochen entlang beschreibt; ebenso der Bogen über das Profil von der Stirn über die Spitze der Nase zum Kinn herunter und die schöne Wölbung des Hinterkopfs zum Nacken.

Soviel wollte ich von der idealen Gestalt des Kopfs, ohne mich in das weitere Detail einzulassen, anführen.

b. Stellung und Bewegung des Körpers

Was nun die übrigen Glieder, Hals, Brust, Rücken, Leib, Arme, Hände, Schenkel und Füße, anbetrifft, so geht hier eine andere Ordnung an. Sie können in ihrer Form zwar schön sein, aber nur sinnlich, lebendig schön, ohne durch ihre Gestalt als solche schon, wie das Gesicht es tut, das Geistige auszusprechen. Die Alten haben nun auch für die Gestalt dieser Glieder und deren Ausarbeitung den höchsten Schönheitssinn bewiesen, doch dürfen auch diese Formen in der echten Skulptur sich nicht bloß als Schönheit des Lebendigen geltend machen, sondern müssen als Glieder der *menschlichen* Gestalt zugleich den Anblick des Geistigen geben, soviel dies die Leiblichkeit als solche imstande ist. Denn sonst würde der Ausdruck des Inneren sich nur auf das Antlitz konzentrieren, während doch in der Plastik der Skulptur das Geistige gerade durch die gesamte Gestalt hindurchergossen erscheinen und sich nicht für sich, dem Leiblichen gegenüber, isolieren soll.

Fragen wir nun, durch welche Mittel Brust, Leib, Rücken und die Extremitäten zum Ausdruck des Geistes mitwirken und dadurch selber außer der schönen Lebendigkeit auch den Hauch eines geistigen Lebens aufnehmen können, so sind diese Mittel:

erstens die Stellung, in welche die Glieder, insoweit dieselbe vom Inneren des Geistes ausgeht und frei vom Innern her bestimmt ist, zueinander gebracht werden;

zweitens die Bewegung oder Ruhe in ihrer vollen Schönheit und Freiheit der Form.

Drittens gibt diese Art der Stellung und Bewegung in ihrem bestimmten Habitus und Ausdruck näher die besondere Situation an, in welcher das Ideal, das niemals nur in abstracto Ideal sein kann, gefaßt ist.

Auch über diese Punkte will ich noch einige allgemeine Bemerkungen hinzufügen.

α) In Rücksicht auf die *Stellung* ist das erste, was sich schon der oberflächlichen Betrachtung darbietet, die *aufrechte* Stellung des Menschen. Der tierische Leib läuft mit dem Boden parallel, Maul und Auge verfolgen dieselbe Richtung des Rückgrats, und das Tier kann dies sein Verhältnis zur Schwere nicht selbständig aus sich aufheben. Das Entgegengesetzte ist beim Menschen der Fall, indem das geradeaus schauende Auge in seiner natürlichen Richtung im rechten Winkel mit der Linie der Schwere und des Leibes steht. Der Mensch kann zwar auch wie die Tiere auf vieren gehen, und die Kinder tun es in der Tat; sobald aber das Bewußtsein zu erwachen beginnt, reißt der Mensch sich von dem tierischen Gebundensein an den Boden los und steht frei für sich aufrecht da. Dies Stehen ist ein Wollen, denn hören wir auf, stehen zu wollen, so wird unser Körper zusammensinken und zu Boden fallen. Dadurch schon hat die aufrechte Stellung einen geistigen Ausdruck, insofern das Sichaufheben vom Boden mit dem Willen und deshalb mit Geistigem und Innerem in Zusammenhang bleibt; wie man denn auch von einem in sich freien und selbständigen Menschen, der seine Gesinnungen, Ansichten, Vorsätze und Zwecke nicht von anderen abhängig macht, zu sagen gewohnt ist, daß er sich auf seine eigenen Füße stelle.

Nun ist aber die aufrechte Stellung noch nicht als solche schön, sondern wird es erst durch die Freiheit ihrer Form. Steht nämlich der Mensch abstrakt nur gerade, läßt er die Hände ganz gleichmäßig am Leibe, ohne sie davon abzutrennen, herunterhängen, während die Beine ebenso dicht nebeneinander bleiben, so gibt dies einen widerwärtigen Eindruck von Steifheit, auch wenn darin zunächst kein Zwang zu sehen ist. Das Steife macht hier einerseits die abstrakte, gleichsam architektonische Regelmäßigkeit aus, in welcher die Glieder durch die gleiche Lage zueinander verharren; andererseits zeigt sich darin keine geistige Bestimmung von innen her, denn Arme, Beine, Brust, Leib, alle Glieder stehen und hängen dann, wie sie dem Menschen von Hause aus gewachsen sind, ohne durch den Geist und sein Wollen und Empfinden in ein verändertes Verhältnis gebracht zu werden. Dasselbe ist es mit dem Sitzen. Umgekehrt entbehrt auch das Zusammenkauern und Hocken am Boden der Freiheit, weil es auf etwas Subordiniertes, Unselbständiges und Knechtisches deutet. Die freie Stellung dagegen vermeidet teils die abstrakte Regelmäßigkeit und Winkligkeit und bringt auch die Stellung der Glieder in Linien, welche sich der Form des Organischen nähern, teils läßt sie geistige Bestimmungen hindurchscheinen, so daß aus der Stellung die Zustände und Leidenschaften des Inneren erkennbar werden. Erst in diesem Falle kann die Stellung als eine Gebärde des Geistes gelten.

In Anwendung der Stellungen als Gebärde muß die Skulptur jedoch mit großer Vorsicht verfahren und hat dabei manche Schwierigkeit zu überwinden. Einerseits nämlich leitet sich dann die wechselseitige Beziehung der Glieder zwar aus dem Inneren des Geistes her, andererseits aber darf diese Bestimmung von innen die einzelnen Teile nicht in einer Weise stellen, welche der Struktur des Körpers und den Gesetzen derselben widerstrebt und somit nur den Anblick eines den Gliedern angetanen Zwanges geben oder in Gegensatz gegen das schwere Material geraten würde, in welchem die Skulptur die Konzeptionen des Künstlers auszuführen die Aufgabe hat. Drittens muß die Stellung schlechthin ungezwungen scheinen, d. h. wir müssen den Eindruck erhalten, als wenn der Körper die Stellung wie von selber einnähme, weil sonst Körper und Geist sich als etwas Verschiedenes, Auseinandertretendes zeigen und in das Verhältnis des bloßen Befehls von der einen und des abstrakten Gehorsams von der anderen Seite treten, während beide doch in der Skulptur ein und dasselbe unmittelbar zusammenstimmende Ganze ausmachen sollen. Die Ungezwungenheit ist in dieser Rücksicht ein Haupterfordernis. Der Geist als Inneres muß die Glieder total durchdringen und diese ebenso den Geist und seine Bestimmungen als den eigenen Inhalt ihrer Seele in sich aufnehmen. Was endlich näher die *Art* der Gebärde angeht, welche die Stellung in der idealen Skulptur auszudrücken beauftragt werden kann, so geht schon aus dem, was wir früher ausführten, hervor, daß es nicht die schlechthin veränderliche, augenblickliche Gebärde sein darf. Die Skulptur muß nicht so darstellen, wie wenn Menschen durch Hüons Horn mitten in Bewegung und Handlung versteinert oder gefroren wären. Im Gegenteil muß die Gebärde, obgleich sie auf ein charakteristisches Handeln allenfalls hindeuten kann, doch nur ein Beginnen und Zubereiten ausdrücken, eine Intention, oder sie muß ein Aufhören und Zurückkehren aus der Handlung zur Ruhe bezeichnen. Die Ruhe und Selbständigkeit des Geistes, der die Möglichkeit einer ganzen Welt in sich schließt, ist das für die Skulpturgestalt Gemäßeste.

β) Wie mit der Stellung verhält es sich nun auch *zweitens* mit der *Bewegung*. Sie findet als eigentliche Bewegung in der Skulptur als solcher, insofern dieselbe noch nicht aus sich zu der einer weiteren Kunst sich annähernden Darstellungsweise fortgeht, weniger ihren Platz. Das ruhige Götterbild in seiner seligen Beschlossenheit in sich kampflos hinzustellen ist ihre Hauptaufgabe. Eine Mannigfaltigkeit der Bewegungen fällt da von selber fort; es ist mehr ein in sich versunkenes Dastehen oder Liegen, was zur Darstellung kommt; dies in sich Trächtige, das nicht zu einer bestimmten Handlung fortgeht und somit auch seine ganze Kraft nicht auf einen Moment reduziert und diesen Moment zur Hauptsache macht, sondern die ruhige gleiche Dauer. Man muß sich vorstellen können, daß die Göttergestalt in derselben Stellung unvergänglich so dastehen werde. Das Herausgegangensein aus sich, das Sichhineinreißen in die Mitte einer bestimmten konfliktvollen Handlung, die Anstrengung des Augenblicks, die nicht so aushalten kann und will, sind der ruhigen Idealität der Skulptur entgegen und treten mehr nur da auf, wo in Gruppen und Reliefs schon mit einem Anklang an das Prinzip der Malerei besondere Momente einer Handlung zur Darstellung gebracht werden. Der Effekt durch gewaltsame Affekte und deren vorübergehenden Ausbruch tut zwar seine sofortige Wirkung, dann aber hat er sie auch getan, und man kehrt dahin nicht gern zurück. Denn das Hervorstechende, das vorgestellt wird, ist die Sache des Augenblicks, die man auch im Augenblick sieht und kennt, während gerade die innere Fülle und Freiheit, das Unendliche und Ewige, worin man sich dauernd versenken mag, zurückgesetzt ist.

γ) Hiermit soll aber nicht gesagt sein, daß die Skulptur, wo sie ihr strenges Prinzip festhält und auf ihrem Gipfel steht, die bewegte Stellung ganz von sich ausschließen müsse; sie würde in diesem Falle das Göttliche nur in seiner Unbestimmtheit und Indifferenz vorstellig machen. Insofern sie im Gegenteil das Substantielle als *Individualität* zu fassen und in leiblicher Gestalt vor die Anschauung zu bringen hat, so wird auch der innere und äußere Zustand, zu welchem sie ihren Inhalt und dessen Form ausprägt, *individuell* sein müssen. Diese Individualität einer bestimmten Situation nun ist es, welche sich durch die Stellung und Bewegung des Körpers vornehmlich ausdrückt. Wie jedoch das Substantielle in der Skulptur die Hauptsache ist und die Individualität sich aus demselben noch nicht zu partikulärer Selbständigkeit herausgerungen hat, so muß auch die besondere Bestimmtheit der Situation nicht von der Art sein, daß sie die einfache Gediegenheit jenes Substantiellen trübt oder aufhebt, indem sie es entweder in die Einseitigkeit und den Kampf von Kollisionen hereinzieht oder überhaupt ganz in die überwiegende Wichtigkeit und Mannigfaltigkeit des Besonderen überführt, sondern sie muß mehr nur eine für sich genommen unwesentlichere Bestimmtheit oder auch ein heiteres Spiel harmloser Lebendigkeit auf der Oberfläche der Individualität bleiben, deren Substantialität dadurch nichts an ihrer Tiefe, Selbständigkeit und Ruhe einbüßt. Doch ist dies ein Punkt, den ich früher bereits bei Gelegenheit der Situation, in welcher das Ideal in seiner Bestimmtheit zur Darstellung kommen dürfe, in fortlaufendem Bezuge auf das Ideal der Skulptur besprochen habe (Bd. I, S. 262–266) und deshalb hier übergehen will.

c. Bekleidung

Der letzte wichtige Punkt, der jetzt noch in Betracht kommt, ist die Frage nach der *Bekleidung* in der Skulptur. Auf den ersten Blick kann es scheinen, als wenn die nackte Gestalt und deren geistdurchdrungene sinnliche Schönheit des Körpers in seiner Stellung und Bewegung dem Ideal der Skulptur am gemäßesten und die Bekleidung nur ein Nachteil wäre. In diesem Sinne hört man auch heutigentags besonders wieder die Klage, daß die moderne Skulptur so häufig genötigt würde, ihre Gestalten zu bekleiden, während doch keine Kleidung die Schönheit der menschlichen organischen Formen erreiche. Hieran schließt sich dann sogleich das weitere Bedauern über den Mangel an Gelegenheit für unsere Künstler, das Nackte zu studieren, das den Alten immer vor Augen gestanden habe. Im allgemeinen läßt sich hierüber nur sagen, daß von seiten der sinnlichen Schönheit allerdings dem Nackten müsse der Vorzug gegeben werden, daß aber die sinnliche Schönheit als solche nicht der letzte Zweck der Skulptur sei; so daß also die Griechen keinen Irrtum begingen, wenn sie die meisten männlichen Figuren zwar unbekleidet, bei weitem aber die Mehrzahl der weiblichen bekleidet darstellten.

α) Die Kleidung überhaupt, abgesehen von künstlerischen Zwecken, findet ihren Grund einesteils in dem *Bedürfnis*, sich vor den Einflüssen der Witterung zu schützen, indem die Natur dem Menschen nicht wie dem Tiere, das mit Fell, Federn, Haaren, Schuppen usf. bedeckt ist, diese Sorge abgenommen, sondern ihm dieselbe im Gegenteil überlassen hat. Anderenteils ist es das Gefühl der Schamhaftigkeit, welche den Menschen antreibt, sich mit Kleidern zu bedecken. Scham, ganz allgemein genommen, ist ein Beginn des Zorns über etwas, was nicht sein soll. Der Mensch nun, der sich seiner höheren Bestimmung, Geist zu sein, bewußt wird, muß das nur Animalische als eine Unangemessenheit ansehen und vornehmlich die Teile seines Körpers, Leib, Brust, Rücken und Beine, welche bloß tierischen Funktionen dienen oder nur auf das Äußere als solches deuten und keine direkt geistige Bestimmung und keinen geistigen Ausdruck haben, als eine Unangemessenheit gegen das höhere Innere zu verbergen streben. Bei allen Völkern, bei denen ein Anfang der Reflexion gemacht ist, finden wir deshalb auch in stärkerem oder geringerem Grade das Gefühl der Scham und das Bedürfnis der Bekleidung. Schon in der Erzählung der Genesis ist dieser Übergang höchst sinnvoll ausgesprochen. Adam und Eva, ehe sie vom Baume der Erkenntnis gegessen haben, spazieren in unbefangener Nacktheit im Paradiese umher, kaum aber ist das geistige Bewußtsein in ihnen erwacht, so sehen sie, daß sie nackt seien, und schämen sich ihrer Nacktheit. Dasselbe Gefühl herrscht auch bei den übrigen asiatischen Nationen. So sagt z. B. Herodot (I, 10) bei Gelegenheit der Erzählung, wie Gyges zum Thron gelangte, daß es bei den Lydiern und fast bei allen Barbaren selbst einem Manne, nackend gesehen zu werden, für große Schande gelte, wofür die Geschichte von der Frau des Königs Kandaules von Lydien ein Beleg ist. Kandaules nämlich gibt seine Gemahlin nackt dem Anblick des Gyges, seines Trabanten und Lieblings, preis, um denselben zu überzeugen, daß es die schönste Frau sei. Sie, vor der es geheimgehalten werden sollte, erfährt die Schmach dennoch, indem sie den Gyges, der im Schlafgemach versteckt gewesen war, aus der Tür schlüpfen sieht. Aufgebracht läßt sie am folgenden Tage den Gyges kommen und erklärt ihm, da der König ihr dies getan und Gyges gesehen, was er nicht habe sehen sollen, erlaube sie ihm nur die Wahl, den König zur Strafe zu töten und dann sie und das Reich zu besitzen oder zu sterben. Gyges wählt das erstere und besteigt nach Ermordung des Königs den Thron und das Bett der Witwe. Dagegen stellten die Ägypter häufig oder meistenteils ihre Statuen nackt dar, so daß die männlichen nur eine Schürze anhatten und an der Gestalt der Isis die Bekleidung nur durch einen feinen, kaum bemerkbaren Saum um die Beine bezeichnet war; doch geschah dies weder aus Mangel an Scham noch aus Sinn für die Schönheit organischer Formen. Denn bei ihrem symbolischen Standpunkte, kann man sagen, war es ihnen nicht um das Gestalten der dem Geist angemessenen Erscheinung, sondern um die Bedeutung, das Wesen und die Vorstellung dessen zu tun, was die Gestalt sollte ins Bewußtsein bringen, und sie ließen so die menschliche Gestalt, ohne

Reflexion auf die weitere oder entferntere Gemäßheit zum Geist, in ihrer natürlichen Form, die sie auch mit vieler Treue abbildeten.

β) Bei den Griechen endlich finden wir beides, nackte und bekleidete Figuren. Und so bekleideten sie sich auch in der Wirklichkeit ebensosehr, als sie es sich nach der anderen Seite zur Ehre anrechneten, zuerst nackt gekämpft zu haben. Besonders die Lakedämonier rangen zuerst ohne Kleider. Doch geschah dies bei ihnen nicht etwa aus Sinn für die Schönheit, sondern aus starrer Gleichgültigkeit gegen das Zarte und Geistige, das in der Scham liegt. Im griechischen Nationalcharakter, bei dem das Gefühl der persönlichen Individualität, wie sie unmittelbar da ist und ihr Dasein geistig beseelt, so hoch gesteigert war als der Sinn für freie schöne Formen, mußte es nun auch dazu fortgehen, das Menschliche in seiner Unmittelbarkeit, das Leibliche, wie es dem Menschen gehört und von seinem Geist durchdrungen ist, für sich auszubilden und die menschliche Gestalt als Gestalt, da sie die freieste und schönste ist, über alles andere zu achten. In diesem Sinne warfen sie allerdings, nicht aus Gleichgültigkeit gegen das Geistige, sondern aus Gleichgültigkeit gegen das nur Sinnliche der Begierde, um der Schönheit willen jene Scham ab, welche das bloß Körperliche am Menschen nicht will sehen lassen, und eine Menge ihrer Darstellungen sind daher mit voller Absicht nackt.

Dieser Mangel an jeder Art der Bekleidung konnte sich nun aber ebensowenig durchweg geltend machen. Denn wie ich schon vorhin beim Unterschiede des Kopfs und der übrigen Glieder bemerkte, läßt sich in der Tat nicht leugnen, daß der geistige Ausdruck an der Gestalt sich beschränkt auf das Gesicht und auf die Stellung und Bewegung des Ganzen, auf die Gebärde, die vornehmlich durch die Arme, Hände und die Stellung der Beine sprechend wird. Denn diese Organe, welche nach außen tätig sind, haben eben durch ihre Art der Stellung und Bewegung noch am meisten den Ausdruck einer geistigen Äußerung. Die übrigen Glieder dagegen sind und bleiben nur einer bloß sinnlichen Schönheit fähig, und die Unterschiede, die an ihnen sichtbar werden, können nur die der körperlichen Stärke, Ausarbeitung der Muskeln oder der Weiche und Milde sowie die Unterschiede des Geschlechts, des Alters, der Jugend, Kindheit usw. sein. Für den Ausdruck des Geistigen daher in der Gestalt wird die Nacktheit dieser Glieder auch im Sinne der Schönheit gleichgültig, und der Sittsamkeit gemäß ist es, solche Körperteile, wenn es nämlich auf die überwiegende Darstellung des Geistigen im Menschen abgesehen ist, zu verhüllen. Was die ideale Kunst überhaupt an jeder einzelnen Partie tut, die Bedürftigkeit des animalischen Lebens in seinen ausführlichen Anstalten, Äderchen, Runzeln, Härchen der Haut usf. zu vertilgen und nur die geistige Auffassung der Form in ihrem lebendigen Umriß herauszuheben, dies tut hier die Kleidung. Sie verdeckt den Überfluß der Organe, die für die Selbsterhaltung des Leibes, für die Verdauung usf. freilich notwendig, sonst aber für den Ausdruck des Geistigen überflüssig sind. Ohne Unterschied kann deshalb nicht gesagt werden, daß die Nacktheit der Skulpturgestalten durchweg einen höheren Schönheitssinn, eine größere sittliche Freiheit und Unverdorbenheit beurkunde. Die Griechen leitete auch hierin ein richtiger, geistiger Sinn.

Kinder wie z. B. Amor, bei denen die leibliche Erscheinung ganz unbefangen ist und die geistige Schönheit gerade in dieser gänzlichen Unbefangenheit und Rücksichtslosigkeit besteht; ferner Jünglinge, Jünglingsgötter, Heldengötter und Heroen, wie Perseus, Herkules, Theseus, Jason, bei denen der Heldenmut, der Gebrauch und die Ausarbeitung des Körpers zu Werken körperlicher Stärke und Ausdauer die Hauptsache ist; die Ringer in den Nationalkampfspielen, wo nicht der Inhalt der Handlung, Geist und Individualität des Charakters, sondern allein die Körperlichkeit der Tat, die Kraft, Gelenkigkeit, Schönheit, das freie Spiel der Muskeln und Glieder das Interessante sein konnte; ebenso Faune und Satyrn; Bacchantinnen in der Raserei des Tanzes;

sowie auch Aphrodite, insofern in ihr der sinnliche weibliche Liebreiz ein Hauptmoment ist – stellten deshalb die Alten nackt dar. Wo dagegen eine sinnende, höhere Bedeutsamkeit, ein innerer Ernst des Geistigen hervorstechen, überhaupt das Natürliche nicht das Vorwaltende sein soll, tritt Bekleidung ein. So führt z. B. schon Winckelmann an, daß unter zehn Frauenstatuen nur etwa eine unbekleidet wäre. Von den Göttinnen sind besonders Pallas, Juno, Vesta, Diana, Ceres und die Musen in Gewänder gehüllt; von den Göttern hauptsächlich Jupiter, der bärtige indische Bacchus und andere.

γ) Was nun endlich das Prinzip für die Bekleidung betrifft, so ist dies ein vielbesprochener Lieblingsgegenstand, der schon gewissermaßen trivial geworden ist. Ich will deshalb darüber nur kurz folgendes bemerken.

Wir brauchen es im ganzen nicht zu bedauern, daß unser Gefühl für Schicklichkeit sich scheut, ganz nackte Gestalten hinzustellen; denn wenn nur die Bekleidung, statt die Stellung zu verdecken, sie vollständig durchscheinen läßt, so geht nicht allein nichts verloren, sondern die Kleidung hebt im Gegenteil die Stellung erst recht heraus und ist in dieser Rücksicht sogar als ein Vorteil anzusehen, insofern sie uns den unmittelbaren Anblick dessen entzieht, was als bloß sinnlich bedeutungslos ist, und nur das zeigt, was in bezug auf die durch Stellung und Bewegung ausgedrückte Situation steht.

αα) Lassen wir dies Prinzip gelten, so kann es scheinen, als wäre für die künstlerische Behandlung zunächst diejenige Kleidung am vorteilhaftesten, welche die Gestalt der Glieder und dadurch auch die Stellung sowenig als möglich verdeckt, wie dies in unserer genau anschließenden *modernen* Kleidung der Fall ist. Unsere engen Ärmel und Beinkleider gehen den Umrissen der Gestalt nach und hindern daher, indem sie die ganze Form der Glieder sichtbar machen, den Gang und die Gebärde am allerwenigsten. Die langen, weiten Gewänder und bauschigen Hosen der Orientalen dagegen würden mit unserer Lebhaftigkeit und Vielgeschäftigkeit ganz unverträglich sein und passen sich nur für Leute, welche, wie die Türken, den ganzen Tag über mit untergeschlagenen Beinen dasitzen oder nur langsam und äußerst gravitätisch einherschreiten. Aber wir wissen zugleich, und der erste beste Anblick von modernen Statuen oder Gemälden kann es uns erweisen, daß unsere heutige Kleidung ganz unkünstlerisch ist. Was wir nämlich bei ihr eigentlich sehen, sind, wie ich früher schon an einer anderen Stelle ausgeführt habe, nicht die feinen, freien, lebendigen Umrisse des Körpers in ihrer zarten und flüssigen Ausarbeitung, sondern gestreckte Säcke mit steifen Falten. Denn wenn auch das Allgemeinste der Formen übrigbleibt, so gehen doch die schönen organischen Wellen verloren, und wir erblicken näher nur etwas durch äußere Zweckmäßigkeit Hervorgebrachtes, etwas Zugeschnittenes, das hier zusammengenäht, da herübergezogen, dort fest ist, überhaupt schlechthin unfreie Formen und nach Nähten, Knopflöchern, Knöpfen hin und her gelegte Falten und Flächen. In der Tat ist also solche Kleidung eine bloße Überdeckung und Einhüllung, welche durchaus einer eigenen Form entbehrt, andererseits aber an der organischen Gestaltung der Glieder, denen sie im allgemeinen folgt, gerade das sinnlich Schöne, die lebendigen Rundungen und Schwellungen verbirgt und an deren Stelle nur den sinnlichen Anblick von einem mechanisch verarbeiteten Stoffe gibt. Dies ist das ganz Unkünstlerische in der modernen Kleidung.

ββ) Das Prinzip für die künstlerische Art der Gewandung liegt nun darin, daß sie gleichsam wie ein Architekturwerk behandelt wird. Das architektonische Werk ist nur eine Umgebung, in welcher der Mensch sich zugleich frei bewegen kann und die nun auch ihrerseits, als abgetrennt von dem, was sie umschließt, ihre eigene Bestimmung für ihre Gestaltungsweise in sich haben und zeigen muß. Ferner ist das Architektonische des Tragens und des Getragenen für sich selbst seiner eigenen mechanischen Natur nach gestaltet. Ein solches Prinzip befolgt die Bekleidungsart, die wir in der idealen Skulptur der Alten befolgt finden. Besonders der Mantel ist wie ein Haus, in welchem man sich frei bewegt Er ist einerseits zwar getragen, aber nur an einem Punkt, an der Schulter z. B., befestigt; im übrigen aber entwickelt er seine besondere Form nach den Bestimmungen seiner eigenen Schwere, hängt, fällt, wirft Falten, frei für sich, und erhält nur durch die Stellung die besonderen Modifikationen dieser freien Gestaltung. Die gleiche Freiheit des Fallens ist mehr oder weniger auch bei den anderen Teilen der antiken Bekleidung nicht wesentlich verkümmert und macht gerade das Kunstgemäße aus, indem wir dann allein nichts Gedrücktes und Gemachtes sehen, dessen Form eine bloße äußere Gewalt und Nötigung zeigt, sondern etwas auch für sich selbst Geformtes, das dennoch vom Geist her durch die Stellung der Figur seinen Ausgangspunkt nimmt. Deshalb sind die Gewänder der Alten nur, soviel es nötig ist, um nicht hinabzufallen, vom Körper gehalten und durch seine Stellung bestimmt, sonst aber hängen sie frei umher und machen selbst in ihrem Bewegtwerden durch die Bewegungen des Körpers dies Prinzip immer noch geltend. Dies is schlechthin notwendig, denn ein anderes ist der Körper ein anderes die Bekleidung, die deshalb für sich zu ihrem Rechte kommen und in ihrer Freiheit erscheinen muß. Die moderne Kleidung dagegen ist entweder durchweg vom Körper getragen und nur dienend, so daß sie nun auch die Stellung zu überwiegend ausdrückt und doch die Formen der Glieder nur verunstaltet; oder wo sie im Faltenwur usf. eine selbständige Gestalt gewinnen könnte, bleibt e wieder nur der Schneider, der diese Form nach der Zufällig keit der Mode macht. Der Stoff ist einerseits von den ver schiedenen Gliedern und deren Bewegungen, andererseit durch seine eigenen Nähte hinüber- und herübergezerrt. – Aus diesen Gründen ist die antike Kleidung die ideale Norm für Skulpturwerke und der modernen bei weitem vorzu ziehen. Über die Form und Einzelheiten der alten Beklei dungsweise nun ist mit antiquarischer Gelehrsamkeit unend lich viel geschrieben, denn obschon Männer sonst nicht das Recht haben, über Mode in Kleidern, Art der Zeuge, Verbrämung, Schnitt und all das anderweitige Detail zu schwatzen, so ist doch durch das Antiquarische ein honetter Grund gegeben, auch diese geringen Dinge als wichtig zu behandeln und weitläufiger zu besprechen, als es selbst den Frauen in ihrem Felde gestattet ist.

γγ) Einen ganz anderen Gesichtspunkt nun aber müssen wir aufstellen, wenn es sich fragt, ob die moderne, überhaupt jede andere als die antike Kleidung in allen Fällen durchaus solle verworfen werden. Diese Frage gewinnt besonders bei Porträtstatuen an Wichtigkeit, und wir wollen sie, da ihr Hauptinteresse ein Prinzip für die Gegenwart der Kunst berührt, hier etwas ausführlicher behandeln.

Wenn in unseren Tagen das Porträt eines seiner Zeit noch angehörigen Individuums gemacht werden soll, so gehört dazu notwendig, daß auch die Bekleidung und äußere Umgebung aus dieser selbst individuellen Wirklichkeit genommen sei, denn eben weil es eine wirkliche Person ist, die hier den Gegenstand des Kunstwerks abgibt, wird gerade auch dies Äußerliche, wozu wesentlich die Kleidung gehört, in seiner Wirklichkeit und Treue das Notwendigste. Hauptsächlich ist dieser Forderung Folge zu leisten, wenn es darauf ankommt, bestimmte Charaktere, die in irgendeiner *besonderen* Sphäre groß und wirksam gewesen sind, ihrer Individualität nach vor Augen zu stellen. In einem Gemälde oder in Marmor erscheint das Individuum für die unmittelbare Anschauung in körperlicher Weise, d. h. in der Bedingtheit des Äußeren, und das Porträt über diese Bedingtheit hinausheben zu wollen wäre um so widersprechender, als das Individuum sodann etwas schlechthin in sich selbst Unwahres an ihm hätte, indem das Verdienst, das Eigentümliche und Ausgezeichnete wirklicher Menschen eben in ihrer Tätigkeit auf das Wirkliche, in ihrem Leben und Wirken in bestimmten Berufskreisen besteht. Soll uns diese individuelle Tätigkeit anschaulich werden, so muß die Umgebung nicht heterogen und störend sein. Ein berühmter General z. B. hat in Ansehung der unmittelbaren Umgebung unter Kanonen, Flinten, Pulverdampf als General existiert, und wenn wir ihn uns in seiner Tätigkeit vorstellen wollen, so denken wir daran, wie er seinen Adjutanten Order austeilt, Schlachtlinien ordnet, den Feind angreift usf. Und näher ist solch ein General nicht General überhaupt, sondern zeichnet sich besonders in einer bestimmten Waffengattung aus; er ist etwa Anführer der Infanterie oder ein tüchtiger Husar und dergleichen mehr. Zu diesem allen gehört nun auch seine eigentümliche, ebendiesen Umständen anpassende Kleidung. Ferner ist ein berühmter General – ein berühmter General, doch darum noch kein Gesetzgeber, kein Dichter, vielleicht nicht einmal ein religiöser Mann, regiert usf. hat er auch nicht, kurz, er ist keine Totalität, und diese allein ist idealischer, göttlicher Art. Denn die Göttlichkeit der idealen Skulpturgestalten ist gerade darin zu suchen, daß ihr Charakter und Individualität keinen besonderen Verhältnissen und Zweigen der Tätigkeit angehört, sondern diesem Geteiltsein entnommen oder, wenn die Vorstellung solcher Verhältnisse angeregt wird, so dargestellt ist, daß wir von diesen Individuen glauben müssen, sie seien alles in allem zu leisten imstande.

Deswegen bleibt es eine sehr oberflächliche Forderung, die Helden des Tages oder der jüngsten Vergangenheit, wenn ihre Heldenschaft beschränkterer Art ist, in idealer Kleidung darzustellen. Diese Forderung zeigt zwar einen Eifer für das Schöne der Kunst, aber einen Eifer, der unverständig ist und aus Liebe für die Antike übersieht, daß die Größe der Alten zugleich wesentlich in dem hohen Verstande alles dessen, was sie taten, liegt, indem sie zwar das, was an sich idealisch ist, dargestellt haben, dem aber, was es nicht ist eine solche Form nicht haben aufdringen wollen. Ist der ganze Gehalt der Individuen nicht idealisch, so darf es auch nicht die Kleidung sein, und wie ein kräftiger, bestimmter entschlossener General nicht deshalb schon ein Gesicht hat das die Formen eines Mars vertrüge, so würden hier die Gewänder griechischer Götter dieselbe Mummerei sein, als wenn man einen bärtigen Mann in Mädchenkleider steckte.

Dessenunerachtet macht auch die moderne Kleidung wieder dadurch manche Schwierigkeit, daß sie der *Mode* unterworfen und schlechthin veränderlich ist. Denn es ist die Vernünftigkeit der Mode, daß sie über das Zeitliche das Recht, es immer von neuem wieder zu verändern, ausübt. Ein zugeschnittener Rock kommt bald wieder aus der Mode, und damit er gefalle, dazu gehört, daß er eben Mode sei. Wenn aber die Mode vorüber ist, hört auch die Gewöhnung auf, und was vor wenigen Jahren noch gefiel, wird sogleich lächerlich. Deshalb sind auch nur solche Bekleidungsarten für Statuen beizubehalten, welche den spezifischen Charakter einer Zeit in einem mehr dauernden Typus ausprägen; im allgemeinen aber ist es rätlich, einen Mittelweg zu finden, wie es unsere heutigen Künstler tun. Dennoch bleibt es im ganzen immer mißlich, Porträtstatuen, wenn sie nicht entweder klein sind oder es bei ihnen nur auf eine familiäre Darstellung abgesehen ist, moderne Kleider zu geben. Am besten machen sich deshalb bloße Büsten, die denn auch leichter ideal gehalten werden können, mit bloßem Halse und Brust, da hier der Kopf und Physiognomie die Hauptsache bleiben und das übrige nur ein gleichsam unbedeutendes Beiwesen ist. Bei großen Statuen dagegen, besonders wenn sie ruhig dastehen, sehen wir eben, weil sie in Ruhe sind, sogleich, was sie anhaben, und ganze Männerfiguren selbst in Porträtgemälden können sich in ihrer modernen Kleidung nur schwer über das Unbedeutende erheben. So sind z. B. Herder und Wieland vom alten Tischbein in ganzer Figur sitzend gemalt und von guten Künstlern in Kupfer gestochen. Man fühlt jedoch gleich, daß es ganz etwas Mattes, Ödes und Überflüssiges ist, ihre Hosen, Strümpfe und Schuhe zu sehen und vollends ihre gemächliche, selbstgefällige Haltung auf einem Sessel, wo sie die Hände behaglich über dem Magen zusammenlegen.

Anders aber verhält es sich mit Porträtstatuen von Individuen, die entweder der Zeit ihrer Wirksamkeit nach weit von uns abliegen oder überhaupt in sich selbst von idealer Größe sind. Denn das Alte ist gleichsam zeitlos geworden und in die unbestimmtere allgemeine Vorstellung zurückgetreten, so daß es bei dieser Loslösung von seiner partikulären Wirklichkeit auch in seiner Bekleidung einer idealen Darstellung fähig wird. Mehr noch gilt dies für Individuen, welche, durch ihre Selbständigkeit und innere Fülle der bloßen Beschränktheit eines besonderen Berufs und der Wirksamkeit nur in einer bestimmten Zeit entzogen, für sich selbst eine freie Totalität, eine Welt von Verhältnissen und Tätigkeiten ausmachen und deshalb auch in Ansehung der Bekleidung über die Familiarität des Alltäglichen in ihrer gewöhnlichen zeitlichen Äußerlichkeit hinweggehoben erscheinen müssen. Schon bei den Griechen finden sich Statuen des Achill und Alexander, bei denen die individuelleren Porträtzüge so fein sind, daß man in diesen Gestalten eher Götterjünglinge als Menschen zu erkennen glaubt. Bei dem genialen großherzigen Jüngling Alexander ist dies vollständig am Platz. In ähnlicher Weise steht nun aber auch Napoleon z. B. so hoch und ist ein so umfassender Geist, daß nichts hindert, ihn in idealer Kleidung hinzustellen, die selbst bei Friedrich dem Großen nicht unpassend sein würde, wenn es sich darum handelte, ihn in seiner ganzen Größe zu feiern. Zwar kommt auch hier wesentlich der Maßstab der Statuen in Betracht. Bei kleinen Figürchen, die etwas Familiäres haben, stören Napoleons dreieckiger kleiner Hut, die bekannte Uniform, die übereinandergeschlagenen Arme keineswegs, und wollen wir den großen Friedrich als »den ollen Fritz« vor uns sehen, so kann man ihn mit Hut und Stock wie auf Tabaksdosen vorstellen.

3. Individualität der idealen Skulpturgestalten

Wir haben bis jetzt das Skulpturideal sowohl in seinem allgemeinen Charakter als auch nach den näheren Formen seiner besonderen Unterschiede betrachtet. *Drittens* bleibt uns jetzt nur noch herauszuheben übrig, daß die Ideale der Skulptur, insofern sie ihrem Inhalte nach in sich substantielle Individualitäten, ihrer Gestalt nach die menschliche Körperform darzustellen haben, auch zur unterscheidbaren *Besonderheit* der Erscheinung fortgehen müssen und deshalb einen Kreis besonderer Individuen bilden, wie wir ihn schon aus der klassischen Kunstform her als den Kreis der griechischen Götter kennen. Man könnte sich zwar vorstellen, es dürfe nur eine höchste Schönheit und Vollendung geben, welche sich nun auch in ihrer ganzen Vollständigkeit in *einer* Statue konzentrieren lasse, aber diese Vorstellung von einem Ideal als solchem ist schlechthin abgeschmackt und töricht. Denn die Schönheit des Ideals besteht eben darin, daß sie keine bloß allgemeine Norm ist, sondern wesentlich Individualität und deshalb auch Besonderheit und Charakter hat. Dadurch allein kommt erst Lebendigkeit in die Skulpturwerke hinein und erweitert die *eine* abstrakte Schönheit zu einer Totalität in sich selbst bestimmter Gestalten. Im ganzen jedoch ist dieser Kreis seinem Gehalt nach beschränkt, indem eine Menge von Kategorien, die wir z. B. in unserer christlichen Anschauung zu gebrauchen gewohnt sind, wenn wir den Ausdruck menschlicher und göttlicher Eigenschaften darstellen wollen, beim eigentlichen Ideal der Skulptur fortfallen. So haben z. B. die moralischen Gesinnungen und Tugenden, wie das Mittelalter und die moderne Welt sie zu einem in jeder Epoche wieder modifizierten Pflichtenkreis zusammenstellten, bei den idealen Göttern der Skulptur keinen Sinn und sind für diese Götter nicht vorhanden. Wir dürfen deswegen die Darstellung der Aufopferung, des besiegten Eigennutzes, den Kampf gegen das Sinnliche, den Sieg der Keuschheit usf. hier ebensowenig erwarten als den Ausdruck der Liebesinnigkeit, der unwandelbaren Treue, der männlichen und weiblichen Ehre und Ehrbarkeit oder den Ausdruck religiöser Demut, Unterwerfung und Beseligung in Gott. Denn alle diese Tugenden, Eigenschaften und Zustände beruhen teils auf dem Bruch des Geistigen und Leiblichen, teils gehen sie über das Leibliche hinaus in die bloße Innigkeit des Gemüts zurück oder zeigen die einzelne Subjektivität in der Trennung von seiner an und für sich seienden Substanz sowie im Streben der Wiedervermittlung mit derselben. Ferner ist der Kreis dieser eigentlichen Götter der Skulptur zwar eine Totalität, doch, wie wir schon bei Betrachtung der klassischen Kunstform sahen, kein nach Begriffsunterschieden streng zu gliederndes Ganzes. Dennoch sind die einzelnen Gestalten jede von der anderen als in sich abgeschlossene bestimmte Individuen zu unterscheiden, obgleich sie nicht durch abstrakt ausgeprägte Charakterzüge auseinandertreten, sondern im Gegenteil viel Gemeinsames in Rücksicht auf ihre Idealität und Göttlichkeit behalten.

Die näheren Unterschiede nun können wir nach folgenden Gesichtspunkten durchgehen:

Erstens kommen bloß äußere Kennzeichen, beihergestellte Attribute, Art der Kleidung, Bewaffnung und dergleichen in Betracht, Abzeichen, in deren bestimmterer Angabe Winckelmann besonders weitläufig gewesen ist.

Zweitens aber liegen die Hauptunterschiede nicht nur in so äußerlichen Merkmalen und Zügen, sondern in dem individuellen Bau und Habitus der ganzen Gestalt. Das Wesentlichste in dieser Rücksicht ist der Unterschied des *Alters, Geschlechts* sowie der *verschiedenen Kreise*, aus welchen die Bildwerke ihren Inhalt und ihre Form nehmen, indem von den Göttern zu Heroen, Satyrn, Faunen, Porträtstatuen fortgegangen wird und die Darstellung sich endlich auch zur Auffassung tierischer Bildungen verliert.

Drittens endlich wollen wir einen Blick auf die *einzelnen* Gestalten werfen, zu deren individueller Form die Skulptur jene allgemeineren Unterschiede verarbeitet. Hier vornehmlich ist es das breiteste Detail, das sich aufdrängt und uns Einzelnes, das sich überdies vielfach ins Empirische verläuft, mehr nur beispielsweise anzuführen erlaubt.

a. Attribute, Waffen, Putz usf.

Was nun *erstens* die Attribute und sonstiges äußerliches Beiwesen angeht, Art des Putzes, Waffen, Geräte, Gefäße, überhaupt Dinge, welche zur Beziehung auf die Umgebung gehören, so sind diese Äußerlichkeiten in den hohen Werken der Skulptur sehr einfach, mäßig und beschränkt gehalten, so daß nicht mehr davon vorhanden ist, als zur Andeutung und zum Verständnis gehört. Denn es ist die Gestalt für sich, ihr Ausdruck und nicht das äußerliche Beiwesen, was die geistige Bedeutung und deren Anschauung geben muß. Umgekehrt aber werden dergleichen Bezeichnungen ebenso notwendig, um die bestimmten Götter wiedererkennen zu lassen. Die allgemeine Göttlichkeit nämlich, welche in jedem einzelnen Gotte das Substantielle der Darstellung abgibt, bringt durch diese gleiche Grundlage eine nahe Verwandtschaft des Ausdrucks und der Gestalten hervor, so daß nun jeder Gott auch wieder seiner Besonderheit enthoben werden und auch ebenso andere Zustände und Darstellungsweisen durchgehen kann als die ihm sonst eigentümlichen. Dadurch tritt an ihm die besondere Charakteristik überhaupt nicht durchweg in vollem Ernste hervor, und es sind oft nur solche Äußerlichkeiten, die übrigbleiben, um ihn erkennbar zu machen. Aus diesen Bezeichnungen nun will ich nur die folgenden andeuten.

α) Von den eigentlichen *Attributen* habe ich schon bei Gelegenheit der klassischen Kunstform und ihrer Götter gesprochen. In der Skulptur verlieren dieselben noch mehr ihren selbständigen, symbolischen Charakter und behalten nur das Recht, als die mit irgendeiner Seite der bestimmten Götter in Verwandtschaft stehende äußerliche Bezeichnung an der Gestalt, die nur sich selber darstellt, oder neben derselben zu erscheinen. Sie sind vielfach von Tieren hergenommen, wie z. B. Zeus mit dem Adler dargestellt wird, Juno mit dem Pfau, Bacchus mit Tiger und Panther, die seinen Wagen ziehen, weil, wie Winckelmann (*Werke*, Bd. II, S. 503) sagt, dieses Tier einen beständigen Durst hat und begierig ist nach Wein; ebenso Venus mit dem Hasen oder der Taube. – Andere Attribute sind Gerätschaften oder Werkzeuge, die auf Tätigkeiten und Handlungen Bezug haben, welche jedem Gott seiner bestimmten Individualität gemäß zugeschrieben werden. So wird z. B. Bacchus mit dem Thyrsusstab abgebildet, um den sich Efeublätter und Bänder schlingen, oder er hat einen Kranz von Lorbeerblättern, um ihn als Sieger auf seinem Zuge nach Indien zu bezeichnen, oder auch eine Fackel, mit welcher er der Ceres leuchtete.

Dergleichen Bezüglichkeiten, von denen ich allerdings hier nur die allerbekanntesten angeführt habe, setzen besonders den Scharfsinn und die Gelehrsamkeit der Antiquare in Bewegung und bringen sie zu einer Kleinigkeitskrämerei, die dann freilich oft zu weit geht und Bedeutsamkeit in Dingen sieht, in welchen keine liegt. So z. B. nahm man zwei berühmte in Schlummer liegende weibliche Figuren im Vatikan und der Villa Medici bloß deswegen für Darstellungen der Kleopatra, weil sie ein Armband von der Gestalt einer Viper trugen und den Archäologen beim Anblick der Schlange sogleich der Tod der Kleopatra ganz ebenso einfiel, wie einem frommen Kirchenvater etwa die erste Schlange, welche im Paradiese die Eva verführte, in Gedanken kommt. Nun war es aber allgemein die Sitte griechischer Frauen, Armbänder in Form von Schlangenwindungen zu tragen, und die Armbänder selbst hießen Schlangen. So hat denn auch schon Winckelmanns richtiger Sinn (Bd. V, 6. Buch, Kap. 2, S. 56; Bd. VI, 11. Buch, Kap. 2, S. 222) diese Figuren nicht mehr für Kleopatra angesehen und Visconti (*Museo Pio-Clementino,* Bd. II, S. 89–92[6]) sie endlich bestimmt für eine Ariadne erkannt, wie sie vor Schmerz über die

6 Ennio Quirino Visconti, *Museo Pio-Clementino,* 7 Bde., 1782–1807

Entfernung des Theseus zuletzt in Schlummer gesunken ist. – Wie unendlich oft man sich nun auch in solchen Beziehungen hat irreführen lassen und sosehr die Art des Scharfsinns kleinlich erscheint, die von dergleichen unbedeutenden Äußerlichkeiten ausgeht, so ist diese Untersuchungsweise und Kritik doch notwendig, weil oft die nähere Bestimmtheit einer Gestalt nur auf solchem Wege zu ermitteln ist. Doch kommt auch hierbei wieder die Schwierigkeit vor, daß wie die Gestalt so auch die Attribute nicht jedesmal nur auf einen Gott schließen lassen, sondern mehreren gemeinschaftlich sind. Die Schale z. B. sieht man außer bei Jupiter, Apoll, Merkur, Äskulap auch noch bei Ceres und Hygiea; die Kornähre haben gleichfalls mehrere weibliche Gottheiten; die Lilie findet sich in der Hand der Juno, Venus und Hoffnung, und selbst den Blitz führt nicht nur Zeus, sondern auch Pallas, welche wiederum ihrerseits die Ägide nicht allein, sondern gleichmäßig mit Zeus, Juno und dem Apollo trägt (Winckelmann, Bd. II, S. 491). Der Ursprung der individuellen Götter aus einer gemeinschaftlichen, unbestimmteren allgemeinen Bedeutung führt selbst alte Symbole mit sich, die dieser allgemeineren und dadurch gemeinschaftlichen Natur der Götter angehörten.

β) Anderweitiges Beiwesen, Waffen, Gefäße, Pferde usf., findet mehr in solchen Werken Platz, welche schon aus der einfachen Ruhe der Götter zur Darstellung von Handlungen, Gruppen, Reihen von Figuren, wie dies in Reliefs der Fall sein darf, heraustreten und deshalb auch von äußerlich mannigfaltigen Bezeichnungen und Andeutungen einen breiteren Gebrauch machen können. Auch auf Weihgeschenken, die in Kunstwerken aller Art, vornehmlich in Statuen, bestanden, auf den Statuen der olympischen Sieger, hauptsächlich aber auf Münzen und geschnittenen Steinen hatte dann der reiche, schöpferische Witz der griechischen Erfindsamkeit einen großen Spielraum, symbolische und sonstige Bezüglichkeiten – z. B. auf die Lokalität der Stadt usf. – anzubringen.

γ) Tiefer nun schon aus der Äußerlichkeit in die Individualität der Götter hineingenommen sind solche Kennzeichen, welche der bestimmten Gestalt selber angehören und einen integrierenden Teil derselben ausmachen. Hierher ist die spezifische Art der Bekleidung, Bewaffnung, des Haarschmucks, Putzes usf. zu zählen, in bezug auf welche ich mich jedoch zur näheren Erläuterung mit wenigen Anführungen aus Winckelmann begnügen will, der in der Auffassung solcher Unterschiede sehr scharfsichtig war. Unter den besonderen Göttern ist Zeus vornehmlich durch die Art des Haarwurfs zu erkennen, so daß Winckelmann behauptet (Bd. IV, 5. Buch, Kap. 1, § 29), ein Kopf würde schon durch die Haare seiner Stirn oder durch seinen Bart, wenn auch weiter nichts vorhanden wäre, als ein Jupiterkopf bestimmt werden können. »Auf der Stirne«, sagt Winckelmann nämlich (l. c., § 31), »erheben sich die Haare aufwärts, und deren verschiedene Abteilungen fallen in einen engen Bogen gekrümmt wieder herunter.« Und diese Art, das Haar darzustellen, war so durchgreifend, daß sie selbst bei den Söhnen und Enkeln des Zeus beibehalten wurde. So z. B. ist in dieser Rücksicht das Haupt des Jupiter von dem des Äskulap kaum zu unterscheiden, der dafür aber einen anderen Bart hat, besonders auf der Oberlippe, wo derselbe mehr im Bogen gelegt ist, während er bei Jupiter sich »mit einmal um die Winkel des Mundes herumdreht und sich mit dem Bart auf dem Kinne vermischt«. Auch den schönen Kopf einer Statue des Neptun in der Villa Medici, später in Florenz, weiß Winckelmann durch den krauseren Bart, der über der Oberlippe außerdem auch dicker ist, und durch das lockigere Haupthaar von Köpfen des Jupiter zu unterscheiden. Pallas, ganz im Unterschiede der Diana, trägt das Haar lang vom Haupt ab gebunden und dann unter dem Bande in Locken reihenweise herabhängend, Diana dagegen von allen Seiten hinaufgestrichen und auf dem Wirbel in einen Knaul gebunden. Das Haupt der Ceres ist bis auf das Hinterteil mit ihrem Gewande bedeckt, dabei trägt sie nebst Ähren ein Diadem wie Juno, »vor welchem sich die Haare«, wie Winckelmann bemerkt (Bd. IV, 5. Buch, Kap. 2, § 10), »in einer lieblichen Verwirrung zerstreut erheben, so daß dadurch vielleicht ihre Betrübnis über den Raub ihrer Tochter Proserpina angedeutet werden soll«. – Die ähnliche Individualität geht nun auch durch andere Äußerlichkeiten, wie z. B. Pallas an ihrem Helm und dessen bestimmter Gestalt, an ihrer Art der Bekleidung usf. zu erkennen ist.

b. Unterschiede des Alters, Geschlechts, der Götter, Heroen, Menschen, Tiere

Die wahrhaft lebendige Individualität nun aber, insofern sie sich in der Skulptur durch die freie schöne Körpergestalt ausprägen soll, darf sich nicht bloß durch solche Nebendinge wie Attribute, Haarwuchs, Waffen und sonstige Werkzeuge, Keule, Dreizack, Scheffel usf., kundgeben, sondern muß sowohl in die Gestalt selbst als auch in deren Ausdruck eindringen. In solcher Individualisierung nun waren die griechischen Künstler um so feiner und schöpferischer, als die Göttergestalten eben eine wesentlich gleiche substantielle Grundlage hatten, aus welcher nun, ohne sich davon abzutrennen, die charakteristische Individualität so herausgearbeitet werden mußte, daß diese Grundlage darin schlechthin lebendig und gegenwärtig blieb. Vorzüglich ist in den besten antiken Skulpturwerken die feine Aufmerksamkeit zu bewundern, mit welcher die Künstler darauf bedacht waren, jeden der kleinsten Züge der Gestalt und des Ausdrucks in Harmonie mit dem Ganzen zu bringen, eine Aufmerksamkeit, aus welcher dann allein diese Harmonie selber hervorgeht.

Fragen wir weiter nach allgemeinen Hauptunterschieden, welche sich als die nächsten Grundlagen für die bestimmtere Besonderung der Körperformen und ihres Ausdrucks geltend machen können, so ist

α) das erste der Unterschied kindlicher und jugendlicher Gestalten von denen eines späteren Alters. Beim echten

Ideal, sagte ich bereits früher, sei jeder Zug, jeder einzelnste Teil der Gestalt ausgedrückt und ebenso das Geradlinige, das sich so fortgehen läßt, die abstrakt ebenen Flächen wie das Zirkelrunde, Verstandesrunde durchaus vermieden und dagegen die lebendige Mannigfaltigkeit der Linien und Formen in der verbindenden Nuancierung ihrer Übergänge aufs schönste durchgebildet. Im kindlichen und jugendlichen Alter nun fließen die Grenzen der Formen mehr unmerklich ineinander und verlaufen sich so sanft, daß man sie, wie Winckelmann sagt (Bd. VII, S. 78), mit der Fläche eines von den Winden nicht beunruhigten Meeres vergleichen kann, von welchem man, obwohl es in steter Bewegung ist, dennoch sagt, daß es still sei. Bei vorgerückterem Alter hingegen treten die Unterscheidungen markierter hervor und müssen zu bestimmterer Charakteristik ausgearbeitet sein. Vortreffliche männliche Gestalten gefallen deshalb beim ersten Anblick auch sogleich mehr, weil alles ausdrucksvoller ist und wir deshalb die Kenntnis, Weisheit und Geschicklichkeit des Künstlers um so schneller bewundern lernen. Denn ihrer Weiche und geringeren Anzahl der Unterschiede wegen scheinen jugendliche Gestalten leichter. In der Tat aber ist das Gegenteil der Fall. Insofern nämlich »die Bildung ihrer Teile zwischen dem Wachstum und der Vollendung gleichsam unbestimmt gelassen ist« (Winckelmann, Bd. VII, S. 80), müssen die Gelenke, Knochen, Sehnen, Muskeln zwar weicher und zarter, dennoch aber ebenso angedeutet werden. Darin feiert eben die alte Kunst ihren Triumph, daß auch an den zartesten Gestalten jedesmal alle Teile und deren bestimmte Organisation in fast unscheinbaren Nuancen von Erhöhung und Vertiefung in einer Weise bemerklich sind, durch welche sich das Wissen und die Virtuosität eines Künstlers nur einem streng forschenden, aufmerksamen Beobachter kundgeben. Wäre z. B. an einer zarten männlichen Figur, wie dem jugendlichen Apoll, nicht mit vollkommener, obschon halb versteckter Einsicht die ganze Struktur des menschlichen Körpers wirklich und gründlich angegeben, so würden die Glieder wohl rund und voll erscheinen, aber zugleich schlaff und ohne Ausdruck und Mannigfaltigkeit, so daß das Ganze schwerlich erfreuen könnte. – Als ein auffallendstes Beispiel des Unterschiedes jugendlicher Körper vom männlichen im späteren Alter sind die Knaben und der Vater in der Gruppe des Laokoon anzuführen.

Im ganzen aber ziehen die Griechen bei Darstellung ihrer Götterideale für Skulpturwerke das noch jugendliche Alter vor und deuten selbst in Köpfen und Statuen des Jupiter oder Neptun kein Greisenalter an.

β) Ein wichtigerer, zweiter Unterschied betrifft das *Geschlecht*, in welchem die Gestalt dargestellt wird, der Unterschied männlicher und weiblicher Formen. Im allgemeinen läßt sich von den letzteren dasselbe sagen, was ich schon von dem früheren jugendlicheren Alter dem späteren gegenüber in der Kürze angab. Die weiblichen Formen sind zarter, weicher, die Sehnen und Muskeln, obschon sie nicht fehlen dürfen, weniger angedeutet, die Übergänge fließender, sanfter, doch bei der Verschiedenheit des Ausdrucks vom stillen Ernst, der strengeren Macht und Hoheit an bis zur weichsten Anmut und Grazie des Liebreizes höchst nuancenvoll und mannigfaltig. Der gleiche Reichtum der Formen findet in den männlichen Gestalten statt, bei denen noch außerdem der Ausdruck der ausgearbeiteten körperlichen Stärke und des Mutes hinzukommt. Die Heiterkeit des Genusses aber bleibt allen gemeinsam, eine Froheit und selige Gleichgültigkeit, die über alles Besondere hinaus ist, verknüpft zugleich mit einem stillen Zug der Trauer, jenem Lächeln in Tränen, bei dem es weder zum Lächeln noch zur Träne kommt.

Zwischen dem männlichen und weiblichen Charakter ist hier aber nicht durchweg eine strenge Grenze zu ziehen, denn die jugendlicheren Göttergestalten des Bacchus und Apollo gehen oft bis zur Zartheit und Weiche weiblicher Formen, ja zu einzelnen Zügen der weiblichen Organisation fort, ja es gibt selbst Darstellungen des Herkules, in welchen er so jungfräulich gebildet erscheint, daß man ihn mit der

Iole, seiner Geliebten, verwechselt hat. Diesen Übergang nicht nur, sondern selbst die Verbindung männlicher und weiblicher Formen haben die Alten sodann in den Hermaphroditen ausdrücklich dargestellt.

γ) *Drittens* endlich fragt es sich nach den Hauptunterschieden, welche in die Skulpturgestalt dadurch hereinkommen, daß sie einem der bestimmten Kreise angehört, die den Gehalt der idealen, für die Skulptur geeigneten Weltanschauung ausmachen.

Die organischen Formen, deren die Skulptur sich in ihrer Plastik überhaupt bedienen kann, sind die Formen des Menschlichen einer- und des Tierischen andererseits. In Rücksicht auf das *Tierische* haben wir schon gesehen, daß es auf der Höhe der strengeren Kunst nur als Attribut neben die Göttergestalt treten dürfe, wie wir z. B. neben der jagenden Diana eine Hirschkuh finden und neben Zeus den Adler. Ebenso gehören hierher der Panther, Greifen und ähnliche Gebilde. Außer den eigentlichen Attributen erhalten nun aber die tierischen Formen, teils vermischt mit der menschlichen, teils auch selbständige Gültigkeit. Doch ist der Kreis solcher Darstellungen beschränkt. Außer den Bocksformen ist es vornehmlich das Roß, dessen Schönheit und feurige Lebendigkeit sich Eingang in die plastische Kunst verschafft, sei es nun in Vereinigung mit der menschlichen Bildung oder sei es in seiner vollständigen freien Gestalt. Das Pferd steht nämlich überhaupt schon mit dem Mut, der Tapferkeit und Gewandtheit menschlicher Heldenschaft und heroischer Schönheit in nahem Bezuge, während andere Tiere, wie z. B. der Löwe, welchen Herkules, der Eber, den Meleager erlegt, das Objekt dieser heroischen Taten selbst sind und deshalb mit in den Kreis der Darstellung, wenn diese sich zu Gruppen und auf Reliefs zu bewegteren Situationen und Handlungen ausbreitet, einzutreten ein Recht haben.

Das *Menschliche* seinerseits gibt, insofern es in Form und Ausdruck als reines Ideal gefaßt wird, die gemäße Gestalt für das Göttliche ab, welches, als noch an das Sinnliche gebunden, nicht fähig ist, in die einfache Einheit *eines* Gottes zusammenzugehen und sich nur durch einen *Kreis* göttlicher Gebilde auslegen kann. Ebenso aber umgekehrt bleibt das Menschliche sowohl seinem Gehalt als seinem Ausdrucke nach auch im Gebiete der menschlichen Individualität als solcher stehen, obschon dieselbe anderenteils bald mit dem Göttlichen, bald mit dem Tierischen in Verwandtschaft und Einigung gebracht wird.

Hierdurch erhält die Skulptur folgende Gebiete, denen sie ihren Inhalt zur Ausgestaltung entnehmen kann. Als den wesentlichen Mittelpunkt habe ich mehrfach bereits den Kreis der *besonderen Götter* genannt. Ihr Unterschied von den Menschen besteht vornehmlich darin, daß, wie sie in Rücksicht auf ihren Ausdruck über die Endlichkeit der Sorge und verderblichen Leidenschaft hinaus zur seligen Stille und ewigen Jugend in sich gesammelt erscheinen, nun auch die Körperformen nicht nur von der endlichen Partikularität des Menschlichen gereinigt sind, sondern auch, ohne an Lebendigkeit zu verlieren, dennoch alles, was auf die Notdurft und Bedürftigkeit des sinnlich Lebendigen hindeutet, von sich abstreifen. Ein interessanter Gegenstand z. B. ist es, daß die Mutter ihr Kind stillt; die griechischen Göttinnen aber sind immer kinderlos dargestellt. Juno schleudert den jungen Herkules der Mythe nach von sich und läßt die Milchstraße dadurch entstehen; der majestätischen Gattin des Zeus einen Sohn zuzugesellen war der antiken Anschauung zu niedrig. Selbst Aphrodite erscheint in der Skulptur nicht als Mutter; Amor ist wohl in ihrer Umgebung, doch weniger im Verhältnis des Kindes. Ähnlich wird auch dem Jupiter zur Amme eine Ziege gegeben, und Romulus und Remus werden von einer Wölfin gesäugt. Unter ägyptischen und indischen Bildern dagegen gibt es noch viele, auf welchen Götter von Göttinnen die Muttermilch empfangen. Bei den griechischen Göttinnen ist die Jungfräulichkeit der Gestalt, welche die Naturbestimmung des Weibes am wenigsten hervortreten läßt, überwiegend.

Dies macht einen wichtigen Gegensatz der klassischen Kunst gegen die romantische aus, in welcher die Mutterliebe einen Hauptgegenstand abgibt. Von den Göttern als solchen geht sodann die Skulptur zu den Heroen und jenen Gestalten fort, welche wie die Kentauren, Faune und Satyrfiguren Mischungen von Menschen und Tieren sind.

Die *Heroen* sind nur durch sehr feine Unterschiede von den Göttern abgegrenzt und ebenso über das bloß Menschliche in seinem gewöhnlichen Dasein erhoben. Von einem Battus auf Münzen von Cyrene sagt Winckelmann z. B. (Bd. IV, S. 105), er würde durch einen einzigen Blick zärtlicher Lust einen Bacchus und durch einen Zug von göttlicher Großheit einen Apollo abbilden können. Doch gehen hier die menschlichen Formen, wo es darauf ankommt, die Gewalt des Willens und der Körperkraft darstellig zu machen, besonders in gewissen Teilen aufs Große; in die Muskeln legten die Künstler eine schnelle Wirkung und Regung, und in heftigen Handlungen setzten sie alle Triebfedern der Natur in Bewegung. Indem jedoch an demselben Helden eine ganze Reihe unterschiedener, ja entgegengesetzter Zustände vorkommt, so nähern sich die männlichen Formen auch hier wieder häufig den weiblichen. So z. B. am Achilles bei seinem ersten Erscheinen unter den Mädchen des Lykomedes. Hier tritt er nicht in der Heldenstärke auf, die er vor Troja entfaltet, sondern in Weiberkleidern und einem Reize der Gestalt, der das Geschlecht fast zweifelhaft läßt. Auch Herkules ist nicht immer in dem Ernst und der Kraft zu jenen mühseligen Arbeiten, die er verrichtete, dargestellt, sondern ebenso, wie er der Omphale dient, sowie auch in der Ruhe der Vergötterung und überhaupt in den mannigfaltigsten Situationen. In anderen Beziehungen haben die Heroen oft wieder die größte Verwandtschaft mit den Gestalten der Götter selbst, Achill z. B. mit Mars, und es ist deshalb die Sache des gründlichsten Studiums, aus der Charakterisierung ganz ohne weitere Attribute gleich die bestimmte Bedeutung einer Statue zu erkennen. Dennoch wissen geübte Kunstkenner selbst aus einzelnen Stücken sogleich auf den Charakter und Form der ganzen Gestalt zu schließen und das Fehlende sich zu ergänzen, woraus man wiederum den feinen Sinn und die Konsequenz der Individualisierung in der griechischen Kunst bewundern lernt, deren Meister auch den kleinsten Teil dem Charakter des Ganzen angemessen zu erhalten und auszuführen verstanden.

Was die *Satyrn* und *Faune* anbetrifft, so ist in ihren Kreis das hineinverlegt, was von dem hohen Ideal der Götter ausgeschlossen bleibt, menschliches Bedürfnis, Lebensfröhlichkeit, sinnlicher Genuß, Befriedigung der Begierde und dergleichen mehr. Doch sind besonders die jungen Satyrn und Faune von den Alten meist in solcher Schönheit der Gestalt dargestellt, daß, wie Winckelmann behauptet (Bd. IV, S. 78), »eine jede Figur derselben, den Kopf ausgenommen, mit einem Apollo könnte verwechselt werden, sonderlich mit demjenigen, welcher Sauroktonos heißt und einerlei Stand der Beine mit den Faunen hat«. Am Kopf sind die Faune und Satyrn durch die gespitzten Ohren, die straubigen Haare und kleinen Hörnchen kenntlich.

Zu einem *zweiten* Kreise schließt sich das *Menschliche als solches* zusammen. Hierher gehört besonders die menschliche Schönheit der Gestalt, wie sie sich in ihrer durchgebildeten Kraft und Geschicklichkeit in den Kampfspielen kundgibt; Ringer, Diskuswerfer usf. bilden deshalb einen Hauptgegenstand. In solchen Produktionen geht die Skulptur dann schon dem mehr Porträtartigen entgegen, in welchem die Alten jedoch selbst da, wo sie wirkliche Individuen darstellten, noch immer das Prinzip der Skulptur, wie wir es haben kennenlernen, festzuhalten verstanden.

Das *letzte* Gebiet endlich, das die Skulptur ergreift, ist die Darstellung von *Tiergestalten* als solchen, besonders Löwen, Hunden usf. Auch in diesem Felde wußten die Alten das Prinzip der Skulptur, das Substantielle der Gestalt aufzufassen und individuell zu verlebendigen, geltend zu machen und gelangten darin zu solcher Vollkommenheit, daß z. B. die Kuh des Myron berühmter geworden ist als selbst seine übrigen Werke. Goethe hat sie in *Kunst und Altertum* (2. Bd., 1. Heft)[7] mit großer Anmut geschildert und vorzüglich darauf aufmerksam gemacht, daß, wie wir schon oben sahen, solche tierische Funktion wie das Säugen hier nur im Felde des Tierischen vorkommt. Alle Einfälle der Dichter in alten Epigrammen entfernt er und betrachtet sinnvoll nur die Naivität der Konzeption, aus der das vertraulichste Bild entspringt.

c. Darstellung der einzelnen Götter

Zum Schluß dieses Kapitels haben wir jetzt noch von den *einzelnen* Individuen, zu deren Charakter und Lebendigkeit die soeben angeführten Unterschiede herausgearbeitet werden, einiges Nähere hauptsächlich von der Darstellung der Götter anzuführen.

α) Wie überhaupt, so könnte man zwar auch in Rücksicht auf die geistigen Götter der Skulptur die Meinung geltend machen wollen, die Geistigkeit sei eigentlich die Befreiung von der Individualität, und so müßten auch die Ideale, je idealer und herrlicher, um desto weniger voneinander als Individuen unterschieden bleiben; aber die erstaunungswürdig von den Griechen gelöste Aufgabe der Skulptur bestand in dieser Beziehung gerade darin, der Allgemeinheit und Idealität der Götter zum Trotz ihnen dennoch Individualität und Unterscheidbarkeit erhalten zu haben, wie sehr sich freilich in bestimmten Sphären das Bestreben auftut, die festen Grenzen aufzuheben und die besonderen Formen auch in ihrem Übergange darzustellen. Nimmt man nun ferner die Individualität in der Weise, daß gewissen Gottheiten bestimmte Züge gleichsam wie Porträtzüge eigen waren, so scheint dadurch ein fester Typus an die Stelle lebendiger Produktion zu treten und der Kunst zu schaden.

---

7 »Myrons Kuh«, 1818

Dies ist aber ebensowenig der Fall. Im Gegenteil war die Erfindung in der Individualisierung und Lebendigkeit um so feiner, je mehr ein substantieller Typus derselben zugrunde lag.

β) Was ferner die einzelnen Götter selbst angeht, so liegt die Vorstellung nahe, daß über allen diesen Idealen *ein* Individuum als ihr Herrscher stehe. Diese Würde und Hoheit hat vor allem Phidias der Gestalt und dem Ausdruck des *Zeus* beigelegt, doch wird der Vater der Götter und Menschen zugleich mit einem heiteren, gnädigen Blick in thronender Milde hingestellt, in männlichem Alter, nicht mit der Wangenfülle der Jugend, ohne jedoch umgekehrt an irgendeine Härte der Form oder Andeutung der Gebrechlichkeit und des Alters anzustreifen. Am verwandtesten mit Jupiter in Gestalt und Ausdruck sind seine Brüder, *Neptun* und *Pluto*, deren interessante Statuen in Dresden z. B. bei aller Eigentümlichkeit dennoch verschieden gehalten sind; Zeus in der Milde der Hoheit, Neptun wilder, Pluto, der mit dem Serapis der Ägypter zusammengeht, düsterer, getrübter.

Wesentlicher von Jupiter unterschieden bleiben *Bacchus* und *Apollo*, *Mars* und *Merkur*; jene in jugendlicherer Schönheit und Zartheit der Formen, diese männlicher, obschon bartlos; Merkur rüstiger, schlanker, mit besonderer Feinheit der Gesichtszüge; Mars nicht etwa wie Herkules in der Stärke der Muskeln und übrigen Formen, sondern als jugendlicher, schöner Held in idealer Bildung.

Von den Göttinnen will ich nur der Juno, Pallas, Diana und Venus Erwähnung tun.

Wie Zeus unter den männlichen Gottheiten, so hat *Juno* unter den weiblichen in ihrer Gestalt und im Ausdruck derselben die meiste Hoheit; die großen rundgewölbten Augen sind stolz und gebieterisch, ebenso der Mund, der sie, besonders im Profil gesehen, sogleich kenntlich macht. Im ganzen gibt sie den Eindruck »einer Königin, die herrschen will, verehrt sein und Liebe erwecken muß« (Winckelmann, Bd. IV, S. 116).

Pallas dagegen hat den Ausdruck strengerer Jungfräulichkeit und Züchtigkeit; Zärtlichkeit, Liebe und jede Art weiblicher Schwäche ist von ihr ferngehalten, das Auge weniger offen als das der Juno, mäßig gewölbt und in stillem Sinnen etwas gesenkt, wie das Haupt, das sich nicht wie bei der Gattin des Zeus stolz emporrichtet, obschon es mit einem Helm bewaffnet ist.

Von der gleichen Jungfräulichkeit der Gestalt wird *Diana* abgebildet, doch mit größerem Reiz begabt, leichter, schlanker, wenn auch ohne Selbstgewißheit und Freude über ihre Anmut. Sie steht nicht in ruhiger Betrachtung da, sondern ist meist gehend, vorwärtsdringend vorgestellt, mit geradeaus in die Weite schauendem Auge.

Venus endlich, die Göttin der Schönheit als solcher, ist nebst den Grazien und Horen allein von den Griechen unbekleidet dargestellt worden, wenn auch nicht von allen Künstlern. Bei ihr hat die Nacktheit einen vollwichtigen Grund, weil sie die sinnliche Schönheit und deren Sieg, überhaupt Anmut, Liebreiz, Zärtlichkeit, durch Geist ermäßigt und erhoben, zum Hauptausdruck hat. Ihr Auge, selbst wo sie ernster und erhabener sein soll, ist kleiner als bei Pallas und Juno, nicht in der Länge, doch enger durch das untere, in etwas gehobene Augenlid, wodurch das liebäugelnde Schmachten aufs schönste ausgedrückt ist. Im Ausdruck jedoch ist sie wie in der Gestalt verschieden, bald ernster, mächtiger, bald zierlicher und zärtlicher, bald von reiferem, bald von jugendlicherem Alter. Wie z. B. Winckelmann (Bd. IV, S. 112) die Mediceische Venus mit einer Rose vergleicht, die nach einer schönen Morgenröte beim Aufgang der Sonne aufbricht. Die himmlische Venus dagegen wurde mit einem Diadem, das dem der Juno gleicht und welches auch die *Venus victrix* trägt, bezeichnet.

γ) Die Erfindung nun dieser plastischen Individualität, deren ganzer Ausdruck durch die Abstraktion der bloßen Form vollständig bewirkt wird, war in dem gleichen Maße einer unübertroffenen Vollendung nur bei den Griechen einheimisch und hat ihren Grund in der Religion selbst. Eine geistigere Religion kann sich mit innerer Betrachtung und Andacht begnügen, so daß für sie Skulpturwerke mehr nur als Luxus und Überfluß gelten; eine so sinnlich anschauende aber wie die griechische muß immer fortproduzieren, indem für sie dies künstlerische Schaffen und Erfinden eine selbst religiöse Tätigkeit und Ersättigung und für das Volk die Anschauung solcher Werke nicht eine bloße Betrachtung ist, sondern selbst zur Religion und zum Leben gehört. Überhaupt taten die Griechen alles fürs Öffentliche und Allgemeine, in welchem jeder seinen Genuß, seinen Stolz, seine Ehre fand. In dieser Öffentlichkeit nun ist die Kunst der Griechen nicht bloß ein Schmuck, sondern ein lebendiges, notwendig zu befriedigendes Bedürfnis, ähnlich wie zu ihrer Glanzzeit bei den Venezianern die Malerei. Daraus allein können wir uns, bei den Schwierigkeiten der Skulptur, die ungeheure Menge von Bildsäulen, diese Wälder von Statuen aller Art erklären, die zu tausend, zweitausend in *einer* Stadt, in Elis, Athen, Korinth und selbst in jeder geringeren Stadt, und ebenso in Großgriechenland und auf den Inseln in großer Anzahl sich befanden.

Drittes Kapitel

Die verschiedenen Arten der Darstellung und des Materials und die geschichtlichen Entwicklungsstufen der Skulptur

Wir haben uns bis jetzt in unserer Betrachtung zunächst nach den *allgemeinen* Bestimmungen umgesehen, aus welchen wir den für die Skulptur gemäßesten Inhalt und die demselben entsprechende Form entwickeln konnten. Als diesen Inhalt fanden wir das klassische Ideal, so daß wir *zweitens* die Art und Weise festzustellen hatten, in welcher die Skulptur unter den besonderen Künsten am geeignetsten sei, das Ideal zu gestalten. Indem nun das Ideal wesentlich nur als

Individualität zu fassen ist, so breitet sich nicht nur die innere künstlerische Anschauung zu einem Kreise idealer Gestalten auseinander, sondern auch die äußere Darstellungsweise und Ausführung zu vorhandenen Kunstwerken zerfällt zu *besonderen Arten* der Skulptur. In dieser Rücksicht bleiben uns jetzt noch folgende Gesichtspunkte zu besprechen übrig:

erstens die Darstellungsweise, welche, insofern sie an die wirkliche Ausführung geht, entweder einzelne Statuen oder Gruppen bildet, bis sie endlich im Relief schon zum Prinzip der Malerei den Übergang macht;

zweitens das äußere Material, in welchem diese Unterschiede real werden;

drittens die geschichtlichen Entwicklungsstufen innerhalb der in den verschiedenen Arten und Materialien vollbrachten Kunstwerke.

1. Darstellungsweisen

Wie wir bei der Architektur einen wesentlichen Unterschied zwischen selbständiger und dienender Baukunst machten, so können wir jetzt auch einen ähnlichen Unterschied zwischen solchen Skulpturwerken feststellen, welche selbständig für sich dastehen, und zwischen solchen, welche mehr nur zur Ausschmückung architektonischer Räume dienen. Für die ersteren ist die Umgebung nichts als ein selber durch die Kunst bereitetes Lokal, während bei den anderen die Beziehung auf das Bauwerk, dessen Schmuck sie bilden, das Wesentliche bleibt und nicht nur die Form, sondern zum größten Teil auch den Inhalt des Skulpturwerks bestimmt. Im großen und ganzen können wir in dieser Rücksicht sagen, daß einzelne Statuen ihrer selbst wegen dastehen, Gruppen dagegen und mehr noch Reliefs sich dieser Selbständigkeit zu begeben anfangen und von der Architektur zu den Zwekken dieser Kunst verwendet werden.

a. Die einzelne Statue

Was die einzelne Statue anbetrifft, so ist ihre ursprüngliche Aufgabe die echte Aufgabe der Skulptur überhaupt, Tempelbilder zu verfertigen, wie sie in der Halle des Tempels aufgestellt wurden, wo die ganze Umgebung sich auf sie bezog.

α) Hier bleibt die Skulptur in ihrer gemäßesten Reinheit, indem sie die Göttergestalt situationslos, in schöner, einfacher, tatloser Ruhe oder doch frei, unangefochten, ohne bestimmte Handlung und Verwicklung, wie ich es schon mehrfach geschildert habe, in unbefangenen Situationen ausführt.

β) Das nächste Heraustreten der Gestalt aus dieser strengeren Hoheit oder seligen Versenkung besteht darin, daß in der ganzen Stellung sich der Beginn einer Handlung oder das Ende derselben andeutet, ohne daß dadurch die göttliche Ruhe gestört und die Gestalt in Konflikt und Kampf dargestellt wird. Von dieser Art sind die berühmte Mediceische Venus und der Apoll von Belvedere. Zu Lessings und Winckelmanns Zeit wurde diesen Statuen als den höchsten Idealen der Kunst eine unbeschränkte Bewunderung gezollt; jetzt sind sie, seitdem man im Ausdruck tiefere und in den Formen lebendigere und gründlichere Werke hat kennenlernen, in ihrem Werte etwas heruntergedrückt, und man setzt sie in eine schon spätere Zeit, in welcher die Glätte der Ausarbeitung schon das Gefällige und Angenehme im Auge hat und nicht mehr im strengen echten Stil beharrt. Ein englischer Reisender nennt sogar (*Morning Chronicle* vom 26. Juli 1825) den Apollo geradezu einen theatralischen Stutzer (a theatrical coxcomb), und der Venus gibt er zwar große Sanftheit, Süße, Symmetrie und schüchterne Grazie zu, aber nur eine fehlerlose Geistlosigkeit, eine negative Vollkommenheit und – a good deal of insipidity. Wir können die Fortbewegung aus jener strengeren Stille und Heiligkeit allgemein so fassen. Die Skulptur ist allerdings die Kunst des hohen Ernstes, aber dieser hohe Ernst der Götter, da dieselben keine Abstraktionen, sondern individuelle Gestaltungen sind, führt ebenso die absolute Heiterkeit und dadurch den Reflex auf das Wirkliche und Endliche mit sich, in welchem die Heiterkeit der Götter nicht das Gefühl des Versenktseins in solchen endlichen Gehalt, aber das Gefühl der Versöhnung, der geistigen Freiheit und des Beisichseins ausdrückt.

γ) Darum hat die griechische Kunst sich in die ganze Heiterkeit des griechischen Geistes ergossen und ein Wohlgefallen, eine Freude und Beschäftigung an einer unendlichen Menge höchst erfreulicher Situationen gefunden. Denn nachdem sie einmal aus den steiferen Abstraktionen des Darstellens sich zur Hochachtung der lebendigen Individualität, die alles in sich vereinigt, herausgerungen hatte, so ward ihr das Lebendige und Heitere lieb, und die Künstler ergingen sich nun in einer Mannigfaltigkeit von Darstellungen, welche aber nicht ins Peinliche, Grausige, Verschrobene und Quälende abschweifen, sondern in der Grenze harmloser Menschlichkeit bleiben. Die Alten haben nach dieser Seite hin viel Skulpturwerke von der höchsten Vortrefflichkeit geliefert. Ich will hier von den vielfachen mythologischen Gegenständen scherzhafter, aber ganz reiner, heiterer Natur nur die Spiele Amors anführen, welche schon näher an die gewöhnliche Menschlichkeit herantreten, sowie andere, in denen die Lebendigkeit der Darstellung das Hauptinteresse ist und das Aufgreifen und die Beschäftigung mit solchen Stoffen die Heiterkeit und Harmlosigkeit selbst ausmacht. In dieser Sphäre z. B. waren der Würfelspieler und Trabant des Polyklet so geschätzt als seine argivische Hera; eines gleichen Ruhmes erfreute sich der Diskuswerfer und Läufer des Myron; wie lieblich ferner und gepriesen ist nicht der sitzende Knabe, der sich einen Dorn aus der Ferse zieht, und andere Darstellungen ähnlichen Inhalts kennt man in Menge zum Teil dem Namen nach. Es sind dies der Natur abgelauschte Momente, die flüchtig vorübergehen, hier aber vom Bildner fixiert erscheinen.

b. Die Gruppe

Von solchen Anfängen der Richtung nach außen geht dann die Skulptur zur Darstellung bewegterer Situationen, Konflikte und Handlungen und dadurch zu *Gruppen* fort. Denn mit der bestimmteren Handlung kommt die konkretere Lebendigkeit zum Vorschein, die sich zu Gegensätzen, Reaktionen und damit auch zu wesentlichen Beziehungen mehrerer Figuren und deren Verschlingung auseinanderbreitet.

α) Das Nächste sind jedoch auch hier bloße ruhige Zusammenstellungen, wie z. B. die zwei kolossalen Rossebändiger, die zu Rom auf dem Monte Cavallo stehen und auf Kastor und Pollux gedeutet werden. Man schreibt die eine Statue dem Phidias, die andere dem Praxiteles ohne festen Beweis zu, obschon die hohe Vortrefflichkeit der Konzeption und die zugleich zierliche Gründlichkeit der Ausführung so gewichtige Namen rechtfertigt. Es sind dies nur freie Gruppen, die noch keine eigentliche Handlung oder Folge derselben ausdrücken und für die Skulpturdarstellung und öffentliche Aufstellung vor dem Parthenon, wo sie ursprünglich sollen gestanden haben, ganz geeignet sind.

β) Die Skulptur geht nun aber in der Gruppe ebensosehr *zweitens* zur Darstellung von Situationen, welche Konflikte, zwiespältige Handlungen, Schmerz usf. zum Inhalte haben, fort. Hier können wir wieder den echten Kunstsinn der Griechen rühmen, welcher dergleichen Gruppen nicht selbständig für sich hinstellt, sondern dieselben, da die Skulptur in ihnen aus ihrem eigentümlichen und deshalb selbständigen Bereich herauszutreten anfängt, in nähere Beziehung auf die Architektur brachte, so daß sie zur Ausschmückung architektonischer Räume dienten. Das Tempelbild als einzelne Statue in kampfloser Ruhe und Heiligkeit stand in der inneren Zelle, welche dieses Skulpturwerks wegen da war; das äußere Giebelfeld dagegen wurde mit Gruppen ausgeschmückt, die nun bestimmte Handlungen des Gottes darstellten und daher zu einer bewegteren Lebendigkeit herausgearbeitet werden durften. Von dieser Art ist die berühmte Gruppe der Niobiden. Die allgemeine Form für die Anordnung ist hier durch den Raum, für welchen sie bestimmt war, gegeben. Die Hauptfigur stand in der Mitte und konnte die größte, hervorstechendste Gestalt sein; die übrigen gegen die spitzen Seitenwinkel des Giebels hin bedurften anderer Stellungen bis zum Liegen.

Von sonstigen bekannten Werken will ich nur noch der Gruppe des Laokoon Erwähnung tun. Sie ist vor vierzig oder fünfzig Jahren ein Gegenstand vieler Untersuchungen und weitläufigen Besprechens gewesen. Besonders wurde es als ein wichtiger Umstand angesehen, ob Vergil seine Beschreibung dieser Szene nach dem Skulpturwerk oder der Künstler sein Werk nach der Vergilischen Schilderung gemacht habe, ob ferner Laokoon schreie und ob es sich überhaupt schicke, in der Skulptur einen Schrei ausdrücken zu wollen, und dergleichen mehr. Mit solchen psychologischen Wichtigkeiten hat man sich ehemals herumgetrieben, weil die Winckelmannsche Anregung und der echte Kunstsinn noch nicht durchgedrungen waren und Stubengelehrte ohnehin zu solchen Erörterungen aufgelegter sind, da ihnen häufig ebensosehr die Gelegenheit, wirkliche Kunstwerke zu sehen, als die Fähigkeit, dieselben in der Anschauung aufzufassen, abgeht. Das Wesentlichste, was bei dieser Gruppe in Betracht kommt, ist, daß bei dem hohen Schmerz, der hohen Wahrheit, dem krampfhaften Zusammenziehen des Körpers, dem Bäumen aller Muskeln dennoch der Adel der Schönheit erhalten und zur Grimasse, Verzerrung und Verrenkung auch nicht in der entferntesten Weise fortgegangen ist. Dabei gehört das ganze Werk aber ohne Zweifel dem Geiste des Stoffes, der Künstlichkeit der Anordnung, dem Verständnis der Stellung und der Art der Ausarbeitung nach einer späteren Epoche an, welche die einfache Schönheit und Lebendigkeit schon durch ein gesuchtes Hervorkehren der Kenntnisse im Baue und der Muskulatur des menschlichen Körpers zu überbieten trachtet und durch eine allzu verfeinerte Zierlichkeit der Bearbeitung zu gefallen sucht. Der Schritt von der Unbefangenheit und Größe der Kunst zur Manier ist hier schon getan.

γ) Skulpturwerke nun lassen sich in den mannigfaltigsten Lokalen aufstellen: vor Eingängen in Säulenhallen, auf Vorplätzen, Treppengeländern, in Nischen usf., und eben mit dieser Vielartigkeit des Ortes und der architektonischen Bestimmung, welche ihrerseits wieder einen vielfachen Bezug auf menschliche Zustände und Verhältnisse hat, ändert sich unendlich der Inhalt und Gegenstand der Kunstwerke, der sich in den Gruppen noch mehr dem Menschlichen nähern kann. Doch ist es immer eine mißliche Sache, dergleichen bewegtere, vielgestaltete Gruppen, auch wenn sie keine Konflikte zum Stoff haben, auf die Spitze der Gebäude gegen die freie Luft ohne Hintergrund zu stellen. Bald nämlich ist der Himmel grau, bald blau und blendend hell, so daß die Umrisse der Figuren nicht genau zu sehen sind. Auf diese Umrisse aber, auf die Silhouette kommt es vornehmlich an, indem sie die eigentliche Hauptsache sind, die man erkennt und die das übrige allein verständlich macht. Denn bei einer Gruppe stehen viele Teile der Gestalten der eine vor dem anderen, die Arme z. B. vor dem Leib, ebenso das Bein einer Figur vor dem anderen. Schon dadurch wird in der Entfernung der Umriß solcher Teile undeutlich und unverständlich oder doch viel weniger klar als der Umriß der Teile, welche ganz frei stehen. Man braucht sich nur eine Gruppe auf Papier gezeichnet vorzustellen, so daß von einer Figur einige Glieder stark und scharf hingeschrieben, andere dagegen nur trübe und unbestimmt angedeutet sind. Dieselbe Wirkung tut eine Statue und mehr noch Gruppen, die keinen anderen Hintergrund als die Luft haben: man sieht dann nur eine scharf abgeschnittene Silhouette, in welcher inwendig nur schwächere Andeutungen erkennbar bleiben.

Dies ist der Grund, daß z. B. die Viktoria auf dem Brandenburger Tor zu Berlin nicht nur ihrer Einfachheit und Ruhe wegen von schöner Wirkung ist, sondern sich auch in Rücksicht auf die einzelnen Figuren genau erkennen läßt. Die Pferde stehen weit auseinander, ohne einander zu bedecken, und ebenso hebt sich auch die Gestalt der Viktoria hoch genug über sie hinaus. Der Tieckische[8] Apollo dagegen auf seinem von Greifen gezogenen Wagen nimmt sich auf dem Schauspielhause weniger vortrefflich aus, so kunstgerecht sonst auch die ganze Konzeption und Arbeit sein mag. Ich habe durch die Vergünstigung eines Freundes die Figuren in der Werkstatt gesehen; man konnte sich eine herrliche Wirkung versprechen; so wie sie aber jetzt in der Höhe stehen, fällt immer zuviel von dem Umriß einer Gestalt auf die andere, an welcher derselbe nun seinen Hintergrund hat und eine um so weniger freie, deutliche Silhouette erhält, als den Figuren sämtlich die Einfachheit abgeht. Die Greifen, welche ohnehin durch ihre kürzeren Beine nicht so hoch und frei als die Pferde dastehen, haben außerdem Flügel und Apollo seinen Schopf und die Leier im Arm. Dies alles ist für den Standort zuviel und trägt nur zur Unklarheit der Umrisse bei.

c. Das Relief

Die letzte Darstellungsweise endlich, durch welche die Skulptur schon einen bedeutenden Schritt gegen das Prinzip der Malerei hin tut, ist das *Relief*; zunächst das Hautrelief, dann das Basrelief. Hier ist die Fläche die Bedingung, so daß die Figuren auf ein und demselben Plane stehen und die räumliche Totalität der Gestalt, von welcher die Skulptur ausgeht, mehr und mehr zu verschwinden anfängt. Das alte Relief nähert sich nun aber der Malerei noch nicht so weit, daß es zu perspektivischen Unterschieden von Vor- und Hintergründen fortschritte, sondern hält an der Fläche als solcher fest, ohne durch die Kunst des Kleinermachens

8 Christian Friedrich Tieck, 1776–1851, Bildhauer

die verschiedenen Gegenstände in räumliche Unterschiede vor- und zurücktreten zu lassen. Am liebsten hält es deshalb die Figuren im Profil und stellt sie auf der gleichen Fläche nebeneinander. Bei dieser Einfachheit können denn aber sehr verwickelte Handlungen nicht zum Inhalt genommen werden, sondern Handlungen, welche schon in der Wirklichkeit mehr in ein und derselben Linie vor sich gehen: Aufzüge, Opferzüge und dergleichen, Züge olympischer Sieger usf.
Dennoch hat das Relief die größte Mannigfaltigkeit, indem es nicht nur die Friese und Wände der Tempel ausfüllt und verziert, sondern sich nun auch um die Gerätschaften, Opfergefäße, Weihgeschenke, Schalen, Trinkkrüge, Urnen, Lampen usf. herzieht, Sessel, Dreifüße schmückt und sich mit verwandten Handwerkskünsten verschwistert. Hier vornehmlich ist es der Witz der Erfindung, der zu den vielfältigsten Gestaltungen und Kombinationen ausläuft und den eigentlichen Zweck der selbständigen Skulptur festzuhalten nicht mehr imstande bleibt.

2. *Material der Skulptur*

Indem wir durch die Individualität, welche das Grundprinzip der Skulptur abgibt, überhaupt zur Besonderung sowohl der Kreise des Göttlichen, Menschlichen und der Natur, aus denen die Plastik ihre Gegenstände hernimmt, als auch der Darstellungsweise in einzelnen Statuen, Gruppen und Reliefs fortgetrieben sind, so haben wir die gleiche Mannigfaltigkeit der Besonderung nun auch in dem *Material* aufzusuchen, dessen sich der Künstler zu seinen Darstellungen bedienen kann. Denn eine und die andere Art des Inhalts und der Auffassungsweise liegt der einen oder anderen Art des sinnlichen Materials näher und hat eine geheime Zuneigung und Zusammenstimmung mit demselben.
Als eine allgemeine Bemerkung will ich hier nur anführen, daß die Alten, wie sie in der Erfindung unübertrefflich

waren, uns ebenso auch durch die erstaunliche Ausbildung und Geschicklichkeit in der technischen Ausführung in Verwunderung setzen. Beide Seiten sind in der Skulptur gleich schwer, weil ihre Mittel der Darstellung der inneren Vielseitigkeit entbehren, welche den übrigen Künsten zu Gebote steht. Die Architektur ist zwar noch ärmer, aber sie hat auch nicht die Aufgabe, den Geist selbst in seiner Lebendigkeit oder das Natürlich-Lebendige in der für sich unorganischen Materie gegenwärtig zu machen. Diese ausgebildete Geschicklichkeit in der durchgängig vollendeten Behandlung des Materials liegt jedoch im Begriffe des Ideals selbst, da es ein gänzliches Hereintreten ins Sinnliche und die Verschmelzung des Inneren mit seinem äußeren Dasein zum Prinzip hat. Dasselbe Prinzip macht sich deshalb auch da geltend, wo das Ideal zur Ausführung und Wirklichkeit gelangt. In dieser Rücksicht dürfen wir uns nicht wundern, wenn behauptet wird, daß die Künstler in den Zeiten der großen Kunstfertigkeit ihre Marmorwerke entweder ohne Modelle in Ton arbeiteten oder, wenn sie dergleichen hatten, doch weit freier und unbefangener dabei zu Werke gingen, »als in unseren Tagen geschieht, wo man strenggenommen nur Kopien in Marmor nach vorher in Ton gearbeiteten Originalen, Modelle genannt, liefert« (Winckelmann, *Werke*, Bd. V, S. 389, Anm.). Die alten Künstler erhielten sich dadurch die lebendige Begeisterung, welche bei Wiederholungen und Kopien mehr oder weniger immer verlorengeht, obschon es sich nicht leugnen läßt, daß hin und wieder einzelne fehlerhafte Teile selbst bei berühmten Kunstwerken vorkommen, als z. B. Augen, die nicht gleich groß sind, Ohren, von denen das eine niedriger oder höher steht als das andere, Füße von etwas ungleicher Länge, und was dergleichen mehr ist. Sie hielten nicht auf die jedesmal strengste Abzirklung in solchen Dingen, wie es die gewöhnliche, aber sich sehr gründlich dünkende Mittelmäßigkeit der Produktion und Kunstrichterschaft, die kein anderes Verdienst hat, zu tun pflegt.

a. Holz

Unter den verschiedenartigen Materialien, in welchen die Skulptoren Götterbilder verfertigten, ist eines der ältesten das *Holz*. Ein Stock, ein Pfosten, auf den oben ein Kopf aufgesetzt wurde, machte den Anfang. Von den frühesten Tempelbildern sind viele aus Holz, doch auch zu Phidias' Zeit blieb dies Material noch in Gebrauch. So bestand z. B. die kolossale Minerva des Phidias zu Platää aus vergoldetem Holze, Kopf, Hände und Füße aus Marmor (Meyer, *Geschichte der bildenden Künste bei den Griechen*, Bd. I, S. 60 ff.), und auch Myron verfertigte noch (Pausanias [*Beschreibung Griechenlands*], II, 30) eine Hekate aus Holz mit nur einem Gesicht und einem Leib, und zwar zu Ägina, wo die Hekate am meisten verehrt und ihr jährlich ein Fest gefeiert wurde, das, wie die Ägineten behaupteten, der Thrakier Orpheus ihnen gestiftet hatte.

Im ganzen aber scheint das Holz, wenn es nicht mit Gold oder sonst in anderer Weise überzogen wird, der eigenen Fasern sowie des Zuges dieser Fasern wegen gegen das Großartige zu sein und sich mehr zu kleineren Arbeiten zu eignen, zu welchen es im Mittelalter häufig benutzt wurde und auch heute noch angewendet wird.

b. Elfenbein, Gold, Erz, Marmor

Als das hauptsächlichste weitere Material ist ferner *Elfenbein* in Verbindung mit *Gold*, gegossenes *Erz* und *Marmor* zu nennen.

α) Elfenbein und Gold benutzte bekanntlich Phidias zu seinen Meisterwerken, wie z. B. zu dem olympischen Jupiter und auch in der Akropolis von Athen zu der berühmten kolossalen Pallas, welche auf der Hand eine Viktoria, selbst über Lebensgröße, trug. Die nackten Teile des Körpers waren aus Elfenbeinplatten, Gewand und Mantel aus Goldblech gemacht, das abgenommen werden konnte. Diese Art, in gelblichem Elfenbein und Gold zu arbeiten, stammt aus der Zeit her, in welcher die Statuen gefärbt wurden, eine Art der Darstellung, welche sich mehr und mehr zur Einfarbigkeit des Erzes oder Marmors aufhob. Das Elfenbein ist ein sehr reinliches Material, glatt, ohne die Körnigkeit des Marmors und dabei kostbar; denn um die Kostbarkeit ihrer Götterstatuen war es den Atheniensern gleichfalls zu tun. Die Pallas zu Platää hatte nur einen Überzug von Gold, die zu Athen aber gediegenes Metall. Kolossal und reich zugleich sollten die Statuen sein. Quatremère de Quincy[9] hat ein Meisterwerk über diese Werke, über die Toreutik der Alten, geschrieben. Toreutik – τορεύειν, τόρευμα – sollte eigentlich von Graben in Metall, Gravieren, Einschneiden vertiefter Figuren, wie bei geschnittenen Steinen z. B., gebraucht werden, man wendet τόρευμα aber zur Bezeichnung von ganz oder halb erhabenen Arbeiten in Metall an, die durch Formen und Gießen, nicht durch Graben oder Gravieren gefertigt werden, dann auch uneigentlich von erhabenen Figuren auf irdenen Gefäßen und allgemeiner endlich von Bildnerei in Erzen überhaupt. Quatremère nun hat besonders auch die technische Seite der Ausführung untersucht und berechnet, wie groß die Platten aus Elefantenzähnen geschnitten werden konnten und wieviel, den kolossalen Dimensionen der Figuren nach, dazu gebraucht wurden usf. Nach der anderen Seite aber ist er gleichmäßig bemüht gewesen, aus den Angaben der Alten eine Zeichnung der sitzenden Gestalt des Jupiter und besonders des großen Stuhls mit den kunstreichen Basreliefs wiederherzustellen und so in jeder Beziehung eine Vorstellung von der Pracht und Vollendung des Werks zu geben.

Im Mittelalter ist das Elfenbein hauptsächlich zu kleineren Werken der verschiedensten Art gebraucht worden, Christus am Kreuz, Maria usf.; ohnehin zu Trinkgeschirren mit Dar-

9 Antoine Chrysostome Quatremère de Quincy, *Le Jupiter Olympien, ou l'Art de la sculpture antique*, 1815

stellungen von Jagden und sonstigen Szenen, wobei das Elfenbein seiner Glätte und Härte wegen noch vor dem Holze viele Vorteile hat.

β) Das beliebteste und am weitesten verbreitete Material aber bei den Alten war das *Erz,* in dessen Guß sie es bis zur höchsten Meisterschaft zu bringen wußten. Vornehmlich zur Zeit des Myron und Polyklet wurde es allgemein zu Götterstatuen und anderen Arten von Skulpturwerken gebraucht. Die dunklere, unbestimmtere Farbe, der Glanz, die Glätte des Erzes überhaupt hat noch nicht die Abstraktion des weißen Marmors, sondern ist gleichsam wärmer. Das Erz, dessen sich die Alten bedienten, war teils Gold und Silber, teils Kupfer in vielfachen Mischungen. So ist z. B. das sogenannte korinthische Erz eine eigene Mischung, welche bei dem Brande von Korinth aus dem unerhörten Reichtum dieser Stadt an Statuen und Geräten von Erz entstand. Mummius ließ viele Statuen auf Schiffen fortschleppen, wobei denn der ehrliche Mann, der sehr viel auf diesen Schatz hielt, voll Sorge, denselben sicher nach Rom zu bringen, ihn den Schiffern unter Androhung der Strafe, sie müßten gleiche Statuen, wenn sie verlorengingen, wieder schaffen, anempfahl.

Im Erzgießen nun erlangten die Alten eine unglaubliche Meisterschaft, durch welche es ihnen möglich wurde, ebenso fest als dünn zu gießen. Man kann dies zwar als etwas bloß Technisches ansehen, das mit dem eigentlich Künstlerischen nichts zu schaffen habe; aber jeder Künstler arbeitet in einem sinnlichen Stoff, und es ist die Eigenheit des Genies, dieses Stoffes vollständig Meister zu werden, so daß die Geschicklichkeit und Fertigkeit im Technischen und Handwerksmäßigen eine Seite des Genies selbst ausmacht. Bei dieser Virtuosität im Gießen kam ein solches Skulpturwerk wohlfeiler zu stehen und konnte schneller gefördert werden als die Ausmeißelung von Marmorstatuen. Ein zweiter Vorteil, welchen die Alten durch ihre Meisterschaft im Guß zu erreichen verstanden, war die Reinheit des Gusses, die sie so weit trieben, daß ihre erzenen Statuen gar nicht ziseliert zu werden brauchten und deshalb auch in den feineren Zügen nichts verloren, was beim Ziselieren sonst nie ganz zu vermeiden ist. Betrachten wir nun die ungeheure Menge von Kunstwerken, welche mit aus dieser Leichtigkeit und Meisterschaft im Technischen entsprangen, so müssen wir in das größte Erstaunen geraten und zugeben, daß der Kunstsinn der Skulptur ein eigener Trieb und Instinkt des Geistes sei, der gerade in solchem Maße und solcher Verbreitung nur zu *einer* Zeit unter *einem* Volke existieren konnte. Im ganzen preußischen Staate z. B. kann man noch heutigentags die Erzstatuen sehr gut zählen, die einzige bronzene Kirchentür gibt es in Gnesen und außer dem Berliner und Breslauer Standbilde Blüchers und dem Luther zu Wittenberg nur wenige bronzene Statuen in Königsberg und Düsseldorf.

Der sehr verschiedene Ton und die unendliche Bildsamkeit und Flüssigkeit gleichsam dieses Materials, das sich mit allen Arten der Darstellung vertragen kann, erlaubt nun der Skulptur, zu verschiedenartigster Mannigfaltigkeit von Produktionen überzugehen und den so gefügigen sinnlichen Stoff einer Menge von Einfällen, Artigkeiten, Gefäßen, Zieraten, anmutigen Kleinigkeiten anzupassen. Der Marmor dagegen hat eine Grenze seines Gebrauchs in Darstellung von Gegenständen und in Größe derselben, wie er z. B. Urnen und Vasen mit Basreliefs in einem gewissen Maßstabe noch liefern kann. Für kleinere Gegenstände aber wird er untauglich. Dagegen schließt das Erz, das nicht nur in Formen gegossen, sondern auch geschlagen und graviert werden kann, fast keine Art und Größe der Darstellung aus.

Als ein näheres Beispiel läßt sich hier der *Münzkunst* sachgemäß Erwähnung tun. Auch in ihr haben die Alten vollendete Meisterwerke der Schönheit geliefert, obschon sie in dem technischen Teil des Prägens gegen die heutige Ausbildung des Maschinenwesens noch weit zurückstanden. Die Münzen wurden nicht eigentlich geprägt, sondern aus fast kugelförmigen Metallstücken geschlagen. Seinen Gipfel erreichte dieser Zweig der Kunst zur Zeit Alexanders; die römischen Kaisermünzen verschlechtern sich schon; in unserer Zeit ist besonders Napoleon in seinen Münzen und Medaillen die Schönheit der Alten wieder zu erneuern bemüht gewesen, und sie sind von großer Vortrefflichkeit; in anderen Staaten aber bleibt meist der Metallwert und die Richtigkeit die Hauptrücksicht beim Prägen der Münzen.

γ) Das letzte der Skulptur vorzüglich entsprechende Material endlich ist der *Stein*, der für sich schon die Objektivität des Bestehens und der Dauer hat. Die Ägypter bereits meißelten ihre Skulpturkolosse mit größter Mühseligkeit der Arbeit aus dem härtesten Granit, Syenit, Basalt usf.; am unmittelbarsten aber stimmt der *Marmor* in seiner weichen Reinheit, Weiße sowie in seiner Farblosigkeit und Milde des Glanzes mit dem Zwecke der Skulptur zusammen und erhält besonders durch das Körnige und das leise Hindurchscheinen des Lichts einen großen Vorzug vor der kreidehaften toten Weiße des Gipses, der zu hell ist und die feineren Schattierungen leicht überblendet. Die vorzugsweise Anwendung des Marmors finden wir bei den Alten erst in einer späteren Epoche, zur Zeit nämlich des Praxiteles und Skopas, welche in Marmorstatuen die anerkannteste Meisterschaft errangen. Phidias arbeitete zwar auch in Marmor, doch größtenteils nur Kopf, Füße und Hände; Myron und Polyklet bedienten sich hauptsächlich des Erzes; Praxiteles und Skopas hingegen suchten die Farbe, dies der abstrakten Skulptur Heterogene, zu entfernen. Allerdings läßt sich nicht leugnen, daß die reine Schönheit des Skulpturideals sich ebenso vollständig in Erz wie in Marmor ausführen lasse; wenn aber, wie dies bei Praxiteles und Skopas der Fall war, die Kunst der milderen Anmut und Lieblichkeit der Gestalt zuzuschreiten beginnt, so zeigt sich der Marmor als das gemäßere Material. Denn der Marmor (Meyer, *Geschichte der bildenden Künste bei den Griechen*, Bd. I, S. 279) »befördert vermittels seiner Durchsichtigkeit das Weiche der Umrisse, ihr sanftes Verlaufen und lindes Zusammenstoßen; desgleichen erscheint die zarte, künstliche Vollendung an der milden Weiße des Steins viel deutlicher, als selbst am edelsten Erz je geschehen kann, welches, je schöner es grünlich anläuft, desto mehr ruhestörende Glanzlichter und Widerscheine verursacht«. Ebenso war die sorgfältige Rücksicht, welche zu dieser Zeit auch in der Skulptur auf Licht und Schatten genommen wurde, dessen Nuancen und feinere Unterschiede der Marmor sichtbarer macht als das Erz, ein neuer Grund, dies Gestein dem Gebrauch des Metalls vorzuziehen.

c. Edelsteine und Glas

Diesen vornehmlichsten Arten des Materials haben wir zum Schluß noch *Edelsteine* und *Glas* beizugesellen.

Die alten Gemmen, Kameen und Pasten sind unschätzbar, indem sie uns im kleinsten Maßstabe dennoch in höchster Vollendung den ganzen Umkreis der Skulptur von der einfachen Göttergestalt an durch die mannigfaltigsten Arten der Gruppierung hindurch bis zu allen möglichen Einfällen im Heiteren und Artigen hin wiederholen. Doch macht Winckelmann in betreff der Stoschischen Sammlung die Bemerkung (Bd. III, Vorrede, S. XXVII): »Ich kam hier zuerst auf die Spur einer Wahrheit, die mir nachher in Erklärung der schwersten Denkmale von großem Nutzen gewesen, und diese besteht in dem Satze, daß auf geschnittenen Steinen sowohl als in erhabenen Arbeiten die Bilder sehr selten von Begebenheiten genommen sind, die nach dem Trojanischen Kriege oder nach der Rückkehr des Ulysses in Ithaka vorgefallen, wenn man etwa die Herakliden oder Abkömmlinge des Herkules ausnimmt: denn die Geschichte derselben grenzt noch mit der Fabel, die der Künstler eigener Vorwurf. Es ist mir jedoch nur ein einziges Bild der Geschichte der Herakliden bekannt.«

Was erstens die *Gemmen* betrifft, so zeigen die echten und vollendeteren Figuren von höchster Schönheit, wie organische Naturwerke, und können doch durch die Lupe betrachtet werden, ohne von der Reinheit ihrer Züge zu verlieren. Ich führe dies nur deshalb an, weil die Kunsttechnik hier beinahe zu einer Kunst des *Gefühls* wird, indem der Künstler nicht wie der Bildhauer mit dem Auge seinem Tun zusehen und es damit regieren kann, sondern es fast im Gefühl haben muß. Denn er hält den auf Wachs geklebten Stein gegen kleine scharfe, durch ein Schwungrad gedrehte Rädchen und läßt so die Formen ausschürfen. In dieser Weise ist es der Tastsinn, der die Konzeption, die Intention der Striche und Zeichnung innehat und so vollkommen dirigiert, daß man bei diesen Steinen, wenn man sie durchs Licht sieht, eine erhobene Arbeit vor sich zu haben glaubt.

Von entgegengesetzter Art zweitens sind die *Kameen*, welche die Gestalten erhaben aus dem Stein herausgeschnitten darstellen. Besonders der Onyx wurde hierzu als Material benutzt, wobei die Alten die verschieden gefärbten Lagen, besonders die weißliche und gelbbräunliche, mit Sinn und Geschmack geistreich hervorzuheben verstanden. Ämilius Paullus hat eine große Menge solcher Steine und kleinen Gefäße mit nach Rom geschleppt.

Bei den Darstellungen in diesen vielfachen Arten des Materials nun haben die griechischen Künstler keine erdichteten Situationen zugrunde gelegt, sondern ihren Stoff jedesmal, außer Bacchanalen und Tänzen, aus den Göttermythen und Sagen geschöpft und selbst bei Urnen und Darstellungen von Leichenbegängnissen bestimmte Bezüge vor Augen gehabt, welche im Verhältnis zu dem Individuum standen, das durch dieses Begängnis geehrt werden sollte. Das ausdrücklich Allegorische dagegen gehört dem echten Ideal nicht an, sondern kommt mehr erst in der neueren Kunst zum Vorschein.

3. Historische Entwicklungsstufen

Wir haben bisher die Skulptur durchweg als den gemäßesten Ausdruck des klassischen Ideals betrachtet. Das Ideal nun aber hat nicht nur in sich selbst eine Fortentwicklung, durch welche es sich aus sich heraus zu dem macht, was es seinem Begriffe nach ist und ebenso über dies Zusammenstimmen mit seiner eigenen wesentlichen Natur fortzugehen beginnt; sondern, wie wir bereits im zweiten Teile beim Verlauf der besonderen Kunstformen sahen, erhält es auch außerhalb seiner in der symbolischen Darstellungsweise eine Voraussetzung, welche es, um überhaupt schon Ideal zu sein, überschreiten muß, sowie eine weitere Kunst, die romantische, von welcher es selber überschritten wird.

Beide Kunstformen, die symbolische wie die romantische, ergreifen nun gleichfalls als Element ihrer Darstellung die menschliche Gestalt, deren räumliche Form sie festhalten und deshalb in Weise der Skulptur sichtbar herausstellen. Wir haben deshalb, wenn es darauf ankommt, auch der historischen Entwicklung Erwähnung zu tun, nicht nur von griechischer und römischer, sondern ebenso auch von orientalischer und christlicher Skulptur zu sprechen. Doch waren es unter den Völkern, bei denen das *Symbolische* den Grundtypus ihrer Kunstproduktionen ausmachte, vornehmlich nur die Ägypter, welche für ihre Götter anfingen, die aus dem bloßen Naturdasein sich herausringende menschliche Gestalt anzuwenden, so daß wir bei ihnen hauptsächlich, da sie überhaupt ihren Anschauungen im Materiellen als solchem eine Kunstexistenz gaben, auch der Skulptur begegnen. Verbreiteter dagegen und von reichhaltigerer Entwicklung ist die christliche Skulptur, sowohl in ihrem eigentlich romantischen mittelalterlichen Charakter als auch in ihrer weiteren Ausbildung, in welcher sie sich näher wieder dem Prinzip des klassischen Ideals anzuschließen und somit das spezifisch Skulpturmäßige herzustellen bestrebt ist.

Nach diesen Gesichtspunkten will ich zum Schluß dieses ganzen Abschnitts *erstens* noch einiges von der *ägyptischen* Skulptur im Unterschiede der griechischen und als Vorstufe des echten Ideals anführen.

Ein *zweites* Stadium bildet sodann die eigentümliche Fortbildung der *griechischen* Skulptur, der die *römische* sich anschließt. Hier werden wir jedoch hauptsächlich auf die Stufe zu blicken haben, welche der eigentlich idealen Darstellungsweise vorangeht, da wir die ideale Skulptur selbst in dem zweiten Kapitel bereits weitläufiger betrachtet haben.

Drittens bleibt uns dann nur noch übrig, das Prinzip für die christliche Skulptur in der Kürze anzugeben. Doch kann ich mich in dieser Rücksicht überhaupt nur auf das Allgemeinste einlassen.

a. Ägyptische Skulptur

Wenn wir *historisch* in Griechenland die klassische Kunst der Skulptur aufzusuchen im Begriff sind, so begegnet uns, ehe wir bei diesem Ziel anlangen, sogleich die ägyptische Kunst auch als Skulptur, und zwar nicht nur in Rücksicht auf die großen, von der höchsten Technik und Ausarbeitung zeugenden Werke in einem ganz eigentümlichen Kunststil, sondern auch als ein Ausgangspunkt und Quelle für die Formen der griechischen Plastik. Daß dies letztere auch der wirklichen Geschichte nach als eine äußerliche Berührung, ein Aufnehmen und Lernen von seiten griechischer Künstler der Fall sei, muß in betreff auf die Bedeutung der dargestellten Götterbilder auf dem Felde der Mythologie in Ansehung der künstlerischen Behandlungsweise durch die Kunstgeschichte ausgemacht werden. Der Zusammenhang der griechischen und ägyptischen Vorstellungen von den Göttern ist durch Herodot beglaubigt und erwiesen, den äußeren Zusammenhang der Kunst glaubt Creuzer besonders in den Münzen am sichtbarsten zu finden und hält vornehmlich viel auf altattische Münzen. Er zeigte mir eine, die er besaß und in welcher allerdings das Gesicht, ein Profil, ganz den Schnitt der Physiognomien ägyptischer Bilder hatte (1821). Doch dies rein Historische können wir hier auf sich beruhen lassen und haben nur darauf zu sehen, ob statt dessen ein innerer notwendiger Zusammenhang aufzuzeigen ist. Diese Notwendigkeit habe ich schon oben berührt. Dem Ideal, der vollkommenen Kunst, muß die unvollkommene vorausgehen, durch deren Negation, d. h. durch Abstreifung der ihr noch anklebenden Mängel, sich das Ideal erst zum Ideal wird. In dieser Beziehung hat die klassische Kunst allerdings ein *Werden*, das jedoch außerhalb ihrer ein selbständiges Dasein erhalten muß, da sie als klassische alle Bedürftigkeit, alles Werden hinter sich haben und in sich vollendet sein muß. Dies Werden als solches nun besteht darin, daß der Gehalt der Darstellung erst dem Ideal beginnt entgegenzugehen, doch einer idealen Auffassung unfähig bleibt, indem er noch der symbolischen Anschauung angehört, welche das Allgemeine der Bedeutung und die individuelle anschaubare Gestalt noch nicht in eins zu bilden imstande ist. Daß die *ägyptische* Skulptur solch einen Grundcharakter hat, ist das einzige, was ich hier kurz andeuten will.

α) Das nächste, dessen zu erwähnen wäre, ist der Mangel an innerer, schöpferischer *Freiheit,* aller Vollendung der Technik zum Trotz. Die griechischen Skulpturwerke gehen aus der Lebendigkeit und Freiheit der Phantasie hervor, welche die vorhandenen religiösen Vorstellungen zu individuellen Gestalten umschafft und sich in der Individualität dieser Produktion ihre eigene ideale Anschauung und klassische Vollendung objektiv macht. Die ägyptischen Götterbilder dagegen behalten einen statarischen Typus; wie schon Platon (*De legibus,* lib. II, Steph. 656) sagt: Die Darstellungen waren von alters her von den Priestern bestimmt, und weder den Malern noch anderen Meistern in Figuren war es erlaubt, Neues zu machen, noch etwas anderes zu erfinden als das Heimische, Urväterliche, noch ist es jetzt erlaubt. Du wirst daher finden, daß, was vor einer Myriade von Jahren (und zwar nicht Myriade, wie man so zu sagen pflegt, sondern wirklich soviel) gemacht oder gebildet worden ist, weder schöner noch häßlicher ist als das heutigentags Gearbeitete. – Mit dieser statarischen Treue war der Umstand verbunden, daß in Ägypten, wie aus Herodot (II, 167) hervorgeht, die Künstler nur geringer Achtung genossen und mit ihren Kindern allen anderen Bürgern nachstehen mußten, die keine Kunstgewerbe trieben. Außerdem wird die Kunst hier nicht aus freiem Antriebe gehandhabt, sondern bei der Herrschaft der Kasten folgte der Sohn dem Vater nicht nur überhaupt in Rücksicht auf seinen Stand, sondern auch in der Art der Ausübung seines Gewerbes und seiner Kunst, und einer setzte den Fuß in die Spur des anderen, so daß, wie schon Winckelmann sich ausdrückt (Bd. III, 2. Buch, Kap. 1, S. 74), »niemand scheinet einen Fußstapfen gelassen zu haben, welcher dessen eigener heißen konnte«. Dadurch erhielt sich die Kunst in dieser festen Gebundenheit des Geistes, mit welcher die Beweglichkeit des freien, künstlerischen Genies, der Trieb nicht der äußeren Ehre und Belohnung, aber der höhere Trieb verbannt ist, *Künstler* zu sein, d. h. nicht als Handwerker auf mechanische, abstrakt allgemeine Weise nach fertig vorhandenen Formen und Regeln zu arbeiten, sondern die eigene Individualität in seinem Werke als der eigenen spezifischen Schöpfung zu erblicken.

β) Was nun *zweitens* die Kunstwerke selbst betrifft, so gibt Winckelmann, dessen Schilderungen auch hier wiederum große Feinheit der Beobachtung und Unterscheidung beweisen, den Charakter der ägyptischen Skulptur in den Hauptzügen folgendermaßen an (Bd. III, 2. Buch, Kap. 2, S. 77–84).

Im allgemeinen geht der ganzen Gestalt und ihren Formen die Grazie und Lebendigkeit ab, welche durch den eigentlich organischen Schwung der Linien hervorkommt; die Umrisse sind gerade und in wenig ausschweifenden Linien, die Stellung erscheint gezwungen und steif, die Füße dicht aneinandergedrängt, und wenn sie bei stehenden Figuren auch der eine vor den anderen gesetzt sind, bleiben sie doch von gleicher Richtung und sind nicht auswärts gekehrt; ebenso hängen die Arme an männlichen Figuren, gerade und fest angedrückt, am Leibe herunter. Die Hände, sagt Winckelmann ferner, haben eine Form wie an Menschen, welche nicht übelgebildete Hände verdorben oder vernachlässigt haben, die Füße aber sind platter und ausgebreiteter, die Zehen gleich lang und die kleine Zehe weder gekrümmt noch einwärts gebogen, sonst jedoch Hände, Nägel, Zehen nicht übel gestaltet, wenn auch an Fingern und Zehen die Gelenke nicht angedeutet werden; wie denn auch an allen übrigen nackten Teilen die Muskeln und Knochen wenig, Nerven und Adern gar nicht bezeichnet sind, so daß im Detail, ungeachtet der mühevollen und geschickten Ausführung, doch diejenige Art der Ausarbeitung fehlt, welche der Gestalt erst die eigentliche Beseelung und Lebendigkeit erteilt. Die Knie dagegen, die Knöchel und der Ellenbogen zeigen sich, wie in der Natur, erhaben. Männliche Figuren zeichnen sich besonders durch einen ungewöhnlich schmalen Leib über den Hüften aus; der Rücken wird wegen der Säule, an welche die Statuen gelehnt und mit derselben aus einem Stücke gearbeitet sind, nicht sichtbar.

Mit dieser Unbeweglichkeit nun, die nicht etwa als bloße Ungeschicklichkeit der Künstler, sondern als ursprüngliche Anschauung von den Götterbildern und ihrer geheimnistiefen Ruhe anzusehen ist, verbindet sich zugleich die Situationslosigkeit und der Mangel an jeder Art der Handlung, welche sich in der Skulptur durch Stellung und Bewegung der Hände, durch Gebärde und Ausdruck der Züge kundgibt. Denn wir finden zwar unter den ägyptischen Darstellungen an Obelisken und Wänden viel bewegte Figuren, doch nur als Reliefs und meist bemalt.

Um noch einiges Nähere anzuführen, so liegen die Augen nicht etwa, wie im griechischen Ideal, tief, sondern stehen im Gegenteil fast mit der Stirne gleich und sind platt und schräg gezogen, die Augenbrauen, Augenlider und Ränder der Lippen sind meist durch eingegrabene Linien angegeben oder die Brauen durch einen erhobeneren Streifen bezeichnet, der bis in die Schläfe reicht und dort eckig abgeschnitten ist. Was hier also vor allem fehlt, ist das Hervorstehen der Stirn und damit zugleich bei ungewöhnlich hochstehenden Ohren und eingebogenen Nasen, wie in der gemeinen Natur, das Zurücktreten der Backenknochen, die im Gegenteil stark angedeutet und herausgehoben sind, wogegen das Kinn immer zurückgezogen und klein ist, der streng verschlossene Mund seine Winkel statt unterwärts mehr aufwärts zieht und die Lippen nur durch einen bloßen Einschnitt voneinander gesondert erscheinen. Im ganzen mangelt daher den Gestalten nicht nur die Freiheit und Lebendigkeit, sondern dem Kopfe vornehmlich der Ausdruck der Geistigkeit, indem das Tierische vorwaltet und dem Geiste zu selbständiger Erscheinung herauszutreten noch nicht vergönnt.

Tiere dagegen sind, nach Winckelmanns Bericht, mit vielem Verständnisse und einer zierlichen Mannigfaltigkeit sanft ablenkender Umrisse und flüssig unterbrochener Teile ausgeführt, und wenn sich schon in den menschlichen Gestalten das geistige Leben noch von dem animalischen Typus nicht befreit und zum Ideal mit dem Sinnlichen und Natürlichen in neuer, freier Weise nicht verschmolzen hat, so zeigt sich die spezifisch symbolische Bedeutung sowohl der menschlichen als auch der tierischen Gestalten ausdrücklich in jenen auch durch die Skulptur dargestellten Gebilden, in welchen menschliche und tierische Formen in eine rätselhafte Verbindung treten.

γ) Die Kunstwerke, welche diesen Charakter noch an sich tragen, bleiben deshalb auf einer Stufe stehen, die den Bruch von Bedeutung und Gestalt noch nicht überwunden hat, weil für sie die Bedeutung noch das Hauptsächlichste ist und es daher mehr auf die Vorstellung derselben in ihrer Allgemeinheit als auf die Einlebung in eine individuelle Gestalt und auf den Genuß der künstlerischen Anschauung ankommt.

Die Skulptur geht hier noch aus dem Geiste eines Volkes

hervor, von dem man einerseits sagen kann, daß es erst bis zum Bedürfnis des *Vorstellens* hindurchgedrungen sei, indem es sich damit begnügt, in dem Kunstwerke das *angedeutet* zu finden, was in der Vorstellung, und hier zwar, was in der *religiösen* Vorstellung liegt. Wir dürfen deshalb die Ägypter, wie weit sie es auch in dem Fleiße und der Vollendung der technischen Ausführung gebracht haben, dennoch in betreff der Skulptur noch ungebildet nennen, insofern sie für ihre Gestalten noch nicht die Wahrheit, Lebendigkeit und Schönheit fordern, durch die das freie Kunstwerk beseelt wird. Allerdings bleiben die Ägypter andererseits nicht bei der bloßen Vorstellung und deren Bedürfnissen stehen, sondern gehen auch zur Anschauung und Veranschaulichung menschlicher und tierischer Gestalten fort, ja sie wissen sogar die Formen, die sie wiedergeben, ohne Verzerrung, klar, in richtigen Verhältnissen aufzufassen und hinzustellen, aber sie hauchen ihnen weder das Leben ein, welches die menschliche Gestalt sonst schon in der Wirklichkeit hat, noch das höhere Leben, durch welches sich ein Wirken und Weben des Geistes in diesen ihm angemessen gemachten Formen ausdrücken könnte. Ihre Werke zeigen im Gegenteil nur einen lebloseren Ernst, ein unaufgeschlossenes Geheimnis, so daß die Gestalt nicht ihr eigenes individuelles Inneres, sondern eine ihr noch fremde weitere Bedeutung ahnen lassen soll. Um nur ein Beispiel anzuführen, so ist eine häufig wiederkehrende Figur die Isis, welche den Horus auf den Knien hält. Hier haben wir, äußerlich genommen, denselben Gegenstand wie in der christlichen Kunst Maria mit dem Kinde. In der ägyptischen symmetrischen, geradlinigen, unbeweglichen Stellung aber zeigt sich, wie neuerdings gesagt ist (*Cours d'Archéologie* par Raoul Rochette, 1–12me leçon. Paris 1828; Kunstblatt Nr. 8 zum *Morgenblatt für gebildete Stände*, 1829), »weder eine Mutter noch ein Kind; keine Spur von Neigung, von Lächeln oder Liebkosung, kurz, nicht der geringste Ausdruck irgendeiner Art. Ruhig, unrührbar, unerschüttert ist diese göttliche Mutter, die ihr göttliches Kind säugt, oder vielmehr, es ist weder Göttin noch Mutter noch Sohn noch Gott; es ist nur das sinnliche Zeichen eines Gedankens, der keines Affekts und keiner Leidenschaft fähig ist, nicht die wahre Darstellung einer wirklichen Handlung, noch weniger der richtige Ausdruck eines natürlichen Gefühls.«

Dies eben macht den Bruch von Bedeutung und Dasein und die Bildungslosigkeit für die Kunstanschauung bei den Ägyptern aus. Ihr innerer, geistiger Sinn ist noch so verdumpft, daß er nicht das Bedürfnis der Präzision einer wahren und lebendigen, bis zur Bestimmtheit durchgeführten Darstellung hegt, zu welcher das anschauende Subjekt nichts hinzuzutun, sondern sich nur, da vom Künstler alles gegeben ist, empfangend und reproduzierend zu verhalten braucht. Es muß schon ein höheres Selbstgefühl der eigenen Individualität, als die Ägypter es haben, erwacht sein, um sich nicht mit dem Unbestimmten und Obenhinigen in der Kunst zu begnügen, sondern den Anspruch auf Verstand, Vernünftigkeit, Bewegung, Ausdruck, Seele und Schönheit bei Kunstwerken geltend zu machen.

b. Skulptur der Griechen und Römer

Dies Selbstgefühl sehen wir in betreff der Skulptur vollständig zuerst bei den *Griechen* lebendig werden und finden dadurch alle die Mängel dieser ägyptischen Vorstufe getilgt. Doch haben wir in der Fortentwicklung nicht etwa einen gewaltsamen Sprung von den Unvollkommenheiten einer noch symbolischen Skulptur zur Vollendung des klassischen Ideals zu machen, sondern das Ideal hat, wie ich schon mehrfach sagte, in seinem eigenen Bereiche, wenn auch auf eine höhere Stufe erhoben, das Mangelhafte, wodurch es zunächst an der Vollendung verhindert wird, abzustreifen.

α) Als solcher Anfänge innerhalb der klassischen Skulptur selbst will ich hier der sogenannten *Ägineten* und der *altbetrurischen* Kunstwerke ganz kurz Erwähnung tun.

Diese beiden Stufen oder Stile gehen schon über denjenigen Standpunkt hinaus, der sich wie bei den Ägyptern begnügt, die zwar nicht naturwidrigen, aber doch unlebendigen Formen ganz so zu wiederholen, wie er sie von anderen empfangen hat, und zufrieden ist, für die Vorstellung eine Gestalt hinzustellen, aus welcher die Vorstellung sich ihren eigenen religiösen Inhalt abstrahieren und sich desselben erinnern könne, nicht aber für die Anschauung in einer Weise zu arbeiten, durch welche sich das Werk als die eigene Konzeption und Lebendigkeit des Künstlers dartut.

Ebensosehr aber dringt diese eigene Vorstufe der idealen Kunst noch nicht bis zum wirklich Klassischen hindurch, weil sie sich einerseits noch im Typischen und dadurch Unlebendigen befangen zeigt, andererseits zwar der Lebendigkeit und Bewegung entgegengeht, doch zunächst nur die Lebendigkeit des *Natürlichen* selbst statt jener geistbeseelten Schönheit erreichen kann, welche das Leben des Geistes in der Lebendigkeit seiner Naturgestalt ungetrennt darstellt und die individuellen Formen dieser schlechthin vollbrachten Einigung gleichmäßig aus der Anschauung des Vorhandenen als aus der freien Schöpfung des Genius nimmt.

Mit den *äginetischen* Kunstwerken, über welche man gestritten hat, ob sie der griechischen Kunst angehörten oder nicht, ist man erst in neuester Zeit näher bekannt geworden. Man muß bei ihnen sogleich in Ansehung der künstlerischen Darstellung den Kopf und die übrigen Glieder wesentlich unterscheiden. Der ganze Körper nämlich, mit Ausnahme des Kopfs, zeugt von der treuesten Auffassung und Nachbildung der Natur. Selbst die Zufälligkeiten der Haut sind nachgeahmt und mit einer bewunderungswürdigen Behandlung des Marmors vortrefflich ausgeführt, die Muskeln stark herausgehoben, das Knochengerüst des Körpers bezeichnet, die Gestalten bei strenger Zeichnung gedrungen, doch mit solcher Kenntnis des menschlichen Organismus wiedergegeben, daß die Figuren dadurch bis zur Täuschung lebendig erscheinen, ja daß man sich, nach Wagners[10] Bericht (*Bericht über die äginetischen Bildwerke ... Mit kunstgeschichtlichen Anmerkungen von Schelling*, 1817), fast davor entsetzt und sich scheut, sie anzurühren.

Dagegen ist bei der Bearbeitung der Köpfe auf getreue Darstellung der Natur gänzlich Verzicht geleistet; ein gleichförmiger Schnitt der Gesichter geht bei aller Verschiedenheit der Handlung, Charaktere, Situationen durch alle Köpfe hindurch, die Nasen sind spitz, die Stirn liegt noch zurück, ohne frei und gerade aufzusteigen, die Ohren stehen hoch, die langgeschlitzten Augen sind flach und schief gestellt, der geschlossene Mund endet in aufwärts gezogenen Winkeln, die Wangen sind flach gehalten, doch das Kinn ist stark und eckig. Ebenso wiederkehrend ist die Form der Haare und das Gefältel der Gewänder, in welchen das Symmetrische, das sich auch in der Stellung und Gruppierung vornehmlich geltend macht, und dann eine eigentümliche Art der Zierlichkeit vorherrschen. Man hat diese Gleichförmigkeit teils auf eine unschöne Auffassung nationaler Züge geschoben, teils daraus hergeleitet, daß die Ehrfurcht vor dem alten Herkommen einer noch unvollkommenen Kunst den Künstlern die Hände gebunden habe. Der in sich selbst und seiner Produktion lebendige Künstler aber läßt sich eben die Hände *so* nicht binden, und dies Typische bei sonstiger großer Geschicklichkeit muß deshalb schlechthin auf eine Gebundenheit des Geistes, der sich noch nicht frei und selbständig in seinem künstlerischen Schaffen weiß, gedeutet werden.

Die Stellungen endlich sind ebenso gleichförmig, doch nicht eigentlich steif, sondern mehr schroff, kalt, und zum Teil bei den Kämpfern Stellungen ähnlich, wie sie Handwerker bei ihren Hantierungen, Tischler z. B. beim Hobeln zu machen pflegen.

Um aus diesen Schilderungen ein allgemeines Resultat zu

---

10 Johann Martin von Wagner, 1777–1858, Bildhauer

ziehen, so können wir sagen, was diesen für die Kunstgeschichte höchst interessanten Bildwerken in ihrem Zwiespalte von Tradition und Naturnachahmung fehle, sei die *geistige* Beseelung. Denn nach dem, was ich schon im zweiten Kapitel ausgeführt habe, läßt sich das Geistige nur in Gesicht und Stellung ausdrücken. Die übrigen Glieder bezeichnen zwar Naturunterschiede des Geistes, Geschlechts, Alters usf., aber das eigentlich Geistige kann nur die Stellung wiedergeben. Gesichtszüge und Stellung aber sind in den Ägineten gerade das noch relativ Geistlose.

Die *hetrurischen* Kunstwerke nun, die durch Inschriften als echt legitimiert sind, zeigen ebendieselbe Nachahmung der Natur in einem noch höheren Maße, doch sind sie in Stellung und Gesichtszügen freier, und einige darunter gehen ganz gegen das Porträtmäßige hin. So spricht z. B. Winckelmann (Bd. III, Kap. 2, § 10, S. 188, und Tafel VI A) von einer männlichen Statue, die ganz Porträt zu sein, doch aus späterer Zeit der Kunst herzurühren scheint. Es ist ein Mann in Lebensgröße, der eine Art von Redner, eine obrigkeitliche, würdige Person darstellt und von großer, ungezwungener Natürlichkeit und Bestimmtheit des Ausdrucks und der Stellung ist. Merkwürdig und bezeichnend würde es sein, wenn auf römischem Boden nicht das Ideale, sondern die wirkliche und prosaische Natur von Hause aus wäre heimisch gewesen.

β) Die eigentlich *ideale* Skulptur nun *zweitens* hat, um den Gipfelpunkt des Klassischen zu erreichen, vor allem das bloß Typische und die Ehrfurcht vor dem Überkommenen aufzugeben und der künstlerischen Freiheit der Produktion Raum zu schaffen. Dieser Freiheit allein gelingt es, auf der einen Seite die Allgemeinheit der Bedeutung in die Individualität der Gestalt ganz hineinzuarbeiten, andererseits die sinnlichen Formen zur Höhe des echten Ausdrucks ihrer geistigen Bedeutung zu erheben. Dadurch sehen wir das Starre und Gefesselte, das in den Anfängen der älteren Kunst liegt, sowie das Hinausragen der Bedeutung über die

Individualität, durch welche der Inhalt sich ausdrücken soll, zu derjenigen Lebendigkeit befreit, in welcher die körperlichen Formen nun auch ihrerseits sowohl die abstrakte Gleichförmigkeit eines hergebrachten Charakters als auch die täuschende Natürlichkeit verlieren und dagegen zu der klassischen Individualität fortgehen, welche die Allgemeinheit der Form ebenso zur Besonderheit belebt, als sie die Sinnlichkeit und Realität derselben dem Ausdruck der Begeistigung vollkommen durchgängig macht. Diese Art der Lebendigkeit betrifft nicht nur die Gestalt, sondern auch die Stellung, Bewegung, Gewandung, Gruppierung, genug, alle Seiten, welche ich oben näher unterschieden und besprochen habe.

Was sich hier in Einheit setzt, ist die Allgemeinheit und Individualität, welche sowohl in betreff des geistigen Gehalts als solchen als auch in Rücksicht auf die sinnliche Form in Einklang gebracht sein müssen, ehe sie miteinander in die unauflösbare Verbindung, die das wahrhaft Klassische ist, zu treten vermögen. Diese Identität aber hat selbst wieder ihren Stufengang. Auf der einen Seite nämlich neigt das Ideal noch zu der *Hoheit* und Strenge hin, welche dem Individuellen zwar seine lebendige Regung und Bewegung nicht mißgönnt, doch es noch fester unter der Herrschaft des Allgemeinen zusammenhält, während sich auf der anderen Seite das Allgemeine mehr und mehr in das Individuelle hinein verliert und, indem es dadurch von seiner Tiefe einbüßt, das Verlorene nur durch Ausbildung des Individuellen und Sinnlichen zu ersetzen weiß und deshalb vom Hohen zum *Gefälligen,* Zierlichen, zur Heiterkeit und schmeichelnden Anmut herübertritt. In der Mitte liegt eine *zweite* Stufe, welche die Strenge der ersten zu weiterer Individualität fortführt, ohne jedoch schon in der bloßen Anmutigkeit ihren Hauptzweck erreicht zu finden.

γ) In der *römischen* Kunst *drittens* zeigt sich schon die beginnende Auflösung der klassischen Skulptur. Hier nämlich ist das eigentlich Ideale nicht mehr das Tragende für die ganze Konzeption und Ausführung; die Poesie geistiger Belebung, der innere Hauch und Adel in sich vollendeter Erscheinung, diese eigentümlichen Vorzüge der griechischen Plastik verschwinden und machen im ganzen der Vorliebe für das mehr Porträtartige Platz. Diese sich ausbildende Naturwahrheit der Kunst geht durch alle Seiten hindurch. Dennoch behauptet in diesem ihrem eigenen Kreise die römische Skulptur noch immer eine so hohe Stufe, daß sie nur, insofern ihr das eigentlich Vollendende im Kunstwerk, die Poesie des Ideals, im wahren Sinne des Wortes abgeht, der griechischen wesentlich nachsteht.

c. Christliche Skulptur

Was dagegen die *christliche* Skulptur anbetrifft, so hat dieselbe von Hause aus ein Prinzip der Auffassung und Darstellungsweise, welches mit dem Material und den Formen der Skulptur nicht so unmittelbar zusammenfällt, als dies im klassischen Ideal der griechischen Phantasie und Kunst der Fall ist. Denn das Romantische, wie wir im zweiten Teile sahen, hat es wesentlich mit dem aus der Äußerlichkeit in sich gegangenen Inneren, mit der geistigen, auf sich bezogenen Subjektivität zu tun, welche zwar im Äußeren erscheint, dies Äußere aber sich für sich seiner Partikularität nach ergehen läßt, ohne es zu einer Verschmelzung mit dem Inneren und Geistigen zu nötigen, wie das Ideal der Skulptur es fordert. Schmerz, Qual des Leibes und Geistes, Marter und Buße, Tod und Auferstehung, die geistige subjektive Persönlichkeit, die Innigkeit, Liebe, Herz und Gemüt, dieser eigentliche Inhalt der religiösen romantischen Phantasie ist kein Gegenstand, für welchen die abstrakte Außengestalt als solche in ihrer räumlichen Totalität und das Materielle in seinem nicht ideell gesetzten sinnlichen Dasein die schlechthin gemäße Form und das ebenso kongruente Material liefern könnten. Die Skulptur gibt deshalb im Romantischen auch nicht den Grundzug für die übrigen Künste und das gesamte Dasein, wie in Griechenland, ab, sondern weicht der Malerei und Musik als den gemäßeren Künsten der Innerlichkeit und der freien, vom Inneren durchzogenen Partikularität des Äußeren. Wir finden zwar auch in christlicher Zeit die Skulptur in Holz, Marmor, Erz, Silber- und Goldarbeiten vielfach ausgeübt und oft zu großer Meisterschaft gebracht, doch ist sie nicht die Kunst, welche, wie die griechische Skulptur, das wahrhaft gemäße Bild des Gottes aufstellt. Die religiöse romantische Skulptur bleibt im Gegenteil mehr als die griechische ein Schmuck der Architektur. Die Heiligen stehen meist in Nischen der Türmchen und Strebepfeiler oder an den Eingangstüren – während die Geburt, die Taufe, die Leidens- und Auferstehungsgeschichte und so viele andere Begebnisse aus dem Leben Christi, die großen Anschauungen des Weltgerichts usf. sogleich durch ihre innere Mannigfaltigkeit zum Relief über Kirchtüren, an Kirchenmauern, Taufbecken, Chorstühlen usf. hinleiten und sich leicht zum Arabeskenartigen herüberneigen. Überhaupt erhält hier um der geistigen Innerlichkeit willen, deren Ausdruck vorwaltet, die gesamte Skulptur in höherem Grade ein malerisches Prinzip, als dies der idealen Plastik erlaubt ist. Auf der anderen Seite ergreift die Skulptur das mehr gewöhnliche Leben und dadurch das Porträtartige, das sie auch, wie in der Malerei, aus den religiösen Darstellungen nicht entfernt hält. Der Gänsemann z. B. auf dem Markte zu Nürnberg, der von Goethe und Meyer sehr geschätzt wird, ist ein Bauernkerl von höchst lebendiger Darstellung in Erz (denn in Marmor ging's nicht), der auf jedem Arm eine Gans zum Verkauf trägt. Auch die vielen Skulpturen, die sich an der St.-Sebaldus-Kirche und an so vielen anderen Kirchen und Gebäuden, besonders aus der dem Peter Vischer vorangehenden Epoche, vorfinden und religiöse Gegenstände, aus der Leidensgeschichte z. B., darstellen, geben von dieser Art des Partikularen der Gestalt, des Ausdrucks, der Mienen und Gebärden, hauptsächlich in den Gradationen des Schmerzes, eine deutliche Anschauung.

Am meisten bleibt deshalb die romantische Skulptur, welche häufig genug zu den größten Verirrungen abgeschweift ist, dem eigentlichen Prinzip der Plastik da getreu, wo sie sich den Griechen enger wieder anschließt und nun entweder antike Stoffe im Sinne der Alten selber oder Standbilder von Helden und Königen und Porträts skulpturmäßig zu behandeln und der Antike anzunähern bemüht ist. Dies ist besonders heutigentags der Fall. Doch hat die Skulptur auch im Felde religiöser Gegenstände Vortreffliches zu leisten gewußt. Ich will in dieser Beziehung nur an Michelangelo erinnern. Seinen toten Christus, von dem hier in der königlichen Sammlung ein Abguß vorhanden ist, kann man nicht genugsam bewundern. Das Marienbild in der Frauenkirche zu Brügge, ein vorzügliches Werk, wollen einige nicht für echt gelten lassen; vor allem aber hat mich das Grabmal des Grafen von Nassau zu Breda angezogen. Der Graf liegt mit seiner Gattin lebensgroß aus weißem Alabaster auf einer schwarzen Marmorplatte. Auf der Ecke des Steines stehen Regulus, Hannibal, Cäsar und ein römischer Krieger in gebeugter Stellung und tragen über sich eine der unteren ähnliche schwarze Platte. Nichts ist interessanter, als einen Charakter wie den des Cäsar von Michelangelo vorgestellt zu sehen. Für religiöse Gegenstände jedoch gehört der Geist, die Macht der Phantasie, die Kraft, Gründlichkeit, Kühnheit und Tüchtigkeit eines solchen Meisters dazu, um das plastische Prinzip der Alten mit der Art der Beseelung, die im Romantischen liegt, in solcher produktiven Eigentümlichkeit verbinden zu können. Denn die ganze Richtung des christlichen Sinns, wie gesagt, ist, wo die religiöse Anschauung und Vorstellung an der Spitze steht, nicht auf die klassische Form der Idealität gerichtet, welche die nächste und höchste Bestimmung der Skulptur ausmacht.

Von hier ab können wir den Übergang aus der Skulptur in ein anderes Prinzip der künstlerischen Auffassung und Darstellung machen, das zu seiner Realisation nun auch eines anderen sinnlichen Materials bedarf. In der klassischen

Skulptur war es die objektive *substantielle* Individualität als menschliche, welche den Mittelpunkt abgab und die menschliche Gestalt als solche so hoch stellte, daß sie dieselbe abstrakt als bloße Schönheit der *Gestalt* festhielt und für das Göttliche aufbewahrte. Deshalb ist nun aber der Mensch, wie er hier dem Inhalt und der Form nach in die Darstellung eingeht, *nicht* der volle, ganze *konkrete* Mensch; der Anthropomorphismus der Kunst bleibt in der alten Skulptur unvollendet. Denn was ihm abgeht, ist ebensosehr die Menschheit in ihrer objektiven und zugleich mit dem Prinzip *absoluter Persönlichkeit* identifizierten *Allgemeinheit* als auch dasjenige, was man so gewöhnlich das Menschliche nennt, das Moment *subjektiver Einzelheit,* menschlicher Schwachheit, Besonderheit, Zufälligkeit, Willkür, unmittelbarer Natürlichkeit, Leidenschaft usf., ein Moment, welches in jene Allgemeinheit hineingenommen sein muß, damit die *ganze Individualität,* das Subjekt in seinem totalen Umfange und in dem unendlichen Kreise seiner Wirklichkeit als Prinzip des Inhalts und der Darstellungsweise erscheinen könne.

In der klassischen Skulptur kommt das eine dieser Momente, das Menschliche, seiner unmittelbaren Naturseite nach teils nur in Tieren, Halbtieren, Faunen usf. zum Vorschein, ohne in die Subjektivität zurückgerufen und in ihr negativ gesetzt zu sein, teils geht diese Skulptur an ihr selbst in das Moment der Besonderheit und Richtung nach außen nur in dem *gefälligen* Stile, in den tausend Heiterkeiten und Einfällen über, zu denen auch die antike Plastik sich herausbewegt. Dagegen fehlt ihr durchaus das Prinzip der Tiefe und Unendlichkeit des Subjektiven, der *inneren* Versöhnung des Geistes mit dem Absoluten, der ideellen Einigung des Menschen und der Menschheit mit Gott. Den Inhalt, der diesem Prinzip gemäß in die Kunst hereinkommt, bringt zwar die christliche Skulptur zur Anschauung, doch gerade diese Kunstdarstellung zeigt, daß die Skulptur für die Verwirklichung dieses Inhalts nicht genüge, so daß noch andere

Künste auftreten müßten, um das ins Werk zu setzen, was die Skulptur zu erreichen unfähig bleibt. Diese neuen Künste, indem sie der romantischen Kunstform am entsprechendsten sind, können wir unter dem Namen der *romantischen Künste* zusammenfassen.